"十三五"国家重点图书出版规划项目

国家出版基金项目
NATIONAL PUBLICATION FOUNDATION

《中国经济地理》丛书

孙久文　总主编

中国经济地理思想史

李小建　等◎著
Li Xiaojian *et al.*

The History of Chinese Economic Geography Thought

SIXIANGSHI

经济管理出版社
ECONOMY & MANAGEMENT PUBLISHING HOUSE

图书在版编目（CIP）数据

中国经济地理思想史/李小建等著. —北京：经济管理出版社，2022. 12
ISBN 978-7-5096-8922-6

Ⅰ.①中… Ⅱ.①李… Ⅲ.①经济地理—思想史—中国 Ⅳ.①F129.9-09

中国版本图书馆 CIP 数据核字（2022）第 254578 号

组稿编辑：申桂萍
责任编辑：申桂萍
责任印制：黄章平
责任校对：张晓燕

出版发行：经济管理出版社
　　　　　（北京市海淀区北蜂窝 8 号中雅大厦 A 座 11 层　100038）
网　　址：www.E-mp.com.cn
电　　话：（010）51915602
印　　刷：唐山昊达印刷有限公司
经　　销：新华书店
开　　本：720mm×1000mm/16
印　　张：30.75
字　　数：505 千字
版　　次：2023 年 3 月第 1 版　　2023 年 3 月第 1 次印刷
书　　号：ISBN 978-7-5096-8922-6
定　　价：128.00 元

《中国经济地理》丛书

总　序

今天，我们正处在一个继往开来的伟大时代。受现代科技飞速发展的影响，人们的时空观念已经发生了巨大的变化：从深邃的远古到缥缈的未来，从极地的冰寒到赤道的骄阳，从地心游记到外太空探索，人类正疾步从必然王国向自由王国迈进。

世界在变，人类在变，但我们脚下的土地没有变，土地是留在心里不变的根。我们是这片土地的子孙，我们祖祖辈辈生活在这里。我们的国土有960万平方千米，有种类繁多的地貌类型，地上和地下蕴藏了丰富多样的自然资源，14亿中国人民有着五千年延绵不绝的文明历史，经过近40年的改革开放，中国经济实现了腾飞，中国社会发展日新月异。

在中国革命时期，毛泽东同志就明确指出："中国革命斗争的胜利，要靠中国同志了解中国情况。"又说："认清中国的国情，乃是认清一切革命问题的基本根据。"习近平总书记在给地理测绘队员的信中指出："测绘队员不畏困苦、不怕牺牲，用汗水乃至生命默默丈量着祖国的壮美山河，为祖国发展、人民幸福做出了突出贡献。"李克强总理更具体地提出："地理国情是重要的基本国情，要围绕服务国计民生，推出更好的地理信息产品和服务。"

我们认识中国基本国情，离不开认识中国的经济地理。中国经济地理的基本条件，为国家发展开辟了广阔的前景，是经济腾飞的本底要素。当前，中国经济地理大势的变化呈现出区别于以往的新特点。第一，中国东部地区面向太平洋和西部地区深入欧亚大陆深处的陆海分布的自然地理空间格局，迎合东亚区域发展和国际产业大尺度空间转移的趋势，使我们面向沿海、融入国际的改革开放战略得以顺利实施。第二，我国各区域自然资源丰裕程度和区域经济发达程度的相向分布，使经济地理主要标识的区内同一性和区际差异性异常突出，为发挥区域优势、实施开发战略、促进协调发展奠定了客观基础。第三，以经济地理格局为依据调整生产力布局，以改革开放促进区域经济发展，以经济发达程度和市场发育程度为导向制定区域经济政策和区域规划，使区域经济发展战略上升为国家重大战略。

因此，中国经济地理在我国人民的生产和生活中具有坚实的存在感，日益发挥出重要的基石性作用。正因为这样，编撰一套真实反映当前中国经济地理现实情况的丛书，就比以往任何时候都更加迫切。

在西方，自从亚历山大·洪堡和李特尔之后，编撰经济地理书籍的努力就一直没有停止过。在中国，《淮南子》可能是最早的经济地理书籍。近代以来，西方思潮激荡下的地理学，成为中国人"睁开眼睛看世界"所看到的最初的东西。然而对中国经济地理的研究却鲜有鸿篇巨制。中华人民共和国成立特别是改革开放之后，中国经济地理的书籍进入大爆发时期，各种力作如雨后春笋般涌现。1982年，在中国现代经济地理学的奠基人孙敬之教授和著名区域经济学家刘再兴教授的带领和推动下，全国经济地理研究会启动编撰《中国经济地理》丛书。然而，人事有代谢，往来成古今。自两位教授谢世之后，编撰工作也就停了下来。

《中国经济地理》丛书再次启动编撰工作是在2013年。全国经济地理研究会经过常务理事会的讨论，决定成立《中国经济地理》丛书编委会，重新开始编撰新时期的《中国经济地理》丛书。在全体同人的努力和经济管理出版社的大力协助下，一套全新的《中国经济地理》丛书计划在2018年全部完成。

《中国经济地理》丛书是一套大型系列丛书。该丛书共计40册：概论1册，思想史1册，"四大板块"共4册，34个省（自治区、直辖市）及特别行政区共34册。我们编撰这套丛书的目的，是为读者全面呈现中国分省份的经济地理和产业布局的状况。当前，伴随着人口、资源、环境的一系列重大问题，中国经济发展形势复杂而严峻。资源开发问题、国土整治问题、城镇化问题、产业转移问题等，无一不是与中国经济地理密切相连的；京津冀协同发展、长江经济带战略和"一带一路"倡议，都是以中国经济地理为基础依据而展开的。我们相信，《中国经济地理》丛书可以为一般读者了解中国各地区的情况提供手札，为从事经济工作和规划工作的读者提供参考资料。

我们深感丛书的编撰困难巨大，任重道远。正如宋朝张载所言，"为往圣继绝学，为万世开太平"，我想这代表了全体编撰者的心声。

我们组织编撰这套丛书，提出一句口号：让读者认识中国，了解中国，从中国经济地理开始。

让我们共同努力奋斗。

孙久文

全国经济地理研究会会长

中国人民大学教授

2016 年 12 月 1 日于北京

自　序

　　我自 1982 年初大学毕业之后，一直专注于经济地理学的学习、教学和研究，自以为对该领域有所了解。但三年前受邀编写《中国经济地理思想史》之后，感觉到本人 40 多年的经济地理学学习，也未能轻松取得进入该领域研究的入场券。随着接触相关研究问题的难度增加，我逐渐认识到经济地理思想史是一个深奥的世界，而在研究过程中获得的新体会，又加深了对它在经济地理学中重要意义的认识。

（一）

　　在开始研究之时，我遇到了一些基础性的问题。第一个问题是什么是中国经济地理思想史。这涉及科学思想史和国别的学科思想史的研究界定。根据相关学者的观点，科学思想史"是科学思想演变、发展的历史，是研究科学思想酝酿、提出、传播、发展、争论、相互归并和更替的历史"[①]。以此推理，其重点是不同阶段的科学思想，包括科学的理论思想和哲学思想。理论思想包括科学的基本概念、基本观点和基本理论，哲学思想是理论思想的高度抽象和概括，体现在科学观、科学方法论、自然观和社会观等方面。这些思想的重要体现形式是历史上相关学者的著述，此外还包括观察、实验等科学活动成果，以及实验工具等物的成果。这些成果所形成的历史事实，在早期多为具体的发现或经验描述、

[①] 林德宏. 我所理解的科学思想史 [J]. 南京大学学报（哲学·人文科学·社会科学版），2002，39（3）：74-80.

考察和实验的记述，缺少理论概括。但这些成果的背后，隐含着理论思维和哲学思维。具体成果背后思想"追问"的艰巨任务，交给了科学思想史研究者。

从理论上讲，研究具体国别的学科思想史，也应该按照科学思想史的研究思路。但在实践中，不少研究与此有所差别。以与经济地理学相关的中国经济思想史和中国地理学史①为例，中国经济思想史着重梳理各个历史朝代的经济思想②，有的以古代为主③，有的以近当代为主④。中国地理学思想史研究，也以探讨历史上各朝代时期（period）的地理著述的观点和方法为主⑤。这与科学思想史中对学科发展阶段（stage）的重视程度有所不同。此外，学科的思想发展，尤其是与人文社会科学相关的学科，与不同历史阶段的社会经济背景密切相关，这也使相关学科思想史研究中加大了对历史时期的重视程度。

基于以上分析，我们认为，中国经济地理思想史可以这样定位：在分析科学思想史对科学形成过程中的理论思想和哲学思想影响的基础上，着重分析了中国几千年历史中不同时期经济地理思想的阶段特征、脉络梳理及变化方向。

第二个问题是如何界定经济地理思想。经济地理学是研究经济活动区位、空间格局及其与地理环境关系的学科。与此研究内容相关的经验观察和记述古已有之。人们通过对地理现象的观察，记述各地的山水、植物、动物、矿物，以及在此基础上的作物种植、动物养殖、金属冶炼及器皿制造等，是早期对经济活动地理差异的主要表述形式。在众多经验研究的基础上，人们会不断地总结物产的地域特点，归纳物产与地理条件的关系，逐渐产生了相关的理论和哲学思想。尤其是经济地理学作为一个学科出现以后，专业学者会不时推出一些理论性成果。

这样，在经济地理学成为一个学科之前，在古代哲学、地理、历史、文学等著述中与此相关的记载与讨论是经济地理思想的重要来源。学科出现后，其思想主要来自经济地理学者的研究成果。不过，由于经济地理学具有交叉学科特性，地理学和经济学的研究者都从各自学科的角度对该领域有所贡献，这些

---

① 目前无正式出版的中国地理思想史，但王成组的《中国地理学史（上册）》（北京：商务印书馆，1982）、赵荣等的《中国地理学史（清代）》（北京：商务印书馆，1998）均把地理思想作为研究重点。

② 胡寄窗．中国经济思想史［M］．上海：上海财经大学出版社，1998．

③ 唐庆增．中国经济思想史［M］．北京：商务印书馆，2010．

④ 钟祥财．中国经济思想史［M］．上海：上海社会科学院出版社，2016．

⑤ 王庸．中国地理学史［M］．北京：商务印书馆，1998；及注②中的两种著作均以历史作为章节主线。

相关学科包括地理学中的城市地理学、自然地理学、地理信息科学等分支，经济学中的区域经济学、空间经济学（或称"新经济地理学"）等。从包容的角度，还必须考虑实践方面的贡献。从中国古代"王朝地理学"中的各王朝主动规划经济活动①，到孙中山关于中国区域发展格局的展望，再到中华人民共和国成立后国家领导人关于区域平衡和协调发展的战略，都隐含着重要的经济地理思想。除此之外，经济活动实践者（如政府经济规划部门官员、企业家）也在经济活动区位和空间格局上有相关观点。所有这些，在研究经济地理思想时都应加以考虑。

第三个问题是如何处理思想史中的古今权重。在该方面，前面提到的三本《中国经济思想史》中，两本只谈近代之前，一本给古代、近现代、当代以相同篇幅②。《中国地理学史》以近代以前的地理学发展为主。由于经济地理学的发展与经济社会背景密切相关，近代以前中国的经济活动以农业为主，尽管随着技术的发展和人口分布的变化，经济活动与地理条件的关系也发生了变化，但在整个古代时期，这方面表现出较多的共同性。所以，尽管中国古代社会历史很长，本书仍按照常用的中国历史分期标准，将中国经济地理思想发展分为古代、近代和现代三个主要阶段。又由于在 1949 年开始的现代阶段中，社会经济背景、经济地理发展状况、学科研究方法和思想特点均有相当明确的时段差异，故将现代阶段分为 20 世纪中期的计划经济时期（现代时期一）、20 世纪后期的改革开放时期（现代时期二）和 21 世纪前 20 年的发展与调整时期（现代时期三）三个时期。20 世纪中期以来中国经济地理思想变化较快，这样处理也是为了更好地展现该时段的变化状况。

（二）

本书分为八章，对中国经济地理思想史进行了初步研究。第一章界定了全书涉及的概念、分析经济地理思想的发展脉络并对历史时期进行了划分；第二章、第三章分别分析了中国古代时期和中国近代时期的经济地理思想；第四、

---

① 唐晓峰. 从混沌到秩序：中国上古地理思想史论 ［M］. 北京：中华书局，2010.

② 钟祥财. 中国经济思想史 ［M］. 上海：上海社会科学院出版社，2016.

第五、第六章分别分析了20世纪中期、20世纪后期和21世纪前20年的经济地理思想；第七章集中讨论了中国特色的经济地理思想；第八章根据对经济地理思想史的研究，对经济地理的未来发展提出一些前瞻性的思考。全书的主要研究结论总结如下：

第一，中国经济地理思想史就是一部经济活动与地理环境条件关系思想的发展史。

古代时期，人们在实践中逐渐认识自然地理条件的特点，形成适应或有限利用这些条件进行经济活动的思想；近代时期，该思想逐渐深化，通过对各地地理条件的研究，提出地理条件的一些要素（如气候、地形、土壤等）对农作物的影响特点及矿产资源和其他原料对工业区位的影响特点，并以此研究提出农业分区思想和工业发展的区域规划方案；现代时期一，经济地理学者重视自然条件的利用，从国家需求角度对自然条件和自然资源进行综合考察，以充分利用地理条件发展生产；现代时期二，学者从国土整治与国土规划角度研究人地关系，基于经济快速增长所带来的区域格局迅速变化，提出了"点—轴系统"理论等空间结构理论，根据区域差异扩大趋势提出调控思想；现代时期三，主体功能区理论及其应用是经济活动与地理条件关系的主要代表思想，另外还包括产业集聚、都市经济区、农区振兴、区域协调发展等。

第二，中国经济地理思想具有不同的阶段特征。

古代时期的特征包括：①经济活动不同产业（如耕作业、畜牧业、采矿业、仓储及漕运等）的发生地及其区域差异的认识、记述和总结；②城镇区位与交通位置、城镇人口与周围土地关系的早期思想；③海量地方志所隐含的区域经济综合研究思想；④游记所传承的经济地理实地考察思想。

近代时期（1841~1949年），开始关注工商业活动空间分布，形成不同工业部门区位与地理条件关系思想；开始关注沿海、沿河地区及港口、城市的经济发展，筹划全国区域发展格局战略；开始引进国外经济地理学观点和方法，经济地理学作为一个专业领域出现。

现代时期一（1950~1978年）的经济地理思想，带有浓厚的苏联的该学科烙印，经济地理学研究对象及理论框架与苏联无明显差异；结合中国实际，在自然条件和自然资源评价、产业布局上做了许多研究，提出了适合当时中国国情的自然条件和经济地理评价理论、农业区划理论、工业布局理论；这些研究，使中国农业地理和中国工业地理成为中国经济地理中最重要的两个部门。

现代时期二（20世纪后期）在中国经济地理思想发展中十分特殊。①在改革开放的背景下，区域不平衡发展战略思想主导该时期的全国经济发展格局。②结合国土整治和国土规划，学者提出了一系列理论，并对全国土地利用进行调查，揭示土地利用差异和分布规律。③在经济发展空间格局上，陆大道等提出的点—轴渐进式扩散理论及点—轴空间结构理论，科学地阐释了经济空间形成机理，并结合中国实际，提出了国土开发和经济布局的"T"形格局；该理论与其他学者的"双核结构模式"理论、网络格局思想、经济地理对称分布理论，形成了在中国经济地理思想中有重要贡献的群体。④基于长期研究形成的具有中国特色的工业地理理论，包括国有工业、农村工业和外资企业的空间格局规律，尤其是从微观视角研究企业与区域的关系，逐渐形成了经济地理学中的公司地理方向。⑤针对经济高速发展给生态环境带来的巨大负担，经济地理学者用人地协调理论，提出了区域可持续的诊断、预警、路径等思想。

现代时期三（21世纪前20年）的经济地理思想有以下特点：①区域发展战略转向科学发展观和新发展理念指导下区域、城乡协调发展和可持续发展。②关注全球化、信息化、新的交通方式、技术创新、制度和文化等新因素对经济地理格局的影响机理。③重点研究在全国经济地理格局中起重要作用的城市群经济、都市经济区，在它们对全国经济的带动和对全国区域经济格局的影响上得出新发现。④关注与快速发展板块对应的农业与农区等相对落后区域的研究，总结农区发展的演变过程，揭示专业化和规模化下的专业村发展机制，探索家庭联产承包责任制下的农户地理研究。⑤承继人地关系的研究传统，经济地理学者创建了地域功能理论，揭示了各地域功能空间比例随自然地带性和经济格局有序演变的规律，并开辟了环境经济地理研究方向。

第三，对中国经济地理思想历史演化脉络的梳理。根据前后持续传承并形成主要经济地理理论和方法的原则，可以将中国几千年的经济地理思想梳理为三大脉络：①史志与人地关系思想脉络，即以丰富的史志为载体，从经济活动的区域差异到这种差异与地理条件关系研究，形成中国经济地理思想中的人地关系主线，其中海量的地方志提供了各地人地关系的实践经验，为从理论上总结漫长历史时期的经济与地理条件关系提供了非常珍贵的基础事实。②游记考察与事实获取分析脉络，它大致与第一支脉络并行，通过早期的旅行考察和观测记述，形成经济活动及其相关的地理环境的形态、位置、功能及其变化的感性认识；古时的考察、记述和分析传统与近现代的科学考察、经济地理调查及遥感与地理信息等手段快速获取海量经济空间数据，形成前后传承的思想逻辑。③国外引进与多元思想本土化脉络：从古到今，尤其是近代以来，国外不少经济地理思想传入中国，经过学习、消化、融会、改进和创新，与本土理论和实际结合，推动着中国经济地理理论和方法的发展。尤其是这些引进的理论、方法、技术和思维，对于促进传统的经济活动与地理环境关系思想逐步科学化起着重要作用。在三个脉络的演进过程中，经济地理学对地理条件认识在逐步变化：从"第一自然"到"第二自然"，"点—轴系统""地域功能"等理论重视相关区域的经济基础。

第四，中国经济地理思想史研究的启迪。①不同人地相互作用的历史，形成了不同的经济地理思想。以中国和西欧为例，中国国土广阔但地域差异巨大，既有富饶地区也有环境恶劣地区。这就使我们的祖先首先要从全国整体角度认识地理环境，选择适宜的地区进行经济活动。而西欧国家的国土面积较小，地理环境相对均一，促成其主流思维对经济规律（动因）的重点关注。相应地，中国经济地理思想注重地理环境的条件，西欧经济地理思想注重人的经济动因，假设地理条件均一且决策者为经济人，推理出经济区位选择、空间格局集聚与分散的一般规律。这两种思想立足于不同侧面，均有一定的道理。但是，随着经济高度发展导致的资源环境恶化，及从全球视角下其地理环境差异变大，从长远观点来看，基于中国背景所形成的经济地理整体思想将渐显优势。②在具体的研究中，一些西方国家遵循自然科学的逻辑，追求的是错综复杂的表象背后的本质因果关系：地理环境尽管复杂，但其相互作用的本质具有一般性（如都是追求经济收益）；基于一些假设，他们用逻辑推理和数学模型对区域经济差异、区位差异、空间结构等进行了精细研究；与此相比，人地关系的整体思想在哲学层面可以解释，但在科学化方面难度较大。两者互相学习，取长补短，有利于学科的深入发展。③基于前两点的启迪，我们认为，在中国经济地理理论研究中，"条件规律"十分重要。任何科学规律均是在一定条件下成立的。如果一个国家经济活动空间格局的形成机理与其他国家不同，应该产生特定条件下的经济地理理论。基于中国的特殊国情、中国不同地区的特殊发展条件，可以在条件规律研究中有新的发现。④中国经济地理思想发展中，有一些问题值得反思。例如，比较重视经济地理现象描述，上升到原理层面的解释不够；研究问题中现实需求导向多，学科问题导向较少；对现实状况及对过去事实的变化分析较多，对未来仍起作用的规律，以及用此规律进行预测性研究较少；在成果中利用多种方法的经验研究多，思想性成果较少。

（三）

本书由李小建提出研究提纲和大致思路，邀请经济地理学和历史学领域有相关研究基础的专业人员撰写。各章分工如下：第一章和第七章由李小建完成；第二章由河南大学黄河文明与持续发展中心教授闵祥鹏完成；第三章由河南财经政法大学旅游与会展学院讲师杨慧敏博士完成；第四章由河南财经政法大学资源与环境学院副教授时慧娜完成；第五章由河南财经政法大学资源与环境学院教授罗庆完成；第六章由河南财经政法大学资源与环境学院副教授孟德友完成；第八章由河南财经政法大学资源与环境学院讲师文玉钊博士完成。此外，附录一由《经济地理》编辑部供稿，附录二和附录三由《经济经纬》编辑部娄帆博士完成。最后统稿修改以及一些历史事实核实工作由李小建完成。

大家根据分工和提纲用了两年完成初稿，然后用近一年的时间统稿和修改问题。召开了七次全体和部分作者统稿和问题讨论会，不断发现问题，进行相应修改完善。在统稿中，我们逐渐形成了以下工作目标：一是遵循"背景条件—研究工作及著述—经济地理思想"的逻辑思路组织各章内容。二是对所写内容在"真实"的基础上，努力发现所隐含的思想；尽量做到事事有依据，经得起时间的考验，同时不遗漏相关的重要内容；由表及里地挖掘成果的思想，着重其思想亮点，复原研究思想的脉络传承。三是尽量站得高，看得远，一个历史时期是整个历史的一部分，通过研究发现该时期的理论、方法和思维的"制高点"，然后在对阶段之间的比较中，建立历史时期各阶段"制高点"间的"连接线"。这些目标是我们努力的方向，虽然目前与该目标还有很远的距离，但我们在尽力缩短。

完成这本50多万字的著作，我已经深深感到，中国经济地理思想源远流长、博大精深。当下经济地理学者的研究，与当前的经济发展阶段、国情及民生需求等密切相关，但经济地理思想的传统承继及创新也非常重要。在奔流数千年之久的经济地理思想的历史长河中，我们每一个个体当下的经济地理研究，或将成为这条长河中的一颗水滴。如果把前人的思想发展历史与之后将形成的历史结合，我们的研究也许会更有科学性和思想性，这颗水滴在历史长河中也将更显明亮。

完成这本著作之时，非常感谢同行的支持和帮助。感谢中国人民大学孙久文教授的信任，把"十三五"国家重点图书出版规划项目"中国经济地理丛书"中《中国经济地理思想史》的研究与写作重任交给我们，并在编写提纲和初稿完成后详细阅读，提出许多很有见地的修改建议！感谢中国科学院地理科学与资源研究所的胡序威教授，他不顾94岁高龄，接受了一个多小时的电话访问，讲述20世纪中后期一些经济地理研究及研究者！感谢中国科学院地理科学与资源研究所的陆大道院士，北京大学的胡兆量教授、王缉慈教授，南京大学的崔功豪教授，中国科学院南京地理与湖泊研究所的虞孝感研究员，中山大学的许学强教授，湖南大学的文嫮教授等学者，在相关历史事实核实中的珍贵阐述和资料收集中的帮助！感谢经济管理出版社的支持！感谢《经济经纬》编辑部许家伟副编审参加初期的讨论！感谢我的博士生朱瑞明、硕士生安迪做了许多研究助理工作！感谢国家自然科学基金（41971223）和黄河文明省部共建协同中心重大项目（2020M18）的经费支持！

尽管我们团队这一段时间专心投入本项研究，但限于我们观察问题的高度和深度、掌握研究文献的完整程度，本书仍存在许多不足之处。特别要说明的是，本书第一章论及的经济地理思想包括一些相邻学科（如区域经济学、空间经济学等）的经济活动地理差异研究，但在文献定量分析时，还是以有"经济地理"标识的文献为主，对其他学科的论著涵盖不够。之所以这样做，除了有文献计量分析中的识别困难外，还考虑了区域经济学或空间经济学均是独立的兄弟学科，完全涵盖其理由也不充分。期望以后研究中给以更好的处理。

目前，国内外还没有专门的经济地理思想史著作出版。盼望更多的学者关注这一领域的研究，通过挖掘中国特色的经济地理思想，为国际相关研究做出贡献。

河南大学、河南财经政法大学

2022 年 3 月

PREFACE

I have been involved in research and teaching in economic geography since I grad-uated from university in early 1982, and I thought I understood something about the field. However, after being invited to write *The History of Chinese Economic Geography Thought* three years ago, I felt that even after more than 40 years of endeavor in eco-nomic geography, I have not obtained an easy entrance ticket to research in the field. As exposure to related research questions became more difficult, the history of economic geography thought was gradually recognized as an esoteric world, and the new experi-ences gained in the course of research deepened the understanding of its important role in economic geography.

(I)

At the beginning of the research, some fundamental questions were encountered. Firstly, what is the history of economic geography thought in China? This concerns the definition of the history of scientific thought and the history of ideas in other disciplines in the country. According to scholars, the history of scientific thought "is the history of the evolution of scientific thought, including exploration of the conception's formula-tion, proposal, diffusion, development, debate, mutual conflation and replacement in scientific history"[1]. In this sense, the focus is on scientific thought at different stages,

---

[1] Lin De-hong. The History of Scientific Thought as I Understand It [J] . Journal of Nanjing University (Philosophy-Humanities-Social Sciences) , 2002, 39 (3): 74-80.

including theoretical and philosophical ideas of science. Theoretical ideas include the basic concepts, basic ideas, and basic theories of science, while philosophical ideas are highly abstracted and generalized theoretical ideas, embodied in the view of science, the scientific methodology, the conception of nature, and the social outlook. The important embodiment of these ideas is in the form of the writings of relevant scholars throughout history, in addition to the results of scientific activities such as observation and experimentation, as well as the results of objects such as experimental tools. The facts in the early history were mostly natural discoveries or accounts of empirical descriptions, notes of expeditions, and experiments while lacked theoretical generalization. However, behind these results, theoretical and philosophical thinking is implicit. The difficult task of "tracing" the ideas behind the concrete results has been entrusted to researchers in the history of scientific thought.

Theoretically, the history of disciplinary thought in specific countries should also follow the same lines as the study of the history of scientific thought. In practice, however, many studies differ from this. Take the history of Chinese economic thought and the history of Chinese geography thought[①] as examples. The history of Chinese economic thought focuses on sorting out the economic thought of various historical dynasties[②], with some focusing on ancient times[③], and some on modern contemporary times[④]. The history of Chinese geographic thought also focuses on the perspectives and methods of geographic writings from various historical dynasties (*periods*)[⑤]. This differs from the emphasis on the *stages* of development of the discipline in the history of scientific thought. In addition, the intellectual development of disciplines, especially those relat-

---

① There is no official publication of the History of Chinese Geographical Thought, but Wang Chengzu: A History of Chinese Geography (First Part) (Beijing: Commercial Press, 1982), and Zhao Rong et al.: A History of Chinese Geography (Qing Dynasty) (Beijing: Commercial Press, 1998) focus on geographical thought.

② Hu Jiohuang: The History of Chinese Economic Thought [M]. Shanghai: Shanghai University of Finance and Economics Press, 1998.

③ Tang Qingzeng. The History of Chinese Economic Thought [M]. Beijing: Commercial Press, 2010.

④ Zhong Xiangcai. History of Chinese Economic Thought [M]. Shanghai: Shanghai Academy of Social Sciences Press, 2016.

⑤ The History of Chinese Geography by Wang Yong (Beijing: Commercial Press, 1998) and the two works in foot note ② above apply history period as the main line of chapters.

ed to the humanities and social sciences, is closely related to the socio-economic con-
text in different historical periods, which reinforces the historical periods in studying the
history of ideas in related disciplines.

Based on the above analysis, we consider that the history of Chinese economic ge-
ography thought can be positioned in this way: that is, on the basis of an examination of
the evolution of theoretical and philosophical ideas during the formation of science by
considering the history of scientific thought, the analysis focuses would place on the
characteristics of the stages, the combing of veins and the direction of change of eco-
nomic geography thought in different periods of Chinese history over thousands of years.

The second issue is the definition of the idea of economic geography. Economic ge-
ography is the study of the location of economic activity, its spatial pattern, and its re-
lationship to the geographical environment. The empirical observations and accounts as-
sociated with this have been made for ages. The observation of geographical phenome-
na, the description of landscapes, plants, animals, and minerals, and on this basis the
cultivation of crops, the breeding of animals, the smelting of metals, and the manufac-
ture of utensils were the main early forms of representation of geographical differences in
economic activity. On the basis of numerous empirical studies, people gradually sum-
marized the geographical characteristics of goods and products, generalized the relation-
ship between goods and geographical conditions, and condensed relevant theories and
philosophical ideas. Especially since the emergence of economic geography as a disci-
pline, professional scholars have from time to time produced some theoretical results.

In this way, before economic geography became a discipline, the accounts and
discussions related to it in ancient philosophical, geographical, historical, and literary
writings were an important source of economic geography ideas. After the emergence of
the discipline, its ideas were mainly derived from the works of economic geographers.
However, due to the cross-disciplinary nature of economic geography, researchers in
both geography and economics have contributed to the field from the perspective of their
own disciplines, and these related disciplines include branches of geography such as ur-
ban geography, physical geography, and geographic information science, and econom-
ics such as regional economics and spatial economics (or new economic geography).

From an inclusive perspective, it is also important to consider the contributions of related aspects in practice. From the "dynastic geography" of ancient China, in which dynasties took the initiative to plan their economic activities[1], to Sun Yat-sen's vision of China's regional development pattern, to the post-1949 strategies of national leaders for balanced and coordinated regional development, important ideas of economic geography have been implied. In addition to this, practitioners of economic activity (e. g. government officials in economic planning departments and entrepreneurs) also had relevant views on the location and spatial pattern of economic activity. All of these should be considered when studying economic geography ideas.

The third question is how to deal with the weighting of the ancient and the modern in the history of ideas. In that respect, of the three histories of *Chinese Economic Thought* mentioned earlier, two deal only with the pre-modern period, and one gives equal space to the ancient, modern and contemporary[2]. *The Histories of Chinese Geography* all focus on the development of geography before the modern period. As the development of economic geography is closely related to the economic and social context, economic activity in pre-modern China was predominantly agricultural, the economic geography thought after the modern period appears more significant. Therefore, despite the long history of ancient Chinese society, this book divides the development of Chinese economic geography thought into three main phases: ancient, modern and contemporary, in accordance with the commonly used criteria for the staging of Chinese history. In the contemporary period, which began in 1949, the socio-economic background, the state of development of economic geography, the research methods of the discipline, and the characteristics of thought all differed quite clearly over time, so the contemporary period is divided into three sub-periods: The planned economy period in the mid-20th century (Contemporary Period I), the reform and opening-up period in the late 20th century (Contemporary Period II) and the period of development and ad-

---

① Tang Xiaofeng. From Chaos to Order: A Historical Essay on the Geographical Thought of Ancient China [M] . Beijing: China Book Bureau, 2010.

② Zhong Xiangcai. History of Chinese Economic Thought [M] . Shanghai: Shanghai Academy of Social Sciences Press, 2016.

justment in the first two decades of the 21st century (Contemporary Period III) . The three periods have been treated in this way to better illustrate the changing conditions in China's economic geography since the mid-20th century, which has changed more rapidly.

(II)

This book is divided into eight chapters, providing a preliminary study of the history of Chinese economic geography thought. Chapter 1, the introduction, defines the relevant concepts involved in the book, analyses the development of economic geography thought, and defines the historical periods; chapters 2 and 3 deal with economic geography thought in ancient China and modern China respectively; chapters 4, 5 and 6 examine economic geography thought in the mid-twentieth century, the late twentieth century and the first two decades of the twenty-first century respectively; chapter 7 focuses on economic geography thought with Chinese characteristics; Chapter 8 proposes some forward-looking thoughts on the future development of economic geography based on the study of the history of economic geography thought. The main research findings throughout the book can be summarised as follows.

Firstly, the history of Chinese economic geography is a history of the development of the idea of the relationship between economic activities and geographical environmental conditions. In the ancient period, people gradually understood the characteristics of natural geographical conditions in living practice and formed the idea of adapting or making limited use of these conditions for economic activities; in the modern period, the idea was gradually deepened, and through the understanding geographical conditions in various places, the influence of some elements of geographical conditions (such as climate, topography, and soil) on crops and the that of mineral resources and other raw materials on industrial zones were further recognized. In Contemporary Period I, scholars of economic geography attached importance to the use of natural conditions and conducted a comprehensive study of natural conditions and natural resources from the perspective of national demand, so as to make full use of geographical conditions to develop production. In Contemporary Period II, scholars studied the relationship between people and land from the perspective of territorial development and territorial planning, and proposed spatial structure theories such as the "point-axis system" theory based on the rapid changes in regional patterns brought about by rapid economic growth, and suggested government regulations as their finding an expanding trend of regional differences. In Contemporary Period Ⅲ, the territorial primary function theory and its application were the main representative ideas of the relationship between economic activities and geographical conditions.

Secondly, Chinese economic geography thought is characterized by different periods.

The features of the ancient period include: ①the recognition, account, and summary of the places where different economic activities (such as farming, animal husbandry, mining, storage, and transport) took place and of their regional differences; ②the early ideas of the relationship between the location of towns and transport, and the population of towns and the surrounding land; ③the idea of comprehensive regional economic research implied by the vast number of local chronicles; and ④the idea of fieldwork in economic geography inherited from travelogues.

In the modern period (1841-1949), attention began to be paid to the spatial distribution of industrial and commercial activities, and the idea of the relationship between the location of different industrial sectors and geographical conditions was identified; attention began to be paid to the economic development of coastal and riverine areas and ports and cities, and the strategy of national regional development pattern was planned; foreign views and methods of economic geography began to be introduced, and economic geography emerged as a professional field.

In the contemporary period Ⅰ (1950-1978), the ideas of economic geography bore a strong Soviet imprint of this discipline, and the research objects and theoretical framework of economic geography did not differ significantly from those of the Soviet Union; taking into account the actual situation of China, many researches were made on the evaluation of natural conditions and natural resources and industrial layout, and the

theories of evaluation of natural conditions and economic geography, theories of agricul-
tural zoning and industrial layout were put forward, which were suitable for the national
conditions of China at that time. These studies have made agricultural geography and
industrial geography the two strongest sub-disciplines in Chinese economic geography.

The contemporary period II (late 20th century) is very special in the development
of Chinese economic geography thought. ①In the context of reform and opening up, the
idea of regional unbalanced development strategies dominated the national economic de-
velopment pattern in the period. ②In the context of land reclamation and territorial
planning, scholars put forward a series of theories and conducted surveys on national
land use to reveal land use differences and distribution patterns. ③On the spatial pat-
tern of economic development, Lu Dadao and other scholars put forward the theory of
point-axis progressive diffusion and point-axis spatial structure, which scientifically
explained the mechanism of economic space formation and furthermore, proposed a "T"
pattern of land development and economic layout in the light of China's actual situa-
tion. This theory, together with other scholars' "dual-core structure model", network
patterns, and symmetrical distribution theory of economic geography, has formed a
group of important contributions to Chinese economic geography thought. ④After years
of research, the theory of industrial geography with Chinese characteristics was pro-
posed, including the spatial pattern of state-owned industries, rural industries, and
foreign-funded enterprises, especially, the relationship between enterprises and regions
from a micro perspective, which gradually formed the direction of corporate geography
in economic geography. ⑤In response to the huge burden brought to the ecological en-
vironment by rapid economic development, economic geographers employed the theory
of human-land coordination to put forward the ideas of diagnosis, early warning and
pathways for regional sustainability.

Economic geography thinking in contemporary period III (the first two decades of
the 21st century) is characterised by the following features: ①Regional development
strategies were shifted to coordinated regional and urban-rural development and sustain-
able development under the guidance of the scientific concept of development and the
new development philosophy. ②Concerns were moved to the mechanisms of new factors

such as globalization, informationization, new modes of transportation, technological innovation, institutions, and culture on the economic geography pattern. ③Focuses were put on urban cluster economies and metropolitan economic zones, which play an important role in the national economic geography and made new discoveries on their drive on the national economy and their impact on the nation's regional economic pattern. ④The study of relatively backward regions drew attention, such as agricultural and farming areas, including summarizing the evolutionary process of farming area development, revealing the development mechanism of specialized villages, and exploring the study of the geography of farming households under the system of household responsibility. ⑤Following the tradition of research on the relationship between people and land, economic geographers created the theory of territory functions, revealing the mechanism of the orderly evolution of the spatial proportion of each regional function in accordance with natural zonality and economic patterns, and opening up the direction of environmental economic geography.

Thirdly, the historical evolution of Chinese economic geography thought is examined. According to the principle of continuous succession and formation of the main economic geography theories and methods, China's thousands of years of economic geography thought can be sorted out into three major veins: The first vein is historical records and human-land relations thought: that is, with the rich historical records as the carrier, from the regional differences of economic activities to the study of the relationship between such differences and geographical conditions, forming the main line of human-land relations in China's economic geography thought; among them, the vast amount of local records provides the practical experience of human-land relations in various places, supplying very precious basic facts for theoretically summarizing the relationship between economy and geographical conditions in a long historical period. The second Nein is travel expeditions and fact acquisition and analysis: it roughly parallels the first line, in which early travel expeditions and observation accounts formed a perceptual understanding of the form, location, function, and changes in economic activities and their associated geographical environment; the ancient tradition of expeditions, accounts, and analysis, together with modern scientific expeditions, economic geographic surveys and remote sensing and geographic information system, rapidly acquired vast amounts of economic spatial data, forming a logic of ideas inherited before and after. The third vein is the foreign introduction and localization of diverse ideas: From ancient times to the present, especially in modern times, many foreign economic geography ideas have been introduced into China, and through the process of learning, digesting, integrating, improving, and innovating, they have been combined with local theories and practices to promote the development of Chinese economic geography theories and methods. In particular, these imported theories, methods, techniques, and thinking have played an important role in promoting the gradual scientificisation of traditional ideas on the relationship between economic activities and the geographical environment. In the course of the evolution of the three veins, the understanding of geographical conditions in economic geography has gradually changed: from "first nature" to "second nature", theories such as "point–axis system" and "territorial function" have focused on the economic basis of the region in question.

Fourthly, the study of the history of Chinese economic geography ideas brings us some further speculation. ①The history of the interaction of people and places in different countries has led to different economic geography ideas. Compare China with Western Europe, for example. China is a vast country with huge geographical differences, having areas with rich resources as well as areas with harsh environments. This made it necessary for the ancestors, first of all, to recognize the geographical environment from the perspective of the whole country and to select suitable areas for economic activities. The relatively small size of Western European countries, in contrast, with relatively homogeneous geography made the selection less important, while replacing it with economic mechanism (motives). Accordingly, Chinese economic geography focuses on the conditions of the geographical environment, while Western European economic geography focuses on human economic motivation, assuming that the geographical conditions are homogeneous and that the decision–makers are the economic man, and reasoning about the general rules of economic location selection, the spatial pattern of agglomeration and dispersion. Both of these ideas are based on different aspects of economy and geography and both have some validity. However, with the deterioration of resources and the environment as a result of rapid economic development as well as the great variation in geography from a global perspective, the holistic idea of economic geography embedded in the Chinese context will become more acceptable in the long run. ②In specific studies, economic geography in some Western countries follows the logic of the natural sciences and seeks the essential cause–and–effect relationship behind the intricate appearances. Despite the complexity of the geographical environment, the basic nature of their interactions is general (e. g. they all seek economic gains); based on some assumptions, logical reasoning and mathematical model analysis are used to finely explore regional economic differences, location differences, spatial structure. In contrast, the holistic idea of the human–earth relationship developed in China is explainable at a philosophical level but more difficult to be examined by using the mathematic language. The two approaches learn from each other and complement each other, which is conducive to the in – depth development of the discipline. ③Based on the first two points, we believe that the conditional rule is very important in the study of Chinese economic geography. Any scientific law is established under certain conditions. If a country's spatial pattern of economic activity is different from that of other countries, it should give rise to a theory of economic geography under these specific conditions. The special national conditions of China, and the special development conditions of different regions of China, can lead to new discoveries in the study of the mechanism under conditions. ④Some problems in the development of Chinese economic geography thought are worth mentioning. For example, more emphasis is placed on the description of economic geography phenomena, and not enough on explanations that rise to the level of principles; more research questions are oriented to realistic needs and less to critical problems of the discipline; more analysis of realistic conditions and changes in past facts, and less research on rules that still work for the future and using them to predict development; more empirical research using a variety of methods, and less ideological results.

(Ⅲ)

Several scholars contribute to this research. Among them, Li Xiaojian proposed the outline and general idea of this book and invited scholars with relevant backgrounds in the fields of economic geography and history to organize a research team. Chapters 1 and 7 were completed by Li Xiaojian; Chapter 2 was finished by Professor Min Xiangpeng at the Centre for Yellow River Civilisation and Sustainable Development, Henan University; Chapter 3 was completed by D. Yang Huimin, Lecturer at the School of Tourism and Exhibition, Henan University of Economics and Law; Chapter 4 was completed by Associate Professor Shi Huina; Chapter 5 by Professor Luo Qing, Chapter 6 by Associate Professor Meng Deyou, Chapter 8 by Dr. Wen Yuzhao, all from College of Resources and Environment, Henan University of Economics and Law. In addition, Appendix 1 was contributed by the Editorial Department of Economic Geography, and Appendices 2 and 3 were completed by D. Lou Fan of the Editorial Department of *Economic Survey*. The final revision of the manuscript and some historical fact-checking were done by Li Xiaojian.

It took two years to complete the first draft. We then spent nearly a year revising the drafts and solving the problems found. During the consolidation process, we considered the following objectives: firstly, to organise the chapters along the logical lines of "background conditions-research work and writings-economic geography ideas". Secondly, we tried to discover the hidden ideas on the basis of the "fact" in our writing; we tried to make sure that everything was based on evidence and stood the test of time, while not omitting the relevant important issues; we explored the ideas of the historic records from the surface to the inside, focusing on the highlights of the ideas and recovering the lineage of ideas in different periods. Thirdly, all authors try to stand tall and look far ahead, a historical period is part of the whole history, through research to discover the "high points" of theories, methods, and thinking of each period; then in the comparison between periods, the "connecting threads" between the various "high points" are then established. However, these are the goals that we are working towards, and we know that we are still far from them, but we are doing our best to reduce the gap.

Although this 505000 - word book seems to be a bit of a "walk in the park", I have further understood the long and profound history of Chinese economic geography. The current research of economic geographers is closely related to the current stage of economic development, national conditions, and people's needs, but it should inherit the tradition and innovate over time. The long history of economic geography thought in China is just like a large river running for thousands of years. Each of our current economic geography research may be a drop in this long river. If we combine the history of the development of the ideas of predecessors with the future that will be formed afterward, only the research with more scientific and intellectual emphasis could make the drop brighter in the historic river.

We are grateful for the support and assistance of many people in completing this work. We thank Professor Sun Jiuwen of the Renmin University of China for entrusting us with the research project and for comments on the draft! Thanks to Professor Hu Xuwei of the Institute of Geographical Sciences and Resources, Chinese Academy of Sciences, who, despite his 94 years of age, gave an hour-long telephone interview about some of the economic geography researchers of the mid-to-late last century! Thanks to Professors Hu Zhaoliang and Wang Jiezi of Peking University, Professor Cui Gonghao of Nanjing University, Senior Researcher Yu Xiaogan of the Nanjing Institute of Geography and Lake Research of the Chinese Academy of Sciences, Professor Xu Xueqiang of Sun Yat-sen University for their valuable elaborations in the verification of relevant historical facts! Thanks to Economy & Management Publishing House for support! Thanks to Dr. Xu Jiawei of the *Economic Survey* for participating in the initial discussions! Thanks to my Ph. D. student Zhu Ruiming and Master's student An Di for their wonderful work as research assistants! Thanks to the National Natural Science Foundation of China (41971223) and the Provincial-Ministry Collaborative Centre for Yellow River Civilization (2020M18) for their financial support!

Although our team has devoted itself to this research for some time, there are still many limitations in this book. In particular, the book defines the idea of economic geography to include the relevant studies in regional economics and spatial economics, but in the quantitative analysis of the literature, it only focused on literature with the label "economic geography" and does not sufficiently cover papers from these disciplines. This is partly due to difficulties in identification in the bibliometric analysis, partly because regional economics or spatial economics are separate and sister disciplines. A better treatment is expected in future studies.

At present, no specific book on the history of economic geography thought has been published. It is hoped that more scholars pay attention to this research and contribute to the international literature on the subject by uncovering economic geography ideas with county's characteristics.

Li Xiaojian

Henan University, Henan University of Economics & Law

March 2022

目　录

中国经济地理思想史

第一章　绪论

第一节　经济地理学及经济地理思想

在国际上，"经济地理学"名词最先是俄国科学家罗蒙诺索夫（M. F. Lomonosov）于 1760 年提出的（Морозовой，2011）。1882 年，德国地理学家葛茨（W. Götz）在《柏林地理学会会志》上发表的《经济地理学的任务》一文，论述了经济地理学的性质特点，标志着经济地理学成为一门独立的学科（Gregory et al.，2009：178）。中文的"经济地理学"在 20 世纪 20 年代出现（王庸，1926）。在此之前，学者从不同角度论及经济地理思想。在梳理经济地理思想之前，很有必要讨论经济地理学及经济地理思想范畴。

一、经济地理学的定义

（一）经济地理学的不同定义

经济地理学思想，可从其学科定义反映出来。在经济地理学发展中，不同学者从不同角度阐述了经济地理学的定义。在国际上，西欧、北美一些国家学者的定义在学术界具有一定影响，苏联学者也在这方面进行了大量探索。这两种学术思想均在我国有所体现，但我国学者结合我国实际又有新的贡献。

1. 欧美学者的经济地理学定义

21 世纪以来，根据欧洲一些国家及美国、加拿大的一些大学经济地理学教科书和其他相关著作中关于经济地理学研究定义的表述（见表 1-1），可以对经济地理学的定义做如下概括：经济地理学研究经济活动的空间侧面；经济活动不仅包括生产也包括流通，包括非实体经济的金融、文化等活动；经济活动空间侧面包括区位和分布、空间组织和空间关系；研究可从不同尺度进行，包括地方、区域、国家及全球性的研究。

表1-1　英国、美国、加拿大、德国等国学者关于经济地理学的定义

序号	主要观点	学者及出处
1	经济地理学是描述和解释经济活动发生和流通之地方和空间的学科	Barnes et al.，2004；Anderson，2012
2	经济地理学是理解经济活动的发生地、原因及存在问题的学科	Clark et al.，2018
3	经济地理学研究物品（如食品、房舍乃至各种商品、货币、文化和景观）是什么、在哪里，以及何时被生产	Sheppard and Barnes，2003
4	经济地理学企图通过不同尺度的地域（地方、区域、国家、全球）从多个侧面解释经济过程，包括增长和繁荣、危机和衰退	Aoyama et al.，2011
5	经济地理学长期关注不同地方经济活动之间复杂的联系	Wood and Roberts，2011
6	经济地理学不再是描述、分类和刻画各地的经济现象，而是解释空间经济现象及其关系，并形成理论	Leyshon et al.，2011
7	经济地理学研究经济活动的区位和空间分布的差异，经济功能和社会福利的地理分异，不同空间经济活动的联系	Hayter and Patchell，2019
8	经济地理学研究经济活动的区位和分布、地理不平衡发展的作用及地方和区域经济发展的过程	Machinnon and Cumbers，2018
9	经济地理学主要解释空间经济结构和过程	Liefner and Schätzl，2017

注：本表仅选择2000年以来出版或再版的部分相关著作。

2. 苏联学者的经济地理学定义

苏联[①]学者关于经济地理学的定义有两种不同观点（吴传钧等，1997）。一种是区域学派，以地理学家巴朗斯基（N. N. Baransky）、科洛索夫斯基（N. N. Kolosovsky）和萨乌式金（Y. G. Saushkin）为代表。该学派认为经济地理学研究地域生产综合体（Territorial Production Complex，TPC）（或经济区）的形成、功能、内部结构、空间形式、内外经济联系和进一步发展的途径。他们比较重视自然条件的评价和地区特征的分析。另一种是部门统计学派，以费根（Y. K. Feegen）和康斯坦丁诺夫（O. A. Konstantinov）为代表，认为经济地理学研究

_____

① 包括俄罗斯联邦及其周围的14个加盟共和国。1922～1991年这些国家统属苏联管辖。

生产力和生产关系相统一的生产的配置。

从苏联学者在经济地理学定义中对"地域生产综合体""经济区""生产的配置"等的强调可以看出，基于计划体制的背景，他们所主张的思想主要从政府的作用出发，而对市场经济本身的空间结构规律则不够关注。

3. 我国学者的相关讨论

20 世纪 50 年代，苏联学者在经济地理学研究上的一些观点传入我国，并引起了我国学者的相关争论。60 年代和 70 年代，我国经济地理工作者基于本身的研究实践提出，经济地理学主要研究生产发展对生产配置的要求和作用于生产配置的生产条件之间的矛盾（简称"要求与条件"矛盾）；也有人认为，该基本矛盾是生产部门与生产地区之间的矛盾（简称"条条与块块"矛盾）（中国地理学会经济地理专业委员会，1962）。

20 世纪 80 年代以来，欧美学者的观点被引入我国经济地理学术界。同时，我国改革开放的探索和创新，逐步形成了具有中国特色的市场经济体制。这种体制对经济地理现象的形成具有十分特殊的作用。在苏联学者的观点和欧美学派的交互影响下，我国学者基于我国特殊国情，对经济地理学的定义进行了新的探索，主要观点包括：

（1）经济地理学研究人类经济活动的地域体系，其核心是生产的地域布局体系（吴传钧，1985）。经济地理学研究的核心内容是经济活动和地理环境相互关系的地域系统的形成过程、结构特征、发展趋向和优化调控（吴传钧等，1997）。

（2）经济地理学研究人类的经济活动在地球表面的分布状况、特点，以及发展变化和地域分异的规律性。也可以说，经济地理学主要是研究生产分布的地域系统的一门学科（曹廷藩等，1991）。

（3）经济地理学是研究各国、各地区生产力布局及其发展条件和特点的科学（胡兆量等，1987）。经济地理学是研究产业结构和产业布局演变规律的科学（杨万钟等，1999）。

（4）经济地理学是研究经济活动区位、空间格局及其与地理环境相互关系的学科（李小建等，2018）。经济活动可以从产业角度切入，也可以从企业等角度梳理（李小建，1999）；其区位既包括经济活动发生的具体场所（如工厂、商店、农场、银行、车站、码头、交通线路等的位置），也包括大型公司所属各分部（如工厂、商店、运输公司等）的区位关系；其空间格局可以从不同尺度研究经济空间差异，也可以研究一定区域内企业、产业部门之间的协调发展，研究区域之间的经济差异、经济增长变化、经济分工与合作、经济要素的区际流动等问题。经济地理学研究的经济活动的地理环境包括自然环境、社会文化环境、经济环境等。该研究包括微观尺度上的企业区位与环境关系、中观尺度上的区域经济与地理环境关系、宏观尺度上的经济全球化与环境条件利用，等等。

（二）本书的经济地理学定义

以上不同国家的学者立足于不同的学科背景，对经济地理学定义的阐述，对于我们认识经济地理学都有一定启发。但是，总结以上观点可以看出，经济地理学定义中对经济活动空间（区位也具有空间含义）有较多强调，而对经济活动与地理环境关系的论述不足。这主要是因为该学科的发展一直处于经济学和地理学之间。尽管这两个学科的研究进展及理论、方法都影响经济地理学，但经济学的研究成果，对经济地理学理论化和科学化的影响更为明显。

但从学理层次分析，经济地理学除了包括经济活动区位、空间结构、区域经济差异等一般规律之外，还应包括地球表面经济圈层与自然地理圈层、人文圈层的相互作用关系。如果前者称为狭义的经济地理学，后者则可称为广义的经济地理学。在中国古代经济地理思想的演变中，曾有不少论及经济活动与地理环境的相互作用。本书作为研究包括古代在内的中国几千年经济地理思想的专著，选择广义的经济地理学定义。

二、经济地理思想及思想史

（一）经济地理思想

经济地理思想除了包括经济地理学思想之外，还包括该学科形成之前的相关思想，包括其概念、假设、定律、理论、方法、研究重心等（孙俊等，2014）。基于经济地理学主要研究对经济活动区位、空间格局及其与地理环境关系的认识，其思想可包括经济地理不同层次的内容，如对经济活动区位、空间格局的认识、记述、思考（见图1-1，"在哪里"），对其背后原因尤其是其与地理环境关系的特点、相关规律的探索（见图1-1，"为什么"），以及指导人们更好地利用地理环境，有效地、可持续地满足人类需求的经济活动的思想

（见图1-1，"怎么办"）。

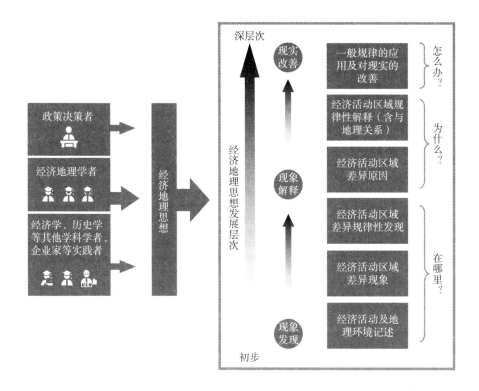

图 1-1 经济地理思想来源及层次

人们对经济活动与地理环境的认识处于不断的演变之中。早期，人们主要对了解的地理现象做出记述，记述一个地方的山水、植物、动物、矿物以及在野生动植物驯化后的种植作物、养殖动物，在矿物基础上制造的金属器皿等。这些物产是早期经济活动的主要要素。随着记述的增加，人们会逐渐关注这些物产的地域特点、物产形成与地理环境的关系等。比如，自然环境差异与物产的不同、土壤与适宜生长的作物、气候与农业发展、矿物出产地的差别等。

这些早期的记述主要突出经济现象的区域差异思想，是我国古代经济地理思想的主要内容。这为之后对经济现象空间分异规律的辨识奠定了基础。近代及现代经济地理思想具有更多的内涵，如经济地理学的性质和对象、经济活动与地理现象关系的一般规律、经济活动区位及空间格局规律、经济地理学研究的哲学思想、经济地理研究方法、经济地理成果的应用方向等。

（二）经济地理思想史

思想史梳理对于一个学科的发展具有重要的意义。学界在与经济地理学密切相关的学科——地理学思想史研究中，已出版多部著作。国际上普雷斯顿·詹姆斯和杰弗雷·马丁（James and Martin，1989）、保罗·克拉瓦尔（Claval，2015）的两本《地理思想史》，均已被译成中文出版。国内也有若干相关著作（如：杨吾扬，1989；刘盛佳，1990；王爱民，2010），其中刘盛佳的著作对中国地理学思想有较多阐述。此外，中国学者还在中国地理学史研究上做了很多工作，出版有多部著作（如：王庸，1955；王成组，1982；中国科学院自然科学史研究所地学史组，1984；赵荣和杨正泰，1998）。与地理学相同，在经济学思想史研究上，也有英文著作译成中文出版（如：兰德雷斯，2014；亨特，2007），中国经济思想史方面也有诸多研究成果（如：胡寄窗，1998；唐庆增，2010；钟祥财，2016）。这为中国经济地理思想史的研究提供了一些基础，但目前关于中国经济地理思想史的专门研究仍然很少。

在已经面世的著作中，刘盛佳在《地理学思想史》中阐述不同时期中国地理学思想时，谈到了与经济地理有关的内容。在近代、现代时期，这些内容更为明显。胡兆量等在《经济地理学导论》专列一章论述经济地理学发展史，对中国古代地理学中的经济地理思想进行了一些梳理。近年来，也有一些经济地理学研究的阶段性成果（如：陆大道，2000；李小建等，2014；樊杰，2021）。这些都为本书提供了重要参考。

经济地理思想史的研究可从多方面进行，由于中国经济地理思想可追溯的历史久远，不同历史阶段相关思想逻辑又有很大的差别，本书采用分阶段研究思路。在不同的历史阶段，根据可获得的研究文献，对相关的经济地理思想从不同侧面进行分析。在经济地理学发展的历史长河中，不同历史阶段研究思想的汇聚，推动着学科的不断前行。

（三）中国经济地理思想史

本书专门梳理中国经济地理思想的发展变化。顾名思义，本书研究对象的地域范围仅限于中国，包括现在中国范围内和历史时期古代中国所涉及范围内的学者和其他人员的相关思想。我们研究的经济地理思想，主要来自与经济地理相关的学者。但是，中国政府在区域经济发展中也起着重要的作用。一些政府领导人的观点也含有经济地理思维，尤其是在区域发展战略上，他们的思想起着重要作用。例如，孙中山关于中国区域发展战略的考虑（中山大学历史系孙中山研究室等，1985：254-267），毛泽东关于沿海与内地工业布局平衡关系的论述（毛泽东，1977：267-288），邓小平关于东部沿海地区对外开放和中西部地区发展的关系论述（邓小平，1993：277-278），胡锦涛科学发展观中的"协调"发展（区域协调、城乡协调）思想（《中国共产党简史》编写组，2021：342-344）。习近平新时代中国特色社会主义经济思想中新发展理念中的"协调""共享"思想（习近平，2016：197-200）等，具有明确的经济地理指导意义。因此，我们在相关章节把这些思想包含其中。经济地理思想多数来自经济地理学者，但在其他学者的著述中也会有相关内容。我们尽量将其列入，作为分析的依据。在经济地理学成为一个独立学科之前，这是经济地理思想的重要来源，即使经济地理学成为一个独立学科，一些学者跨学科的经济地理研究也很重要。除此之外，经济活动实践者（如企业家）在相关经济活动实践中，有不少涉及区位及其与地理环境关系的决策。他们的决策过程及结果，也是经济地理思想的一个来源（见图1-1）。

第二节　中国经济地理思想的发展脉络

经济地理学作为一门现代意义的学科，仅有百余年历史，但其相关思想源远流长。中国作为历史悠久的文明古国，积累了丰富的历史典籍，这些典籍包含有丰富的经济地理思想。从发展演化角度，我们遵循这些思想的主要来源文献以及背后的研究考察特点，将其梳理为史志脉络和游记考察脉络。近现代以来，世界其他国家经济地理思想的引入并结合中国实际的创新，可作为第三条脉络。

一、史志与人地关系思想脉络

从有文字记载开始，中国的历史典籍在记述历史事件时，常常包含有丰富的地理描述，其中不同程度地隐含着经济地理思想（见表1-2）。尽管这些思想以经济活动不同产业（主要是不同作物、畜牧业、自然物产、矿藏及采矿业、仓储、漕运等）的地方差异为主，但关于这些经济活动的记述中，也表露出了与地理环境关系的思想。例如，《礼记·王制》中的"广谷大川异制，民生其间异俗"（崔高维，1997：44），就包含着地理环境对人们生活习俗、制度有重要影响的观点。《孟子·公孙丑下》中的"天时不如地利，地利不如人和"（孟轲，2018：32），含有人定胜天的思想。《管子·地员》篇提到的"地者政之本也，辨于土而民可富"（房玄龄，2015：22），《齐民要术·种谷第三》中的"顺天时，量地利，则用力少而成功多，任情返道，劳而无获"（贾思勰，1996：15），具有顺应和合理利用自然进行农业生产的思考（见图1-2，脉络I）。

表1-2　与经济地理思想有关的部分中国历史典籍

历史典籍名称	时代	经济地理思想
《礼记·王制》	先秦至两汉	广谷大川异制，民生其间异俗
《山海经》	春秋战国至汉初	物产（矿物、药物）、民族分布
《管子》	春秋前期	土壤与作物、水和农业、铜铁产地等
《禹贡》	战国后期至汉初	九州方位、土壤、物产
《史记》	两汉	河流决口与农业生产、河流治理、水利工程、粮食漕运等
《汉书》	东汉	《地理志》中记述郡县的山川、物产、户口、城邑乡村、关塞亭障、名胜古迹等 《食货志》中记述田制、户口、赋役、仓储、漕运、农业、畜牧业、手工业、采矿业、市场等
《齐民要术·种谷第三》	北魏末年	顺天时，量地利，则用力少而成功多，任情返道，劳而无获

资料来源：胡兆量等（1987：2-7）；王庸（1955：7-8）。

　　在中国古籍中，地方志占有重要地位（刘盛佳，1990：61）。作为一个地方的综合性记述，地方志的内容包括该地区的建制沿革、行政区划、山川河流、户籍人口、农事物产、水利交通、城邑关塞、风土民俗等。其编纂对象可为全国，也可为省区，更多为各府、州、县，还有都邑、乡镇、关隘、土司、盐井、衙署等尺度更小的区域。地方志始于东汉（刘盛佳，1990：59），延续至今。它不仅提供了所记述地区经济地理发展变化的珍贵史料，也包括有一些地域经济活动特征及区域差异的阐述。尤其是唐朝以后，人们在地方志中加入了地图，给这种思想以直观的表达（胡兆量等，1987：7）。随着历史的发展，人类经济活动覆盖的地域范围逐步扩展，经济活动种类也逐步增加，地方志中的相关记述对各个地区的开发过程、经济活动扩散及经济空间联系思想发展也具有重要意义。

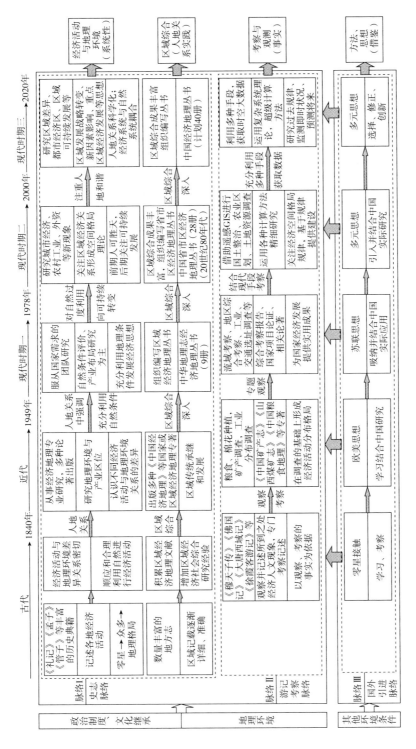

图 1-2　中国经济地理思想发展脉络

史志脉络在中国经济地理思想发展中起着重要作用，其对经济地理发展的最重要财富是所隐含的人地关系思想，即经济活动与地理环境密切相关的思想。在经济地理学作为一个学科出现之后，这种思想被很好地承继发展，在近代体现在工农业区位与地理环境关系研究中，在现代体现在自然资源评价、经济地理空间格局、区域可持续发展等研究之中。随着经济地理学的发展，人地关系思想一直作为学科命脉主线，越来越显示旺盛的生命力（见图 1-2），逐渐由"认识自然、利用自然、改造自然，到自然的可持续利用、人地和谐转变"。其研究也由哲学层面的思考，逐渐深入到对两者关系的实际情况的认识，到不同时期关系演变的科学表达，到未来关系的研判。史志脉络的另一珍贵之处是从地方志中体现的区域综合研究思想。受此思想的影响，中国现代经济地理学研究中，也非常注重区域经济地理研究。如，20 世纪 50 年代曾出版的"中华地理志经济地理丛书"（9 册），80 年代出版的"中国省市区经济地理丛书"（28 册）以及正在陆续出版的"中国经济地理丛书"（计划 40 册）。史志脉络形成了中国经济地理的人地关系传统和区域研究传统。

二、游记考察与事实获取及分析脉络

与史志脉络并行发展的，是来自旅行记述的游记考察脉络。这支脉络强调实地考察和观测，从而形成经济活动及其相关地理环境的形态、位置、功能及其变化的感性认识。从公元前的《穆天子传》（郭璞，1992）到公元 5 世纪的《佛国记》（法显，2008），再到唐朝玄奘的西行记述（黄坤，2010）和明朝的《徐霞客游记》（徐弘祖，2016），游记是地理学思想史的重要组成部分（刘盛佳，1990：71）。从经济地理角度来看，这些古代的游记是各种人文经济现象调查、考察的最早形式。它们和近现代的考察和观测可以连成中国经济地理发展史中的另一支重要发展脉络。沿着这一脉络，人们得以观察和研究经济现象的地理格局，发现这种格局的形成规律。

《穆天子传》被称为世界上最早的游记（刘盛佳，1990：73）。穆天子指西周第五代君王姬满，死后谥号穆王。该书为穆王出游记录，描述了其沿途的地理情况。除了山川地形、河流、冰川、沙漠之外，还有对交通情况的记述（郭璞，1992）。之后，西汉的张骞（约公元前 164 年至公元前 114 年）的探险涉足现中国西北的兰州、吐鲁番、帕米尔高原、阿富汗、巴基斯坦、中亚土库曼斯坦以及中国南部的印度等地，记述了这些地方的山川地势、交通及市场货物，是亚洲腹地早期重要的地理描述（梁中效，2015）。继张骞之后，接连有东汉的班超出使西域，以及东晋的法显、唐朝的玄奘、宋末的丘处机等游历西部、北部和南部边境国家的重要记述。班超曾抵达波斯湾，开辟了横贯亚洲进而沟通亚、欧、非三洲的陆上通道（魏连科，1981）。法显经帕米尔高原进入印度，在恒河流域旅行，后经斯里兰卡，绕苏门答腊岛，过南海、东海，在山东崂山登陆。他将旅行经历写成《佛国记》一书，生动地描述了途中的艰难险阻，记述了中亚及印度的地理及社会生活习俗（法显，2008，卷二：60-85）。在斯里兰卡部分，作者描写了该国由一主岛与若干小岛构成，出产珍珠、宝石，并在贸易方面有重要地位。在中印度，作者写道："寒暑调和，无霜雪，人民殷乐，无户籍官法，唯耕王地者，乃输地利，欲去便去，欲住便住"（法显，2008，卷三：86）。

继法显之后，唐代的玄奘在公元627年开始西游，历经17年，游历了110个国家和地区。其将旅途考察形成了《大唐西域记》（玄奘，1977）和《大慈恩寺三藏法师传》（慧立等，2000）。比起《佛国记》，两本书观察的深度、广度大有进步。例如，对高山、冰川的观察与记述相当深刻，尤其是关于冰川对人类交通和生活的影响，有些文字涉及因果关系的探讨；在对国家地理的描述上，包括了面积、都城、地形、水利、农产、服饰、货币、语言文字、风俗等，内容相当全面（胡兆量等，1987；刘盛佳，1990）。

15世纪的郑和下西洋在世界地理学史上具有极其重要的地位，它不仅具有探险考察性质，还对国际贸易有开拓性影响。郑和船队以中国丝绸、茶叶、瓷器、手工艺品等特产交换其他国家的香料、药材、象牙、珍宝、奇禽异兽等（胡兆量等，1987）。其相关旅行记述，包括相关国家的民族、宗教、风俗、物产、服装、住房及与中国的商品交易情况等，扩大了中国的已知世界，开阔了经济地理的研究视野。

17世纪，徐霞客在地理学研究中有重要贡献。他受中国古代地理学思想的影响，按照中国古代科学所倡导的务实精神从事地理考察研究。《徐霞客游记》内容广泛，除了自然地理诸要素的考察记述外，还有一些各地经济地理情况的记录，如矿产、手工业、居民点、物价等。他提出人类活动对自然地理改变的影响，如太和山森林之所以保存，是"盖国禁也"；嵩山、少室山之所以无森林，是因为"樵伐无遗"（徐弘祖，2016：27）。英国著名学者李约瑟曾称"他（指徐霞客——引者注）的游记读来并不像17世纪学者所写的东西，倒像一位20世纪的野外勘测家所写的考察记录"（李约瑟，1976：62）。

游记脉络形成考察、记述和分析的传统，在近代和现代经济地理发展中，不断发扬光大。20世纪50年代之后，为满足国家经济建设的需要，中国地理学家进行了大量自然资源综合考察工作（邓静中，1993）。这些考察和研究在中国工农业建设和交通发展中，起到重大的基础作用。改革开放之后，伴随着遥感技术和地理信息技术的发展，借助现代计算科学和现代通信科学，地理学家可以利用多种手段快速获取海量经济空间数据，并进行科学分析。尽管今非昔比，但其研究的思想逻辑具有一定的历史传承。

三、国外引进及多元思想本土化脉络

不同国家的科学交流对经济地理学的发展起着重要的促进作用。基于几千年来中国文化传统形成的中国经济地理思想，在与不同文化传统下的其他国家相关思想的交融中，吸收先进的成分，形成新的创新思想，从而促进了中国经济地理思想的发展。

16世纪中叶以后，西方地理大发现中的相关知识传入中国，在一些方面对地理学研究（包括经济地理研究）有一定的启示。例如：新世界地图显示许多中国人所未认知的国家和地区，不同国家来华的传教士带来世界五大洲及南北极、赤道、北极圈、大西洋、地中海等地理新知识，经纬度测量方法及在地球表面定位，等等。

这一时期内，也有一些国外经济地理著作在中国翻译出版。据统计，1853~1911年出版的中文地理学著作达58部（刘盛佳，1990：247）。其中，《经济地理学大纲》《世界经济地理教程》《苏联经济地理》（冯达夫和夏承法，1931；坡利斯·密努斯，1937；平竹传三，1936）等，为经济地理研究提供了重要参考。

鸦片战争后，中国一些有志青年到欧美和日本留学，接受近代地理学教育，回国后在人文经济地理教育和科学研究上，引入了新的思想。如人文经济领域的侯仁之、吴传钧、鲍觉民、李旭旦等曾于20世纪30~40年代在英国留学并获得硕士或博士学位，周立三曾于40年代在美国进修。他们将西方思想与中国的社会经济实际相结合，在引领 20 世纪后半期经济地理发展中做出了重要贡献。

20 世纪以来，先后有一些欧美地理学家受聘来华担任大学教授，直接影响一批学生的地理思想。比如，曾任哥伦比亚大学教授的葛利普（Amadeus William Grabau）于 1920 年来北京大学任教，他的多名学生成为杰出的地质学家。1925 年广东大学（中山大学前身）聘请了德国地理学家克勒脱纳（Wilhelm Credner）任教，他于 1929 年创办地理系；1931 年又聘请德国地理学家卞莎（Wolfgang Panzer）任教，他们培养了一大批杰出的地理学家（包括人文经济地理学家周立三、梁溥等）。1923~1929 年，沪江大学聘请后来任国际地理学会会长的美国学者乔治·葛德石（George B. Cressey）。中央大学于 30 年代聘请德国学者费思孟（Hermaum Von Wissmann）担任教授，任美锷、李旭旦、鲍觉民等著名地理学家曾接受过他的教育（刘盛佳，1990：255）。

其他国家的经济地理思想的引入，常经历学习、消化、模仿、改进、创新的过程。20 世纪上半叶，不少研究以介绍、学习、模仿西方经济地理思想为主，经济地理学的概念就是这个时期引入的。另一个值得关注的现象是，一些曾在西方的中国学者受到法国学者地理环境决定论、人地相关论等的影响，如白吕纳的《人地学原理》等相关著作的翻译出版，使中西方的人地关系思想得到了汇合。20 世纪 50~70 年代，苏联的经济地理思想在中国占有主导地位。改革开放以来，地理学家可以更为便捷地获取世界各国经济地理思想。大批中国地理学者赴其他国家留学或交流访问，一些国外学者来华从事教学和科学研究工作。这些来自世界各国的经济地理思想，在与中国特色传统思想的交融中，催生了解释中国特殊经济地理实际问题的创新成果。

第三节 中国经济地理思想发展的阶段特点

较少有人对中国经济地理思想发展过程进行系统研究。在相关研究中，胡兆量等（1987：35-41）论及经济地理学发展史时，论述了中国古代经济地理思想和 19 世纪末到 20 世纪 80 年代的经济地理学发展。刘盛佳（1990）把地理学发展过程划分为萌芽、初创、形成、发展四个阶段，分别以地理大发现、洪堡和李特尔出现、20 世纪中期作为分界。而中国地理学史的研究，有的以地理学的各分支（如地形、气候、水文、地理、生物地理、土壤地理、海洋地理、测量与测图等）作为主要脉络，梳理其各个历史时期的发展进步（如：中国科学院自然科学史研究所地学史组，1984），有的主要研究不同类别地理研究成果（如地理资料、地方志、地图、游记、地理专著等）的发展承继（如：王成组，1982）。根据中国经济地理思想的历史变化情况，本书根据通用的中国历史分期标准，以古代、近代和现代为主要阶段划分，再根据经济地理学的发展条件、经济地理现象、经济地理研究和思想特点，对现代阶段再细分为计划经济时期、20世纪后期和21世纪前20年三个时期，以较为详细地展现经济地理学在近70年的快速发展（见表1-3）。

表1-3 中国经济地理发展历史分期简表

历史时期	起止时间	分期理由	经济地理思想阶段特点
古代时期	先秦至第一次鸦片战争（1840）	中国地理学发展研究中以第一次鸦片战争之前作为古代地理学（中国科学院自然科学史研究所地学史组，1984；杨吾扬，1989），鸦片战争之后，中国政治、经济发生转折性变化，经济地理研究出现新特点	长时期稳定发展、缓慢积累，以哲学思想为主。主要思想：人类经济活动对地理环境的适应、农业耕作因地制宜、农业分区、物产和商业区域差异、城镇区位、区域综合研究、城乡规模与腹地关系、区域性商帮、实地考察思想（游记、探险等）
近代时期	1841～1949年	这是中国近代历史阶段。政治、经济发生多种变化，经济地理出现较快发展。经济地理学作为一个学术领域出现	国外引入与传统发展结合，但引入思想起主导作用。主要思想：经济地理学定义，农业地理、工业地理专门研究，提出区域发展战略思想，开始对经济地理格局进行解释，在研究中使用自然地理成果及地图技术
现代时期一：计划经济时期	1950～1978年	这是中华人民共和国成立后，计划经济起主导作用的特殊时期，经济地理研究带有明显的计划经济特征	计划经济主导，全面引入苏联经济地理思想。主要思想：经济地理学为政府服务，关注生产发展对布局要求与地理条件间的关系，集中于生产而较少考虑市场，重视自然条件对生产布局的影响，均衡战略起主导作用，关注对地理环境的利用和改造

续表

历史时期	起止时间	分期理由	经济地理思想阶段特点
现代时期二：20世纪后期	1979年至20世纪末	改革开放带来了中国经济管理体制变革和经济迅速发展，农村改革、市场经济以及西方经济地理思想的引入，使经济地理研究发生新变化	引入多种经济地理思想，研究多种新出现的经济地理现象，研究服务于政府与面向市场兼顾。主要思想：国土整治与国土规划，区域发展不平衡战略，提出"点—轴理论"等经济空间结构理论，发现区域经济差异扩大趋势并建议适当调控，提出区域可持续发展诊断方法及实施思路、外资与区域发展关系，引入多种新的研究方法、视角
现代时期三：21世纪前20年	2000~2020年	在经济社会快速发展基础上，经济地理现象快速变化，使经济地理研究出现新特点，经济地理思想创新发展	在经济总量、区域格局、发展与环境关系变化条件下，经济地理学成果丰富。主要思想：区域差异与区域协调，新因素对经济活动地理格局的影响，产业集聚、都市经济区、特大城市群地区的经济发展问题，农业、农村、农户的地理研究，人地关系与国家主体功能区划分（人地关系和谐），空间分析与大数据结合，进行预测性研究

资料来源：笔者整理。

一、古代时期

该时期始于先秦止于1840年。如果从有文字记载（甲骨文）算起，这段时期有3600年之久，但相关文献多始于春秋战国时代。历史典籍在记述历史事件时，常常包含有丰富的地理描述。这一时期经济地理思想主要包括经济活动、不同产业（如作物、畜牧业、自然物产、矿藏及采矿业、仓储、漕运等）的发生地及各地的差异（如《山海经》《管子》《禹贡》《史记》等）。也有一些文献在记述这些经济活动时，隐含经济活动与地理环境关系、经济地理区域划分的思想（如《史记·货殖列传》《齐民要术》）。尽管历经几千年，但其主要思想是人类如何通过对自然环境的适应和有限利用进行经济活动。古代时期人类的经济活动以自然农业为主线（钟祥财，2010：22），自然农业以生物的自然再生产为基础，这种生产与地理环境尤其是与气候、土壤、地形等关系密切。这一时期的经济地理思想突出表现在人类利用不同的自然地理条件和自然资源进行适宜的作物种植（见表1-2）（凌申，1990）。在对不同地区的资料进行收集与分析的基础上，2000多年前人们就进行了土壤分类（见《禹贡》《管子》《淮南子》；尹世积，1957：120-123；房玄龄，2015：390-398）以及地理分区（见《禹贡》；尹世积，1957：27-28）。

虽然中国古代经济思想中重农抑商是主要信条之一（钟祥财，2015：27），但不同时期对待商业的态度有所不同，比如南宋时期对市场机制和商品交换就有所重视（钟祥财，2016：22）。相应地，形成了中国特色的城镇经济和商帮思想。在政府的支持下，宋代的城镇及集市数量激增，其功能及空间结构也与农村差别明显。由于经济活动的特点不同，与乡村户相对应，出现了城坊廓户、镇坊廓户的管理制度（包伟民和吴铮强，2006）。而区域性商帮兴起，深受当地地理环境、交通条件、政府支持、文化传统等影响。

中国几千年的持续发展历史，形成了丰富的地方志文献。作为记述各级行政区域的综合著作，地方志蕴含着十分可贵的经济地理内容。局部地方志源于东汉，到南宋发展较快，其记述也更加详细，甚至带有地理位置说明（王成组，1982：57-59）。中国古代地方志书的经济地理价值包括所记述的自然资源情况（如煤、铁、金、银、铜、锡、石油、天然气、井盐等），土产、特产情况（如谷、蔬、菌、果、花、木、药、羽、毛、鳞、食货等）（中国科学院自然科学史研究所地学史组，1984：350-353）。

除以上内容外，中国古代经济地理思想多来源于数据文献的整理编纂，但空间性非常明确的自然与经济数据，为人地关系的历史演进研究奠定了重要的基础。地方志还介绍边界地区及域外考察探险。这些考察、探险的记录不仅丰富了经济地理的知识，也逐渐形成了经济地理实证研究中注重考察获得第一手数据的传统。

二、近代时期

本时期始于1841年止于1949年。这100多年中，中国政治、经济上的多种变革，深刻影响着经济地理研究。其中在20世纪上半叶，经济地理出现较快发展。在各种条件的影响下，这个时期"经济地理学"术语在文中出现，其研究有以下明显特点：①产业方面开始关注工商业活动的空间分布；②区域方面开始关注沿海、沿河地区及港口、城市的经济发展；③研究中开始引入国外经济地理观点和方法；④经济地理著作及论文成果逐渐增多。

与古代经济地理相关研究相比，这一时期的经济地理研究中，引入了国外相关研究论文著作的数量令人瞩目，国外学者的研究对中国经济地理开始产生重大影响。与此相应，中国学者借用引入的方法，对中国经济地理活动进行了考察研究，发表了可观的专业性成果。与古代只是在综合著述中包含的经济地理思想相比，王庸（1926）在参考英文文献基础上，提出了"经济地理学"的概念，从此经济地理学作为一个专门研究领域出现。

引入国外的先进思想与方法，与中国古代经济地理思想相结合，在这个时期的经济地理发展中，人地关系的研究更关注地理环境对经济发展和产业区位的作用，如矿产资源对工业地理、棉花生产对棉纺织业等。并根据工业发展趋势和各地地理条件，提出了工业发展的区域规划方案。在农业方面，学者指出了气候、地形和土壤对稻谷生产的影响，以及气候对冬麦和春麦种植的影响。根据各地气候、土壤、地形、水文等地理条件，学者提出了全国农业分区和一些作物（如棉花、稻米、小麦等）分区的方案。

在近代经济地理思想中，必须提及孙中山先生关于中国区域发展的战略考虑。他在《实业计划》中提出，以北、东、南三个世界级大港为中心，将中国划分为三个经济区，在每个经济区建立一个经济中心。通过水系和铁路系统，带动全国发展（孙中山，1985：254-267）。根据经济地理学者的经济地理思想，可以概括出四大特点：一是研究内容与社会经济实际需求结合；二是学术研究中注重实地考察调研；三是随着地图制图技术发展，其研究成果开始通过经济地图直观表现出来；四是引入的国外经济地理思想与中国的实际结合，开始探求格局背后的解释性结果。

三、现代时期一：计划经济时期

该时期始于 1950 年而止于 1978 年。之所以把这段时期单列，是因为这是一段非常特殊的历史时期。1949~1966 年，经过三年的恢复，之后经济快速增长。而 1966 年开始的"文化大革命"，导致国民经济发展缓慢，中国经济发展水平与发达国家的差距拉大。1978 年开始的改革开放，又使中国进入新阶段。除了经济增长的大起大落之外，这还是中国历史上计划经济起完全主导作用的一个特殊时期。中华人民共和国成立后，中国成为除苏联之外另一个采用计划经济体制的大国。中国的政府管理体制也与苏联相仿，这个时期的经济地理研究思想带有深刻的苏联烙印。

基于以上背景，这一时期的中国经济地理思想，是历史上政府行为影响最大的阶段，形成了独特的政府主导型经济地理研究。这些研究的思想可以概括为：

（1）对经济地理学研究对象的认识。在经济地理学研究对象上，学者们集中于生产配置（生产布局），而未顾及市场消费。这一阶段的后期，在生产布局的基础上，又提出了"生产地域综合体""生产力的地域组合"等概念。与此关联，一些学者认为经济地理学研究的关键是"要求"（生产发展对生产配置的要求）与"条件"（生产配置的各种条件）的矛盾；另一些学者认为是"条条"（生产部门）与"块块"（生产地区）之间的矛盾。关于学科性质，有人认为属于社会科学，也有人认为属于社会科学与自然科学间的边缘学科（曹廷藩，1981；祝成，1987）。

（2）自然条件的经济地理评价理论。面向国家经济建设需要，在这一时期，经济地理学在自然条件和自然资源评价上做了许多工作。在实际工作的基础上，学者们对理论进行了以下总结：①经济发展与生产条件、自然资源的关系，在不同区域、不同经济部门之间存在差异（邓静中，1963；曹廷藩，1964）。比如，农业和工业中的采掘业，自然条件和自然资源起着决定性作用，而那些对资源依赖或运费成本不高的产品生产布局，其发展与自然的关系就不那么密切。不同生产部门在评价中有不同的侧重点，农业侧重于土壤，工业侧重于原料、燃料来源和厂区位置和环境，交通运输业侧重于大地构造、地表地形、地表水与地下水等（梁溥，1964）。②自然条件评价原则，一是要从不同生产部门对自然条件的要求出发；二是在技术可能性的基础上，要与其他自然科学和技术科学结合论证其经济合理性。自然条件的评价工作的基本程序包括：第一步掌握评价尺度；第二步综合分析目标区域各有关条件；第三步找出主导因素；第四步划分不同等级的评价类型地区，论证其开发利用方式和经济发展方向（邓静中，1963）。

（3）产业布局理论。在农业方面，主要集中于农业区划的研究。认为农业区划要科学地揭示各地区的农业生产条件、特点、发展方向和增长途径的共同性和差异性。区划的基本原则包括（邓静中等，1960）：①农业生产与农产品需求相结合；②合理利用自然条件并考虑改造自然的可能性；③农业生产地域分工与综合发展相结合；④考虑合理利用劳动力资源；⑤考虑农业生产原有基础的利用和必要的改造；⑥保持一定的行政区划完整性但不完全局限于现有区划。农业区划中，关于农业生产专门化，学者存在不同看法。多数认为当时实行大面积的专门化生产条件还不成熟，尤其交通运输业、仓储系统、生产机械化等条件还与专门化要求不相适应（刘卫东，1992）。农业区划可以分为三级（何作文，1963），即在全国范围内按省、自治区、直辖市进行区划，在省、自治区、直辖市范围内先以农业部门地域分工进行区划，再以人民公社为单位进行区划。

在工业布局上，有地区平衡发展和不平衡发展两种发展战略（陈栋生，1986）。前者强调落后地区跳跃发展，直至与经济较好地区基本平衡，由此国家应将资源主要投向相对滞后的地区；后者在承认区域之间存在客观差异的基础上，强调将资源投入到生产效率更高的地区，以从整体上拉动国家经济有效增长。毛泽东在《论十大关系》中指出，为了平衡工业发展的布局，必须大力发展和支持内地工业。新的工业大部分应当摆在内地，使工业布局逐步平衡，并且利于备战（毛泽东，1977：267-288）。1949～1964年，受当时国际国内形势的影响，平衡发展观点在发展战略上占主导地位（刘海涛，1997）。工业建设的重点项目主要在内陆地区。1964年后，国家出于国防需要，按照"分散、靠山、隐蔽"及"进洞"原则，突击"三线"地区工业建设，实施"战略性转移"（陆大道和薛凤旋，1997：4-6）。一大批工业建设项目布局在四川、贵州、河南西部、湖北西部和湖南西部。由于工业是当时最主要的经济部门，这一时期工业布局的研究实践，为后续时期工业地理学的发展奠定了基础（李文彦，1990）。在具体工业地点的布局上，主要考虑生产地与消费地间的运费成本，此外，也要考虑劳动力资源的供给情况。这与区位论中的"原料指向"、"燃料指向"和"劳动力指向"思想相一致（陈栋生，1980）。与工业布局和农业布局相关联，这一时期交通运输布局也得到了研究（张文尝，1981；王富年和杨吾扬，1981），但多数研究交通运输线路与工业、农业、城市的关系。

综合来看，这个时期的经济地理主要关注国家经济增长和国家安全的大局；在经济增长中，又主要关注工业投资和产品生产，并不关注市场需求；在投资和产品生产的格局中，又完全由政府统一计划安排，只是从微观角度，在工厂区位、农业生产条件评价上考虑在市场环境中企业或生产应遵循的一般规律。除此之外，经济地理学者承继区域综合研究的传统，在20世纪50年代组织编写了"中华地理志经济地理丛书"（共9册，科学出版社1956~1965年陆续出版），为国家经济建设提供了基础参考。

四、现代时期二：20 世纪后期

该时期始于1979年止于20世纪末。在中国发展史上这是一个非常特殊的转折阶段。改革开放改变了中国多年的计划经济体制。家庭联产承包责任制促进了农村商品经济的发展，带来了乡镇企业异军突起。国有企业、集体企业逐步走向有计划的市场经济，各类企业在市场经济中的主体地位日益显现。国家对经济计划的管理权限制逐步下放，不断缩小指令性计划（《中国共产党简史》编写组，2021）。为了吸引外商投资，先后设立经济特区、沿海开放城市、沿海经济开放区以及一些沿边和内陆省会城市（陆大道和薛凤旋，1997）（见图1-3）。国家的原则是坚持社会主义，坚持改革开放，坚持发展经济。邓小平提出，计划与市场，只是经济发展的手段，不是社会主义与资本主义的本质区别（《中国共产党简史》编写组，2021：280）。在社会主义市场经济体制逐步完善的过程中，国家和地区经济均获得了高速增长。

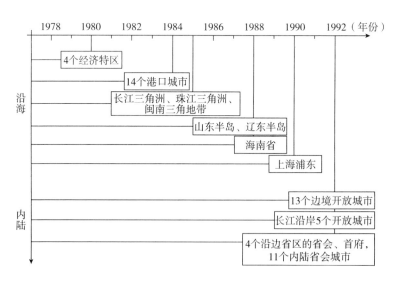

图1-3　1978~1992 年中国开放区变化

资料来源：陆大道和薛凤旋（1997）；中国经济体制改革研究会编写组（2008）。

在以上的大环境下，这一时期的经济地理研究集中于所出现的特殊经济现象。为了较合理地利用国家和各地区的资源环境，20世纪80年代学者在国土整治和国土规划方面做了大量研究，发表了可观的成果，如吴传钧（1994）、吴传钧和郭焕成（1984）。在综合研究方面，编写了"中国省市区经济地理丛书"（共28册，1986~1997年新华出版社陆续出版）。在前期研究的基础上，工业地理方面取得了丰硕成果（如：刘再兴，1981；李文彦，1990；陆大道，1990）。此外，农村工业形成了一个新领域。伴随乡镇企业（以及其他形式农村工业）的迅速发展，不少学者从多个侧面做了研究。除全国性研究之外（樊杰和 W. 陶普曼，1996），还有较多成果集中于农村工业集中的省份（如江苏、浙江、河南等），如曾尊固和陆诚（1989）、李小建（1993）、苗长虹（1997）。中国作为世界上发展中国家最大的外资投资地，不少学者从外资投资区位、外资与投资地关系、外资与区域发展等经济地理视角做了一定深度的研究。与外资相联系，中国这一时期的开发区、经济特区、沿海开放区、沿边开放区等区域，利用各种特殊政策吸引外资企业促进经济发展，对此也有不少定性和定量研究，如：魏心镇和王缉慈（1993）、王缉慈（1998）。中国作为区域差异明显的大国，在这一时期经济快速发展、区域差别较大的情况下，区域差异出现了新的变化；对此，学者从区域差异变化过程、变化机理及相关对策等方面做了研究，如胡兆量等（1982）、刘卫东（1997）、张文忠（1998）、李小建和乔家君（2001）。作为区域发展的重点研究工作，陆大道和薛凤旋于1997年出版了《中国区域发展报告》，为国家和地方政府决策提供了参考。经济增长必然对环境、资源带来压力，20世纪90年代，区域可持续发展相关研究成为中国经济地理学的另一个重要的成果集中领域。在传统的人地关系研究的基础上，这一时期的区域可持续发展研究相对集中于区域可持续发展理论、定量评价、模型探索、趋势预测等方面（陆大道，1995；毛汉英，1998）。

基于对这些成果以及国家区域政策的分析，这一时期的经济地理思想有以下特点：

（1）在区域发展战略思想上，该时期以向沿海地区倾斜发展思想为主导。20世纪70年代末开设的4个经济特区、14个港口城市、区域型经济开放区、浦东新区等开放地区均在沿海，90年代才逐渐波及其他城市。计划经济时期的平衡发展思想转向不平衡思想。与前一个时期相似，这个战略主要是国家高层领导人的决策。邓小平的"两个大局"[①] 思想是该战略的核心。在经济地理学术界，学者也提出了一些具体的战略选择，如刘再兴（1987）的"立足沿海、循序西移、中间突破"，陈栋生（1991）的"东靠西进，逐步展开"，其他一些学者的梯度推移、跳跃式推移、反梯度推移观点。胡序威（2000）通过其主持的国家自然科学第一个人文—经济地理重点项目研究发现，到20世纪末，沿海城镇密集区经济集聚和扩散均存在，但以集聚为主要倾向。

（2）这个时期学者提出的经济发展空间格局理论在中国经济地理学发展中占有重要地位。其中，陆大道（1995）的点—轴渐进式扩散及"点—轴空间结构理论"，科学阐释了经济空间形成机理，是对经济活动空间演化规律的重要探索，对于不同等级的国土空间规划起着重要的指导作用。在具体表现形式上，由于地理发展条件的分布不同，经济空间结构可以呈现不同形式。结合中国海岸带和长江沿岸为经济布局战略重点，陆大道（2001）结合"点—轴空间结构理论"提出了国土开发和经济布局的"T"形空间格局，被写入《全国国土规划纲要》（1987年草案）和23个省、自治区的国土规划。陆玉麒（1998）提出一些特殊地理条件下形成的"双核结构模式"。作为点—轴理论的延伸，魏后凯（1988）、覃成林等（2016）分别提出了网络格局和多级网络空间思想。根据对经济空间结构的深入研究，叶大年等（2001）发现一个大区域的经济地理（以大城市作为经济活动高度集中的空间体）的对称分布，与自然地理的对称性有关；进而，这种自然地理对称性又与地质构造的对称性有关。这些开创性的研究，推动中国经济地理学理论大步前行，对国际上相关研究也有重要贡献。

（3）区域经济差异思想。基于大国经济快速而又不平衡发展的实际，学者们在多角度深入研究的基础上，提出20世纪90年代以来中国区域经济发展绝对差距不断扩大，其中市场力量和外资进入起着重要作用；区域经济绝对差异的扩大，是这个发展阶段难以避免的现象，虽然欠发达地区超过发达地区增幅有较大难度，但减缓绝对差距扩大趋势仍是发展方向；中国区域经济差异由过去的"南北问题"转向"东西问题"（陆大道和薛凤旋，1997）。在分析该阶段区域差异加速扩大的态势后，陆大道和薛凤旋（1997）认为这是中国社会主义初

---

① "两个大局"是指，东部沿海地区加快对外开放，使之先发展起来，中西部地区要顾全这个大局；当发展到一定时期，就要拿出更多力量帮助中西部地区发展，东部沿海地区也要服从这个大局（邓小平，1993：277-278）。

级阶段的基本特征之一，魏后凯（1997）认为应该关注这种扩大趋势，建议政府给予适当调控。

（4）区域可持续发展思想。本时期前10多年的高速发展为中国生态环境增加了巨大负担。经济地理学者进行了较多研究后提出了以下思想：①通过建立指标体系，诊断区域可持续发展问题，并对不同程度的问题进行预警（毛汉英，1996）。②利用科学方法研究区域综合承载力与现实承载状况，揭示人地关系的不同模式及协调机理（毛汉英，1995）。③立足可持续发展的目标取向，设计产业调整、资源节约、环境友好的可持续发展实施思路（毛志锋，2000）。

（5）外资与区域发展理论。地理学家聚焦外资区位及区域发展问题，提出了一些与其他国家研究不同的观点。例如：跨国投资与接受国的区域经济差异变化之间的关系，不像已有研究那样扩大或缩小，而是处于动态变化之中（Li and Yeung，1998）；跨国公司与投资地交易及其对投资地经济发展的影响，与之前相关文献结论有很大不同（Yeung and Li，2000）；在外资对投资国区域发展影响方面，还发现以前研究没有关注非直接投资地区，而在某些情况下这种对非投资地的影响还非常明显（Li and Yeung，1999）。

（6）新的研究方法和视角的引入。在研究方法上，20世纪80年代引入数量方法和GIS技术以后，其应用领域在不断扩大，方法的科学性也在不断提高，从而也提高了成果的说服力和可观化程度（陆大道和薛凤旋，2007）。在研究视角方面，计划经济时期多从宏观视角出发研究区域发展。改革开放后，企业在经济发展中逐渐发挥重要作用。地理学家开始从微观视角入手，研究企业区位、公司空间格局、企业集群与区域发展关系（李小建，1991；王缉慈等，2001），尤其是关注跨区域、跨国以及全球企业内部的空间联系及其形成机制，逐渐形成公司地理研究方向（李小建，1999）。

该时期经济地理学发展中，引进国外相关思想起着一定的作用。与计划经济时期引进苏联经济地理思想不同，本时期更多地引进了西方国家的经济地理学理论和方法，如农业区位论、工业区位论、商业区位论、空间相互作用理论、增长极理论、区域差异相关理论，经济地理学中社会转向、文化转向等变化，以及经济学中空间经济学的一些新理论。这些理论有些启发中国学者研究，有些被用于中国实例的分析中。同时，中国区域综合研究得到理论提升，经济地理学家提出了区域经济地理学系列理论（陈才，2001）。

五、现代时期三：21世纪前20年

该时期包括中国经济地理思想最近20年的发展。从发展环境条件来看，这20年与20世纪末的20年有许多共同之处，没有出现重大制度性变化。之所以把这40多年分为两个时期，是因为这段时间经济地理快速发展，成果丰硕，分为两个阶段便于对其发展特点给予更详细的分析。同时，经过20多年的快速发展，中国经济地理学发展背景也出现了一些新变化。在区域发展方面，区域经济不均衡性具扩大趋势；长期持续经济增长背景下相关的人口、资源、投资、体制等支撑要素出现新变化，经济发展进入转折期；城市群经济迅速崛起，全国已形成或培育发展的城市群在国家经济中占主导地位；城乡差距明显，农村地区尤其是全国地区状况令人关注。在促进经济发展、技术进步方面，高速公路、高速铁路增长迅速，高铁里程超过了世界其他所有国家的总和，速度引领世界；信息技术快速发展，信息化水平居世界前列，快速运用于经济部门和人民生活中。在经济全球化方面，该时期相当一段时间内快速推进，中国与世界的经济联系发展迅速；近些年，全球化遇到一些波折，尤其是新冠肺炎疫情的暴发，对世界经济和全球化联系造成了很大冲击。

与以上条件相关联，经济地理学研究队伍不断扩大，成果数量与质量均大幅提升。区域发展特别是区域经济发展继续成为学者们研究的核心领域，其关注焦点除了经济空间格局之外，在区域可持续发展、自然条件与经济发展关系方面出现了更多有深度的成果。具体的热点研究方向包括：①区域发展与差异研究，关注不同尺度的区域以及新的因素（技术、信息、交通、制度等）的影响。②经济空间格局与区域联系研究，引入了模拟法、网络分析法和投入产业分析等。③产业集群研究，开始关注非制造业领域和高科技领域，并引入空间计量、统计分析等方法。④产业布局与企业区位研究涉及各类产业和企业，其中通信业、金融业、创意产业、会展业以及其他生产服务业区位等研究成果值得关注。⑤经济快速发展中的农区发展研究，从城乡协调发展和农村产业发展入手研究乡村衰退及振兴、劳动力流动，注意发展中与资源环境的关系问题。⑥区域可持续发展继续作为热点研究领域，主要关注资源可持续开发、产业可持续发展评价及对策研究等；从20世纪末开始，中国科学院可持续发展战略研究组编写的《中国可持续发展战略报告》，每年一册，对全国及各省份区可持续发展总体能力进行定量评价，供政府及社会各业参考。作为可持续发展在经济地理学中的重要体现，众多经济地理学者参与了主体功能区划工作。⑦针对现代通信及快速交通的迅速发展，不少学者研究这些新要素对经济地理的影响，以展示"时间成本"下降背景下的企业区划和产业布局特点，并发展信息经济地理学。⑧演化经济地理学被引入后，很快被应用于中国实际的研究。中国学者在一些方面拓展了相关理论，形成了有特色的成果。⑨除了对中国的经济地理研究，学者们还从不同角度研究了中国企业的国外投资、中国投资对其他国家发展的影响、"一带一路"建设中的关键问题等（刘卫东，2017）。中国科学院地理与资源研究所、华东师范大学等单位还成立了世界地理研究机构，以为相关研究提供支撑。

以上这些领域的研究，都包含一些具有创新意义的观点。经济地理思想在以下方面具有该阶段的独特性。

（1）区域发展战略发生重大转变，由以上时期的区域非均衡发展逐渐到区域协调发展。21世纪初胡锦涛提出的科学发展观，强调"以人为本"和"全面、协调、可持续"发展，关注区域、城乡间的不平衡问题。2015年，习近平提出了"创新、协调、绿色、开放、共享"新发展理念（习近平，2017：197-200）。20世纪末，国家提出实施"西部大开发战略"，2003年实施"东北地区等老工业基地振兴战略"，2004年提出"促进中部崛起"，最近几年实施的长江经济带发展战略、乡村振兴战略和黄河流域生态保护及高质量发展战略，均是国家在区域发展战略调整方面的体现。与此相关联，学者们在区域发展差异、公平与效率关系、区域发展格局上也做了许多工作，在促进政府区域发展战略转变上起着重要参考作用。21世纪以来，经济地理学者为国务院有关领导、国家发展和改革委员会等部门提供了众多有价值的研究报告，其中一些获得了国家领导人和有关部门领导的批示（陆大道，2011）。陆大道等的"中国地域空间开发的理论体系研究及重大规划实践研究"，于2009年获得了"中国科学院杰出科技成就集体奖"。

（2）新因素影响经济活动地理格局的思想。经济活动受很多因素影响。21世纪以来，经济地理研究中，不断增加了全球化、信息化、新的交通运输方式、技术创新、制度和文化等新因素的机理分析。研究发现，传统因素对区域发展的作用强度在下降，而经济全球化、信息化、市场化、技术创新、生态环境等新因素的作用程度在不断加强（陆大道，2011）。在交通因素的影响研究中，学者们提出了交通优势度概念与理论，并设计了评价测算模型（金凤君等，2008）。结合中国政府提出的经济发展中以人为本思想，经济地理关注文化、制度、关系等因素对区域发展及城镇化的影响。从文化和制度基础出发，经济地理学家指出，要开展中国空间治理的经济地理学研究（刘卫东，2014）。这不仅可以充分发挥经济地理学服务国家战略的决策能力，也可以拓宽学科视野。把"关系"作为因素，经济地理学者关注创业孵化器、创意街区等新兴空间媒介在创业及企业选址中的重要作用，分析中国特有制度文化影响创意产业集聚、企业间权力分布，揭示制度邻近的"关系"资本对区域创意产业的影响机制（文嫣等，2019）。

（3）重点区经济发展研究思想。都市经济区、特大城市群是国家经济发展的战略核心区，经济地理学从多方面对此进行了研究，提出了一些新思路。①经济、交通和人口在城市群快速识别中具有重要作用，学者们提出综合这些属性，以空间通达性为基础，以城市集群的经济和社会属性为判断依据划分城市群界线（张倩等，2011）。②学者们发现中国城市群规模效率有上升趋势，投入产出综合效率、纯技术效率不理想且呈下降态势（方创琳和关兴良，2011）；城市群经济集聚度与经济增长之间的关系符合倒"U"形特征，目前集聚程度整体上仍是一个增加的过程（李佳洛等，2014）。③都市经济区向心集聚和扩散扩张共同作用，形成了连绵成片的发展态势和各具特色的空间集聚区（王开泳和陈田，2008）；其时空扩展驱动因子以市场力为主，其次为行政力、外向力和内源力（王利伟和冯长春，2016）；其扩张中人口向近郊区分散，但就业仍呈现向心化集聚（孙铁山等，2012）。④快速交通对城市空间相互作用的影响，缩小了全国城市对外经济联系总量的差异，扩大了城市间经济联系强度差异（王姣娥等，2014）。

（4）农业与农村地理研究。通过沿海地区农村发展状况的系统调查和数据分析，经济地理学者解析了中国农业农村发展的时空演化规律及发展模式（刘彦随，2018），揭示了城乡融合和乡村发展的一些关键问题（刘彦随，2007）。基于"人口—土地—产业"乡村发展三要素，构建了乡村发展转型与发展要素协调的乡村发展协调/转型模型（Long et al.，2011）。乡村发展中的专业化和规模化十分重要，学者们揭示了发挥乡村生产要素优势向专业村发展的机制（李小建等，2009）、专业村发展的影响因素（李小建等，2012），并科学分析了未来专业村发展的类型趋势（李小建等，2019）。在中国当前家庭联产承包责任制下，农户是农区经济中最基本的组织单元。与企业在城镇经济中的地位相类似，经济地理学者从农区最基本的微观经济单元出发，从多角度研究农区经济地理，开辟了农户地理的研究方向（李小建等，2009），凸显了中国经济地理的一个特色。

（5）经济地理中人地关系量度与耦合思想。中国经济学者继承人地关系研究的传统，科学认识国家和区域自然生态系统与社会经济系统特色，结合国家需求，参与对人地关系有重要影响的国家决策研究和规划。在国家"十二五"规划中，国土功能区规划成为国家重要决策。经济地理学者参与全国一级和许多省区市的主体功能区的划分与规划。他们根据专业特长，研究了主体功能区划的科学基础（樊杰，2007），分析了全国及相关区域的自然基础、发展目标及可能引起的资源环境问题和区域不协调问题，确定未来 15~20 年社会经济发展和综合保护、治理的功能区划方案，阐述了各主要功能区的主体功能和发展原则，以及促进不同功能区可持续发展的支撑条件（陆大道，2011）。中国社会经济结构形成的一个重要基础是自然地理结构的区域分异，经济地理研究初步揭示了两者间的耦合关系（陆大道等，2003；张雷和刘毅，2006）。此外，学者们还评价了中国的人地关系状态（杨宇等，2019），结合资源环境探求了城乡结构演变、新型城市化进程，分析了区域农业、新农村建设、乡村振兴中的自然要素组合。应用多学科交叉优势揭示人地关系地域系统演化机制，构建人地关系信息化与地域系统动态模拟平台。围绕人地关系思想，学者还开辟了环境经济地理方向（贺灿飞和周沂，2016）。

（6）经济地理学研究中的方法。这段时期经济地理研究方法上有许多新的探索。中国学者研究开发的地理探测器方法（王劲峰和徐成东，2017），被用于农村贫困化分异（刘彦随和李进涛，2017）、人口空间聚集模式及其变化（李佳洺等，2017）等的研究。随着定位及观测技术的发展，空间统计学的许多方法（如地理加权回归 GWR、空间插值法等）被用于相关研究，以更加科学地展现经济活动分布格局及集聚分散原因（何则等，2020）。大数据应用为经济地理的精细研究提供了可能，学者们利用公交卡数据分析人们的出行规律（龙瀛等，2012）、用出租车轨迹建立电动车交电方案（Cai et al.，2014）。在利用机器学习方法探索经济地理现象的分布格局的影响因素中，学者们进行了大胆的尝试（王超等，2019；赵宏波等，2021）。

针对经济地理系统的众多变量特征，学者们引入了复杂适应系统（CAS）理论探讨了区域空间演化模拟模型（薛领和杨开忠，2002），基于多智能体的居住区位选择模型（ABMRL）模拟居民在区位选择过程中的复杂空间决策行为（刘小平等，2010）。应对国家和区域对前瞻性研究的需求，学者们运用 GIS 及其他相关技术，制定了基于高铁的"中国多中心地图"，模拟各高铁经济区内城市通达基准点时间，预测高铁对经济空间极化、板块化的影响（陆军等，2013）；模拟航空与高铁的空间效应差别，预判两者的优势市场及发展趋势（王姣娥和胡浩，2013）。

在该时期的经济地理学发展中，国外相关思想引入与中国过去研究传统承继相互作用。一些学者引入演化经济地理并根据中国实践进行了拓展和创新（贺灿飞，2018），一段时期内国内评价体系中引入了国际 SCI 和 SSCI，使一批成果在西方英文期刊发表。中国经济地理学者发表的国际论文数量快速增长，但高度集中于环境研究类、城市研究类、地理综合和方法综合类期刊，本学科的代表性期刊很少（刘卫东和郑智，2021）。同时，其研究方法和思维也选择这些期刊所偏好的相关评价和判断标准，增强了西方学术思想的导向。最近几年，中国强调学术论文要"写在中国的大地上"（习近平，2016），使研究开始重视国内评价及中文成果的分量，从而更重视中国特色的研究。但是，总体而论，该时期经济地理学研究思维和方法多元化明显增强，以至于很难总结出主题思维模式。

第四节　经济地理的特色思想及发展思考

思想史就是探索历史上对发生事实的理解和解释思想的发展变化。以上对从先秦到 20 世纪 20 年代末的历史阶段分析，涵盖了中国经济地理思想史的全部阶段。但写就这段思想发展的历史，总感到有些东西需要进一步总结分析，如中国几千年的政治经济发展和传统文化承继对经济地理思想产生的重要影响。尤其是古代时期皇权对经济活动实施有绝对支配权，形成所谓的"王朝地理"

思想（唐晓峰，2010：291-292）。在现代时期，又经历了近30年的完全计划经济时期。之后的社会主义市场经济阶段，政府对经济运行及经济格局又有实质作为。这与西方国家有明显不同。由此形成的中国特色经济地理思想，很值得认真总结。本书就专列一章，分析中国特色的经济地理思想，之后，对未来经济地理发展做出展望。

一、经济地理的特色思想

由于研究范式、研究方法和研究视角的不同，经济地理学在其他国家曾产生了不同的学派，如美国的芝加哥学派、加州学派等（Gregory et al.，2009：78-80；Sheppard and Barnes，2003：22-23）。地理学具有区域性、综合性和本土性的基本特性，地理学发展具有深刻的国家特征（陆大道，2015）。如果一个国家具有独特的经济地理学思维方式或独特的经济活动空间格局形成机理，也可以形成富有国家特色的经济地理学。德国、法国和苏联的经济地理学曾形成一定的国家特色（詹姆斯和马丁，1989）。

从一些方面来看，中国特殊国情造就了中国特色的经济地理学。从思维方式来看，中国经济地理学注重"人—地和谐"的文化传统（吴传钧，1998），强调经济地理学科的地理学属性或自然科学特征（李小建，2013），学科的研究方向紧密结合国家需求（陆大道，2015），学科的发展注重对国家经济和社会发展的推动作用，这与西方国家的经济地理学明显不同。从经济活动空间格局形成机理来看，中国强大的政府力量、特殊的政治制度以及从中央到乡村（居委会）层级分明且层层全面负责的管理体制，对经济活动空间格局和区域经济发展起着十分重要的作用（李小建，2016）。同时，中国文化传统中对政府的依赖和崇拜，使经济活动主体（企业、农户等）在决策中较多考虑政府的导向和政府机关决策人的偏好，形成了具有中国特色的经济地理学解释框架。中国特色的经济地理思想可以概括为以下五个方面：

（一）研究面向国家的社会需求

中国经济地理研究非常注重围绕国家发展需求及社会实际需求所产生的相应经济地理问题。例如，古代的自然条件与农业发展、区域资源条件的经济价值，近代的工商业的空间分布、各种产业区位的条件分析，计划经济时期的自然资源综合考察及利用评价、农业区划，改革开放后的国土整治和国土规划、乡镇企业及外资企业区位、交通信息重心与经济格局、经济差异变化等。这种研究导向，与一些西方学者的研究兴趣导向及学科问题导向有明显不同。近年来，国家强调科学研究的中国需求，将进一步加强这种研究导向。

（二）关注经济增长及国家整体利益

与以上研究选题导向相关联，中华人民共和国成立以来中国经济地理研究以经济增长为主线。一开始主要研究如何利用各种经济要素的空间格局，实现经济较为均衡发展。1978 年以后的一段时间，主要从空间角度研究全国经济快速增长问题。其目的是，使能为国家经济快速增长做出较大贡献的优势区域充分发展，把国家经济发展总量的"蛋糕"做大。随着由此带来的区域差异增大，经济地理学家又从多方面关注区域差异快速扩大，指出其可能带来的各种问题，供决策者参考。中国这样的特殊研究背景条件，为大空间格局、不同目标（均衡发展、集中发展、区域协调发展）定位、经济发展理论及实践路径提供了难得舞台。相应地，中国经济地理学家也提出了点—轴理论、梯度推移、"T"字形开发、网络发展格局等发展思想。

（三）效率与公平兼顾

西方国家经济发展的"效率"主要通过市场力量实现，政府主要解决市场失灵问题，主要关注市场力量引起额度不公平。中国特殊国情下，政府在这两方面均发挥作用。与此相关，经济地理学研究与西方学者有明显不同。西方学者主要研究在市场力作用下经济活动的区位、空间格局的变化规律。尽管这种规律的机制中也离不开政府作用，但以间接作用为主，政府一般不直接干预经济活力，尤其在经济效率发挥方面。中国政府在古代就有集中资源进行大型项目建设的历史。1949 年以后的计划经济时期，经济发展中效率与公平的实现，均由政府计划主导。改革开放以后，市场逐渐发挥作用，但政府仍然十分"有为"。相应地，经济地理学的研究在引入西方市场经济的一些理论之后，也会根据中国国情对西方思路有些改变。例如，在市场经济下一般规律的基础上，提出政府参考这些规律在主导经济空间发展时，对效率与公平侧重方向要选择准确，力量要适当。综观近 70 年来的中国经济地理思想，学者的研究成果与国家区域发展战略的决定表现出一定的相关性。

（四）经济增长与资源环境兼顾

经济地理在我国的发展过程中，人地关系的主线非常明确。尽管不同时段的思想重点不同，但总体上是向着人地协调方向发展的。1949 年以来，在一段时间内，学者研究及政府导向均以资源环境的充分利用及促进经济发展为主，但地理学家非常明确地指出资源利用的有限性和对环境污染的严重性。20 世纪末以来，可持续发展研究非常活跃，这在欠发达国家并不常见。正是这些研究成果，促成了 21 世纪中国政府对经济发展与资源环境协调的关注。在操作层面上，中国经济地理学家参与的全国层面及区域层面的国土空间规划，是经济地理学的独特成果之一。最近几年，我国出台了非常严格的资源环境保护制度，并配合执行力度很大的督查措施，以保障经济增长与环境美丽的共同实现。这种独特背景下的中国经济地理学研究，不仅在所有发展中国家十分独特，就是与发达国家相比，也有许多独特的思想可以总结。

（五）自然科学的学科侧重

西方一些国家对经济地理学的人文与社会科学定位，加强了其研究与民众社会生活的关联。尤其是研究经济空间现象的经济学家获得了诺贝尔经济学奖，扩大了经济地理学的社会影响。而中国经济地理学总体上侧重于自然科学，引导着学科研究方法、研究思维更加科学化。与自然科学结合，中国经济地理能更好地适应资源条件的经济利用调查和评价，更好地兼顾经济发展与资源环境的关系，从而做好可持续发展研究和评估预测。国家自然科学基金申报项目、相关成果申报自然科学或工程技术类奖励，也促使其研究方法采用科学技术类范式。中国经济地理学研究明显具有科学导向，与西方一些国家的经济地理学形成了鲜明对比。

二、经济地理思想发展思考

中国经济地理的历史发展脉络，根植于中国传统文化和特殊的地理环境之中，会继续对经济地理发展产生重要影响。中国经济发展和制度自信带来了国际地位的提高，中国特色的经济地理学还会通过实践和理论总结不断成长壮大，从历史发展角度科学分析其走向，具有重要意义。

（一）历史发展走向

中国经济地理思想在历史发展的不同阶段，具有与该阶段地理条件利用方式和经济发展水平、学科认识水平相应的特点。在研究对象的认识上，随着人们对自然条件和自然资源认识的加深，经济活动从直接以自然物为生产对象的产业向进一步加工制造的产业和服务业发展，经济地理研究重心也相应地发生变化（各阶段的主体经济活动以及重要经济地理对象的明显差别见表1-3、图1-2）。由于生产技术和交通运输的进步、资本流动的加剧，经济活动集聚加强，区域不平衡现象日渐显著，对区域差异的演变规律以及如何改善其差异过大问题的研究，逐渐成为经济地理学关注的重点之一（见表1-3）。随着社会经济水平的提高和人们对经济差异敏感程度的增加，未来对其的关注会进一步加强。

对经济地理区域差异原因的追溯，离不开各地地理条件和资源的差异。中国经济地理思想的发展，最重要的是在解释经济地理现象时提出了人地关系思想。通过梳理几千年的中国经济地理发展脉络可以认为，经济活动与地理环境的关系（人地关系在经济地理学的体现）是经济地理思想形成和发展的"纲"。丰富的地方志文献所形成的区域综合研究，则进一步围绕这个"纲"并通过不同类型区域特殊性的比较，使理论思考与丰富的实践结合起来。在经济地理学的发展中，来自游记的考察发现，尽管涉猎内容很多，但所发现的经济活动与地理环境的大量事实及考察者的感性认识，为人地关系的一般性和特殊性分析提供了坚实的基础。在中国地理环境条件下，不断发展的经济地理思想多注意经济与地理所形成的系统的整体性、和谐性。而西方科学发展中对方法和技术的重视，可使整体思想与现代科学研究方法结合，科学地解释人地关系机理。国外引进脉络中的演绎思维、空间分析、计量方法等，可从实证角度促进中国经济地理思想的新发展（见图1-4）。中国经济地理思想的发展走向，是三条发展脉络的融合。在融合中，中国几千年形成的经济活动与自然环境和谐思想得以逐步强化。

（二）历史走向的国际比较

中国智慧与西方智慧所强调的思维逻辑有所不同（冯友兰和涂友光，1997；王路，2005）。相应地，中国历史文化根植下的中国经济地理思想着重考虑经济活动与地理环境相互作用系统的整体性。数千年历史发展的各个阶段的经济地理思想，都很注重经济中各产业发展与地理环境的关系（见表1-3）。与此相比，在西方经济地理发展中，虽然早期受环境决定论的影响，关注的是地理环境

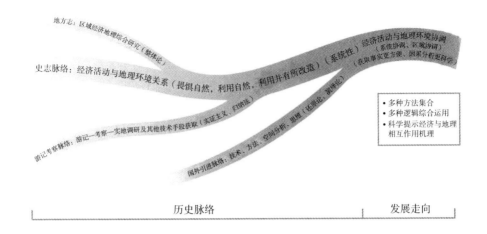

图1-4 中国经济地理思想发展走向

对经济活动的重要作用，但很快就以区域差异研究、区位分析、空间组织等研究为重点，用逻辑推理和数学模型分析经济区位问题（Berry et al.，1993）。尤其是20世纪以来，从规律分析到实证分析、行为主义分析，再到结构主义分析、文化与制度转向、演化经济地理等（孙俊等，2014），在研究"术"方面不断走向精细。2008年，以新经济地理学著称的克鲁格曼获得诺贝尔经济学奖，更进一步扩大了空间经济范式对经济地理学的影响（李小建和李二玲，2009）。在中西两种不同文化中发展的经济地理学各有侧重，其互相学习可以更好地促进经济地理学的发展。但经济空间差异的实质，在均质的地理条件下，经济规律起主导作用；在其他条件下，地理条件差异对经济活动的排斥程度，与集聚收益的经济规律之间的权衡，决定着经济空间的分布。地理条件是经济空间格局的前提，经济规律是经济空间格局的动因。

中国和西方在对地理环境和经济动因两者的权衡中，形成了不同的分析侧重点。中国国土广阔而地域差异巨大，使得人们从全国整体角度认识地理环境，然后排除条件恶劣地区，选择适宜环境。而西欧国家多数国土面积较小，地理环境差异也远小于中国，其对人类经济活动排斥程度较弱，促成其主流思维中对经济规律（动因）的重点关注。相应地，其经济地理研究，多从人类在某些阶段的行为动因出发，假设地理条件均一且决策者为理性经济人，以此推理出经济活动区位选择、经济格局的集聚与分散的一般规律（见图1-5上）。这些研究所信奉的是自然科学的逻辑，所追求的是错综复杂的表象背后被简化了的本质因果关系：地理环境尽管复杂，但其相互作用的本质具有一般性；受长期文化积淀的影响，人类行为虽然具有差异性，但对经济利益追求方面具有共同之处。据此，根据还原论的思维方法，可以把复杂现象打碎成基本因素，把高层次的现象看作更低层次现象的组合，用低层次的规律解释高层次现象（Checkland，1999）。西方经典区位论以及新经济地理研究，均依据还原论的方法，取得许多标志性成果。但是，随着经济地理研究视野的扩大，在全球尺度上人们面临更大的地理环境差异。同时，适宜经济集聚地区的经济高度发展，导致资源环境劣化，从而转向从人地系统角度考虑经济活动区位及其空间格局。从长远来看，基于中国历史环境所形成的经济地理整体思想将逐渐显示优势，被更广泛地接受（见图 1-5 上）。

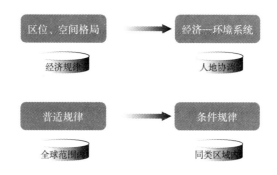

图 1-5　经济地理思想变化趋势

但是，任何科学规律均是在一定条件下成立的。经济地理学为自然科学与社会经济科学的交叉学科，其主要理论的形成更受制于特殊的条件。如果一个国家经济地理活动空间格局形成机理与其他国家不同，应该产生这个特殊条件下的经济地理理论。与西方经济地理学所追随的"一般规律"对应，这是一个寻求一定类型条件下适应的规律，或称"条件规律"的思维（见图 1-5 下）。如前文所述，中国经济地理学注重"人地和谐"（吴传钧，1998），所探求的目标是经济活动空间格局受地理环境影响的机理。中国强大的政府力量使得政府有能力决定国有企业的区位和国有经济的空间格局，其他所有制企业又在决策中较多考虑政府的导向和政府决策人的偏好，形成中国特色的"环境条件"和

"经济空间格局"的关系规律（李小建，2016）。这一规律有中国的历史传统——古代当权者有谋划经济活动的传统（孙俊等，2014），更有中国的现实事实依据。随着人们对西方经济地理学理论实质的进一步了解，以及对不同类型区域环境条件重要性的认识加深，中国及其他具有独特环境条件的国家，将会逐渐重视"条件规律"的研究。进而，在中国这样的大国之内，不同类别区域的经济地理"条件规律"研究，也将成为另一个重要研究方向。

（三）几点反思

（1）中国经济地理研究中的问题。如果我们把中国几千年的经济地理思想发展与经济地理学的研究现状联系起来，同时把中国经济地理思想放在国际坐标系中观察，就会发现一些值得思考的问题。①中国经济地理学研究中，非常重视经济地理现象描述，对其原因解释，尤其是上升到原理层面的解释不充分[①]。从早期借助他人文献进行描述，到亲自考察后的描述，再到借助各种测量技术、空间分析技术的精确描述，经济地理现象格局研究逐渐精细，但其因果关系研究都远远滞后。尤其是对长期形成经济现象与地理环境关系机理的科学发现还在期望之中。②中国经济地理学的现实需求导向研究较多，学科问题导向成果较少；在政府需求导向中，对相关战略解释性研究较多，建设性批评或纠偏性研究较少。这些状况是一定制度环境的产物，对学科的基本理论发展存在一定的不利影响。③与前两个问题关联，中国经济地理学较多关注现实状况研究以及对过去事实的变化分析，但对未来仍起作用的基本原理以及用这些原理进行预测性研究较少。④与长时期关注思想及总规律的传统不同，近几十年来中国经济地理学利用各种方法的实证研究成果较多，但思想类成果较少。

（2）思想史对未来研究的启迪。研究思想史可从长期趋势启迪当下研究。最重要的有以下两点：①注意经济现象与地理环境之关系规律性研究。作为中国几千年传承的核心研究领域，人类经济活动与地理环境的关系的科学精细研究非常具有前景。未来人们观念的变化、环境条件的变化、技术的变化，为研究其一般性规律提供了新的机遇。此外，中国的特殊国情、中国不同地区的差异，可以在条件规律研究中有新的发现。未来研究方法的创新，也会有助于在

---

① 普雷斯顿·詹姆斯等在《地理学思想史》中谈到，中国传统地理学"偏重于所观察的事物和过程，较少理论的公式"（普雷斯顿·詹姆斯，等. 地理学思想史［M］. 李旭旦，译. 北京：商务印书馆，1989）。

该研究上获得突破。②鼓励有思想性的研究，培育批判性思想。坚持批判性思维，才能在研究中发现前人肩膀的位置。把前人最高点作为自己的起点，才能走得更高。在肯定中国传统经济地理思想中整体性和辩证思维的同时，要承认还原论以及演绎思维在发现已有研究存在问题的重要性。从不同逻辑视角对已有研究的质疑，对中国经济地理学发展至关重要。

参考文献

［1］［美］Hunt E K. 经济思想史——一种批判性的视角［M］. 闫鹏飞，总译校. 上海：上海财经大学出版社，2007.

［2］［美］哈里·兰德雷斯，大卫·C. 柯南德尔. 经济思想史（第四版）［M］. 周文，译. 北京：人民邮电出版社，2014.

［3］［日］平竹传三. 苏联经济地理［M］. 陈此生，廖璧光，译. 上海：商务印书馆，1936.

［4］［苏］坡利斯·密努斯基. 世界经济地理教程［M］. 胡曲园，傅于琛，译. 重庆：昆仑书店，1937.

［5］［英］李约瑟. 中国科学技术史（5 卷 1 分册）［M］. 北京：科学出版社，1976.

［6］包伟民，吴铮强. 宋朝简史［M］. 杭州：浙江人民出版社，2006.

［7］《中国共产党简史》编写组. 中国共产党简史［M］. 北京：人民出版社，2021.

［8］曹廷藩，张同铸，杨万钟，等. 经济地理学原理［M］. 北京：科学出版社，1991.

［9］曹廷藩. 关于自然条件经济评价的几个主要问题［J］. 中山大学学报（自然科学版），1964（1）：87-99.

［10］曹廷藩. 三十年来我国经济地理学的基础理论研究［J］. 中山大学学报（自然科学版），1981（1）：128-136.

［11］曾尊固，陆诚. 江苏省乡村经济类型的初步分析［J］. 地理研究，1989，8（3）：78-84.

［12］陈才. 区域经济地理学［M］. 北京：科学出版社，2001.

［13］陈栋生. 工业布局理论与方法的探讨［J］. 经济问题探索，1980（5）：9-21.

［14］陈栋生. 区域经济研究的新起点［M］. 北京：经济管理出版社，1991.

［15］陈栋生. 我国工业地区布局战略问题［J］. 南昌大学学报（人文社会科学版），1986，17（3）：1-6.

［16］崔高维. 礼记·王制［M］. 沈阳：辽宁教育出版社，1997.

［17］邓静中. 经济地理学对自然条件的评价——中国地理学会经济地理专业委员会

1962 年学术会议讨论初步总结［J］．地理学报，1963（1）：25-35.

［18］邓静中，等．中国农业区划方法论研究［M］．北京：科学出版社，1960.

［19］邓小平文选（第三卷）［M］．北京：人民出版社，1993.

［20］法显．佛国记［M］．田川，译注．重庆：重庆出版社，2008.

［21］樊杰，W．陶普曼．中国农村工业化的经济分析及省际发展水平差异［J］．地理学报，1996，51（5）：398-407.

［22］樊杰．我国主体功能区划的科学基础［J］．地理学报，2007，62（4）：339-350.

［23］樊杰．我国经济地理学历史沿革、现状特征与发展策略［J］．经济地理，2021，4（10）：10-15.

［24］方创琳，关兴良．中国城市群投入产出效率的综合测度与空间分异［J］．地理学报，2011，66（8）：1011-1022.

［25］［唐］房玄龄，注．管子·地员［M］．刘继，补注．上海：上海古籍出版社，2015.

［26］冯友兰，涂又光．中国哲学简史［M］．北京：北京大学出版社，1997.

［27］冯达夫，夏承法．经济地理学大纲［M］．上海：开明书店，1931.

［28］何则，杨宇，刘毅，等．面向转型升级发展的开发区主导产业分布及其空间集聚研究［J］．地理研究，2020，39（2）：337-353.

［29］何作文．关于我国农业区划方法论若干问题的讨论［J］．经济学动态，1963，（22）：22-26.

［30］贺灿飞，周沂．环境经济地理研究［M］．北京：科学出版社，2016.

［31］贺灿飞．演化经济地理学研究［M］．北京：经济科学出版社，2018.

［32］郭璞．穆天子传［M］．洪颐煊，校．长沙：岳麓书社，1992.

［33］胡寄窗．中国经济思想史［M］．上海：上海财经大学出版社，1998.

［34］胡序威．中国沿海城镇密集地区空间集聚与扩散研究［M］．北京：科学出版社，2000.

［35］胡兆量，尹俊骅，庄一民．关于我国经济的地区差异问题［J］．地理科学，1982，2（1）：17-22.

［36］胡兆量，等．经济地理学导论［M］．北京：商务印书馆，1987.

［37］黄坤．玄奘西行［M］．上海：上海古籍出版社，1996.

［38］慧立，彦悰．大慈恩寺三藏法师传［M］．高永旺，译注．北京：中华书局，2018.

［39］金凤君，王成金，李秀伟．中国区域交通优势度的甄别方法及应用分析［J］．地

理学报，2008，63（8）：787-798.

[40] 贾思勰. 齐民要术·种谷第三 [M]. 北京：团结出版社，1996.

[41] 克拉瓦尔·P. 地理学思想史 [M]. 郑胜华，刘德美，刘清华，等译. 北京：北京大学出版社，2015.

[42] 李佳洺，陆大道，徐成东，等. 胡焕庸线两侧人口的空间分异性及其变化 [J]. 地理学报，2017，72（1）：148-160.

[43] 李佳洺，张文忠，孙铁山，等. 中国城市群集聚特征与经济绩效 [J]. 地理学报，2014，69（4）：474-484.

[44] 李文彦. 中国工业地理 [M]. 北京：科学出版社，1990.

[45] 李小建. 论工业变化的综合研究 [J]. 地理学报，1991，46（3）：289-299.

[46] 李小建. 河南农村工业发展环境研究 [M]. 北京：中国科学技术出版社，1993.

[47] 李小建. 公司地理论 [M]. 北京：科学出版社，1999.

[48] 李小建. 经济地理学发展审视与新构思 [J]. 地理研究，2013，32（10）：1865-1877.

[49] 李小建. 中国特色经济地理学探索 [M]. 北京：科学出版社，2016.

[50] 李小建，等. 农户地理论 [M]. 北京：科学出版社，2009.

[51] 李小建，等. 经济地理学（第三版）[M]. 北京：高等教育出版社，2018.

[52] 李小建，等. 欠发达区乡村聚落空间演变 [M]. 北京：科学出版社，2019.

[53] 李小建，樊新生，罗庆. 从《地理学报》看80年的中国经济地理发展 [J]. 地理学报，2014，69（5）：1093-1108.

[54] 李小建，李二玲. 克鲁格曼、诺贝尔经济学奖与经济地理学发展 [J]. 经济地理，2009，29（3）：363-369.

[55] 李小建，罗庆，樊新生. 农区专业村的形成与演化机理研究 [J]. 中国软科学，2009（2）：71-80.

[56] 李小建，罗庆，杨慧敏. 专业村类型形成及影响因素研究 [J]. 经济地理，2013，33（7）：1-8.

[57] 李小建，乔家君. 20 世纪 90 年代中国县际经济差异的空间分析 [J]. 地理学报，2001，56（2）：136-145.

[58] 李小建，周雄飞，郑纯辉，等. 欠发达区地理环境对专业村发展的影响研究 [J]. 地理学报，2012，67（6）：783-792.

[59] 梁溥. 经济地理学中的自然条件评价问题 [J]. 中山大学学报（自然科学版），1964（1）：100-106.

［60］凌申.《禹贡》经济地理思想研究［J］.山东师范大学学报（自然科学版），1990（4）：97-102.

［61］刘海涛.建国后30年实行区域均衡发展政策的情况［J］.当代中国史研究，1997（6）：35-44.

［62］刘盛佳.地理学思想史［M］.武汉：华中师范大学出版社，1990.

［63］刘卫东."一带一路"：引领包容性全球化［M］.北京：商务印书馆，2017.

［64］刘卫东.经济地理学与空间治理［J］.地理学报，2014，69（8）：1109-1116.

［65］刘卫东.美国农业地域专门化及其对我国农业发展的启示［J］.经济地理，1992，（2）：58-63.

［66］刘卫东.我国省际区域经济发展水平差异的历史过程分析（1952—1995）［J］.经济地理，1997（2）：28-32.

［67］刘小平，黎夏，陈逸敏，等.基于多智能体的居住区位空间选择模型［J］.地理学报，2010，65（6）：695-707.

［68］刘彦随，李进涛.中国县域农村贫困化分异机制的地理探测与优化决策［J］.地理学报，2017，72（1）：161-173.

［69］刘彦随.中国东部沿海地区乡村转型发展与新农村建设［J］.地理学报，2007，62（6）：563-570.

［70］刘彦随.中国新时代城乡融合与乡村振兴［J］.地理学报，2018，73（4）：637-650.

［71］刘再兴.论我国生产力布局战略［J］.开发研究，1987（5）：11-13.

［72］刘再兴.中国工业布局学［M］.北京：中国人民大学出版社，1981.

［73］龙瀛，张宇，崔承印.利用公交刷卡数据分析北京职住关系和通勤出行［J］.地理学报，2012，67（10）：1339-1352.

［74］陆大道.50年来我国经济地理学的发展［J］.经济地理，2000，20（1）：2-6.

［75］陆大道.地理科学的价值与地理学者的情怀［J］.地理学报，2015，70（10）：1539-1551.

［76］陆大道.经济地理学的发展及其战略咨询作用［J］.经济地理，2011（4）：529-535.

［77］陆大道.论区域的最佳结构与最佳发展——提出"点-轴系统"和"T"型结构以来的回顾与再分析［J］.地理学报，2001，56（2）：127-135.

［78］陆大道.区域发展及其空间结构［M］.北京：科学出版社，1995.

［79］陆大道.中国工业布局的理论与实践［M］.北京：科学出版社，1990.

［80］陆大道，等．中国区域发展的理论与实践［M］．北京：科学出版社，2003.

［81］陆大道，薛凤旋．1997 中国区域发展报告［M］．北京：商务印书馆，1997.

［82］陆军，宋吉涛，梁宇生，等．基于二维时空地图的中国高铁经济区格局模拟［J］．地理学报，2013，68（2）：147-158.

［83］陆玉麒．区域发展中的空间结构研究［M］．南京：南京师范大学出版社，1998.

［84］梁中效，王继胜．张骞文化与丝绸之路［M］．西安：三秦出版社，2015.

［85］毛汉英．山东省可持续发展指标体系初步研究［J］．地理研究，1996，15（4）：16-23.

［86］毛汉英．山东省跨世纪可持续发展的综合调控研究［J］．地理学报，1998，53（5）：31-39.

［87］毛汉英．人地系统与区域可持续发展研究［M］．北京：中国科学技术出版社，1995.

［88］毛泽东．毛泽东选集（第 5 卷）［M］．北京：人民出版社，1977.

［89］毛志锋．区域可持续发展的理论与对策［M］．武汉：湖北科学技术出版社，2000.

［90］苗长虹．中国农村工业化的若干理论问题：兼述欠发达地区的发展［M］．北京：中国经济出版社，1997.

［91］孟轲．孟子·公孙丑下［M］．李郁，编译．西安：三秦出版社，2018.

［92］孙俊，潘玉君，汤茂林．中国地理学史研究的思路分析：兼论中国地理学传统的流变［J］．地理研究，2014，33（3）：589-600.

［93］孙铁山，王兰兰，李国平．北京都市区人口——就业分布与空间结构演化［J］．地理学报，2012，67（6）：829-840.

［94］中国社会科学院近代史研究所．孙中山全集（第六卷）［M］．北京：中华书局，1985.

［95］覃成林，贾善铭，杨霞，等．多极网络空间发展格局：引领中国区域经济 2020［M］．北京：中国社会科学出版社，2016.

［96］唐庆增．中国经济思想史［M］．北京：商务印书馆，2010.

［97］唐晓峰．从混沌到秩序：中国上古地理思想史述论［M］．北京：中华书局，2010.

［98］王爱民．地理学思想史［M］．北京：科学出版社，2010.

［99］王超，阚瑷珂，曾业隆，等．基于随机森林模型的西藏人口分布格局及影响因素［J］．地理学报，2019，74（4）：664-680.

［100］王成组．中国地理学史［M］．北京：商务印书馆，1982.

［101］王富年，杨吾扬．当前我国交通运输发展与布局中的几个问题［J］．中国经济问题，1981（6）：16-20.

［102］王缉慈．高新技术产业开发区对区域发展影响的分析构架［J］．中国工业经济，1998（3）：54-57.

［103］王缉慈，等．创新的空间：企业集群与区域发展［M］．北京：北京大学出版社，2001.

［104］王路．亚里士多德逻辑的现代意义［J］．世界哲学，2005（1）：66-74.

［105］王姣娥，胡浩．中国高铁与民航的空间服务市场竞合分析与模拟［J］．地理学报，2013，68（2）：175-185.

［106］王姣娥，焦敬娟，金凤君．高速铁路对中国城市空间相互作用强度的影响［J］．地理学报，2014，69（12）：1833-1846.

［107］王劲峰，徐成东．地理探测器：原理与展望［J］．地理学报，2017，72（1）：116-134.

［108］王开泳，陈田．珠江三角洲都市经济区地域构成的判别与分析［J］．地理学报，2008，63（8）：820-828.

［109］王利伟，冯长春．转型期京津冀城市群空间扩展格局及其动力机制——基于夜间灯光数据方法［J］．地理学报，2016，71（12）：2155-2169.

［110］王庸．经济地理学原理［M］．上海：商务印书馆，1926.

［111］王庸．中国地理学史［M］．北京：商务印书馆，1955.

［112］魏后凯．区域开发理论研究［J］．地域研究与开发，1988，8（1）：16-19.

［113］魏后凯．我国地区发展差距的形成、影响及其协调途径［J］．经济研究参考，1997（14）：2-13.

［114］魏心镇，王缉慈．新的产业空间——高技术产业开发区的发展与布局［M］．北京：北京大学出版社，1993.

［115］魏连科．班超［M］．北京：中华书局，1981.

［116］文嫱，张强国，杜恒，等．北京电影产业空间集聚与网络权力分布特征研究［J］．地理科学进展，2019，38（11）：1747-1758.

［117］吴传钧，郭焕成．中国土地利用［M］．北京：科学出版社，1994.

［118］吴传钧，刘建一，甘国辉．现代经济地理学［M］．南京：江苏教育出版社，1997.

［119］吴传钧．国土开发整治区划和生产布局［J］．经济地理，1984，4（4）：

243-246.

［120］吴传钧．经济地理学［M］//李旭旦．人文地理学概说．北京：科学出版社，1985.

［121］吴传钧．人地关系与经济布局［M］．北京：学苑出版社，1998.

［122］习近平．为建设世界科技强国而奋斗：在全国科技创新大会、两院院士大会、中国科协第九次全国代表大会上的讲话［N］．人民日报，2016-06-01（002）．

［123］徐弘祖．徐霞客游记（卷一下）［M］．上海：上海古籍出版社，2016.

［124］薛领，杨开忠．复杂性科学理论与区域空间演化模拟研究［J］．地理研究，2002，21（1）：79-88.

［125］［唐］玄奘．大唐西域记［M］．章巽，校点．上海：上海人民出版社，1977.

［126］杨万钟．经济地理学导论（4 版）［M］．上海：华东师范大学出版社，1999.

［127］杨吾扬．地理学思想简史［M］．北京：高等教育出版社，1989.

［128］杨宇，李小云，董雯，等．中国人地关系综合评价的理论模型与实证［J］．地理学报，2019，74（6）：1063-1078.

［129］叶大年，赫伟，徐文东，等．中国城市的对称分布［J］．中国科学（D 辑），2001，31（7）：608-616.

［130］尹世积．禹贡集解［M］．北京：商务印书馆，1957.

［131］詹姆斯·P．，马丁·J．地理学思想史（增订本）［M］．李旭旦，译．北京：商务印书馆，1989.

［132］张雷，刘毅．中国区域发展的资源环境基础［M］．北京：科学出版社，2006.

［133］张倩，胡云锋，刘纪远，等．基于交通、人口和经济的中国城市群识别［J］．地理学报，2011，66（6）：761-770.

［134］张文尝．工业基地交通运输布局问题［J］．地理学报，1981，36（2）：157-170.

［135］张文忠．区位政策与区域经济发展［J］．地理科学进展，1998（1）：29-35.

［136］赵宏波，魏甲晨，孙东琪，等．基于随机森林模型的"生产—生活—生态"空间识别及时空演变分析——以郑州市为例［J］．地理研究，2021，40（4）：945-957.

［137］赵荣，杨正泰．中国地理学史（清代）［M］．北京：商务印书馆，1998.

［138］中国地理学会经济地理专业委员会．中国地理学会一九六一年经济地理学术讨论会文集［M］．北京：科学出版社，1962.

［139］中国经济体制改革研究会编写组．中国改革开放大事记（1978—2008）［M］．北京：中国财政经济出版社，2008.

［140］中国科学院自然科学史研究所地学史组．中国古代地理学史［M］．北京：科学

出版社，1984.

　　［141］中山大学历史系中山研究室等. 孙中山全集（第 6 卷）［M］. 北京：中华书局，1985.

　　［142］钟祥财. 中国经济思想史［M］. 上海：上海社会科学院出版社，2016.

　　［143］祝成. 苏联经济地理学中两个学派的形成［J］. 人文地理，1987（2）：1-5.

　　［144］Anderson W P. Economic geography［M］. London：Routledge，2012.

　　［145］Aoyama Y, Murphy J T, Hanson S. Key concepts in economic geography［M］. London：SAGE Publications Ltd. , 2011.

　　［146］Barnes T J, Peck J, Sheppard E, et al. Introduction：Reading economic geography［M］. Oxford：Blackwell，2004.

　　［147］Berry B, Conkling E C, Ray D M. The global economy：Resource use, locational choice and international trade［M］. Englewood Cliffs, New Jersey：Prentice Hall，1993.

　　［148］Cai H, Jia X, Chiu A S F, et al. Siting public electric vehicle charging stations in Beijing using big-data informed travel patterns of the taxi fleet［J］. Transportation Research：Transport and Environment and Resources, 2014（39）：641-665.

　　［149］Checkland P. Systems, thinking, systems practice：Includes a 30-year retrospective［M］. London：John Wiley & Sons Ltd. , 1999.

　　［150］Clark G L, Feldman M P, Gertler M S, et al. The new oxford handbook of economic geography［M］. Oxford：Oxford University Press，2018.

　　［151］Gregory D, Johnston R, Pratt G, et al. The dictionary of human geography（5th ed）［M］. Chichester：Wiley-Blackwell，2009.

　　［152］Hayter R, Patchell J. Economic geography：An institutional approach（2nd ed）［M］. Oxford：Oxford University Press，2019.

　　［153］Leyshon A, Lee R, Mcdowell L, et al. The SAGE handbook of economic geography［M］. London：SAGE Publications Ltd. , 2011.

　　［154］Li Xiaojian, Yeung Yue-man. Transnational corporations and their impact on regional economic imbalance：Evidence from China［J］. Third World Planning Review, 1998, 20（4）：351-374.

　　［155］Li Xiaojian, Yeung Yue-man. Inter-firm linkages and regional impact of transnational corporations：Company case studies from Shanghai, China［J］. Geografiska Annaler B, 1999, 81（2）：61-72.

　　［156］Liefner I, Schätzl L. Theorien der Wirtschaftsgeographie［M］. Deutschland：Ferdinand

Schöningh, 2017.

［157］Long Hualou, Zou Jian, Pykett J, et al. Analysis of rural transformation development is China since the turn of the new millennium ［J］. Applied Geography, 2011, 31（3）: 1094-1105.

［158］Mackinnon D, Cumbers A. An introduction to economic geography: Globalization, uneven development and place（3ʳᵈ ed）［M］. London: Routledge, 2018.

［159］Морозовой Т Г. Экономическая География России ［M］. Москва: Юнити Unity, 2011.

［160］Sheppard E, Barnes T J. A companion to economic geography ［M］. Oxford: Blackwell, 2003.

［161］Wood A, Roberts S. Economic geography: Places, network and flows ［M］. London: Routledge, 2011.

［162］Yeung Yue-man, Li Xiaojian. Bargaining with transnational corporations: The case of Shanghai ［J］. International Journal of Urban and Regional Research, 1999, 23（3）: 513-533.

［163］Yeung Yue-man, Li Xiaojian. Transnational corporations and local embeddedness: Company case studies from Shanghai ［J］. Professional Geographer, 2000, 52（4）: 624-635.

第二章　古代经济地理思想

中国是经济地理思想起源较早的国家，古代先民通过对所处环境的认知与实践，逐渐形成了土地划分、人文—经济分区、城镇发展等方面的经济地理思想。历代的典籍中也详细描述了各地经济状况与物产分布等，蕴含着古人对人地关系的思考与总结，体现着经济地理思想的不断发展。

第一节　人地关系与农业地理思想

中国独特的地形、地貌及气候特征，塑造出中国南水北旱的农业区，以及东农西牧经济区的基本格局。南北以秦岭淮河一线为界，北方形成了以粟、麦为主的北方旱作农业，南方则形成了以稻为主的稻作农业；东西以"胡焕庸线"为界，东部形成了以农耕为主的农业，西部则形成以游牧为主的畜牧业。东西、南北的差别基本成为中国农业经济区的基本格局。此类认知在先秦时期已开始出现，《尚书·禹贡》按照山川大势，划分九州，并记载了九州的物产，蕴含了最早的中国经济地理思想。自先秦至北宋，中国的主要经济活动在黄河流域中下游地区，中原以及关中是政治、经济和文化的中心。北宋以后，经济重心逐渐南移，江南地区逐渐成为重要经济区。宋代以后，两季稻乃至三季稻的出现提高了部分南方经济区的产量，也为南方经济的发展提供了良好的经济基础。此时对南方经济区的认知，也逐渐由瘴疠之地转变为膏腴之乡。

一、新石器时代旱作区与稻作区的认识

世界人类起源于距今 250 万前的旧石器时代，文明萌芽于距今 1 万年前的新

石器时代（赵志军，2020：5）。该时期先民不仅依赖自然产出，也开始有意识地利用居住地的气候、地形、生物资源等驯化不同的作物。中国南北农耕区的分化自新石器时代开始形成，并延续至今。中国处于东亚季风区，南湿北干、南温北寒。在长期的生活实践中，先民们逐渐认识到了南北地区的气候、水量与作物种植驯化的特点，形成了以旱作农业为主的北方农业经济和以水稻作农业为主的南方农业经济。这是先民利用环境的结果，反映出了人地关系的经济地理实践。

距今 1 万年前的新石器时代的开端，是中国原始农业的萌芽时期，也是人类活动从采摘狩猎向农耕过渡的阶段。先民开始有意识地驯化动植物，进行农耕与畜牧养殖。北方旱作农业以种植粟和黍为主。考古发现，中国是粟、黍类旱作农业作物的起源地。此时期的北京门头沟东胡林遗址、河北徐水南庄头遗址、河北阳原于家沟遗址、北京怀柔转年遗址、山西吉县柿子滩遗址等，都出现了石器、陶器与动物骨骸。其中，河北省徐水县南庄头遗址是一座距今 1 万年左右的新石器时代早期遗址，在此发现了较多的动物骨骼，尤其是发现了狗的下颌骨，遗址"以狩猎为主，兼及采集业，同时可能已经出现了新兴的家畜饲养业"（李君等，2010：382）。距今 1 万年至 8000 年是农业起源的关键时期（赵志军，2019：3），世界原始农业处于大变革中。距今 4000 年左右，北方地区处于农业种植与狩猎相结合的阶段。考古发掘半坡遗址出土大量用作农业生产的石器与陶器，陕西西安半坡遗址是仰韶文化的一种代表类型，发现其中一个陶罐保存有完好的粟粒（中国科学院考古研究所和陕西省西安半坡博物馆，1963：55），另外还有大量储存粮食的窖穴，同时还发现了畜养家畜的圈栏，表明当时原始农业已经达到一定的发展水平。除此之外，通过考古发掘，发现半坡氏族公社"不仅从事农业和渔猎生产，而且还用采集饲养来补充生活资料的不足"（黄克映，1986：116），在出土的生产工具中，农耕工具（735 件）与渔猎工具（664 件）所占比例大体相同（黄克映，1986：115），表明半坡先民从事着不同的农业生产活动，还饲养家畜，体现当时处于农业种植与狩猎相结合的阶段，但是农业种植的比例已然上升。粟与黄河流域的自然环境紧密关联，该时期的北方人群已经有意识地利用独特的气候条件及疏松的黄土结构种植粟等旱作植物，并进行畜牧养殖。

与北方干旱环境不同，南方居民已经认识到可以利用湿润的自然条件种植水稻。根据考古发现，在新石器时代早中期，大量长江流域的遗址中都发现有水稻遗存，而目前最早的水稻遗存可以追溯到距今 1 万年左右，如江西万年仙人洞遗址和吊桶环遗址、湖南道县玉蟾岩遗址、浙江浦江上山遗址。在浙江浦江上山遗址发现有"大量炭化稻壳，上山遗址的夹炭陶片中普遍发现有意识掺和进去的稻壳、稻叶遗存"（蒋乐平，2007：17），推测在该时期稻已经成为中国长江中下游地区的代表作物。长江流域的浙江余姚的河姆渡遗址、浙江嘉兴的马家浜遗址、上海广富林遗址、宁波鱼山遗址等，都出土有水稻遗存，同时发现还存在部分可食用野生植物，如菱角、芡实等。在新石器时期的早中期，南方仍是以采集狩猎活动为主，同时有农耕生产以补充生活所需。稻谷中出现的驯化特征表明长江下游地区的人类在距今 8000 年以前已经开始利用或驯化水稻。距今 5000 年前后的良渚文化时期，"稻作农业最终取代采集狩猎成为社会经济的主体。良渚文化不仅是稻作农业社会建立的标志，也是中华文明起始的象征"（赵志军，2020：5）。与稻作农业相似，旱作农业也在距今 5000 年至 4000 年成为北方经济活动的主体。

总之，原始农业的发展过程中形成了旱作与稻作两大分区，北方以种植粟和黍两种小米为主，南方则以种植水稻为主，这是先民对自然环境认识深入的结果，也是顺应了南北方独特的气候土壤条件。考古中的相关发现，在文献中也可找到印证。《史记·夏本纪》中有相关记载，大禹治水时期，洪水泛滥，冲毁了农田。大禹命令益（禹的臣子）将稻种分给众人，在低湿的地方进行种植（司马迁，1959：49-90）。这体现出古人对环境的认知能力的提升以及能动性调适。

二、"土宜之法"的土地划分思想

随着农耕社会的发展，按照土壤类型"因地制宜"地种植作物，是农耕先民较早形成的农业地理观念，即"土宜之法"。在土壤分类的基础上进行区域划分，征收相关赋税，表明了古人初步具有了经济地理分区思想。

"土宜之法"是依据土地与所居住的民众、所养育的动植物相适宜的原则，通过辨别各区域间土地物产，判断是否适合建造民宅、人口繁衍和鸟兽、草木的繁育生长，协调人、动植物和作物之间的关系。《周礼·地官·大司徒》中记载："以土宜之法，辨十有二土之名物，以相民宅，而知其利害，以阜人民，以蕃鸟兽，以毓草木，以任土事；辨十有二壤之物，而知其种，以教稼穑、树艺"（阮元，1980：703）。其中大司徒依靠"土宜之法"，可以辨别十二个区域土地的物产。

后世记载的许多重要人物都曾利用"土宜之法"进行土地分区。比如《史记·夏本纪》中记载大禹将其应用于九州的划分，"禹乃行相地宜所有以贡，及山川之便利"（司马迁，1959：51）。大禹以此法，考察不同地区物产，核定标准后收取九州的贡赋。除此之外，在《诗经·大雅·生民》中也曾提到周代始祖后稷用相土之法来辨别土质优劣，教民耕作。《淮南子·修务训》亦载："神农乃始教民播种五谷，相土地宜，燥湿肥墝高下，尝百草之滋味，水泉之甘苦，令民知所辟就"（刘安，1980：629-630）。其中，神农指导人民按照土地的干燥湿润、肥沃与否等具体情况进行种植的传说，也体现了"土宜之法"这一思想具有深厚的历史传承。

古代"因地制宜"的理念在《尚书·禹贡》《管子·地员篇》《周礼·职方氏》中皆有论述，体现着中国最早的经济地理思想。《尚书·禹贡》多被认为撰写于春秋战国时期，其中对土壤的分类不仅有较为科学的标准，且从经济地理的角度，阐明了土壤与农作物分布的关系，列出了不同土壤的特性及宜种作物品种（见表2-1）。如雍州黄壤为上上，徐州赤壤为上中，青州白壤为上下，豫州壤为中上，冀州白壤为中中，兖州黑壤为中下，梁州青黎为下上，荆州涂泥为下中，扬州涂泥为下下。九州的划分虽然不尽科学，但已经蕴含着经济地理的初步思想，涉及九州的土地等级、赋税等级、贡物、交通等内容，因此对后世的行政区划、经济区划等方面有着深远的影响。根据不同的自然条件与资源特征，分区发展农业的观念也开启了中国古代经济地理思想的先声（凌申，1990：3）。文中在农业地理方面多有论述，包含着综合农业区划的丰富内容，体现了古代"因地制宜"的土地划分思想。

表2-1　《尚书·禹贡》九州土质类别、田地等级

州名	土质类别	土田等级	赋税	贡品
冀州	土惟白壤	田中中	第一等，另有第二等	岛夷皮服
兖州	土黑坟	田中下	第九等	漆、丝、织文锦绮

续表

州名	土质类别	土田等级	赋税	贡品
青州	土白坟，海滨广斥	田上下	第四等	盐、细葛布、海产品、泰山谷的丝、大麻、锡、松、怪石、柞蚕丝
徐州	土赤埴坟	田上中	第五等	五色土、羽山山谷之雉、峄山南产桐木、泗水边做磬的石头、淮夷之地蚌珠和鱼、细绸和白色绢
扬州	土惟涂泥	田下下	第七等，另有第六等	金、银、铜、美玉、美石、小竹、大竹、象牙、犀皮、鸟的羽毛、旄牛尾、木材、橘、柚
荆州	土惟涂泥	田下中	第三等	羽毛、旄牛尾、象牙、犀皮、金、银、铜、椿树、柘树、桧树、柏树、粗磨石、细磨石、造箭镞的石头、丹砂和细长竹子、楛木、杨梅、菁茅、彩色丝绸、珍珠、大龟
豫州	土惟壤，下土坟垆	田中上	第二等，另有第一等	漆、麻、细葛、纻麻、绸、细绵、治玉磬的石头
梁州	土青黎	田下上	第八等，另有第七等和第九等	美玉、铁、银、钢铁、造箭镞的石头、磬、熊、马熊、狐狸、野猫、织皮和西倾山的贡物
雍州	土惟黄壤	田上上	第六等	美玉、美石和珠宝

资料来源：笔者据《尚书·禹贡》整理。

《管子·地员篇》中关于土地的分类思想涉及了战国时期土壤地理和植物地理的内容。

《管子·地员篇》先按中国古代的传统观念，把土地分为五类：渎田（平原）、坟延（蔓坡地）、丘陵、山林和川泽。①渎田分为息土（冲积土）、赤垆（赤色垆土）、黄唐（黄色盐碱土）、斥埴（盐质黏土）和黑埴（黑色黏土）五种土地类型，各类型按地势由高而低排列，泉水也相应由深而浅。②坟延，是平原和丘陵的过渡类型，未细分。③丘陵，细分为14种类型，按地势由低到高、泉水由浅到深排列如下：陕之芳（旁），即峡谷之旁；祀（阺）陕，即峡谷地；杜陵，即大土阜；延陵，即广大的土阜；环陵，回环相接的丘陵；蔓（峦）山，即石质蔓延的低山；付（附）山，即小土山；付山白徒（土），即白土小山；中陵，即中等丘陵；青山，即青色土石山；（礆）山赤壤，即多石赤土小山；侨（僬）山白壤，即多白壤的山；徒（土）山，即土山；高陵土山，即高丘陵土山。这是中国历史地理文献中对丘陵最详细的分类。④山林。自高至低分为五种类型，各述其植物和泉水深度，生长落叶松；次为复（偪）吕（伦），生长山柳；再次为泉英，生长山杨；四为山之材（佽），为杂林蔄山；最低为山之侧，即山麓，生长榆树。植物的这个排列体现了山地植物的垂直分布。⑤川泽。表示河、湖、沼泽岸边的土地，一部分在水下，一部分在岸上。这类土地根据植物的标志，从水下到岸上分为 12 种类型，称"十二衰"。《管子·地员篇》的最后一部分为土地评价，根据各种土壤的生产能力划分等级，先分为上、中、下三等，每等又包括 6 种不同的土壤。共分为 18 个大类，是土地分类的另一种方向（黎翔凤，2004：1071-1143）。《周礼》中对于土壤的认知与《管子·地员篇》极为接近，其将全国土地分为五类：山林、川泽、丘陵、坟衍、原隰。

土地划分有利于人们按照土地的类型种植不同的作物。《淮南子·主术训》称："上因天时，下尽地财，中用人力，是以群生遂长，五谷蕃植。教民养育六畜，以时种树，务修田畴滋殖桑麻，肥墝高下，各因其宜。丘陵、阪险不生五谷者，树以竹木，春伐枯槁，夏取果、蓏，秋畜蔬、食，冬伐薪、蒸，以为民资"（刘安，1980：308）。这是强调按照土地的肥沃程度、地形高下以及地貌特征，分别种植不同的作物。

按照"因地制宜"的原则划分土地，不仅是为了便于耕种，也是为了在不同等级的土地类型、土地面积上征收税负。《周礼·地官·土均》中提到有负责税负工作的专门机构——土均，"土均掌平土地之政，以均地守，以均地事，以均地贡"（阮元，1980：746）。《周礼·地官·大司徒》曰："以土均之法，辨五物九等，制天下之地征，以作民职，以令地贡，以敛财赋，以均齐天下之政"（阮元，1980：704）。

赋税征收的比例也会考虑地理位置、封地面积。根据《周礼·地官·大司徒》记载，西周时期按照公、侯、伯、子、男爵位不同，诸侯封国的土地面积有所差别，"诸公之地，封疆方五百里，其食者半；诸侯之地，封疆方四百里，其食者参之一；诸伯之地，封疆方三百里，其食者参之一；诸子之地，封疆方二百里，其食者四之一；诸男之地，封疆方百里，其食者四之一"（阮元，1980：704）。因此，各诸侯国向天子缴纳税负的比率也不相同。在居民个人的税负征收上，《周礼·地官·载师》规定：城中居民少量的尚未达到起征点的土地不缴纳收成税，城中的场圃园地按收成的二十分之一征税，近郊的土地上缴收成的十分之一，远郊的土地上缴收成的二十分之一，甸、稍、县、都之地的土地征税率不得超过收成的十分之二，漆林之地的征税率为其收成的二十分之五（阮元，1980：726）。从《周礼·地官》关于个人税负征收的比率看，"国中"的征税率等于或低于什一税，而郊野的个人征税率则超过了什一税，这也许考虑到了郊野的社会管理成本高的原因。

为了税负征收的方便，居民缴纳税负的类型可以按照土地的产出状况，《周礼·地官·闾师》规定："凡任民任农，以耕事贡九谷；任圃，以树事贡草木；任工，以饬材事贡器物；任商，以市事贡货贿；任牧，以畜事贡鸟兽；任嫔，以女事贡布帛；任衡，以山事贡其物；任虞，以泽事贡其物"（阮元，1980：727）。这种因地制宜的税负征管政策，能做到不劳民、不伤民，同时也能保证国家的税负收入。

三、空间观念下的人文—经济分区思想

中国古代社会有着独特的空间认知，包括地理方位与天文观念。方位指古代对四方（东、西、南、北）、五方（东、西、南、北、中）、六维（东、西、南、北、上、下）、八隅（东、西、南、北、东南、西南、西北、东北）、九方（东、西、南、北、中、东南、西南、西北、东北）等方位的表述，古人以此进行较大的区域划分。西汉以后，天人感应思想形成，刘向、班固等人又将星宿分区与地上的经济区、风俗区一一对应，并为后世所延续。

（一）方位观念的空间分区

古代典籍往往以四方、五方、六维、八隅、九方等来进行大的空间划分。尤其是五行观念形成后，"东、西、南、北、中"五方与"金、木、水、火、土"五行建立起一一对应的关系，在部分典籍中往往据此进行空间分区。

《山海经·五藏山经》受此方位观念的影响，书中分五篇：《东山经》《北山经》《西山经》《中山经》《南山经》，分别记述了东、西、南、北、中各区的动物、植物和矿物的类型。《山海经·五藏山经》通过五大分区，基本上对遍及中国各地的地形作出了记述。在各个山列的记述中，又详略不一地论述了各地的水文、地貌、动植物、矿物、特产以及神话传说等（谭其骧，1982）。《山海

经·五藏山经》按方位划分区域的思想，现在看来过于程式化，并不完全符合地理事实，但其中的记述仍是了解先秦时期各地的地域文化与人文风貌的重要文本，部分山川、河流、湖泊的地名亦流传至今，成为重要的人文地理标识。

与之类似，《周礼·夏官》将九方观念与九州分区融合，东南曰扬州、正南曰荆州、河南曰豫州、正东曰青州、河东曰兖州、正西曰雍州、东北曰幽州、河内曰冀州、正北曰并州。在方位观念下，设官管理。其中，职方氏统一管理天下地图，"职方氏掌天下之图，以掌天下之地，辨其邦国、都鄙、四夷、八蛮、七闽、九貉、五戎、六狄之人民与其财用、九穀、六畜之数要，周知其利害"（阮元，1980：861）。《周礼·职方氏》中以方位对九州进行定位，记录了九州内的山镇（五岳四镇）、湖泽、河流、物产、人口性比例，宜产畜类、粮食作物，其中最为重要的经济地理实践是世界上首次按最小公约数的原理计算了人口性别比例，如当时全国的男女性别比例为20∶22（李惠村和莫曰达，1993：14）（见表2-2）。九州分别有具体的男女比例，无论是否准确，但至少表明在书中关于经济地理的表述，已经出现了统计方法的具体运用。

表2-2　《周礼·职方氏》九州分区

州名	扬州	荆州	豫州	青州	兖州	雍州	幽州	冀州	并州
位置	东南	正南	河南	正东	河东	正西	东北	河内	正北
山镇	会稽	衡山	华山	沂山	岱山	岳山	医无闾	霍山	恒山
泽薮	具区	云瞢	圃田	望诸	大野	弦蒲	貕养	杨纡	昭馀祁
川	三江	江汉	荧雒	淮泗	河沛	泾汭	河沛	漳	虖池呕夷
浸	五湖	颖湛	波溠	沂沭	庐维	渭洛	菑时	汾潞	涞易
物产	金锡竹箭	丹银齿革	林漆丝桑	蒲鱼	蒲鱼	玉石	鱼盐	松柏	布帛
人口	两男五女	一男两女	两男三女	两男两女	两男三女	三男两女	一男三女	五男三女	两男三女
畜牧	宜鸟兽	宜鸟兽	宜六扰	宜鸡狗	宜六扰	宜牛马	宜四扰	宜牛羊	宜五扰
粮食作物	宜稻	宜稻	宜五种	宜稻麦	宜四种	宜黍稷	宜三种	宜黍稷	宜五种

注：四扰：马、牛、羊、豕；五扰：马、牛、羊、豕、犬；六扰：马、牛、羊、鸡、犬、豕；三种：黍、稷、稻；四种：黍、稷、稻、麦；五种：黍、稷、菽、稻、麦。

资料来源：据《周礼·职方氏》整理。

（二）经济地理要素分区

司马迁在《史记·货殖列传》中，首次按照各区域间的地形地貌、物产、商贸交流、民风民俗以及经济状况，将全国分为四大区域（见表2-3）：一是山西（崤山以西），包括关中地区、巴蜀地区和陇西、天水地区三个经济中心。特产有木材、竹子、楮木、野麻、旄牛尾和玉石。二是山东，包括三河、河北、齐鲁、梁宋等地。多出鱼、盐、枣、丝。三是江南，包括西楚、东楚、南楚、岭南，盛产楠木、梓木、生姜、木犀、金、锡、铅矿石、丹砂、犀牛角、玳瑁、珠玑、兽角、皮革。四是龙门山、碣石山以北地区，产马、牛、羊、毛毡、毛皮和兽筋、兽角（司马迁，1959：3253-3254）。

表2-3　《史记·货殖列传》中的经济地理状况

经济区	特点	经济亚区	城市	行业	物产
山西	饶有木材、竹子、楮木、野麻、旄牛尾和玉石	关中	长安、雍、栎邑	农业、商业	栀子、生姜、朱砂、石材、铜、铁和竹木之类的器具
		巴蜀	巴郡、蜀郡	农业、商业	
		陇西、天水		农业、畜牧业	
山东	多出鱼、盐、枣、丝	三河（河东、河内、河南）	温、轵、洛阳、宛	商业	
		河北	中山、燕	商业	鱼、盐、枣、栗
		齐鲁	临淄	士、农、工、商、贾五民俱备	桑麻、布帛、鱼、盐
		梁宋	巨野、陶邑、睢阳	农业、商业	
江南	盛产楠木、梓木、生姜、木犀、金、锡、铅矿石、丹砂、犀牛角、玳瑁、珠玑、兽角、皮革	西楚	陈	商业	
		东楚	吴、广陵	商业	海盐、铜矿
		南楚	衡山、九江、江南、豫章、寿春、合肥、长沙	商业	豫章出黄金；长沙出连、锡
		岭南	番禺		珠玑、犀牛角、玳瑁、水果、葛布
龙门山、碣石山以北	产马、牛、羊、毛毡、毛皮和兽筋、兽角			畜牧业	

资料来源：《史记·货殖列传》。

按照司马迁的描述，此时经济发达的地区主要分布在山西、山东区的关中和巴蜀、山东区的齐鲁和梁宋，这些地区也是重农思想推行较为彻底的地区。

齐国本为沿海之地，"地舄卤，人民寡"，土地多为盐碱地，人口稀少，经济原本主要依靠纺织服装和鱼盐。在齐桓公支持之下，管仲实施了一系列重农举措。齐国荒芜之地得到开垦，逐成为"膏壤千里，宜桑麻"（司马迁，1959：3265），且士、农、工、商、贾五民俱备，经济结构合理，行业完备的重要经济区。与之类似，在推行变法之前，秦国地广人稀，农耕之地不足十分之一。商鞅以重农抑商思想为指导，通过奖励开垦荒地、统一规划土地、改革农业赋税制度、抑制商业发展、加大非农人口赋役等方式，使得关中成为重要的农业经济区，"关中自汧、雍以东至河、华，膏壤沃野千里"（司马迁，1959：3261）。整个关中之地占天下三分之一，人口也不过占天下十分之三，财富却占天下十分之六。秦在吞并蜀地后，在该地区兴修都江堰等水利工程、开垦荒地，《华阳国志·卷三》记载："开稻田。于是蜀沃野千里，号为'陆海'"（常璩，2000：30），巴蜀成为天府之国。江南的西楚、东楚、南楚主要是以商业和盐矿之利发展的经济区，农耕经济并不发达，部分地区仍然以烧荒和原始稻作技术为主，民众仍然维持着渔猎采集的经济形态。

（三）星宿分野的经济分区

《汉书·地理志》将全国分为秦地、魏地、周地、韩地、宋地、卫地、齐地、鲁地、赵地、燕地、楚地、吴地、粤地十三个地区（见表2-4）。不同地区土地条件、物产状况、人文风俗各有差异。比如鲁地，土地贫瘠，无林泽之饶，颇有桑麻之业；楚地，有江汉川泽山林之饶，民食鱼稻，以渔猎山伐为荣。与司马迁的分区思想不同，班固这一分类思想源自星宿分野，即将天上的星宿与各地的经济人文状况结合进行论述，暗含着"天人合一"的观念（班固，1964：1646-1674）。

《汉书·地理志》中星宿的分野如下：秦，东井、舆鬼；魏晋，觜、参；周，柳、七星、张；韩陈郑，角、亢、氐；赵，昴、毕；燕，尾、箕；齐，虚、危；鲁，奎、娄；宋，房、心；卫，营室、东壁；楚，翼、轸；吴，斗；粤，牵牛、婺女。《汉书·地理志》主要采用两种分野类型：一是按列国分配，如秦国属于井、鬼两宿分野。二是按十二次分配，如"自井十度至柳三度，谓之鹑首之次，秦之分也"（班固，1964：1646），其中"鹑首"即为十二次。星宿分野将星空天域的划分与地理分区划分相结合，源自古人对天人关系的早期认识。先秦秦汉诸多学者，包括刘向、班固等将其视为划分经济区或者风俗区的重要理念，这是古人试图理解自然与人文差异的初步尝试，并对后世产生了很大的影响，《晋书》中也有类似的分区（房玄龄，1974：405-472）。

表2-4　《汉书·地理志》载各风俗区自然与经济状况

风俗圈	风俗区	风俗亚区	自然与经济的影响	
			自然环境	经济结构类型
西部风俗圈	秦地	关中	鄠、杜竹林、南山檀柘 濒南山，近夏阳，多阻险轻薄	好稼穑
		西北	山多林木	
		河西	地广（民稀），水草易畜牧	牧为天下饶
		巴蜀	土地肥美，有江水沃野，山林竹木疏食果实之饶	南贾滇、僰僮
		西南		
中原风俗圈	魏地	河内		
		河东	土地平易，有盐铁之饶	
	周地	周地		
	韩地	郑地	土陋而险，山居谷汲	
		陈地		
		夏地		
	宋地	睢阳		
		沛楚	地薄民贫	
	卫地	卫地	有桑间濮上之阻	
东方风俗圈	齐地	齐地	负海舄卤，少五谷而人民寡	女工之业，通鱼盐之利
	鲁地	鲁地	地陋（民众）……无林泽之饶	桑麻之业
北方风俗圈	赵地	赵、中山	地薄（人众）	
		太原、上党		
		钟代石北		
		定襄、云中、五原		
	燕地	蓟		
		上谷辽东	地广（民稀），有鱼盐枣栗之饶。北隙乌丸、夫馀	东贾真番之利
		朝鲜二郡		

风俗圈	风俗区	风俗亚区	自然与经济的影响	
			自然环境	经济结构类型
南方风俗圈	楚地	楚地	有江汉川泽山林之饶，江南地广江陵……西通巫、巴，东有云梦之饶	鱼稻，以渔猎山伐为荣
	吴地	吴地	寿春、合肥南北皮革、鲍、木之输吴东有海盐章山之铜，三江五湖之利江南卑湿	
	粤地	粤地	处近海，多犀、象、毒冒、珠玑、银、铜、果、布之凑	

资料来源：潘明娟.《汉书·地理志》的风俗区划层次和风俗区域观［M］//雷依群，徐卫民主编.秦汉研究（3）. 西安：陕西人民出版社，2009：121-122.

第二节 人地关系与城镇发展思想

城市是人口聚集与商贸流动的重要节点，中国自古就重视城市选址与市镇商贸布局，并形成了独特的思想，如"量地制邑""度地卜食""利在势居""体国经野"等。

一、"量地制邑""度地卜食"的城乡规模思想

先秦时期，城市选址与建设中逐渐形成了"量地制邑""度地卜食""相土尝水"等重要的古代经济地理思想。尤其是"量地制邑""度地卜食"，《礼记·王制》中提到："凡居民，量地以制邑，度地以居民，地邑民居必参相得"（阮元，1980：1338）。即城市修建必须根据土地的肥沃、地形广狭来确定修建的城邑大小与供养的居民数量，土地肥沃程度、城邑大小、居民规模三者必须保持平衡、相互匹配。

与之类似，《尉缭子·兵谈第二》中也有相关思想："量土地肥墝而立邑，建城称地，以城称人，以人称粟。三相称，则内可以固守，外可以战胜"（尉缭，1990：31）。这是将环境容量的认知置于城市建设发展中，综合考虑城市土地面积、耕地状况、城市可容纳人口数量以及人口所需的粮食总量。

以后许多大型都邑的发展，无疑违背了这一重要的古代经济地理思想，居民人口数量与土地承载力、粮食供给量等并不能保持匹配，尤其是都城人口增多，居住面积大幅扩张，周边适合的耕地面积日渐减少，粮食供给匮乏，与山争地、与湖争地的现象屡次出现，人地矛盾日渐凸显，城乡区域经济发展的生态环境基础遭到破坏，汉唐的长安、洛阳，宋代的开封，明清的北京，在城市发展中均出现过此类情况，直至当前的大城市病亦与之类似。可见，古人已经认识到土地农业产出与城市规模、人口规模之间的关系，因此提出了按照土地供养的人口数量来确定城址、控制城市规模，以此维护区域的生态稳定与可持续发展。

《管子·乘马》中以"地邑民居必参相得"的城建思想为依据，提出了城市人口容量与土地物资供给之间的量化标准，"上地方八十里，万室之国一，千室之都四。中地方百里，万室之国一，千室之都四。下地方二百里，万室之国一，千室之都四。以上地方八十里，与下地方百二十里，通于中地方百里"（黎翔凤，2004：104）。八十里见方的上等土地，可负担一座上万户人口的城市和四座上千户人口的城镇。百里见方的中等土地，可以负担一座上万户人口的城市和四座上千户人口的城镇。一百二十里见方的下等土地，可以负担一座上万户人口的城市和四座上千户人口的城镇。因此，八十里见方的上等土地与一百二十里见方的下等土地，都相当于一百里见方的中等土地①。

城镇与乡村的规模也要相适应，《管子·八观》曰："夫国城大而田野浅狭者，其野不足以养其民；城域大而人民寡者，其民不足以守其城"，乡村人口规模需要足够的土地面积，维持必要的生存空间。在具体的计算标准方面，"凡田野万家之众，可食之地，方五十里，可以为足矣。万家以下，则就山泽可矣。万家以上，则去山泽可矣"（黎翔凤，2004：259）。文中认为拥有万户人口的农村需要方圆五十里的土地维持基本的生活保障，不包括山泽之地；数量在一万户以下，可将周围的山泽之地纳入计算。

《商君书·徕民》中按照土地的地理形态，提出了更为详细的人口与土地承载力的定律："地方百里者，山陵处什一，薮泽处什一，溪谷流水处什一，都邑

---

① 《续文献通考》载"周以八尺为步""秦以六尺为步"，同时又引《律学新说》指出，二者是相等的。又由于秦汉尺的长度如商鞅量尺、新莽铜斛尺、后汉建武铜尺都是一尺等于0.231米。由此可以算出一里等于1800尺为415.8米。现今的市里一里为500米，则知周代一里为今市里的83.16%。由于周代一里三百步的里制到秦汉并没有发生什么变化，因此这一里制可视为先秦秦汉这一时期的里制。

蹊道处什一，恶田处什二，良田处什四，以此食作夫五万，其山陵，薮泽，溪谷可以给其材，都邑，蹊道足以处其民，先王制土分民之律也"（蒋礼鸿，1986：86）。以方圆百里的土地为例，如果其中山地与丘陵占其面积的十分之一，湖泊、沼泽占十分之一，山谷河流占十分之一，城镇道路占十分之一，薄田占十分之二，良田占十分之四，土地供给的人口为五万人，其中的山地、丘陵、湖泊、沼泽、山谷、河流可以供给各种生产生活的原材料，城镇可以容纳民众居住，说明商鞅时代的城乡布局和土地利用规划已经考虑到了能源、水源、材料、交通、城乡规模与土地物产能力等生态安全因素，而且有了一定的用地比例分划和一个粗略的定额概念。书中尤其强调这是"先王制土分民之律"，可见"量地制邑"思想有着久远的历史。

后周世宗时期，为了解决军营和官署用地不足、外来工商所需邸店缺乏和租费增涨，以及街道狭窄、夏天暑湿、多火灾等问题，世宗以"度地居民"为理念对京师开封外城进行了扩建。《京城别筑罗城诏》中提到："度地居民，固有前则。东京华夷辐辏，水陆会通，时向隆平，日增繁盛，而都城因旧，制度未恢，诸卫军营，或多窄隘，百司公署，无处兴修。加以坊市之中，邸店有限，工商外至，亿兆无穷，傜赁之资，添增不定，贫阙之户，供办实艰。而又屋宇交连，街衢湫隘，入夏有暑湿之苦，居常多烟火之忧。将便公私，须广都邑"（王溥，1978：417）。开封的城市扩建也是提前进行规划，官府按计划分划街巷、军营、仓场、官署所用的地段以后，"即任百姓营造"，并未如隋唐长安先筑好"坊"和"市"的围墙，规定住宅造于"坊"中和商店造于"市"中，只是分划好街巷范围而听任随便营造，使适应当时居民生活上新的需要（杨宽，2016：293）。不过，这一思想仍然停留于城市选址或扩建的理念上，并未找到切实有效的路径解决人口激增与城市发展之间的现实矛盾。

二、"利在势居"的城镇区位思想

"利在势居"出自《盐铁论》，是指有利的区位优势是城市经济发展的主要因素（桓宽，1992：41）。古代城市选址首先要考虑地理位置与经济供给状况，《管子·度地篇》专门提及择都，"必于不倾之地，而择地形之肥饶者。乡山，左右经水若泽。内为落渠之写，因大川而注焉。乃以其天材、地之所生，利养其人，以育六畜。天下之人，皆归其德而惠其义"（黎翔凤，2004：1051）。可见，城市需平稳可靠之处，土地肥饶、物产丰富，便于利用自然资源和农业产品来供养国人和繁育六畜，为城市发展提供基本的经济保障。

春秋战国时期，城市交通枢纽的区位优势与商贸中心经济功能逐渐显现，城市选址日益重视经济地理因素。周公营建洛邑时说，"此天下之中，四方入贡道里均"（司马迁，1959：133），交通便捷，便于四方入贡赋成为城市营建的重要条件。《吴越春秋·勾践归国外传第八》记载范蠡修筑越国城池时，要求"处平易之都，据四达之地"。晁错也认为，西汉时期经济发达的城市都是交通商贸繁荣之所，"自京师东西南北，历山川，经郡国，诸殷富大都，无非街衢五通，商贾之所臻，万物之所殖者"（桓宽，1992：29）。《盐铁论》中专门论述了城市经济发达与交通区位优势之间的关系，其中燕地的涿、蓟，赵地的邯郸，魏地的温、轵，韩地的荥阳，齐地临淄，楚地的宛、陈，郑地的阳翟，三川地区的巩县与洛阳等是当时重要的交通节点，富冠海内，皆为天下名都。"非有助之耕其野而田其地者也，居五诸之冲，跨街衢之路也。故物丰者民衍，宅近市者家富。富在术数，不在劳身；利在势居，不在力耕也"（桓宽，1992：41）。而以上城市经济发达的原因，并非来自耕地的产出，而是来自交通要冲的地理优势，即处于当时五都商贸联系的必经之路。所谓"利在势居，不在力耕"的论述，充分说明此时人们已经有了对城市经济发展中区位优势的认知。

都城更要置于交通便捷之处，利于调配全国资源、征收土地赋税财利。《管子·乘马》提出："凡立国都，非于大山之下，必于广川之上"（黎翔凤，2004：83），即建都于依山傍水之地，这种城址即兼有水陆交通的便利。吴之阖闾城（今苏州城），秦之蜀郡成都城，秦末汉初之南越国都城番禺城（今广州城），宋之汴京城（今开封城）、西安城和洛阳城等历代城市的选址，都与其处于水陆交通要冲之地有关。例如宋都开封，位于北宋辖区北半部偏东，是华北东部的水陆（主要是水路）交通中心。由于它主要依靠东南地区的粮食供应，通向东南与真楚运河、浙西运河（今江南运河）相接的汴河，成为最主要的航运渠道，而汴河"首承大河（黄河），漕运江、湖，利尽南海，半天下之财赋，并周山泽之百货，悉由此路而进"（脱脱等，1977：2321）。开封的水陆优势，是其成为都城的重要原因，"以大梁（开封）四方所凑，天下之枢，可以临制四海，故卜京邑而定都"（脱脱等，1977：2320）。明代的北京也是交通要地，经济异常繁荣，"京师负重山，面平陆，地饶黍谷驴马果蓏之利，然而四方财货骈集于五都之市。彼其车载肩负，列肆贸易者，匪仅田亩之获；布帛之需，其器具充栋与珍玩盈箱，贵极昆玉、琼珠、滇金、越翠。凡山海宝藏，非中国所有，而远方异域之人，不避间关险阻，而鳞次辐辏，以故畜聚为天下饶"（张瀚，1985：82-83）。以都城为中心，形成全国性的水陆交通网络；各路、州、府、县也都以治所所在城市为中心，形成规模不等的交通枢纽。尤其是大型的商贸型城市，一般选择于水陆交通要冲，便于通过河流、湖泊、陆路交通进行商业贸易。除此之外，在东南沿海，广州、泉州、福州及宁波等地，则以海陆为主，不仅是对外贸易的港口，亦成为商业都会。

三、"体国经野"的城乡划分思想

自先秦开始，中国已出现了城乡的空间分区。"体国经野"的国野之别是早期城乡划分的地理实践。国与野是先秦村社结构的基本组织框架，周代王都城郭以内称"国中"，距城百里之内称"郊"，"郊"以外称"野"。"国"包括都城及四郊之地，其居民称"国人"，"野"的居民称"野人"（杜文玉，2014：60-61）。国野之别，是城乡二元分离的萌芽，使农、工、商按职业进行分区居住。这不仅对历代的城市布局、城乡经济结构产生了重要影响，也体现了行政区划与自然环境、人文现象间的内在关系。

按照"体国经野"之道，国（都）外围为野（郊、遂）。国为政治经济的中心，士、工、商聚居其中，城市内部按照九经九纬进行规划，并依据行业分区居住；郊野则是粮食等物资的生产基地，按照农、林、牧等进行土地规划。郊野附于城市的周边，经济上为城市提供物质保障，国野关系体现了农村供养城市的空间形态。

《周礼·天官·序官》："惟王建国，辨方正位，体国经野，设官分职，以为民极。"郑玄注："体犹分也，经谓为之里数。郑司农云：'营国方九里，国中九经九纬，左祖右社，面朝后市，野则九夫为井，四井为邑之属是也'"（阮元，1980：639）。清末经学大师孙诒让考定，《周礼·天官·序言》一书的国、野布局为：王国处天下之中，城方九里，其外为方二十七里之郭，郭外五十里为近郊，五十里至百里为远郊，郊外自距王城百里至二百里为甸，二百里至三百里为稍，三百里至四百里为县，四百里至五百里为都。而野，有时指距王城百里至二百里的甸，有时指距王城二百里至三百里的稍，有时又兼甸、稍言之，而不包括县、都，有时则为甸、稍、县、都之总称，有时甚至包括四郊，即王城之外统称野（赵世超，2005：78）。"国人"和"野人"有不同的职责，国人是周王室统治的核心力量，起到为周天子"执干戈以卫社稷"的重要作用。城邑之外的"野人"多由奴隶和被征服地区的人民组成，从事农牧业生产，为城市提供物质供给。春秋战国时期，周王室衰微，诸侯王以及新兴贵族不断兴起，原有的国野制度逐渐分崩瓦解，但商业化导致了城乡之别更加明显。

宋朝以后，城乡二元格局基本成形，其显著标志是宋代第一次把城镇坊廓户从乡村主客户中区别出来，另行编制户籍。唐朝对城镇人口的管理制度与乡村无异，"坊郭户"只是他们的泛称。到宋朝，坊郭户就成了户籍制度中与"乡村户"相对应的、府州县治以及镇区等城居人口的专用名称，所以有"县坊廓"和"镇坊廓"等称谓。在管理上，宋朝以前城市与农村一样实行乡里制，宋朝城乡已经分治（包伟民和吴铮强，2006：216-217）。

四、城市内商贸布局思想

"坊市分离"是将营业区的"市"与居民区的"里"分开，在市场内实施严格的夜禁制度，按时开闭营业。一般而言，商人、手工业者按照行业类别聚居或者从事经营活动，这种四业分居的思想源自《管子》。先秦时期，《管子》中提出城区内部按照士、农、工、商四种不同职业划分居住区域的理念。例如，将手工业者安置于官府，商人安置于街市，农民安置于田野，职业世代相袭，进行专业化生产和规模化经营。尤其在城市规划中将手工业者与商人集中管理的思想，其出发点是利于管理，但在客观上推动了技术的传承与发展。专业性人员在特定空间上的集聚往往产生聚集经济。聚集经济是通过行业、人员、技术向某特定地区集中而产生的利益，亦称聚集经济效益，是城市存在和发展的重要原因和动力。

《管子》中提到将手工业者与商人集中至城市的特定区域，进行分区管理，手工业者可在各自区域内传授弟子、交流技术、展示产品，辨别器具质量、估量用途、比较材质，商人则互通生财之道、物价信息、利润盈余等。社会分工也提高了专业与技术水平，集聚也往往推动城市、行业与经济的发展，《管子》中的部分思想已然蕴含聚集经济理论的萌芽（黎翔凤，2004：1398-1545）。除此之外，市场在城市规划中具有重要地位，《周礼·考工记》记载："匠人营国，方九里，旁三门，国中九经九纬，经途九轨，左祖右社，面朝后市，市朝一夫"（阮元，1980：927）。在都城的建设规划之中，王宫左边是祖庙，右边是社稷，后面是占地百亩的市场。汉唐时期城市建设呈方格棋局状的"九经九纬，经涂九轨"。在城市规划中，政府专门设置从事商业贸易的区域。汉代长安的主要商业区集中在"九市"，分布于城市内外，分别为东市、西市、南市、北市、柳市、直市、交门市、孝里市、交道亭市。《三辅黄图》里提到每市"各方二百六十六步。六市在道西，三市在道东。凡四里为一市。致九州之人在突门。夹横桥大道，市楼皆重屋"（何清谷，1998：85）。班固在《汉书》中描绘了该时期市场的繁荣："九市开场，货别隧分，人不得顾，车不得旋，阗城溢郭，旁流百廛，红尘四合，烟云相连。于是既庶且富，娱乐无疆，都人士女，殊异乎五方"（范晔，1974：1336）。这反映出都城的经济繁荣、商贸发达。在市场之内，店铺按品种排列，称为"列""肆""次"。

魏晋以后，城镇内坊市分离的理念得到了严格执行，工商市民按照行业聚居的趋势更加明显。例如，魏晋时期旧洛阳城中有三市，都有主营行业：一是城西阳门外御道北一里的金市，专门作为黄金兑换市场，为达官贵人提供昂贵商品；二是城东建春门之外的石桥南，有从事牲口贸易的"马市"或"中朝牛马市"；三是城北粮食交易市场的粟市。至北魏时期，洛阳城市规划扩大，人口增多。据《洛阳伽蓝记》记载，位于西面的洛阳大市是其主要商贸中心，仅市场周边的工商业者居住里坊就达到十个。市东是通商、达货二里，里内之人，都是以商业、手工业和屠贩为生，资财巨万；市南是调音、乐律二里，里内之人主要从事音乐、舞蹈等娱乐行业；市西是延酤、治觞二里，里内之人多以酤酒为业；市北的慈孝、奉终二里，里内之人主要从事卖棺椁、赁车为事的服务业；另外有阜财、金肆二里，主要是富人居住。洛阳大市行业齐全、分工明确，包括屠宰、食盐、粟市、器乐、酿酒、丧葬用具、金肆等多种行业，是当时洛阳最繁荣的商业区，以上十里多居住富商大贾。在孝义里东是洛阳小市，主要从事水产贸易，"所卖口味，多是水族，时人谓为鱼鳖市"（杨衒之，1958：117）。此次的洛阳各市也已与中亚，乃至欧洲建立起商贸网络，"自葱岭已西，至于大秦，百国千城，莫不款服，胡商贩客，日奔塞下，所谓尽天地之区尔。天下难得之货，咸悉在焉"（杨衒之，1958：161）。

隋唐时期，城市商贸格局仍然延续了坊市分离的思想，商品交易只能在市场内完成，坊内不能设置市场。在封闭式的市场管理下，长安、洛阳等城市商品经济依然发展，行业聚集带来的规模效应及其世界性商贸枢纽地位更加凸显。隋朝大业年间，隋炀帝营建东都洛阳，分别在东、南、北建有三市，分别为东市丰都、南市大同、北市通远，并且徙天下富商大贾数万家于东都。《大业杂记》中具体介绍洛阳市集的布局，"大同市周四里，在河南县西一里，出上春门，傍罗城南行四百步至漕渠。傍渠西行三里至通远桥，桥跨漕渠，桥南即入通远市，二十门分路入市，市东合漕渠。市周六里，其内郡国舟船舳舻万计。市南临洛水，跨水有临寰桥，桥南二里有丰都市。周八里，通门十二，其内一百二十行，三千余肆，甍宇齐平，四望一如；榆柳交阴，通衢相注。市四壁有四百余店，重楼延阁，互相临映，招致商旅，珍奇山积"（杜宝，2006：15）。大同市周四里，通远市周六里，丰都市的规模最大，周八里。其中，通远市位于漕渠旁的水路市集，来自全国各地数以万计的商船于此装卸货物。丰都市共120排，三千余家店铺，仅四壁店铺就达四百余家，商旅云集、货物繁多。唐朝里坊规模最大，结构更为完善。里坊的规模一般为20公顷，唐长安里坊的规模分为三等：30公顷、50公顷、80公顷，在城市布局上，呈方格状，整齐划一。唐朝长安城内设有东、西二市，作为商品交易场所。唐朝洛阳的丰都市改名南市；通远市迁临德坊，改名北市；大同市迁固本坊，改名西市。市与坊一样，是有墙围合的封闭场所，《唐六典》中记载"凡市以日午，击鼓三百声而众以会，日入前七刻，击钲三百声而众以散"（李林甫等，1992：543-544），定时启闭，实行夜禁制度。

到了唐朝中期至北宋晚期，城市经济日渐繁荣，封闭式的市场管理模式逐渐受到冲击，坊市分离逐渐向着坊市合一转变。北宋末年，夜禁制度被废除，临街设店、坊内开店、开设夜市等举措，是古代城市商贸地理格局的一次重大变化，为城市经济的进一步发展奠定了基础。

自宋以后，城市经济发展中的坊市分离思想被摒弃，"坊市合一"成为城市商贸地理格局的主要理念。坊、市之间的严格界限被打破，住宅区（坊）和交易区（市）在城市之间穿插出现，临街设店、坊内开店、开设夜市等带来了街市贸易的繁荣。孟元老在《东京梦华录》中详细记载朱雀门外街巷、东角楼街巷、潘楼东街巷、州桥东街巷、相国寺东街巷等主要商业街市，其中以"南河北市"的街市最为繁盛。这里的"南河"，主要是指沿汴河一带的街市，有果子行、肉行、米行、面行、菜行、蟹行、炭行等160多行。所谓的"北市"，其范围大致从皇城东至马市街一带。这里西靠皇城，主要是皇家消费场所。正如孟元老所说："东华门外市井最盛，盖禁中买卖在此。凡饮食时新花果、鱼鰕鼋蟹、鹑兔脯腊、金玉珍玩衣着，无非天下之奇。"潘楼一带，更是富商云集之地，"屋宇雄壮，门面广阔，望之森然。每一交易，动即千万，骇人闻见"。皇城东华门外的白矾楼酒店，自宋真宗以来，即是东京最大的一家正店，每年用官曲五万斤，"乃京师酒肆之甲，饮徒常千余人"。还有马行街，作为皇城东面的南北大道，商业活动更是繁盛。宋人蔡绦说："马行（街）南北几十里，夹道药肆，盖多国医，咸巨富"（李合群，2007：137）。在空间上，坊市界限被打破；在时间上，由原来固定时间开市、宵禁制度，转化为商业交易不受时间局限，百姓可以在任意时间前往市场交易。随着交易时间和空间的扩大，城市经济呈现一片繁荣的景象；与此同时，文化和娱乐也日益繁盛。在《东京梦华录》和《清明上河图》中，都有对北宋都城开封的娱乐场景的记载，如"勾栏""瓦肆"等，自汉唐以来的坊市分离被新兴的"坊市合一"所取代。

从"坊市分离"到"坊市合一"，反映出古人对城市商贸地理格局认知的不断深入。"坊市分离"思想的出现，顺应了城市经济管理的要求，符合了商业、技术、人员、信息的聚集效应。然而随着城市经济的迅速发展，这种封闭式的市场管理模式阻碍了城市经济的繁荣，打破坊市的空间界限成为城市经济发展的必然诉求。

第三节　地方志中的经济地理思想

我国自古就有修史传统，留下诸多描述各地山川地貌、人口、物产、赋税的方志。此类文献都蕴含着大量区域经济综合思想，涉及了各朝各代对各地地理各要素的认知与看法。通过对该类古籍的梳理，能够清晰把握历代区域经济地理认知。

一、汉魏六朝地方志中的经济地理思想

汉魏六朝是方志发展的重要时期，出现了郡国志、山水志、寺观志、异物

志等各类方志。首先是郡国志的出现。东汉光武帝刘秀为表彰乡里，下诏撰《南阳风俗传》，以此为始，各地郡国纷纷撰写志书。留存至今的方志有《越绝书》《绍兴府志》《华阳国志》。《越绝书》是专门叙述吴越地区的城市布局、物产、古迹、农田水利、土地利用、粮食丰歉等情况的地方志，明朝万历年间的《绍兴府志》称《越绝书》是"地志祖"。《华阳国志》是专门记述古代西南巴蜀地区的经济、地理、物产资源、生态、民族、文化等情况的地方志，与《越绝书》一样都是现存最早的地方志。《华阳国志》的编纂思想来自多方面借鉴，仿效《禹贡》介绍土地等级、贡赋、物产，借鉴《汉志》介绍郡县人口、道里、水利等。总之，地域性人物、风土状况的描摹在该时期方志中多有体现。

除此之外，《三辅黄图》专记秦汉长安的地区周边布局、城市规划、仓库、桥梁、馆舍等。《洛阳记》《雍州记》《兖州记》《齐地记》《吴县记》《娄地记》《永嘉记》《豫章记》记载各地风土人情、水利农桑、煤炭物产等状况。魏晋时期还出现了一批专门记载偏远地区奇异风俗与物产的文献——异物志，如《交州异物志》《临海水土记》《扶南异物志》《南州异物志》《荆扬已南异物志》《凉州异物志》等。《后汉书·东夷传》注引沈莹《临海水土志》："夷洲在临海东南，去郡二千里。土地饶沃；既生五谷，又多鱼肉"（范晔，1974：2822）。夷洲即我国台湾，《临海水土志》记载有夷洲的植被、土壤及农渔业等状况。异物志的出现，既反映了各地经济交流、物资流通的客观情况，又是该时期经济地理认识扩展的体现。

二、隋唐地方志中的经济地理思想

在隋朝大业年间，隋炀帝下诏天下诸郡，将其风俗、物产、地图上于尚书，被视为全国各地大规模编撰志书之始。据《隋书·经籍志》记载，当时编纂的地理文献有《区宇图志》（一千二百卷），卷头有图，是我国历史上第一部官修全国性总地志。另有《诸郡物产土俗记》（一百三十卷）、《诸州图经籍》（一百卷）、《方志图》（二卷）、《州郡县簿》（七卷）等，多亡佚。

唐朝时，规定全国各州府，每三年（一度改五年）一造图经，送尚书省、兵部职方。唐朝还设置掌管地图的官职，《新唐书·百官志》记载："职方郎中员外郎各一人，掌地图、城隍、镇戍、烽候、坊人、道路之远近及四夷归化之事。凡图经非州县增废，五年乃修，岁与版籍偕上"（欧阳修和宋祁，1975：1198）。

全国性的地理总志有李泰邀集学士肖德言等编撰的《括地志》，该书博采方志，现存有清朝孙星衍的《括地志辑本》，内容不及原书的十分之一，其《序》称内容包括春秋以下郡国州县的沿革、山川、关津、风俗、物产、故城、亭台、宫殿、祠庙、冢墓、寺观、外夷等项。该书吸收《汉书·地理志》及《舆地记》（顾野王撰）两书的特点，又有所增益，创新体裁，为《元和郡县图志》所本。

唐朝的全国总志中，以李吉甫的《元和郡县图志》最为称道。这部总志对后世编纂全国总志的体例影响最大。唐宪宗元和年间，李吉甫鉴于过去所撰地志"尚古远者或搜古而略今，采谣俗者多传疑而失实，饰州邦而叙人物，因丘墓而征鬼神，流于异端，莫切根要。至于丘壤山川，攻守利害，本于地理者，皆略而不书"（李吉甫，1983：2），为了"佐明王扼天下之吭，制群生之命，收地保势胜之利，示形束壤制之端"（李吉甫，1983：2），便撰《元和郡县图志》，"起京兆府，尽陇右道，凡四十七镇，成四十卷"（李吉甫，1983：2）。在时间上以唐元和八年（813 年）为下限，以后又有续补。内容记述当时全国十道所辖府、州、县的沿革，境域，山川，道里，户口，贡赋，古迹等；卷首置图，图志合一。南宋时，图尽散失，遂改称《元和郡县志》。《元和郡县志》是李吉甫在总结"过去所撰地志"优缺点的基础上编写而成的。"成当今之务，树将来之势"（李吉甫，1983：2）。所以"体例最善。后来虽递相损益，无能出其范围"（纪昀，2000：1816），成为后世编纂全国总地志的范本。府、州之后有"贡赋"一项，是《元和郡县志》一书所首创。贡品多数是当地土特产，包括著名的手工业产品及矿产、药材等；赋为绵、绢等物，如京兆府下记载："开元贡：葵草席、地骨白皮、酸枣仁；赋：绵、绢"（李吉甫，1983：3）。另外，有物产、水利设施、矿产等相关经济资料记载。例如，延州肤施县和肃州玉门县都有关于石油矿的记载；原州平高县有马匹数量的记载；盐州有关于盐池的记载；密州辅唐县有关于浯水堰灌田的记载；蔚州飞狐县有关于三河冶官营铸钱的记载。

唐朝所修图经几乎遍及全国。在敦煌石室发现的《沙州图经》是现存的唐朝地方志，可惜图已散佚，书成于开元年间，内容记全州的行政机构、区划、天象、池水、渠泽、堰、堤、驿、县学、社稷坛、寺庙、冢、古城、土产、祥瑞、歌谣、古迹等方面。另有《邺县图经》《安定图经》《常山图经》《莫州图经》《青州图经》等，但多亡佚。成书于唐咸通三年（862 年）的《蛮书》（樊绰撰），则是现存的南方最古的地方志，全面记述了云南的山脉、河流、交通、六诏历史、政经制度、城镇、物产等方面。

发展到隋唐时代，方志的编写不仅体例日趋完善，而且逐渐关注人口、交通、物产等经济地理的相关内容。

三、宋元地方志中的经济地理认知

宋元时代，地方志的编纂在内容、体例、种类及数量方面有了更大发展，涉及的经济地理与人文地理方面的类目增加，基本确立了方志的体例。

宋朝建立后，乐史（930—1007 年）有鉴于过去志书编修太简，加以"从梁至周，郡县割据，更名易地，暮四朝三"，"图籍之府未修，郡县之书罔备"，便"沿波讨源，穷本知末"（乐史，2007：1），撰成《太平寰宇记》二百卷。体例方面依照唐代李吉甫《元和郡县图志》的门类，又有所增益，除沿革、境域、山川、道里、户口、贡赋等外，增加了人物、姓氏、风俗、土产、艺文诸门，"盖地理之书，记载至是书而始详，体例亦自是而大变"（纪昀，2000：1816）。《太平寰宇记》的体例成为后世"州县志之滥觞"。清朝的洪亮吉在《重校刊〈太平寰宇记〉序》中称："至若地理外，又编入姓氏、人物、风俗数门，因人物又详及官爵及诗词杂事。"这体现了该书对人文地理与经济地理内容的重视。另有由王存、曾肇、李德刍编撰的《元丰九域志》，分路（二十三路）记载府、州、军、监、县的"壤地之离合，户版之登耗，名号之升降，镇戍城壁之名，山泽虞衡之利"，至于"道里广轮之数，昔人罕得其详；今一州之内，首叙州封，次及旁郡，彼此互举，弗相混淆"（王存等，1984：1）。《元丰九域志》较《太平寰宇记》为简略，也是有志无图，人口、交通、山泽之利仍是其记述的重点。《舆地纪胜》由南宋时期王象之编撰，以南宋理宗宝庆（1225—1227 年）以前政区（十六路、一百六十六府、州、军监）为纲，分府、州沿革，县沿革、风俗、形胜、景物、古迹、碑记、官吏、仙释、人物、诗等目。这部地志，史多于地（王象之，2005：1-6500）。《方舆胜览》由南宋理宗时祝穆编撰，主要以南渡后所辖疆域，记当时十七路以下的府、州、军的建置沿革，疆域道里，田赋户口，关塞险要，特详于名胜古迹，诗赋序记（祝穆，2012：1-601）。宋元时期，方志编撰进入了重要发展时期。

宋朝统一了中原和江南后，于开宝四年（971 年）开始重修天下图经。真宗景德、祥符时（1004—1016 年）又大加修辑。自此以后，各级政区府、州、县、军、监、镇皆有志；南宋以后，甚至乡、里、村也有志。在体例上，承继了《太平寰宇记》的规范，包括位置（星野）、境域（道里）、沿革、自然地理（山川、江湖）、人口地理（户口）、经济地理（物产、税租、土贡、水利）、聚落地理（城郭、廨舍、园亭祠宇、寺观场镇）、军事地理（兵防）以及秩官、人物、科举、古迹、诗赋等。在内容上较唐朝方志为广。宋朝较著名的地方志有《吴地记》（唐·陆广微撰，北宋人增补唐以后至北宋大中、祥符前资料）、《吴郡图经续记》（北宋·朱长文撰）、《吴郡志》（北宋·范成大撰）、《临安三志》（周淙，《乾道临安志》；施谔，《淳祐临安志》；潜说友，《咸淳临安志》）、《乾道四明图经》（北宋·张津等撰）、《嘉泰会稽志》（南宋·施宿等撰）、《宝庆四明志》（南宋·方万里等撰）、《开庆四明续志》（南宋·梅应发等撰）、《淳熙三山志》（南宋·梁克家撰）等。元朝较著名的地方志有《齐乘》（于钦撰）、《延祐四明志》（袁桷等撰）、《至元四明续志》（黄元恭撰）等（徐静茹，2015：23-26）。宋元以后，方志成为区域经济地理研究的重要史料来源。

四、明清地方志中的经济地理认知

明清时期，方志编纂进入了最为鼎盛的时期，该时期各类方志达到近7000种，其编纂风格逐渐统一，编纂内容、类目体例愈发固定。

明太祖和明成祖十分重视编修方志，曾下令全国各地送呈志书，先后编纂了《寰宇通志》《大明一统志》《辽东志》《全辽志》等官修地理志书。明洪武十七年（1384年），编成《大明清类天文分野书》（二十四卷），该书不以行政区域分列，而以分野星次分配郡县。是年，朱元璋又下令朝觐官上土地人民图。随后，景泰、天顺年间，先后下诏各地修志，命文臣纂修一统志以颁行海内，先取郡邑志以备采录。其中，《寰宇通志》和《大明一统志》以各地志书为基础编撰，上自皇都，下至司府州县，外及四夷，无不备载，蕴含的内容十分丰富。但由于卷帙浩繁，人不易得，因此府、州、县又各自为志，以便观览。明代景泰七年（1456年）编修的《寰宇通志》，参考了《大元大一统志》的体例和永乐年间制定的凡例，以现行行政区划两京、十三布政司为纲，府州为目，下设建置沿革、郡名、山川、形胜、风俗、土产、城池、祀典、山陵、宫殿、宗庙、坛、馆阁、苑囿、府第、公廨、监学、学校、书院、楼阁、馆驿、堂亭、池馆、台榭、桥梁、井泉、关隘、寺观、祠庙、陵墓、坟墓、古迹、名宦、迁谪、留寓、人物、科甲、题咏三十八门，并附载引用书目，内容丰富。明天顺五年（1461 年）编成的《大明一统志》也以南北两京、十三布政使司分区，以府州为单位，下设建置沿革、郡名、形胜、风俗、山川、土产、公署、学校、书院、宫室、关梁、寺观、祠庙、陵墓、古迹、名宦、流寓、人物、列女、仙释二十门，而殿以"外夷"各国，并增绘了全国总图和各布政使司分图（张英聘，2004：48-56）。地方的府志也会记载城市兴起缘由，比如正德《松江府志》记载上海海洋贸易的状况（陈威等，1512：13），对于理解沿海城市发展具有一定价值。

　　清代是中国古代方志修撰的繁荣期，康熙、乾隆、光绪三朝修撰的地方志多达 1000 余部，编纂思想与体例逐渐成熟。在《大清一统志》编纂之初，顺治《河南通志·凡例》所定的编纂方法是方志编纂的范式，如户口、田赋，悉依顺治十二年（1655 年）刊定《赋役全书》及顺治十五、顺治十六年自首劝垦地亩粮数（巴兆祥，2004：67-73）。《大清一统志》钦定颁布后，成为各省县修志的标本和范例。现存的清代各省志，包括畿辅、盛京、吉林、河南、山西、山东、江南、浙江、江西、湖北、湖南、四川、云南、贵州、福建、广东、广西、陕西、甘肃、新疆等省份。另外，各府州县以及镇多修方志，亦多延续其条目划分方式。其中，乾嘉时期方志的编纂思想出现了重要的变化，章学诚明确指出方志与图经截然不同，要切于一方之实用，强调方志对地方社会发展的实用性（叶淑如，2011：72）。

　　该时期，方志编纂向着介绍"一方之全史"的思路转变。地理内容只是其中的一部分，且难觅具有创新性的经济地理思想。

第四节　游记中的经济地理认知

　　历代王朝在与周边民族的交流中，使臣、僧侣、商人、旅行者往来频繁，他们留下了许多游记记录。徐霞客等古代旅行者对所经过之地考察详细，对行程与各地的经济地理状况进行了非常珍贵的认知描写。

一、先秦秦汉游记中的经济地理认知

　　自先秦时期，中国就有了与域外地区的交流。《穆天子传》记载周穆王驾八骏西巡。该书被视为中国历史上最早的游记，周穆王姬满则是我国有文字记载的最早旅行者。他以河宗柏夭为向导，向西方进行了探险。荀勖所写的序文中说："王好巡守，得盗骊、騄耳之乘，造父为御，以观四荒。北绝流沙，西登昆仑，见西王母"（郭璞，1992：196）。穆王西游的传奇在《春秋左氏传》《竹书纪年》《史记》中均有记载。《穆天子传》中不乏神话传说，但亦有对中原地区之外的经济地理状况的描述，比如"赤乌人居住之处出产美玉，盛产嘉谷，草木硕美"。游历中，周穆王不仅搜集各类植物的种子带回培育，加强物种之间的交流，而且与域外之民通过献赐的方式进行物资交换。例如，北方珠泽人向穆王献白玉石、食马三百头、牛羊两千只。穆天子回赐黄金环十五个、朱带贝饰三十个、布四匹。赤乌人献给周穆王一千斛酒、九百匹供食马、三千只牛羊、一百车糜子和麦子。天子回赐四辆黑车、四十镒黄金、五十条镶着贝壳的带、三百包朱砂。按照《穆天子传》所载，周穆王最西北到达旷原之野，宗周至西北大旷原为一万四千里，而此次游历的总行程为三万五千里（郭璞，1992：232）。

随着秦汉大一统王朝的建立，域外交流的相关记载就接连不断。至汉代，为抗击匈奴，公元前138年至前126年张骞受命出使西域，此后西域的良种马及葡萄等经济作物传入中国，张骞在大夏见到了蜀地出产的竹杖和蜀布，被视为第一次开辟丝绸之路的中国人；东汉时期，班超（73—102年）曾经担任西域都护，并派遣甘英出使大秦。东汉和大秦是东西方的文明大国，经济繁荣，但双方的陆路交通要道为安息所垄断，安息为巩固经济地位，从东汉与大秦的贸易中继续牟利，告诉甘英："海水广大，往来者逢善风三月乃得度，若遇迟风，亦有二岁者，故入海人皆赍三岁粮。海中善使人思土恋慕，数有死亡者"（班固，1964：887）。甘英听后未能继续前行。《汉书》曾追溯到了一条从西方到东方的海上路线；《后汉书》则记载："（东汉和帝永元）十三年，安息王满屈复献师子及条支大鸟"（范晔，1974：2918），"（东汉）桓帝延熹九年（166年），大秦王安敦遣使自日南徼外献象牙、犀角……"（范晔，1974：2920），等等。其中记载的安敦曾被认为是马尔古斯·奥列尤斯，它似乎是西罗马和东亚之间的第一次直接联系。

二、魏晋至唐宋游记中的经济地理认知

魏晋以后，中原与西域诸国的商贸联系增多。隋朝西域各蕃邦大多到张掖同中原通商，炀帝命裴矩主管该处事务。为观察了解边关要塞的贸易情况，裴

矩经常与前来张掖的商人交流其国家的风俗习惯和山川险要，并撰写了《西域图记》（三卷）。但按《隋书·裴矩传》所记载，《西域图记》所载，"依其本国服饰仪形，王及庶人，各显容止，即丹青模写，为《西域图记》，共成三卷，合四十四国。仍别造地图，穷其要害。从西顷以去，北海之南，纵横所亘，将二万里。谅由富商大贾，周游经涉，故诸国之事，罔不遍知"（魏徵，1973：1579）。书中记载有域外国家 44 个，并绘制有地图以及各国的服饰、相貌，皆为富商大贾周游所至之处，记录详细，其中包括三条丝绸之路的交通路线，分别至地中海、阿拉伯海和波斯湾。

　　该时期佛教兴起，前往海外求法的高僧法显、玄奘、义净等留有游记，书中的记载扩展了中国对域外的认识。例如，法显西越葱岭时描述道，"自葱岭已前，草木果实皆异，唯竹及安石榴、甘蔗三物与汉地同耳"（法显，1995：13）。玄奘于贞观元年（627 年）出发，取道中亚前往天竺，于贞观十九年（645 年）返回长安，历时十九年，行程五万里。第二年，玄奘口述、弟子辩机执笔完成了《大唐西域记》一书。书中描述了玄奘亲历的 110 个邦国、传闻的 28 个地区，以及提及的 12 个国家，并记录下各地的地理形式、气候、物产、政治、经济、人口、赋税、物产、文化、风俗、宗教等社会状况、风土人情及历史传说。比如中亚的碎叶城，该城方圆六七里，其中杂居着各国商胡。土地适宜种植糜子、麦子、葡萄，树木比较稀少。这里的气候寒冷多风，居民穿兽毛制作的毡子和粗麻制作的麻布御寒（季羡林等，1985：25）。于志宁撰写的序中称该书可遍观远方奇异风俗和偏僻之处的特殊风光，土地所宜的物产、人伦次序、国家正朔所在以及文明教化的传布（季羡林等，1985：12）。文末曰："庶斯地志，补阙《山经》，颂左史之书事，备职方之遍举。"该地方志可补《山海经》缺失，像记事的史书一样颁布，以便掌管天下舆图职方普遍采用（季羡林等，1985：439），说明该书补充了海外重要的自然、人文、经济地理内容。唐朝中期的《经行记》中记载了杜环在中亚、北非游历时的所见所闻。按其记载，唐朝被俘流落在阿拉伯帝国国都亚俱罗的工匠有金银匠、画匠、绫绢织工，体现了中国手工业技术的西传。阿拉伯帝国的繁荣也给他留下了深刻印象。

　　北宋宣和六年（1124 年），徐兢从海道出使朝鲜，撰有《宣和奉使高丽图经》。原图已佚，只有文字部分。该书对朝鲜的城邑、封境、形势、地理、城市、坊市、贸易、物产、风俗习惯都有记载，其中记载有高丽贸易方面的发展，

"高丽故事，每人使至，则聚为大市，罗列百货。丹漆缯帛，皆务华好，而金银器用悉王府之物，及时铺陈，盖非其俗然也。崇宁、大观使者，犹及见之，今则不然，盖其俗无居肆，惟以日中为墟，男女老幼、官吏、工伎，各以其所有，用以交易，无泉货之法"（徐兢，1986：8）。南宋周去非的《岭外代答》、赵汝适的《诸藩志》、汪大渊的《岛夷志略》等也是了解海外的重要文献。《岭外代答》记录了安南国、占城国、真腊国、蒲甘国、三佛齐国、故临国、大秦国、大食诸国、木兰皮国、波斯国等国家和地区的物产资源、山川、古迹等情况，以及与诸多海洋贸易的信息。例如，地处"南海之中，诸蕃水道之要冲"的三佛齐国，成为中国同海外他国进行贸易往来的枢纽，"东自阇婆诸国，西自大食、故临诸国，无不由其境而入中国者"（周去非，1999：86）。《诸藩志》部分内容取自《岭外代答》，但非洲的部分则有所增加，尤其是对于各地物产多有介绍，如叙述弼琶啰多产龙涎、象牙及犀角，象牙有重百余斤，犀牛角重十余斤，"玳瑁至厚，他国悉就贩焉"。《岛夷志略》记述了在1330年和1337年汪大渊二度漂洋过海亲身经历的南洋和西洋两百多个地方的地理、风土、物产、居室、饮食、服饰贸易等情况，记载有65个国家或地区用来交易的货物，例如：苏禄的贸易之货，用赤金、花银、八都剌布、青珠、处器、铁条；天竺贸易之货，用银、青白花器、斗锡、酒、色印布之属；朋加剌贸易之货，用南北丝、五色绢鞋、丁香、豆蔻、青白花器、白缨（汪大渊，2005：52-96）。书中还记载了海上丝绸之路上的一些重要港口，如万年港、旧港、淡邈等。

三、元明游记中的经济地理认知

13世纪蒙古扩张促进了东西方之间的交流，耶律楚材随成吉思汗西征，撰有《西游录》，文中介绍了丝路的交通及重要城市。例如，寻思干（撒马尔罕）以土地肥饶得名，西辽因其邻近河流而被称之为河中府。"寻思干甚富庶，用金铜钱，无孔郭，百物皆以权平之"（费振刚，1985：16）。道士丘处机曾前往中亚成吉思汗营地，弟子李志常记录了该段行程，撰有《长春真人西游记》。"凡山川道里之险易，水土风气之差殊，与夫衣服饮食百果草木禽虫之别，粲然靡不毕载"（李志常，2001：1）。书中对交通线路、风土人情、饮食服饰等的记载非常详细。元代景教僧人列班·扫马、东胜州人马忽思曾从大都前往耶路撒冷朝圣，其中列班·扫马一路到法国波尔多，横跨欧亚大陆，是该时期行程最远的旅行者。后留存有叙利亚文《教长马儿·雅八·阿罗诃和巡视总监列班·扫马传》。另外，常德的《西使记》记载了出使路途中的景象，如寻思干城的人口与贸易的繁华，其中提及出产中国未见的药材十几种，其药疗效颇佳。周达观的《真腊风土记》则列有"贸易"内容："每日一墟，自卯至午即罢。小交关用米谷及唐货，次则用布；若乃大交关，则用金银矣"（周达观，2000：176）。书中不仅记载了真腊的贸易，还提及华人在海外经商的状况，是两国通过海上丝绸之路进行贸易的实证。

　　该时期最重要的海外交流是郑和的海外航行。1405 年 7 月 11 日（六月十五日），朱棣命正使郑和率船队出使西洋。《明史·郑和传》记载的郑和出使过的国家或地区共有 36 个。马欢的《瀛涯胜览》、费信的《星槎胜览》、巩珍的《西洋藩国志》等，都是研究该时期海外经济地理的重要资料，如"苏门答剌峙中流，海舶番商经此聚。自此分船往锡兰、柯枝古里连诸番。……舟人矫首混西东，惟指星辰定南北。忽鲁谟斯近海傍，大宛米息通行商"（马欢，1985：3-4）。陈诚曾在 1414~1422 年前往帖木儿帝国拜见沙哈鲁。他从酒泉出发，沿着丝绸之路，到达了今阿富汗的赫拉特，留下了《西域行程记》《西域番国志》，记载了沿途的交通与商贸集市，如哈烈按照行业经营，"铺店各分行头，若弓矢鞍辔之类，衣服各为一行，不得参杂。少见纷争，如卖马驼、牲畜，亦各聚一所"。除此之外，又有货币交易的记录。书中记载交易通用银钱，大者重一钱六分，名曰"等哥"，次者每钱重八分，名曰"抵纳"，又其次者每钱重四分，名"假即眉"。此三等钱从人自造，造完于国主处输税，用印为记，交易通用，无印记者不使（杨建新，1996：281）。明清时期的海禁一度阻碍了海外贸易的开展，但仍然有倡导开放海禁、加强海外通商的思想出现，积极探寻开放的海外贸易之路。

　　《徐霞客游记》是中国历史上很有影响的考察游记。作者记录了 1613~1639 年旅行观察所得，有大量经济地理与人文地理的内容，包括手工业、矿业、农业、交通、商贸、城镇聚落、民情风俗等。书中记载了煤、锡、银、金、铜、铅、硝、盐、雄黄、硫黄、玛瑙、大理石十二种矿物的产地、开采和冶炼概况。在土特产方面，记载南岳衡山的云雾茶、九疑山的疑茶，另有祁阳的杉木和蓝靛等。在渔业方面，如《徐霞客游记》载衡山县人贩卖鱼苗："大鱼每二三月水至衡山县放子，土人俱于城东江岸以布兜围其沫，养为鱼苗，以大贩至各省，皆其地所产也。"在手工业方面，徐霞客在明崇祯十年（1637 年）正月十九日路过攸县睦田时所看到煤炭经营，"诸山皆出煤，攸人用煤不用柴，乡人争输入市，不绝于路"（徐弘祖，2010：63）；耒阳上堡是出产锡之所；祁阳白水主产蓝靛、锡等，"白水市肆，俱依此为命"，成为该地区重要的经济产业。徐霞客的《滇游日记》中记载了大理三月街贸易市场繁荣，"自此日（十五日）始，抵十九日而散，十三省物无不至，滇中诸彝物亦无不至"（徐弘祖，2010：318）。游记中所记载的各地商贸信息，反映了区域经济和资源环境的关联。

总之，历代游记中不仅有区域经济地理的记录，还有海外贸易与交流的信息，体现了中原与域外商贸往来的密切联系，以及古代经济地理认知的不断扩展。

参考文献

［1］巴兆祥．论《大清一统志》的编修对清代地方志的影响［J］．宁夏社会科学，2004（3）：67-73.

［2］班固．汉书［M］．北京：中华书局，1964.

［3］包伟民，吴铮强．宋朝简史［M］．杭州：浙江人民出版社，2006.

［4］常璩．华阳国志［M］．济南：齐鲁书社，2010.

［5］陈威，喻时修，顾清，纂．（正德）松江府志［M］．明正德刻本，1512.

［6］陈振．宋史［M］．上海：上海人民出版社，2016.

［7］杜宝，撰．大业杂记辑校［M］．辛德勇，辑校．西安：三秦出版社，2006.

［8］杜文玉．陕西简史［M］．西安：陕西师范大学出版社，2014.

［9］法显．佛国记注译［M］．郭鹏，译．长春：长春出版社，1995.

［10］范晔．后汉书［M］．北京：中华书局，1974.

［11］房玄龄．晋书［M］．北京：中华书局，1974.

［12］费振刚，等．中国古代游记选（下）［M］．北京：中国旅游出版社，1985.

［13］何炼成．中国经济史［M］．西安：陕西人民出版社，2004.

［14］何清谷，校注．三辅黄图校注［M］．西安：三秦出版社，1998，

［15］桓宽．盐铁论校注［M］．王利器，撰．北京：中华书局，1992.

［16］黄克映．从半坡遗址考古材料探讨原始农业的几个问题［J］．农业考古，1986（2）：112-116.

［17］黄天华．中国财政制度史［M］．上海：上海人民出版社，2017.

［18］黄云眉．古今伪书考补证［M］．北京：商务印书馆，2019.

［19］纪昀．四库全书总目提要［M］．保定：河北人民出版社，2000.

［20］季羡林，等．大唐西域记今译．［M］．西安：陕西人民出版社，1985.

［21］蒋乐平．浙江浦江县上山遗址发掘简报［J］．考古，2007（9）：2+7-18+97-98.

［22］蒋礼鸿．商君书锥指［M］．北京：中华书局，1986.

［23］雷依群，徐卫民．秦汉研究（3）［M］．西安：陕西人民出版社，2009.

［24］黎翔凤，校注．管子［M］．梁运华，整理．北京：中华书局，2004.

［25］李伯重．多视角看江南经济史1250-1850［M］．北京：三联书店，2003.

［26］李幹．元代民族经济史（下）［M］．北京：民族出版社，2010.

［27］李合群．论中国古代里坊制的崩溃——以唐长安与宋东京为例［J］．社会科学，2007（12）：132-138.

［28］李惠村，莫曰达．中国统计史［M］．北京：中国统计出版社，1993.

［29］李吉甫．元和郡县图志［M］．北京：中华书局，1983.

［30］李君，乔倩，任雪岩．1997年河北徐水南庄头遗址发掘报告［J］．考古学报，2010（3）：361-392+429-432.

［31］李林甫，等．唐六典［M］．陈仲夫，点校．北京：中华书局，1992.

［32］李志常．长春真人西游记［M］．党宝海，译注．石家庄：河北人民出版社，2001.

［33］凌申．《禹贡》经济地理思想研究［J］．山东师范大学学报（自然科学版），1990（4）：97-102.

［34］刘安．淮南鸿烈集解［M］．刘文典，撰．冯逸，乔华，点校．北京：中华书局，1980.

［35］刘卫东，郑智．中国经济地理学的国际化．经济地理，2021，41（10）：24-32.

［36］马欢．瀛涯胜览［M］．北京：中华书局，1985.

［37］欧阳修，宋祁，撰．新唐书［M］．北京：中华书局，1975.

［38］阮元，校刻．十三经注疏［M］北京：中华书局，1980.

［39］沈约．宋书［M］．北京：中华书局，1974.

［40］司马迁．史记［M］．北京：中华书局，1959.

［41］宋濂．元史［M］．北京：中华书局，1978.

［42］谭其骧．论《五藏山经》的地域范围［M］//李国豪编．中国科技史探索．上海：上海古籍出版社，1982.

［43］脱脱，等．宋史［M］．北京：中华书局，1977.

［44］汪大渊．岛夷志略［M］．呼和浩特：远方出版社，2005.

［45］王杰．中国古代对外航海贸易管理史［M］．大连：大连海事大学出版社，1994.

［46］王溥．五代会要［M］．上海：上海古籍出版社，1978.

［47］王双怀．史林漫笔［M］．西安：三秦出版社，2014．

［48］王先谦．荀子集解［M］．沈啸寰，王星贤，校．北京：中华书局，1988．

［49］王象之．舆地纪胜［M］．成都：四川大学出版社，2005．

［50］尉缭．尉缭子［M］．上海：上海古籍出版社，1990．

［51］魏徵，等．隋书［M］．北京：中华书局，1973．

［52］徐波．对古代东亚朝贡体系的再思考［J］．国际政治研究，2017，38（3）：85-102．

［53］徐弘祖．徐霞客游记［M］．褚绍唐，吴应寿，整理．上海：上海古籍出版社，2010．

［54］徐兢．朝鲜文献选辑宣和奉使高丽图经［M］．朴庆辉，注．长春：吉林文史出版社，1986．

［55］徐静茹．中国古代地理［M］．北京：中国商业出版社，2015．

［56］杨建新，古西行记选注［M］．银川：宁夏人民出版社，1996．

［57］杨宽．中国古代都城制度史研究［M］．上海：上海人民出版社，2016．

［58］杨衒之．洛阳伽蓝记校注［M］．范祥雍，校注．上海：上海古籍出版社，1958．

［59］叶淑如．从方志学的视角看章学诚的史学理论及成就［J］．科教文汇，2011（20）：72-74．

［60］张岱年．中华思想大辞典［M］．长春：吉林人民出版社，1991．

［61］张翰．松窗梦语［M］．北京：中华书局，1985．

［62］张廷玉．明史［M］．北京：中华书局，1974．

［63］张英聘．论《大明一统志》的编修［J］．史学史研究，2004（4）：48-56．

［64］赵世超．周代国野制度研究［M］//《中国人文社会科学博士文库》编委会．中国人文社会科学博士硕士文库·续编·历史学卷（上）．杭州：浙江教育出版社，2005．

［65］赵志军．新石器时代植物考古与农业起源研究（续）［J］．中国农史，2020，39（4）：3-9．

［66］赵志军．中国农业起源概述［J］．遗产与保护研究，2019，4（1）：1-7．

［67］中国科学院考古研究所，陕西省西安半坡博物馆．西安半坡：原始氏族公社聚落遗址［M］．北京：文物出版社，1963．

［68］周达观，耶律楚材，周致中．真腊风土记校注西游录导域志［M］．北京：中华书局，2000．

［69］周去非．岭外代答校注［M］．杨武泉，校注．北京：中华书局，1999．

［70］朱仲玉．中国古代交通［M］．上海：上海文化出版社，2003．

［71］祝穆．宋本方舆胜览［M］．祝洙，补订．上海：上海古籍出版社，2012．

第三章　近代经济地理思想

与上一时期相比，近代中国社会经济发生了前所未有的系列变化（张永帅，2018）。这一时期中国地理学发展表现为传统地理学的继续发展、西方地理学的引入、中西方地理学初步结合发展的多元化格局（王爱民，2010）。经济地理学学科出现，农业地理、工业地理出现专门研究，相关著述逐渐增多。

第一节　近代经济地理思想形成的条件

一、社会经济条件

（一）通商口岸开放

鸦片战争之前，英国开始工业革命，加速由手工业向机器工业转变。第一次鸦片战争之后，通过一系列不平等条约的签订，中国被迫开放通商口岸104个（计入胶州湾、旅顺口、威海卫、大连湾、香港、澳门6处，共110个）。随着通商口岸的开放，国外先进科学技术和工商业逐渐在沿海沿江等口岸城市出现，这在一定程度上促进了近代中国自然经济的解体，使中国逐渐成为世界资本主义的商品市场和原料供应地。而后1898年中国政府主动对外开放了若干个口岸，即自开商埠。这些通商口岸和自开商埠所设置的地区一开始集中在东部、东南沿海地区，而后逐渐延续到沿河、沿江、沿边的部分内陆城市（见表3-1）。通商口岸和自开商埠的开放在带来这些地区社会经济发展的同时，也逐渐改变着近代中国的经济空间格局（吴松弟，2006）。

表 3-1　近代中国所开设部分通商口岸和商埠情况

时间	事件	开放通商口岸
1842 年	签订《南京条约》	广州、厦门、福州、宁波、上海
1858 年	签订《天津条约》	牛庄（后改营口）、登州（后改芝罘，今烟台）、台湾（台南）、淡水、潮州（后改汕头）、琼州（今海口）、汉口、九江、南京、镇江
1860 年	签订《北京条约》	天津、张家口、库伦（今乌兰巴托）、喀什噶尔（今新疆喀什）
1876 年	签订《烟台条约》	宜昌、芜湖、温州、北海
1895 年	签订《马关条约》	沙市、重庆、苏州、杭州
1887~1909 年	清政府自开商埠	岳州（今岳阳）、三都澳、秦皇岛、南宁、济南、武昌、昆明、潍县（今潍坊）、周村（今周村区，隶属淄博）、海州（今海州区，隶属连云港）、鼓浪屿、常德、湘潭等

资料来源：参考吴松弟（2009）、杨天宏（2002）整理。

（二）近代工业发展

　　第一次鸦片战争结束之后，外国资本主义的近代机器工业在中国陆续出现，促进了这一时期中国工业经济的发展。19 世纪 60 年代，晚清洋务派所进行的以"师夷长技以制夷"、中体西用为方针的洋务运动，兴建了一批军事工业，标志着中国近代工业化的开始（陈国清和向德忠，2000）。这一时期，洋务运动通过引入国外科学技术，先后创办了江南制造总局、金陵机器局、福州船政局、天津机器局等军事工业。这些军事工业主要是非商品生产的企业，虽然它们的发展与社会经济的联系不密切，但它们促进了 19 世纪 70 年代中国民用工业的兴起。洋务派在这一时期也创办了上海机器织布局、兰州织呢局、湖北织布局等民用工业，同时也先后创办了上海轮船招商局、开平矿务局、天津电报总局等近代企业，逐步建立了近代中国采矿、航运、铁路和通信等事业（戴鞍钢和阎建宁，2000）。此外，这一时期的民族工业也有较快的发展，部分工业企业的选址和空间布局上主要集中在沿海大城市，便于商品的出口、运输等，而后开始由沿海、沿江的城市逐渐向内陆城市延伸，而外资在华设立的工业发展较这一时期民族工业的发展更为迅速，使民族工业的发展处于"夹缝"中求生存的状态。随着通商口岸开放数量的增加、中国政府自开商埠的设置、外国资本主义在华经济活动以及中国近代工业的发展，为方便机器设备、技术的输入和原材料、燃料的运输需求，这些口岸城市逐渐成为工厂、工业的集聚地，在这样的发展过程中沿海与内陆地区之间的经济差异逐渐显现。但是，航道、水运等交通线路的开通使工业逐渐由口岸城市向内陆腹地扩展（吴松弟和方书生，2011）。

（三）社会经济变化

在鸦片战争之前，中国自给自足的自然经济占据绝对主体，主要经济形式为耕织相结合的小农经济，但随着社会分工的出现，农民开始逐渐从事家庭手工业生产，小商品生产和农产品的商品化得以发展。通商口岸的开放带来进出口商品规模的扩大、种类的增加以及国内近代工业的发展，并加快了自然经济的分解。对于中国自然经济分解的程度，徐新吾（1988）从自然经济与商品经济的比重关系方面进行测算和反映，分析发现 1920 年中国工农业生产总值中自然经济占据优势，其比重高于商品经济（比重为 55：45），而到 1936 年商品经济所占比重已超过自然经济（比重为 42：58），在这一过程中虽然自然经济已逐渐分解，但分解的过程仍然是十分迟缓的，且毋庸置疑的是 1949 年之前自然经济仍占有较大比重。以口岸城市上海为例，在开埠通商之后，上海以耕织结合为特征的自然经济在外国商品大量输入的过程中逐步分解，并且丝、茶等农副产品的大量出口也对地区商品经济的发展形成了刺激。同时，由于上海独特的区位条件和资源环境优势，上海及其周围地区自然经济的分解比中国其他地区更早、更快，商品经济发展也较为迅速（戴鞍钢，1987）。

与此同时，在近代工业趋向于在沿海、沿江的一些通商口岸布局的过程中，国外先进生产力在这些口岸城市登陆并发展壮大，在进出口贸易和先进生产力的推动和港口—腹地双向互动的作用下，沿海城市发展较快，广大农村的市场化、外向化趋势也渐次形成，并形成了以沿海主要的口岸城市为中心，以它们的腹地为空间范围，通过交通道路连接而保持密切联系的经济区（吴松弟和方书生，2011）。在这样的发展格局中，沿海沿江的一些口岸城市，其人口增加也较为明显，且地区中心城市的发展也可以带动邻近地区的城市发展，譬如，1921~1931 年，工业较为发达的上海，城市人口规模由 150 万人增加至 325 万人，20 世纪 30 年代在长江三角洲地区已初步形成以上海为中心，以无锡、常州、镇江等城市组成的近代城市链，其城市化程度明显领先国内其他地区（戴鞍钢和阎建宁，2000）。

近代中国的社会经济结构逐渐由自然经济占主体地位向以商品经济为主体

进行转变，在这一转变过程中，自然经济的衰退和商品经济的发展使城市与乡村、沿海城市与内陆城市的发展差异均在不断加大，且部分城市由于区位优势和资源优势发展迅速，逐渐成为地区的中心，通过辐射作用带动邻近地区发展，使一定区域范围内的空间格局随之发生变化。

二、教育科研状况

16 世纪初，随着国外传教士来到中国，西方地理知识（如南北极圈、南北回归线、五大温度带等概念及相关区域地理著作等）逐步传入，这些新思想、新方法、新学科对传统地理学产生着冲击（宋正海，1985）。鸦片战争之后，更多西方地理学知识的传入，对中国近代地理学的发展奠定了重要基础（李健超，1995）。随着近代中国地理学的发展，地学组织（中国地学会）、地学刊物（《地学杂志》）、具有现代科学意义的地学系（东南大学地学系）、地理学研究机构（中国地理研究所①）等渐次创立、出版、创建（胡志良，2017），近代中国的地理学教育和研究也逐步展开。

19 世纪，我国沿海城市出现了少数教会开办的近代新式学校，这些新式学校内开设有地理课程，标志着西方地理教育开始传入。而后洋务运动期间（19 世纪 60~90 年代），在"中体西用"思想的指导下，开明的士大夫主张学习西方先进的科学技术和思想文化，积极开办新式学堂，在这一过程中地理教育开始传入中国，当时所使用的地理教科书大多是由西方翻译过来的。

随着地理学教育的深入和地理学相关教科书的出版，近代中国的地理学教育逐渐深入和规范。1876 年京师同文馆开设有地理课程，是近代中国地理学科高等教育的起源（胡志良，2016），主要讲授各国地理、读各国史略、翻译选编等。地理课是 1896~1898 年在上海开办的南洋公学的四院（"师范院""外院""中院""上院"）所要讲授的课程之一。1904 年清政府颁布了《奏定学堂章程》，这是中国历史上第一个正式颁布且在全国普及的学制文件，细则中正式提出要在学校中开设地理课程。其中，这一时期京师大学堂所设立的"中外地理

---

① 中国地理研究所于 1940 年 8 月 1 日在重庆北碚正式成立，后发展为中国科学院地理研究所。

学门"[1] 已开设并讲授地理学课程，主要有地理学研究法、商业地理、中外地理、历史地理、地图学等（阙维民，1998）。而后 1905 年又明令取消了科举考试制度，这时全国的大学、中学和小学才有较大发展，地理课的讲授也随之增加（曹婉如，1983）。1913 年，国民政府教育部颁布了《大学规程》，其中对各学科的学习科目有详细的规定，在文科体系中设置了地理学系，并开设了 13 门地理学课程（尚红玉，2014：10-11）。

京师同文馆设置了地理类课程之后，1902 年京师大学堂开设历史和地理课程，1912 年以后北京等地的高等师范学校成立历史地理部，1921 年东南大学创立地学系。20 世纪 20 年代后期，基本形成了相对固定的科系名称和课程设置，至 1949 年近代中国地理学科高等教育体系基本上完成了近代化的进程（胡志良，2016）。其中，1919 年南京高等师范学校成立国文史地部，开设有地理类课程[2]；之后东南大学在文理科中所设立的新型的地学系，涵盖地质组、地理组、气象组三个学科，该系转入国立中央大学后开设的课程有地学通论、中国地理、世界地理、地图学等[3]。在当时的中国，该地学系是最早的与西方地理学相接近的地理教育机构（尚红玉，2014：12）。在地理类课程逐渐增加的过程中，经济地理学在 20 世纪 70 年代走向高等教育课堂[4]。40 年代后期，中国 10 多所大学地理系讲授经济地理学的课程（方书生，2017）。伴随着地理学教育和科学研究的发展，1909 年中国地学会成立，1934 年中国地理学会成立，其成立及相关地学刊物的创办为经济地理学的发展提供了良好的平台。

三、国外经济地理学的影响

在西方国家地理学科的引进过程中，环境决定论、人地或然论、区位理论（如韦伯的工业区位论、克里斯泰勒的中心地理论）等相继被引入，促进经济地

---

[1]　1904 年，京师大学堂在《奏定学堂章程》中参照西方大学制度将京师大学堂分设为八个"分科大学科目"（等同于学院），每个学院又细分开设若干"门科目"（等同于系），其中文学院下设置了中外地理学系。

[2]　资料来源于南京大学网站，校史教育：南高、东大的系科设置. https：//historymuseum. nju. edu. cn/jypx/ndxs/ndxs/zydxjqqs19021949/deznjgdsfxxhgldndx19141927/wngdddxksz/index. html.

[3]　资料来源于南京大学网站，国立中央大学地理学系建系前后的往事摘录. https：//sgos. nju. edu. cn/bnyq/b4/35/c47087a570421/page. htm.

[4]　如王庸 1926 年编著出版了教材《经济地理学原理》（上海：商务印书馆），冯达夫和夏承法 1931 年出版了《经济地理学大纲》教材（上海：开明书店）。

理思想的发展。

（一）学者出国学习交流

近代时期，中国的一些知识分子远赴欧美、日本等国家留学，接受近代地理学的思想和方法，并逐步与中国发展实际相结合开展经济地理研究。中国地理学会的发起人翁文灏、丁文江、竺可桢在 20 世纪初曾分别在比利时、英国和美国留学。之后，人文经济地理学者包括胡焕庸赴法留学，黄国璋、王成祖等赴美留学，鲍觉民、李旭旦、任美锷、吴传钧等赴英留学，周立三赴美研究进修，等等。他们通过跨国学习、交流，对中国的经济地理发展做出了重要贡献。

（二）国外经济地理学引入

鸦片战争之后，由国外输入的地学著作和文章逐渐增多，其中有一些属于经济地理（艾素珍，1996）。据统计，江南制造局在洋务运动时期翻译出版的地理类书籍有十余种，部分著作介绍了国外相关经济地理学知识和内容。诸如，1931 年，冯达大和夏承法基于日本学者野口保市郎的《经济地理学概论》一书编译完成《经济地理学大纲》，介绍了经济地理学的定义后，从商品的生成和分布、商品的移动和交通、商品的市场和交换对地理条件与工农业生产、交通、商业之间的关系进行了详细的阐述。1937 年张宏英编译完成的《经济地理学导言》一书，对经济地理学的形成过程进行了阐述，同时对经济地理学的概念、研究方法、经济地域划分方法、经济地理的要素分布、地域分工及其原理、地域分工与运费指向论①等内容做了具体介绍（黑正岩，1937）。

其他译著包括：《世界经济地理教程》由世界经济概要和各国分论两部分内容组成，前者主要是对帝国主义的基本特质、世界政治发展的透视、第一次世界大战与资本主义三方面内容的描述，后者则是对美国、英国及其殖民地，法国、德国、日本、意大利等国家的经济发展以及农业、工业、对外关系等内容的具体阐述（坡利斯·密努斯基，1937）。《世界经济地理讲座》包含资本主义世界总论和欧罗巴洲、亚美利加洲、亚细亚洲等国家的介绍，涵盖了自然环境、居民、农业、工业、区域、运输和对外贸易等内容（维特威尔，1940）。同时，还有《苏联经济地理》（平竹传三，1936）、《经济地理学原理》（Schmidt P H,

① 地域分工与运费指向论这一部分内容，是对阿尔弗雷德·韦伯的工业区位理论中相关内容的解说。

1936)、《中国经济地理》（卡赞宁，1937）、《新经济地理学》（高桥次郎，1939）、《中国区域地理》（葛勒石，1947）等译著相继出版。其中，《中国经济地理》从自然地理、人口与交通、农村经济、工业以及工业分布四方面介绍了中国的经济地理情况。《中国区域地理》内容涵盖中国十五个区域的人口、耕地、农产、商业、交通等要素。

1910年，中国地学会创办了《地学杂志》，刊登了一些经济地理学方面的译文，如《世界可耕地之面积》（邹豹君，1931）、《山地经济的限度》（杨梦华，1932）等。中华地学会1932年创刊的《地学季刊》中也刊登了《经济地理学上之经济阶段与经济形态》（盛叙功，1935）、《中国交通地理之研究》（洪懋熙，1935）等。

这些译著为近代中国引进了相关经济地理学知识体系，对近代中国经济地理学的发展具有重要意义。

第二节　国内经济地理学研究特点

一、经济地理学主要论著

（一）经济地理学著作

随着中国学者对经济地理研究的开展和不断深入，与经济地理学研究相关的书籍也陆续出版。这一时期的著作也多是围绕人类经济活动与自然环境之间的相互关系展开研究的（见表3-2）。这些著作中既有经济地理学的概念、内涵、要素、研究内容等理论的分析和阐述，也有对不同国家、不同地区甚至世界经济地理的具体研究，且研究内容多是与区域发展紧密结合，各有侧重。此外，也有一些著作是对这一时期中国经济地理学教育及其与其他学科之间关系的研究。

表3-2　近代中国主要经济地理著作

作者	著作名称	主要章节和内容
王庸（1926）	《经济地理学原理》	由经济地理要素分论、经济生活概要两部分内容组成

续表

作者	著作名称	主要章节和内容
王金绂（1929）	《中国经济地理》	由绪论和黄河沽河流域、长江之江流域、闽江粤江流域等六大区域地理及中国经济地理的概要论述八部分内容组成
刘穆（1929）	《世界经济地理概要》	由总论（国际分工与互赖）、各国分论两部分内容组成。分别对世界经济地理和美国、英国等部分国家经济地理内容的描述
张其昀（1932）	《本国地理》（上册）	按自然和人文综合特点分区，上册由黄河三角洲、大湖区域、长江三角洲、东南沿海区、珠江三角洲、岭南山地、海南岛7个中国天然区域的地形、水系、气候、民生、交通、都市等内容构成
韩亮仙（1934）	《经济地理与中国问题》	主要介绍了研究经济地理的任务与方法，并从经济地理视角对这一时期的发展问题进行阐述
蔡源明（1935）	《经济地理学概论》	由绪论、环境论、地带论三部分内容组成，对经济地理的概念、经济与环境的关系、经济地带区分等内容进行详述
张其昀（1935）	《中国经济地理》	由食、衣、住、行、工业之原动力五部分内容组成，对中国的相关产业的分布进行分析
陆象贤（1941）	《新中国经济地理教程》	主要从自然环境、人民、农业经济、工业经济、交通运输、区域、抗战和建设等方面对这一时期中国的经济地理进行介绍
张先辰（1941）	《广西经济地理》	从自然地理、人口与民族、农产、工业、交通、都邑与贸易、广西经济地理与经济建设问题等方面对广西的经济地理进行记述和分析
胡焕庸（1941a）	《中国经济地理》	由地形、气候、农业区域、人口、交通、农业、手工业、现代工业八部分内容组成
胡焕庸（1941b）	《美国经济地理》	由地形、气候、自然植物与农业区域、水力、煤、石油、其他金属矿产、交通、居民、美国与中国日本的经济关系等28章内容组成
归监明（1943）	《经济地理学》	主要是对经济地理学的发展、定义、分类号、研究方法、与其他学科之间的关系等内容进行了详细介绍
王炳勋（1943）	《经济地理学总论》	在介绍经济地理学本质、经济地域形成的基础上对区域环境、经济与文化、产业与交通、资源及其与经济地域之间的关系进行了阐述
张印堂（1943）	《滇西经济地理》	主要从调查线路沿线经济发展的地理基础、滇缅铁路的重要性、沿线的经济中心区等方面对滇西的经济地理内容进行介绍

续表

作者	著作名称	主要章节和内容
王成敬（1944）	《四川东南山地区之经济地理与经济建设》	内容涵盖四川东南地区经济活动与自然环境、土地利用、工矿资源的分布与采集、交通、人口与经济聚落的分布、本区经济建设的地理设计等
任美锷（1946）	《建设地理新论》	内容涵盖地理研究与经济建设、经济地理学理论的体系、工业区位理论的研究、实业计划中的工业区位思想、战后中国的工业中心、中国西南国防工业区域的轮廓等12部分内容
蒋君章（1945）	《西南经济地理》	主要从地理环境、原材料、产业、矿产资源、人口、交通、都市等方面对西南经济地理进行介绍
王成敬（1945）	《成渝路区之经济地理与经济建设》	从经济活动的自然背景、土地利用、矿产资源分布与产销、制造业、交通、人口与聚落的分布、本区经济建设问题讨论七个方面对成渝路区的经济地理和经济建设内容进行详述
张丕介（1947）	《经济地理学导论》	主要内容涉及经济的地理基础、经济的地理分布两部分
傅角今（1947）	《世界经济地理》	关注世界主要资源的地理分布、世界劳动力及消费力的地理分布、世界运输力的地理分布、世界经济现况的检讨四部分内容组成，其中绪论部分对经济地理学的意义及其研究方法、经济地理学起源及研究经济地理学的正确任务等内容进行了详细的介绍
严德一（1947）	《中印公路之经济地理》	从自然环境、人文概况、地方经济、外交与边疆问题四个方面对中印公路的发展状况进行介绍
胡焕庸（1948）	《经济地理》	由世界之部、中国之部两大部分组成，内容涉及地形、气候、农业区域、人口、交通和稻米、小麦等物产方面的诸多内容
鲍文熙（1949）	《经济地理学》	在介绍经济地理学的意义和基础之后，对主要经济区域划分、植物及动物分布、人类经济生活、农牧业与渔业、矿业与工业、商业与运输六部分内容进行描述
盛叙功（1949）	《世界经济地理》	主要对世界经济类型、各个国家经济地理内容的阐述，其中在绪论部分对经济地理学概念、人类社会经济生活构成、演进及其世界发展进行了具体说明

注：王成敬（1944，1945）均是由施复亮［原名施存统］主编的四川经济研究专刊著作，由四川省银行经济研究处出版。

在经济地理学理论方面，王庸（1926）参考英文文献，首次在中文中使用"经济地理学"一词，在专门著作中阐述了经济地理学定义、经济地理要素与各经济部门（主要是渔牧业、温带农业、热带农业、林业、矿业、工业、商业）的关系。他提到，经济地理学是研究自然环境与人类经济活动之间关系的科学，物产、人口、交易、运输则是其主要构成要素。蔡源明（1935）从绪论、环境论、地带论三个方面对经济地理学的概念、内涵、环境要素与经济之间的关系、经济地带等内容进行梳理，他认为，经济地理是用以分析说明世界经济互相依赖现象的一门学科，研究对象为自然与经济之间的关系、自然与人为能力二者结合所形成的经济形态；在此分析基础上绘制完成世界气候图、经济形态分布图、我国稻/玉米分布图、我国各省煤炭储藏量比较图、工业经济主要地带及种植经济地带等专题地图86幅。任美锷（1946）基于所发表的12篇相关论文，出版了《建设地理新论》一书。书中列"经济地理学理论的体系"一节，对经济地理学的性质与范围进行介绍，并在此基础上对经济地理的中心思想、动态的经济地理学两部分内容进行详细阐述。可以看出，中国引入经济地理学之后，就非常重视自然地理条件与经济活动之间的关系，并突出不同区域的特色。

专栏 3-1　　　　　　　　　**王庸著《经济地理学原理》**

新智识丛书
经济地理学原理
王　庸　著
张其昀　校
商务印书馆发行

1926年，该书由商务印书馆出版，是中文出版的第一本经济地理学著作。王庸（1900—1956）先生1923年毕业于南京高等师范学校史地部，1927年研究生毕业于清华学校国学研究所，留校任教。后曾在浙江大学、西南联大、江南大学、河南大学教书。他在南京高等师范学校毕业之时，有感于经济地理多列举各地物产，缺少道理解释，为弥补这一不足，而研究经济地理之理。在编著此书过程中，他研读了包括在经济地理学发展中十分重要的 *Industrial and Commercial Geography*（Smith，1913）等诸多英文著作，介绍了经济地理学定义、影响经济活动各种地理要素，以及地理条件对农业、林业、矿业、工业、商业等经济活动的影响（王庸，1926）。

专栏 3-2 　　　　　　　任美锷著《建设地理新论》

该书由商务印书馆分别于 1946 年、1947 年在重庆、上海初版、再版。书中收录作者在中央大学、浙江大学、复旦大学主讲经济地理的重要讲稿及发表的重要论文 12 篇。其中，理论部分 3 篇、工业区位部分 5 篇、土地利用 3 篇、交通地理 1 篇。与之前书籍主要介绍他国学者的观点不同，本书隐含作者自己的思想和自己实际研究的发现，这在近代经济地理学发展中难能可贵。作者指出"经济地理学是研究经济现象在空间上的分布，并推究其与其之因素间的相互关系，以求得分布的原理和系统"（任美锷，1946：15）。他认为，人的因素固然很重要，许多经济地理现象常因人为措施而发生变化，必须用动态的观点进行研究，这便是动态的经济地理学（任美锷，1947：25；佘之祥，2015）。

在中国经济地理研究方面，张其昀（1935）从食、衣、住、行、工业之原动力五个方面对民国时期的地理与民生之间的关系进行研究，介绍各种农产、矿产的地理分布与产量、销售、流通等，并对工业上的各种原动力，如烟煤、石油、水力的分布情况进行论述。同时，在著作插图中有中国农产分配的情形、中国产米区域图、中国产竹区域图、中国铁道图、中国主要矿业图等 18 幅专题地图，通过详细分析和专题地图绘制相结合的形式对文中内容进行了详细而具体的阐述和说明。胡焕庸（1941a）则是从地形、气候、农业区域、人口、交通、农业、手工业、现代工业八个部分，对民国时期产业部门的资源、生产情况进行记述。他认为我国农产分布受地形影响较大，在蒙新干燥区和青康藏高原区略有农耕之外，东南半壁为主要适于农业发展的区域，而由于气候地形的不同农产类别又存在明显的地域差异。这两部著作在关注地理与人民经济生活之间的关系的同时，也对自然环境条件对物产资源的分布有所侧重，且均绘制有与农产分布相关的专题地图。

在其他国家和世界经济地理研究方面，胡焕庸（1941b）从地形、气候、自然植物农业区域等方面对美国自然资源环境状况进行描述，然后是对棉花、玉蜀黍、麦类、烟草、畜产、林产等农作物和经济类作物的介绍，同时对水力、煤、铁、石油等农业生产和工业生产的原动力进行分析，并在此基础上对美国的对外贸易、交通、居民及不同区域的概况做了详尽的阐述。傅角今（1947）在对经济地理学研究的意义、研究方法及研究经济地理学的正确任务等内容进行介绍的基础上，对世界经济地理内容进行了详细阐述，主要内容涵盖了世界主要资源的地理分布、世界劳动力及消费力的地理分布、世界运输的地理分布及世界经济现况的检讨四个方面，内容较为广泛，且极为关注不同要素的地理分布问题。盛叙功（1949）对经济地理学概念、人类社会经济生活的构成、人类社会经济生活的演进及人类社会经济生活的世界发展三个方面阐述之后，对近代世界的分割、世界经济类型做了简单介绍，并分别对美国、拉丁美洲诸国、英国、法国、中东诸国、苏联等不同国家的经济地理内容进行了阐述和说明。以上著作在梳理经济地理学概念和内涵的基础上，对不同国家的经济地理现象进行了较为详细的综合研究。

除上述经济地理著作之外，还有部分著作是对中国区域地理、局部区域或省份经济地理的描述和分析，譬如，张其昀（1932）关注中国不同区域的地形、水系、气候、民生、交通、都市等特点，并对其人地关系进行梳理和总结。张先辰（1941）、张印堂（1943）、王成敬（1944）《四川东南山地区之经济地理与经济建设》、蒋君章（1945）对所研究区域/省份的经济地理分析各有所侧重。以《广西经济地理》为例，张先辰（1941）认为经济地理不能局限于对地区自然条件的探讨，更需注重对地区社会条件的研究。基于这一宗旨，他在书中首先对广西的自然条件加以叙述，然后对于产业和交通贸易等内容的分析中更注重自然条件与社会条件的分析，最后是基于以上分析从农业建设问题、林业建设问题、矿业建设问题、工业建设问题四个方面对广西的经济地理与经济建设问题进行了总结。

此外，陆象贤（1941）的《新中国经济地理教程》一书，认为经济地理学是以辩证的人地关系论为基础的，书中对中国自然环境、人民、农业经济、工业经济、交通运输、区域等内容进行了一系列的分析，还对日本对中国的掠夺和破坏进行了相关的研究。归监明（1943）《经济地理学》则是对经济地理学的发展进行描述，对其定义、研究方法进行了详细介绍，并阐述了经济地理学与其他科学之间的关系。这两部著作对经济地理学研究的侧重点不同，前者以人地关系理论为基础展开研究，后者则是着重探讨经济地理学与其他学科之间的关系。

（二）经济地理学文章

《地学杂志》[①] 共发行 181 期，刊登文章 1600 余篇，其中经济地理方面的文章有 430 余篇，约占全部刊文的 1/4（林超，1982）。同时，《地学季刊》[②]（1932~1937 年）共出版了 2 卷 8 期，刊载各类文章 124 篇，其中关于经济地理及人文地理方面的论文 10 篇（褚绍唐，1984）。中国地理研究所主办的《地理》（1941~1949 年）所刊的 136 篇论文中，关于经济地理的论文有 22 篇（见表 3-3）。其他地理类刊物，如《地理学报》[③]、《地学集刊》[④]、《地理杂志》[⑤]、《方志月刊》[⑥] 等亦载有与经济地理研究相关的论文。

表 3-3　《地理》期刊中部分与经济地理研究相关的论文

论文名	著作者	卷期号
南洋的经济发展及其政治地理问题	周立三	1941 年第一卷 1 期
工业化与中国前途	沙学浚	1941 年第一卷 2 期
卫河平原农耕与环境的相关性	王均衡	1941 年第一卷 2 期
乡土地理调查手册	林超等	1941 年第一卷 2 期
土地利用与土壤图	陈恩凤	1941 年第一卷 4 期
碧口——川甘商业交通之枢纽	王成敬	1942 年第二卷 1/2 期
嘉陵三峡区煤业地理	林超	1942 年第二卷 1/2 期

---

　　① 《地学杂志》由中国地学会于 1910 年创刊，至 1937 年停办时，共出版 181 期，是中国第一个地理学术刊物。

　　② 《地学季刊》由中华地学会于 1934 年创刊，于 1937 年停办。

　　③ 《地理学报》由中国地理学会于 1934 年创刊。

　　④ 《地学集刊》由国立清华大学地学会于 1943 年创刊。

　　⑤ 《地理杂志》由国立中央大学地学系组织编辑，于 1928 年创刊。

　　⑥ 《方志月刊》由中国人地学会组织编辑，于 1932 年创刊。

论文名	著作者	卷期号
成都平原东北部农业地理	周立三	1942 年第二卷 3/4 期
四川盆地与松潘草地间之商业与交通	王成敬	1942 年第二卷 3/4 期
土地利用之理论与研究方法	吴传钧	1943 年第三卷 1/2 期
滇池西北岸平原区之人地景	冯绳武	1943 年第三卷 1/2 期
万县都市地理	谢觉民	1943 年第三卷 3/4 期
滇池之水运与渔业	史立常	1943 年第三卷 3/4 期
甘新铁路线之地理研究	钟功甫	1944 年第四卷 1/2 期
澧水流域之航运与地理环境及经济建设之刍议	王德基	1944 年第四卷 3/4 期
四川盐业地理	林超和陈泗桥	1945 年第五卷 1/2 期
四川农业区域	侯学焘	1945 年第五卷 1/2 期
西康东部山地交通	钟功甫	1945 年第五卷 1/2 期
聚落（北碚聚落志）	孙承烈	1945 年第五卷 3/4 期
聚落分类之讨论	林超	1948 年第六卷 1 期
川东鄂西区域发展史	施雅风	1949 年第六卷 2/3/4 期
六合县地方经济	楼桐茂	1949 年第六卷 2/3/4 期

资料来源：中科院南京地理与湖泊研究所，周立三：中国地理研究所主编的《地理》期刊论文目录，http：//www.niglas.ac.cn/zt_165997/80y/sq80jnwj/lswx/202006/t20200622_5609648.html。

这一时期关于经济地理学研究的文章中，既有经济地理学理论方面的研究，如顾毂宜和邓启东（1931）对经济地理学的概念、对象和任务的阐述，也有较多结合某一区域或某一经济活动分布的分析，如人口密度及其区域分布（翁文灏，1932；胡焕庸，1934a，1935a，1935b；张恩护，1937）、农业区域（张心一，1930；胡焕庸，1934b，1936a；邹豹君，1937；侯学焘，1945）、工业区位（冯泽芳，1940a；陈振汉，1941a；吴景超，1943；任美锷，1944a）、都市地理（文振明，1948；沈汝生和孙敏贤，1947；陈尔寿，1943；沈汝生，1937）、产业地理（高玉钟，1934，1935，1936）、土地利用（吴传钧，1943；程潞等，1947；杨利普等，1946）、聚落（陈述彭和杨利普，1943；刘恩兰，1948；林超，1948）、交通布局与运输（郑励俭，1939；孙宕越，1937；钟功甫，1944）等。除此之外，还有商业地理（胡焕庸，1936b；王成敬，1942）、区域地理（杨纫章，1941；王均衡，1941；张印堂，1947）、居住地理（严钦尚，1939）

等方面的研究。这些研究在推动近代中国经济地理学发展的同时，也为这一时期经济地理思想的形成和发展奠定了基础。

除了这些具体研究，本时期还有一些思想家的著述涉及人文经济地理。如严复1904~1909年翻译出版的《法意》，梁启超1902年的《亚洲地理大势论》《中国地理大势论》《欧洲地理大势论》等文章（梁启超，1999），论及地理环境对人文经济现象的影响。

二、主要研究方向

（一）城乡发展

近代中国对乡村发展的研究，主要聚焦在村落环境、村落经济、村落分布格局等。严钦尚（1939）认为，房屋与人们的生产和生活方式有密切关系，房屋的形式、空间分布聚散程度受自然环境的影响极为明显，有可以耕作土地的地方必有大城镇分布，有小块耕地的地方一般有独立的农户在此居住。刘恩兰（1948）在川西高山地带的聚落研究中发现，地形影响着区域内的交通和土地利用，同时对气候也有所影响，进而影响聚落的分布。朱炳海（1939）则指出，通过村落分布情形的研究，可以看出该地的人地相互关系，对于交通不便的地区，人口分布依赖于农产而决定。陈述彭和杨利普（1943）通过对遵义附近的地理环境、房屋分布、市集区位、市集发展情况进行研究发现，房屋的空间分布大致可划分为三类：一是交通最便利的地带，即是房屋最为稠密的地区；二是相对高度最大的地带，即是房屋密度最小的地区；三是土地利用越为精密的地带，即是房屋密度越大的地区。林超（1948）则对乡村聚落与农村土地之间的密切关系进行论述，并讨论了聚落分类情况。此外，林超等（1941）为加强教师对本乡本土地理情况的认识，进而在这一基础上说明当地自然环境与人事活动之间的相互关系，所使用的方法既有直接观察法，也有测绘略图、口头访问等。

近代中国沿海城市和抗战时期西南地区的都市发展比较迅速。在相关研究中，王益厓（1935）通过对无锡市的地理位置、聚落形式、经济发展方面的调查分析将其区域构成划分为住宅区、码头堆栈区、商业区、工业区、蔬菜区等，其中，码头堆栈区与无锡水运中心地的分布相一致，商业区的分布受运河、铁路等交通因素支配，在空间上呈带状或区域状分布；工业区的分布，尤其是纯工业区的分布较为分散，工厂分布位置主要是考虑用水与水运便利的地区和都市边缘低价便宜的地区。陈尔寿（1943）对重庆的城市发展进行分析发现，重庆原是作为商业都市兴起，水路交通便捷，但地形崎岖，城区面积狭窄，受战时政治经济力量刺激，其人口骤增，都市地域范围不断扩张，结合城市发展实际情况将其划分为码头堆栈区、商业区、行政区、工业区、住宅区、耕地区等十个区域，其中，码头堆栈区受区域内水运交通的影响较大，工业区的分布主要在嘉陵江沿岸地带，主要是工厂所需的燃料依赖于水运运输，而嘉陵江沿岸地带的水运条件便利，较为符合工厂的位置选择。沈汝生和孙敏贤（1947）对成都的分析认为，可将居民的社会经济活动区域构成划分为堆栈区、商业区、工业区、文化区、住宅区、田园风景区，其中堆栈区受水运、陆运交通的影响主要分布在都市外围地区，商业区的分布与成都市对外交通密切相关；工业区的分布较为明显，主要是沿江两岸地区分布有较多工厂，工厂选址的缘由主要是用水方便、运输便捷、接近燃料堆栈区。

在其他研究方面，盛福尧（1936）关于包头市的成因与演化分析认为，其人文方面的原因可以归结为：与水草有关，沙漠居民多逐水草迁徙、居住，牧民多聚居在水草丰富的地方；与商业驼道有关，地理位置使其由初期作为交易的场所逐步发展至包头镇，而后又作为商旅要道发展为包头市；与防御有关，城以防御而建，包头市也不例外，历史时期在此有设防的必要，而后经较长一段时间发展为城市。邹新垓（1944）对战后国都位置问题进行分析和讨论，他认为武汉地处水陆交通枢纽，是我国富庶地带的中心，同时地势条件和发展历史方面的优势较为符合建都各方面条件。此外，也有部分研究关注于都市地理位置（张其昀，1930；冯绳武，1943）、都市地理与都市发展（张保昇，1943）方面。

也有学者认为，可以基于所获取的都市人口统计数据从都市距海的远近、地形的高低、水陆交通三个方面对近代中国的都市分布情况进行研究。这样，中国可分为八大都市区，分别是东北区、黄河下游区、长江下游区、东南沿海区、珠江下游区、西南区、黄河上游区、西北边陲区，其中长江下游区都市数量最多（沈汝生，1937）。

（二）人口分异与经济活动

1926 年，竺可桢在《论江浙两省之人口密度》中，将江苏、浙江两省的耕地面积、单位面积产量、工业化程度、生活水平与西欧的英国、荷兰、比利时等国家进行比较，发现江浙两省在当时是以农业为主的地区，但是人口密度反而超过工业化程度高的西欧部分国家，基于这一发现，他提出要"振兴工商业"以谋求国家出路。

在人口分布及空间差异方面，较为有代表性的是"翁文灏线"（又称"翁线"）和"胡焕庸线"（又称"胡线"）。翁文灏（1932）对中国人口分布和土地利用之间的空间差异性进行了探讨，将中国人口稠密的区域划分为中原区、扬子区、丘陵区、东南沿海区、四川盆地五区，结合区域总人口数据和人口密度数据以分界线的方式对人口分布的空间差异进行呈现。翁文灏所提出的这条人口分界线北起北平，南达钦州，与我国第二地理阶梯线大致吻合。胡焕庸（1935b）在研究中，基于全国县级人口数据运用绝对法或点子法绘制出中国人口分布图和人口密度图，将其与中国地形图、雨量图加以比较，发现三者之间关系密切，且东南半壁人口众多，人口集中分布地区多是地势平坦、土壤肥沃的地区，进而提出中国人口的地域分布以黑龙江瑷珲—云南腾冲一线为界划分两大基本差异区。

综合来看，"胡线"的研究精度和尺度较"翁线"有所突破。前者在国际地理学界引起了广泛的关注，被美国《地理学评论》（Geographical Review）进行了翻译和介绍，英国、德国等的地理刊物对此也多有转载，美国俄亥俄州立大学田心源教授首次称其为"胡焕庸线"（顾金亮，2021）[1]。"胡线"及相关研究奠定了后续城镇化、城市群、经济活动、交通线路等多个领域研究的空间框架（丁金宏等，2021）。

人口的分布及其地区差异与耕地、农业生产之间的关系较为密切，胡焕庸（1934a）结合江宁县乡镇人口数据和耕地数量数据的分析发现，一方面，全县人口分布在南京附近乡镇、江宁东南和西南部分乡镇、秦淮圩田区、山地区域、过渡地带五个区域，其中南京附近地区受都市影响人口较密，江宁东南和西南的部分乡镇人口密度较大，其他区域农业不同人口密度有所差异；另一方面，由于人口数量已超过其土地所能容纳的范围，江宁县二百九十五个乡镇只有永固乡没有外移人口，且外移人数最多的地区为土地性质最为肥沃的地区。通过

---

① 资料来源：科学网，http：//paper.sciencenet.cn/sbhtmlnews/2021/2/360613.shtm?id=360613。

对安徽省人口密度与农产区域的分析将安徽省的农业区域进行划分，他发现在物产、地方经济丰富且适宜耕作的地区人口密度较高，以长江沿岸为例，这一地区是主要的稻作区域，人口分布最密，淮河以北为旱粮区域，人口分布较为平均（胡焕庸，1935a）。周立三（1942）对成都平原东北部的分析发现，优越的自然环境和人文因素使成都平原具备发展农业的良好基础，且土地肥沃的地区人口分布更为稠密，城镇发达，交通便利，商贸繁荣。与此同时，人口分布研究作为人地关系研究的重要组成部分，胡焕庸（1936c）认为某一地区人口的多寡应该是由该地区自然生产力的强弱所决定的，而自然生产力的强弱又由于人力经营方式的不同而不同，这正是人地之间彼此相互影响的结果。

在其他的相关研究中，涂长望（1935）针对张印堂（1934）提出的中国人口过剩问题，认为中国人口并不过密，生产科学化才是救济贫穷最为有效的方法。陈长蘅（1935）基于人口数量和可耕未耕土地面积、地域分布进行比较发现，可充分利用的土地和可供开发利用的资源有限，难以维持更大数量的人口。此外，何廉（1932）、周立三（1943）分别对东三省地区、北碚地区的移民情况进行分析，对区域地理环境与移民之间的关系、移民分布及移民对地区生产发展的影响等展开研究。

（三）农业分布和农业区域

稻米和小麦作为我国最为重要的粮食作物，张心一（1930）结合统计资料的分析发现，由于温度的差异，春麦种植带与冬麦种植带在中国境内自东北向西南倾斜，而在过渡线南北约30千米的地带内冬麦种植和春麦种植是互相交错的。对于稻米种植来说，张其昀（1932）曾从"天时地利人和"（分别对应温度和降雨量、地形和土壤、所需人力）三个方面对稻米的生产状况进行说明，认为稻米生长期内的平均温度需在20°左右，年降水量750毫米以上较为适宜，同时由于种稻所需人力较多，产米较多的地区常常是人烟稠密的地区。

对于我国农业区域的分布，胡焕庸（1936a）指出，我国的农产分布受气候、地形的影响较深，他基于各省主要作物的种植面积和产量统计数据，并结合中国境内自然环境条件（土壤、气候、降水、海拔等），将全国划分为九个农业区域，即东北松辽区、黄河下游区、长江下游区、东南丘陵区、西南高地区、黄土高原区、漠南草地区、蒙新宁干燥区、青康藏高原区。这一农业区域划分是第一次以全国为范围进行的农业区划。对于中国适宜棉区的研究，冯泽芳

（1940b）根据棉区的无霜期、温度、雨量、日照等气象因素，地势、土质、海拔等地理条件，与棉花的分布、生长发育、产量构成的关系，结合农情调查、品种区域适宜性等实地调查和相关研究资料，依据 1934~1936 年的区域试验将中国棉区初步划分为黄河流域和长江流域两个棉区，依据 1938~1940 年的区域试验将其划分为三个棉区，即黄河流域、长江流域和西南棉区，并于 1940 年绘制完成三大棉区分布图。在粮食作物的空间分布与区域划分方面，吴传钧（1945）在分析影响我国粮食作物分布的地理条件的基础上，将全国分为十一个粮食区，即东北杂粮外销区、黄河下游冬麦区、黄土高原杂作区、塞外农作边缘区、西北干地水田区、长江稻米输田区、浙闽沿海稻作区、两广洋米内销区、四川盆地交作区、西南高地稻作区、康藏高原青稞区。

在区域性农业分布的相关研究中，胡焕庸（1934b）从地形、气候、土壤、降水等方面将江苏省农业产物区域划分为徐淮海旱粮产区、沿海地带棉花产区、淮扬及宁镇籼稻产区、太湖附近的稻丝产区四大区域。胡焕庸（1935）通过对安徽省的分析将其划分为四个农产区域，即皖北旱粮区、皖中稻米区、皖南茶山区、皖西茶山区。周淑贞（1938）通过对山西省农业情况进行分析，按照作物生产条件和环境将其农业区域划分为冬麦棉花区、粟麦高粱混植区、冬麦春麦交错区、夏作冬休区、小米玉米区五大区域。此外，邹豹君（1937）、侯学焘（1945）等亦是从省区层面对农业生产影响因素、农业分区情况进行不同程度的探讨。

（四）工业区位和工业区域

近代中国工业的发展最初仅限于手工业或家庭工业。乡村工业的地理分布受多种因素的影响，诸如原料所在地、距市场的距离、技术的集中程度，这些是影响其分布的主要因素（张其昀，1936）。棉纺织业在近代中国工厂工业中占重要地位，其空间分布集中的特征较为明显。方显廷（1934）认为，造成这一格局的原因主要是棉纺织业集中的地区都是我国的棉业中心，并且是煤炭与电力供给便利、交通运输便利、邻近广大消费市场、商业发达且金融便利的地区，同时也是我国纺织业发展最早的地区。然而，随着棉纺织业的不断发展，原料产地与工业需要之间出现失调现象。冯泽芳（1940a）认为，棉工业的布局应该考虑棉纺织加工工业与种植业之间的密切配合，便于农产品的销售和工业原料的供给，并提出沿海不可扩充棉工业，而内地应当扩充棉工业，主要是在交通便利的产棉中心建立工厂发展棉纺工业。

陈振汉对于 20 世纪 30~40 年代的中国工业区位选择问题研究较为深入，分别从工业区位的理论（陈振汉，1941a）、战前工业区位（陈振汉，1941b）、战后工业区位（陈振汉，1941c）等方面对近代中国工业建设的区位问题进行分析，而后对区位理论的发展、工业区位理论的发展也进行了相应的阐述（陈振汉，1947，1948）。据统计，抗战前沿海各省在全国各类工业中所占的份额较高，达六成至九成（陈振汉，1941b）。结合工业区位理论来看，工厂位置的选择主要依赖于原材料、交通运输方式等，但原材料等方面的影响也在逐渐显现。同时，对于特定城市工业区的分布或选择，由于城市自然地理位置、交通、城市发展历史、区域构造等方面的差异，其空间格局也会有所不同。相关研究从区位选择的角度对某一地区工厂的选址问题加以分析。诸如，在成都的沿江两岸有较多工厂分布，是成都最为重要的工业区，这一区位选择主要是考虑用水方便、运输便捷的因素，同时接近燃料堆放地，可以满足动力供给需求（沈汝生和孙敏贤，1947）。对于曲江市的工业区布局，文振明（1948）认为由于河流的制约，工业区分布在河东较为适宜，一方面其距离车站最近，运输方便；另一方面则是由于河东地势平坦，可以支撑工业的发展，而对于工业产品较为轻便且易于运输的商品，可以考虑建在河西。

而对于厂址选择失误，造成工业发展受限的典型案例，由汉冶萍公司[①]的失败可见一斑，公司创办之初对矿石来源、燃料供给方面没有进行全盘考虑，虽然有大冶铁矿、萍乡煤矿作为原料产地，但原料运输费用较高，使钢铁成本比之从外国进口更高（张其昀，1936）。与之相对应，唐山启新洋灰公司所需原料和燃料均就近获取，其中，石灰石和黏土均来自工厂附近地区，煤虽然由开滦矿务局采购，但是距重要港口秦皇岛仅 90 千米，邻近原料产地、运输便利，使得启新洋灰公司所产水泥在当时明显高于其他工厂。

对于全国尺度上的工业区域研究，孙中山在《实业计划》[②]中阐述了发展中国实业的必要性、可能性、迫切性，在此基础上探讨了关于地域空间上规划经

---

① 汉冶萍公司，全称为"汉冶萍煤铁厂矿公司"，由汉阳铁厂、大冶铁矿和江西萍乡煤矿三部分组成，它是中国最早的钢铁联合企业。

② 中国社会科学院近代史研究所，民国史研究室，等．孙中山全集（第 6 卷）［M］．北京：中华书局，1985.

济区域建设、铁路系统规划、工业建设方面等六个具体规划，并提出将中国划分为北部、中部、南部三个基本经济发展区，三大经济区域同时开发、协调发展；同时，对各类工厂的布局、港口的选址、铁路线路设计等问题进行了具体且详细的叙述；在对近代中国工业布局不合理的问题进行阐述的基础上，进一步基于工业区位思想对中国工业发展进行规划，他主张通过发展"关键及根本工业"带动"本部工业"[①] 的发展，使中国建成工业化的生产体系，走上工业现代化的道路。孙中山关于近代中国工业发展区域划分的设想在当时中国的社会经济环境中具有一定的前瞻性、独特性，也体现出了区域分工和区域协调发展的思想，被认为是近代以来用区域的概念和划分方式描绘中国现代经济蓝图的第一人（刘世红，2007），其中关于工业建设的地域分布的分析及以划分经济区域的方法对国家经济发展进行规划的研究，包含了丰富的工业布局思想。

此外，工业区域研究方面，吴景超（1943）指出，在考虑经济条件和国防安全的前提下，中国至少应建立东北区、华北区、西北区、华东区、华中区、华南区、西南区七大重要工业区。任美锷（1944a）提到，适宜的区位对于现代工业发展尤为重要，决定工业区位的因素主要是原料、动力、市场和劳工四个方面，但近代中国随着科学技术的进步和资源、交通的发展，同时加上政治的影响，影响工业发展的区位因素也在不断发生变化。中国工业建设必须注重全国的整体性和各区域之间的联系，各区域的工业建设应当按照它们特殊的环境和资源来发展最为适宜的工业，同时与其他区域之间保持密切的联系，基于此原则，他将全国划分为六大工业区域，即：东北区、华北区、西北区、华中区、东南区、西南区。这一时期任美锷对于工业区位、区划问题的研究成果也较多，主要涉及钢铁工业的区位（任美锷，1941）、产业区位（任美锷，1942）、工业区域（任美锷，1944a，1944b）、区位理论（任美锷，1943）等方面。

（五）矿产资源分布

矿产资源的分布也是经济地理学研究中的重要内容之一。作为现代工业发展的基础，煤矿、石油等新式矿业的分布对于近代中国的社会经济发展至关重要。早期周树人（鲁迅）和顾琅于1906年合作出版著作《中国矿产志》，作为

---

① 孙中山在《实业计划》中将近代中国工业划分为"关键及根本工业"和"本部工业"两大部分，前者主要是重工业，包括矿业、冶炼业和重型机器工业等；后者是轻工业，即民用工业、生产生活资料。

中国第一部地质矿产专著，在记述全国多省份矿产资源及其分布情况的同时，书后也附有中国矿产全图一幅和中国各省矿产一览表等相关数据。其后翁文灏先后完成著作《中国矿产志略》（1919）[①] 和《中国矿产区域论》（1920），这些研究对中国矿产资源情况做了详细的介绍，对其区域分布也有相应的分析。其中，《中国矿产志略》中对中国矿产资源分布进行了科学的分类和系统的总结，而《中国矿产区域论》则是在矿产资源分析的基础上对中国的工业地理分布进行了研究。

在不同矿产资源的分布与产额研究方面，据 1935 年出版的《中国年鉴》（1935~1936）资料记载，在中国的矿产资源中以煤矿资源最为重要，其中山西省煤矿储量约占 52%，其次为陕西省（约占 29%）（英文中国年鉴社，1935）。在煤矿资源的储量与分布方面，蒋嘉珍（1911）对山西省主要产煤地的概况和产额进行了详述。林超（1942）通过实地调查对三峡地区的煤矿资源产量、运销、矿区聚落及矿业发展与区域经济的关系做了详细且具体的调查分析。对于中国石油资源的分布区域，主要是陕西延长油田、辽宁抚顺油田等，而可能出产石油的区域主要集中在西部地区，即陕西、四川、甘肃、新疆四个省份，谢家荣（1935）在《中国之石油》中结合统计资料对中国石油资源分布进行分析，并在此基础上绘制有中国油田及油页岩的分布图。

在其他相关研究中，1933 年河南省地质调查所在《河南矿产志》[②] 中对河南省煤田、金属矿产、非金属矿产的分布情况进行了详述，并在书中附有河南省矿产储量表、产量表、矿产分析表等统计资料和河南省矿产分布图。雷荣甲（1934）在《广西矿产之分布与矿业之状况》一书中对广西境内的矿区面积、煤/铁/石油等矿产分布情况、矿业产运销情形三方面内容进行了具体介绍。1944年，宁夏地质调查所在《宁夏地质矿产事业》[③] 中对宁夏不同地区矿产资源的位置、交通、地形、矿区环境、矿藏等内容进行详述，并绘制有地区煤矿分布图、无烟煤田分布图。

此外，翁文灏（1928）从国有各铁路运矿吨数比例、各大煤矿距海口交通比例、各国铁路运费比较、中国铁路运费比较、铁路沿线重要铁矿分布、铁路

---

① 1919 年，翁文灏编著完成《中国矿产志略》，农商部地质调查所出版。
② 《河南矿产志》1933 年由河南省地质调查所编辑和印行。
③ 《宁夏地质矿产事业》由宁夏地质调查所编辑，于 1944 年宁夏建设厅印行。

运输煤炭煤油运价六个方面对铁路与矿产资源之间的关系进行了较为全面的分析，结果发现这一时期煤矿年产额在 20 万吨以上的大矿，多集中分布在长江以北，且主要是分布在铁路沿线[①]。同时，鞠孝铭（1947）在《粤汉铁路沿线十大煤矿报告》中对湘潭—曲江段铁路沿线的十大岩煤矿进行具体调查，并对煤矿储量、产量、运销情况进行分析和比较研究。

第三节　主要经济地理思想

在 100 多年的发展过程中，受国内外政治、经济、思想、文化等方面的综合影响，近代中国的经济地理学研究逐渐开展。对于近代中国的经济地理而言，经过一系列探索和实践，也逐渐形成了这一时期的经济地理思想。

一、经济地理学的概念

对于经济地理学概念的界定，不同学者的侧重点有所差异。王庸（1926）和王金绂（1929）均认为，经济地理学是研究地理上自然环境与人类经济活动之间关系的科学。其中，王金绂（1929）认为经济地理学范围广泛，凡是地理学中关于经济的内容都属于其研究范畴，并进一步认为经济地理学是描述人类活动差异进而寻求造成这一差异的地理原因的学科，同时，他将经济地理学的根本条件概括为气候、土壤、山岳、交通、海岸五个方面。

顾毂宜和邓启东（1931）在对经济地理研究对象、特性、意义分析的基础上界定了经济地理学的定义，即以天然的及人文的自然资源作为基础条件，来说明世界各国经济发展的现状及其相互关系，并确定经济发展前途的一种学问。这一概念的界定也涵盖了经济地理学两个重要的科学特性：一是自然现象或自然要素的不平等，即区域分布的不均；二是人们谋求平等的不断努力，即寻求经济环境的改良。

蔡源明（1935）认为，经济地理学不仅研究自然环境对经济现象的影响及

---

① 翁文灏的《路矿关系论》由中国地质调查所于 1928 年出版，原载《农商公报》1926 年第 138—139 期。

其原因与空间分布，同时也研究人类经济活动对地球空间的影响及其变化原因和区域差异，故此，他将经济地理定义为分析说明世界经济相互依赖现象的科学，而经济地理学则是研究自然与经济之间关系以及自然与人为能力二者结合所构成的经济形态的科学。同样地，归监明（1943）认为，经济地理学已经发展成为融合人文地理学、经济学、商业地理学的一门独立科学，是研究地球的空间（自然）与人类经济活动之间的交互作用的一种社会科学。以上定义是对经济地理学概念的进一步延伸，不仅关注了自然环境对经济活动的影响，同时也考虑了经济活动对地球地表所产生的作用及其形成原因。

对经济地理学概念的进一步阐释方面，任美锷（1947）认为，经济地理学不仅研究经济现象在空间上的分布，并推究其与其他因素之间的相互关系，同时也是对其空间分布原理和系统的深层次探究。作为研究经济现象的具有区域特色的科学，他指出经济地理学也可以被看作经济现象的地理研究，从地理的观点来研究经济现象。同时，胡焕庸（1948）认为经济地理与经济学科之间存在着明显不同之处，经济地理学主要是对地面经济现象的研究，但如果论及货物的产销转运，这既是经济问题又与地理发生关系，可将其称为经济地理。

盛叙功（1949）认为，经济地理学的主要任务是从地理学的立场来观察和审视现阶段世界人类社会经济现象的构成及其特征。作为近代新兴的学科门类，经济地理学是由人类社会经济现象的空间分布来把握其特征，并建立一种差别和差别分布的法则。他认为经济地理学的概念是由几个连续的程序或部分构成的：第一，空间自然诸因素的分析；第二，诸因素的相互关系的综合；第三，空间自然的差别性的确立；第四，自然差别性作用于人类社会经济及其历史的发展的探讨；第五，最后的结论就是差别的特征及其法则的订立。

以上学者从不同视角对经济地理学概念的论述中可以看出，他们对经济地理学研究范围的界定大致相同，均认为经济地理学主要研究对象为人类经济活动与地理环境，研究内容为二者之间的相互关系、空间布局及地区差异，更为深入的则是研究其空间分布的原理、法则和系统。

二、人地关系思想

由于近代中国社会、经济条件的制约，人地思想相关的研究内容、研究方法经历了一个曲折的发展过程。在由传统地理学研究向近代地理学过渡的过程中，人类经济活动与所处的地理环境之间关系的相关研究逐渐发生变化，研究内容更多地立足于国内社会现实，分析当时背景下的人地问题，随之人地关系思想也在不断变化。

任美锷与李旭旦于1935年合译了法国人文地理学家白吕纳的著作《人地学原理》。自这一著作出版后，或然论的观点被一些中国地理学者所接受（熊宁，1984），这对中国地理学发展起到了积极的作用。黄国璋（1935）认为社会的地理基础就是研究人与环境之间的相互关系，并从环境因子对于人的影响、人的因子对于环境的支配两个方面对人地关系问题进行了阐述。其后，张其昀（1947）结合中国的地势（平原地带、丘陵地带、高原地带、高山地带）在描述自然地理情况的基础上，说明各种地理事实和人地关系。综合来看，近代中国经济地理学相关研究中所体现的人地关系思想由于研究内容的不同也在逐渐发生变化。

随着研究视角、研究内容的拓展和不同研究方法的应用，学者对人地关系的研究趋于广泛，更为关注人类生产活动与自然环境之间的关系及其空间分布。以经济活动的空间格局为例，人们所从事的经济活动和经济行为对所处环境或有关联的环境的改变在一定程度上体现着人地关系的发展和变化。其一，生产布局与工场选址对自然环境的利用，地区的河流、交通、地形等对商业、工业布局具重要影响，而通过对所处地区资源、环境的利用，一方面可以沿河、沿路形成条带状的商业区布局形式；另一方面则可以借水运的便利条件进行工厂的分布，如沿运河和主要交通线路形成工场或商业区的带状分布形态。其二，生产活动对关联地区环境的影响，生产活动的进行和发展离不开原材料和燃料的充足供应，这些对原材料产业和燃料产地的环境变化具有重要影响，大规模的种植/养殖活动以及采矿、采煤等采掘行为等也在一定程度上改变着这些关联地区的环境状况。其三，经济活动与交通线路的关系，经济活动的形成、发展和扩散往往依赖于便利的交通运输条件，交通线路的构建、发展和完善是对地区自然环境利用基础上的改造和修建，而区域内交通线路的形成及由此形成的交通枢纽节点的区位优势进一步改变着地区的人地关系状况，较为典型的即为这一时期通商口岸的开放以及港口—腹地空间格局的形成（陈尔寿，1943；吴松弟和方书生，2011）。

都市和乡村的发展变化也可显现出一定地域空间范围内人地关系的变化。

学者们在对这一时期中国部分都市的地理位置、都市区域构成、交通路网、都市发展机能等内容也进行了详细研究，其中都市区域构成中关于商业区、工业区分布的分析多是结合人类生产活动的空间布局及与所处地域空间的相互作用展开的，而对于近代中国乡土地理和村落的研究内容，更多的是涉及本乡本土地理概况及村落环境、村落经济、村落分布及其所在地区的人地相互关系等。

三、区域划分思想

这一时期学者们在研究中有一些涉及人口分界线、农业区域、工业区域、基本经济区等方面的内容，体现了区域划分的思想。

1. 人口分界线

人口地理分界线是社会经济发展和人类改造地理环境的一项重要指标，既可以显示区域地理环境的差异，也能显现出地区间经济活动现象的空间差异。"翁文灏线"和"胡焕庸线"的提出和绘制，均从科学性的角度，基于实际数据对中国人口分布的空间分异性进行了直观展示，反映出中国人口"东密西疏"的空间特征。更为重要的是，"胡焕庸线"在对中国人口空间分布的研究中，运用分界线的思维和标准化的手段，依靠大量的、高精度的人口数据对其进行了展现。值得一提的是，"胡焕庸线"在历经了80余年的城镇化和各种人口迁移之后，这一人口分界线仍保持着高度的稳定性（李佳铭等，2017；顾金亮，2021），且逐渐被应用于人地关系研究的诸多领域（丁金宏等，2021）。

2. 农业区域

20世纪30年代，张心一（1930）、张其昀（1932）、胡焕庸（1934a，1936a）、冯泽芳（1940b）、吴传钧（1945）等先后进行了农业分区的研究，其思想可概括为：①对中国农产分布区域进行划分的时候更多考虑自然环境条件，如气候、土壤、地形、水文等因素，对局部地区的农产划分也是如此，紧密结合地区环境条件和作物生产状况进行农业区域分布的分析。②从农产分配和物产分布的角度关注中国不同农作物的空间分布，如张其昀（1935）对中国经济地理的研究中，首先是对不同农产分配情形的分析，然后在此基础上对中国产米、产麦、产棉区域进行分析和制图，同时也有对中国植物油生产区域、食盐行销区域、产竹区域等内容的分析。③随着农业生产的发展和社会生产方式的改变，对农业区域的划分结合具体条件进行了适时调整，例如对中国适棉区的划分，在考虑自然环境和地理条件的基础上，进一步结合棉花品种的区域适宜性对中国棉区进行分析和研究，同时结合实际情况对棉花种植区域的划分情况进行适当调整（冯泽芳，1940b）。近代关于中国农业区域研究思想，为之后指导不同区域农业生产与农业区划研究提供了重要的理论基础（刘彦随等，2018）。

3. 工业区域

近代中国工业区域研究的思想可概括为：①从区位因素的角度对中国棉工业布局进行解释，如棉纺织业的空间分布问题，棉纺织加工业与种植业、农产品销售、工业原料供给等方面关联。②关注近代中国的工业区位选择问题，并从原料供应、燃料供给、交通运输等方面解释沿海沿江城市主要工业区的布局。③工厂厂址选择失误及其合理性与否的现实探讨，注重分析不同区位因素对厂址选择的影响，并通过具体实例进行对比研究。④在关心和关注国计民生的背景下，对中国工业区域、中国重要工业区的空间分布和区域划分提出具体的发展建议，相关研究与工业区位理论相结合，对决定工业区位的原料、动力、市场、劳动力等方面因素加以考虑，对中国工业区域进行较为具体且详细的划分。此外，孙中山在《实业计划》中关于中国北部、中部、南部三个基本经济发展区的划分以及工业分布、工业区域的研究和科学规划，也体现出了区域分工和区域协调发展的思想（张卫莉，2011）。

4. 基本经济区

20 世纪 30 年代，冀朝鼎提出了"基本经济区"的概念。他分析了中国历史上灌溉和防洪发展史料，对中国治水和经济区划的地理基础进行了研究。他认为，在中国历史上，税负往往与漕粮、水道关系密切，而当一些地区的农业生产率和运输设施使得缴纳漕粮成为可能并远超其他地区时，政府会对这些地区进行管理和控制，并对这些地区进行重点发展，形成"基本经济区"。需要说明的是，这一概念的提出主要是为了研究公元前 255 年到公元 1842 年的历史过程而特别提出的，在 19 世纪中叶，中国社会经济发生巨大变革时，这一概念已不再适用（冀朝鼎，2016）。基本经济区概念的提出具有一定的历史背景，是对当时中国区域经济地理的有益探索。

四、地图等技术方法的经济地理应用

近代中国的地理学研究逐渐由传统地理学向近代地理学过渡和转变，研究对象、研究方法也在逐渐发生变化。这一过程中，学者们的研究开始重视科学，研究视角不再局限于一组要素体系，而是从多方面进行考虑；研究方法不再局限于单一的描述性分析，而是逐渐使用数据和实地调研相结合进行定量分析，由初期的描述性分析向"以观察实验所获得事实为基础，加以经验归纳和科学演绎"；研究内容不再拘泥于描述分析和数据说明，通过绘制不同比例尺的地图或制作专题地图以更直观的形式展示物产、资源、作物、工业等的空间分布和区域划分。以地图为例，地图作为地理学的一种重要工具，通过地图绘制可以直观地展示研究对象的空间关系，这一时期的地图成果逐渐涌现，且小比例尺地图成果也趋于增多，如胡焕庸绘制的《江苏图志》、黄国璋主持编制的《四川经济地图集》、周立三主持编纂的 66 幅 1：300 万地图等；在一些地学类刊物中也有地图出现，如《地学杂志》中刊登了 80 多幅地图。同时，这一时期专题地图的绘制也逐渐增多，诸如关于农业分布的地图、人口密度图、耕地密度图、粮食产量分布图、茶叶分布图、煤矿与煤场分布图、矿产资源分布图、都市区位图、都市功能分区图等。这些地图成果可以更为突出和详尽地表征某一经济活动现象或自然实体的分布和特征，为清晰地了解物产、资源、人口等的分布提供了便利的条件和手段。

此外，对各种研究对象或研究结论，不再是单一的描述和分析，而是进行比较研究，并对不同研究对象或不同研究地区之间的相互关系进行探讨。任美锷（1947）指出，"研究经济地理，应根据新的原理和新的眼光，不应以分析或整理统计材料，即认为满足"。这一时期，一些研究方法和研究视角在相关的经济地理研究中也有所体现。

参考文献

［1］［德］Schmidt P H. 苏联经济地理［M］. 许逸超，译. 上海：商务印书馆，1936.

［2］［法］白吕纳. 人地学原理［M］. 任美锷，李旭旦，译. 上海：钟山书店，1935.

［3］［美］葛勒石. 中国区域地理［M］. 谌亚达，译. 南京：正中书局，1947.

［4］［日］高桥次郎. 新经济地理学［M］. 周宋康，译. 上海：中华书局，1939.

［5］［日］黑正岩. 经济地理学导言［M］. 张宏英，译. 上海：商务印书馆，1937.

［6］［日］平竹传三. 苏联经济地理［M］. 陈此生，廖璧光，译. 上海：商务印书馆，1936.

［7］［苏］卡赞宁．中国经济地理［M］．焦敏之，译．上海：光明书局，1937.

［8］［苏］坡利斯·密努斯基．世界经济地理教程［M］．胡曲园，傅于琛，译．重庆：昆仑书店，1937.

［9］［苏］维特威尔．世界经济地理讲座［M］．胡明，译．上海：光明书局，1940.

［10］艾素珍．清末人文地理学著作的翻译和出版［J］．中国科技史料，1996，17（1）：26-35.

［11］鲍文熙．经济地理学［M］．上海：世界书局，1949.

［12］蔡源明．经济地理学概论［M］．上海：商务印书馆，1935.

［13］曹婉如．张相文与中国近代地理学的萌芽——纪念张相文逝世五十周年［J］．地理学报，1983，38（3）：309-314.

［14］陈尔寿．重庆都市地理［J］．地理学报，1943（10）：114-138.

［15］陈国清，向德忠．论中国近代工业化思想的演变与发展［J］．江汉论坛，2000（4）：79-80.

［16］陈述彭，杨利普．遵义附近之聚落［J］．地理学报，1943（10）：69-81.

［17］陈长蘅．商榷我国土地与人口问题之初步比较研究及国民经济建设之政策［J］．地理学报，1935，2（4）：23-66.

［18］陈振汉．工业区位的理论——工业建设的区位问题之一［J］．新经济，1941a，5（8）：10-15.

［19］陈振汉．战前工业区位的评价——工业建设的区位问题之二［J］．新经济，1941b，5（9）：189-193.

［20］陈振汉．战后工业中心的区位——工业建设的区位问题之三［J］．新经济，1941c，5（11）：11-17.

［21］陈振汉．区位理论的发展——韦伯以前［J］．工业月刊，1947，4（3）：8-12.

［22］陈振汉．工业区位理论的发展［J］．燕京社会科学，1948（1）：55-106.

［23］程潞，陈述，宋铭奎，等．云南滇池区域之土地利用［J］．地理学报，1947，14（2）：12-33.

［24］褚绍唐．上海中华地学会和《地学季刊》［J］．地理研究，1984，3（3）：104-110.

［25］戴鞍钢．上海开埠与近代中国社会［J］．探索与争鸣，1987（3）：38-41.

［26］戴鞍钢，阎建宁．中国近代工业地理分布、变化及其影响［J］．中国历史地理论丛，2000（1）：139-161+250-251.

［27］丁金宏，程晨，张伟佳，等．胡焕庸线的学术思想源流与地理分界意义［J］．地理学报，2021，76（6）：1317-1333.

［28］方显廷．中国之棉纺织业［M］．上海：商务印书馆，1934．

［29］方书生．追回的时间——中国经济地理学的"近代时段"［N］．文汇报，2017-09-22（014）．

［30］冯达夫，夏承法．经济地理学大纲［M］．上海：开明书店，1931．

［31］冯绳武．新中国国都之位置问题［J］．地学集刊，1943，1（2）：80-83．

［32］冯泽芳．我国棉工业区域的合理分布［J］．新经济，1940a，3（8）：170-175．

［33］冯泽芳．中国之三个棉花适应区域（简报）［J］．农报，1940b，5（22-24）：442-443．

［34］傅角今．世界经济地理［M］．上海：商务印书馆，1947．

［35］高玉钟．中国产业地理［J］．地学杂志，1934，22（2）：125-154．

［36］高玉钟．中国产业地理（一）［J］．地学杂志，1935，23（1）：43-54．

［37］高玉钟．中国产业地理（五）［J］．地学杂志，1936，25（4）：77-94．

［38］顾毂宜，邓启东．经济地理学［J］．地理杂志，1931，4（3）：4255．

［39］顾金亮．从"翁文灏线"到"胡焕庸线"［N］．中国科学报（第5版：文化周刊），2021-02-04．

［40］归监明．经济地理学［M］．武汉：经济评论社，1943．

［41］韩亮仙．经济地理与中国问题［M］．南京：国民印务局，1934．

［42］何廉．东三省之内地移民研究［J］．经济统计季刊，1932，1（2）：239．

［43］何沛东．张其昀先生的区域地理学思想与成就［J］．地理学报，2021，76（1）：235-247．

［44］洪懋熙．中国交通地理之研究［J］．地学季刊，1935，2（1）：71-79．

［45］侯学焘．四川农业区域［J］．地理，1945，5（1-2）：15-20．

［46］胡焕庸．江宁县之耕地与人口密度［J］．地理学报，1934a，1（2）：20-45+155．

［47］胡焕庸．江苏省之农产区域［J］．地理学报，1934b，1（1）：93-106+209．

［48］胡焕庸．安徽省之人口密度与农产区域［J］．地理学报，1935a，2（1）：53-62．

［49］胡焕庸．中国人口之分布：附统计表与密度图［J］．地理学报，1935b，2（2）：33-74．

［50］胡焕庸．中国之农业区域［J］．地理学报，1936a，3（1）：1-17+244-245．

［51］胡焕庸．中国商业地理大纲［J］．地理学报，1936b，3（2）：247-266+509．

［52］胡焕庸．句容县之人口分布［J］．地理学报，1936c，3（3）：621-627+673．

［53］胡焕庸．中国经济地理［M］．上海：青年出版社，1941a．

［54］胡焕庸．美国经济地理［M］．南京：正中书局，1941b．

［55］胡焕庸．经济地理［M］．南京：正中书局，1948．

［56］胡志良．近代中国地理学科高等教育的萌芽与发展［J］．自然辩证法通讯，2016，38（4）：83-88．

［57］胡志良．中国近代地理学的建立与发展［N］．中国社会科学报（第5版：科学与人文），2017-05-16．

［58］黄国璋．社会的地理基础［M］．上海：世界书局，1935．

［59］冀朝鼎，中国历史上的基本经济区［M］．岳玉庆，译．杭州：浙江人民出版社，2016．

［60］蒋嘉珍．山西煤矿概论［J］．地学杂志，1911，2（15）：1-8．

［61］蒋君章．西南经济地理［M］．上海：商务印书馆，1945．

［62］鞠孝铭．粤汉铁路沿线十大煤矿报告［J］．中央银行月报，1947，2（8）：42-45．

［63］雷荣甲．广西矿产之分布与矿业之状况［M］．南宁：广西矿物局，1934．

［64］李佳洺，陆大道，徐成东，等．胡焕庸线两侧人口的空间分异性及其变化［J］．地理学报，2017，72（1）：148-160．

［65］李健超．中国近代地理学的发展［J］．中国历史地理论丛，1995（2）：2+225-240．

［66］梁启超．梁启超全集［M］．北京：北京出版社，1999．

［67］林超．嘉陵江三峡煤业地理［J］．地理，1942，2（1-2）：46-60．

［68］林超．秦岭与大巴山对于四川与西北交通之影响［J］．地理学报，1947，14（Z1）：11-13．

［69］林超．聚落分类之讨论［J］．地理，1948，6（1）：17-18．

［70］林超．中国现代地理学萌芽时期的张相文和中国地学会［J］．自然科学史研究，1982（2）：150-159．

［71］林超，王德基，郑象铣，等．乡土地理调查手册［J］．地理，1941，1（2）：217-227．

［72］刘恩兰．川西之高山聚落［J］．地理学报，1948，15（Z1）：27-29．

［73］刘穆．世界经济地理概要［M］．上海：远东图书公司，1929．

［74］刘盛佳．张其昀的地理思想和学术成就［J］．地理学报，1993，48（4）：377-384．

［75］刘世红．从《实业计划》看孙中山区域经济思想的特质［J］．广东社会科学，2007（5）：111-118．

［76］刘彦随，张紫雯，王介勇．中国农业地域分异与现代农业区划方案［J］．地理学

报，2018，73（2）：203-218.

［77］陆象贤．新中国经济地理教程［M］．上海：一般书店，1941.

［78］阙维民．中国高校建立地理学系的第一个方案：京师大学堂文学科大学中外地理学门的课程设置［J］．中国科技史料，1998，19（4）：73-77.

［79］任美锷．钢铁工业的位置问题［J］．新经济，1941，5（6）：123-125.

［80］任美锷．实业计划中的工业区位思想［J］．新经济，1942，7（1）：2-3.

［81］任美锷．经济地理学的理论与应用［J］．中山文化季刊，1943（1）：112-118.

［82］任美锷．工业区位的理论与中国工业区域［J］．地理学报，1944a（11）：15-24.

［83］任美锷．中国西南国防工业区域的轮廓［J］．国防经济，1944b，2（3）：23-27.

［84］任美锷．建设地理新论［M］．重庆：商务印书馆，1946.

［85］尚红玉．国立中央大学地理学习历史发展研究［D］．哈尔滨：哈尔滨师范大学，2014.

［86］沈汝生，孙敏贤．成都都市地理之研究［J］．地理学报，1947，14（Z1）：14-30.

［87］沈汝生．中国都市之分布［J］．地理学报，1937，4（1）：915-935+955.

［88］佘之祥．任美锷先生对人文—经济地理学的贡献和启迪［J］．经济地理，2015，35（10）：1-4.

［89］盛福尧．包头都市地理之研究［J］．长城（绥远），1936，1（4）：29-37.

［90］盛叙功．经济地理学上之经济阶段与经济形态［J］．地学季刊，1935，2（1）：34-43.

［91］盛叙功．世界经济地理［M］．上海：中华书局，1949.

［92］宋正海．中国古代传统地理学的形成和发展［J］．自然辩证法研究，1985（3）：65-70.

［93］孙宕越．粤北与赣南湘南之交通与运输［J］．地理学报，1937，4（1）：867-887+953.

［94］涂长望．与张印堂先生商榷中国人口问题之严重［J］．地理学报，1935，2（1）：127-137.

［95］王爱民．地理学思想史［M］．北京：科学出版社，2010.

［96］王炳勋．经济地理学总论［M］．北京：华北编译馆，1943.

［97］王成敬．四川盆地与松潘草地间之商业与交通［J］．地理，1942，2（3-4）：51-59.

［98］王金绂．中国经济地理［M］．北京：北平文化学社，1929.

［99］王均衡．卫河平原农耕与环境的相关性［J］．地理，1941，1（1-4）：177-194.

［100］王益厓．无锡都市地理之研究［J］．地理学报，1935，2（3）：23-63.

［101］王庸．经济地理学原理［M］．上海：商务印书馆，1926.

［102］文振明．曲江都市地理［J］．地理学报，1948，15（1）：14-20.

［103］翁文灏．中国矿产区域论［J］．地质汇报，1920（2）：9-24.

［104］翁文灏．中国人口分布与土地利用［J］．独立评论，1932（3）：9-16.

［105］吴传钧．土地利用之理论与研究方法［J］．地理，1943，3（1-2）：10-18.

［106］吴传钧．中国粮食地理［M］．上海：商务印书馆，1945.

［107］吴景超．中国应当建设的工业区与工业［J］．经济建设季刊，1943，1（4）：25-30.

［108］吴松弟．通商口岸与近代的城市和区域发展：从港口—腹地的角度［J］．郑州大学学报（哲学社会科学版），2006（6）：5-8.

［109］吴松弟．中国近代经济地理格局形成的机制与表现［J］．史学月刊，2009（8）：65-72.

［110］吴松弟，方书生．起源与趋向：中国近代经济地理研究论略［J］．天津社会科学，2011（1）：119-125.

［111］谢家荣．中国之石油［J］．地理学报，1935，2（1）：11-20.

［112］熊宁．我国近代（1840—1949年）人文地理学的发展概况［J］．地理研究，1984，3（2）：1-13.

［113］徐新吾．近代中国自然经济加深分解与解体的过程［J］．中国经济史研究，1988（1）：101-110.

［114］严德一．中印公路之经济地理［M］．上海：商务印书馆，1947.

［115］严钦尚．西康居住地理［J］．地理学报，1939，6（1）：43-58.

［116］杨利普，黄秉成，施雅风，等．岷江峡谷之土地利用［J］．地理学报，1946，13（1）：30-34.

［117］杨梦华．山地经济的限度［J］．地学杂志，1932，20（2）：283-317.

［118］杨纫章．重庆西郊小区域地理研究［J］．地理学报，1941（8）：19-28.

［119］杨天宏．口岸开放与社会变革——近代中国自开商埠研究［M］．北京：中华书局，2002.

［120］英文中国年鉴社．中国年鉴（The Chinese Year Book，1935～1936）［M］．上海：商务印书馆，1935.

［121］张保昇．灌县的地理位置及其城市发展［J］．地学集刊，1943，1（4）：375-380.

［122］张恩护．河北省人口密度及人口问题初步研究［J］．地学杂志，1937，26（1）：91-117.

［123］张丕介．经济地理学导论［M］．上海：商务印书馆，1947.

［124］张其昀．首都之地理环境（上）［J］．地理杂志，1930，3（2）：1-8.

［125］张其昀．首都之地理环境（中）［J］．地理杂志，1930，3（3）：1-8.

［126］张其昀．首都之地理环境（下）［J］．地理杂志，1930，3（4）：1-10.

［127］张其昀．稻米之地理环境［A］//人地学论丛（第一集）［M］．南京：钟山书局，1932：151-163.

［128］张其昀．本国地理（上册）［M］．南京：钟山书局，1932.

［129］张其昀．本国地理（中册）［M］．南京：钟山书局，1934.

［130］张其昀，任美锷．本国地理（下册）［M］．南京：钟山书局，1934.

［131］张其昀．中国经济地理［M］．上海：商务印书馆，1935.

［132］张其昀．近二十年来中国地理学之进步（三）［J］．地理学报，1936，3（1）：119-202.

［133］张其昀．中国人地关系概论［M］．上海：大东书局，1947.

［134］张卫莉．孙中山经济思想研究［D］．西安：西北大学，2011.

［135］张先辰．广西经济地理［M］．桂林：文化供应社，1941.

［136］张心一．中国小麦播种时季之研究［J］．统计月报，1930，2（8）：21-24.

［137］张印堂．中国人口问题之严重［J］．地理学报，1934，1（1）：75-91+199-208.

［138］张印堂．滇西经济地理［M］．昆明：国立云南大学西南文化研究室，1943.

［139］张印堂．滇缅铁路沿线的经济中心区域［J］．地学集刊，1947，5（3）：229-264.

［140］张永帅．以空间视角解析近代中国经济变迁［N］．中国社会科学报，2018-02-07（004）.

［141］褚绍唐．上海中华地学会和《地学季刊》［J］．地理研究，1984，3（3）：104-110.

［142］郑励俭．川江地形与水路交通［J］．地理学报，1939，6（1）：16-26.

［143］钟功甫．甘新铁路线之地理研究［J］．地理，1944，4（1-2）：71-80.

［144］周立三．成都平原东北部农业地理［J］．地理，1942，2（3-4）：29-32.

［145］周立三．战时移民地理研究之一例——北碚附近战时移民之分布及其特征［J］．地理，1943，3（1-2）：1-4.

［146］周淑贞．山西之农业区域［J］．地理学报，1938，5（1）：55-72.

[147] 周树人，顾琅. 中国矿产志 [M]. 上海：上海普及书局，1906.

[148] 朱炳海. 西康山地村落之分布 [J]. 地理学报，1939，6（1）：40-43.

[149] 竺可桢. 论江浙两省之人口密度 [J]. 东方杂志，1926，23（1）：91-112.

[150] 邹豹君，译. 世界可耕地之面积 [J]. 地学杂志，1931，19（3）：401-408.

[151] 邹豹君. 山东省农业区域之初步研究 [J]. 地学杂志，1937，26（1）：53-90.

[152] 邹新垓. 战后国都位置问题 [J]. 地学集刊，1944，2（1）：1-13.

[153] 邹振环.19 世纪西方地理学译著与中国地理学思想从传统到近代的转换 [J]. 四川大学学报（哲学社会科学版），2007（3）：26-36.

第四章　20世纪中期的经济地理思想

第一节　1949~1978年经济地理研究背景

1949年至改革开放前这一段时期，在中国的发展历史中极为特殊。一方面，同历史时期相比，该时期计划经济的主导作用最为突出；另一方面，经济百废待兴，国际封锁严重，国内建设几乎全盘照搬苏联模式。这种特殊背景形成了特色明确的经济地理实践和经济地理思想。

一、经济发展

中华人民共和国成立之初，工业基础薄弱，需要建立完整的经济体系。1949年与历史最高年份相比，工业总产值减少50%，其中重工业减少70%，轻工业减少30%，煤炭产量减少48%，钢铁产量减少80%以上。粮食产量减少近1/4，棉花产量减少48%。铁路只有近万公里线路通车，3200多座桥梁遭到严重破坏（《中国近现代史纲要》编写组，2013）。1949~1952年，国家用了三年的时间医治战争创伤，恢复国民经济，改善人民生活，并为有计划的社会主义建设准备条件。到1952年，工业（包括手工业）总产值在工农业总产值中的比重从1949年的30%上升至41.5%，工业总产值比1949年增长145.1%，社会总产值（按可比价格计算）为1949年的1.9倍，国民收入（按可比价格计算）为1.7倍（张启华，1999）。

随着国民经济的逐渐恢复，中国进入第一个五年计划时期（1953~1957年），在计划体制下加快推进经济建设。这一时期，初步建成独立的工业体系，工业布局也有所改善（杨琰，2019），工农业总产值增长率10.9%，社会商品零售总额增长了71.3%，铁路营业里程新增3800千米（王亚华和鄢一龙，2007）。该时期主要是对国家重大建设项目、生产力分布和国民经济重要比例关系等做出规划，为国民经济发展远景规定目标和方向，重建或者恢复一个较为完整的工业化体系是最为重要的任务。其中，集中主要力量，以苏联帮助中国设计的156个建设项目为中心、由限额以上的694个建设项目组成的工业建设，是当时工业化建设最重要的基本任务（何一民和周明长，2007）。这就需要对工业进行布局，包括项目的宏观布局和具体厂址的选择，涉及资源和能源分布、交通问题、国防和安全等因素，这些具体的实践工作为经济地理研究提供了特殊背景。

进入"二五"时期（1958~1962年），由于"大跃进"和人民公社化运动的"左"倾错误，加之严重的自然灾害、苏联单方面撤走援建专家，中国国民经济于1959~1961年极为困难。为扭转这种严峻的局面，国家于1961~1965年进行了"调整、巩固、充实、提高"为方针的国民经济调整。"大跃进"运动以钢铁为核心，导致了全民大炼钢铁的局面。这时，钢铁企业的选址和产业的区域布局成为当时迫切需要解决的问题，为经济地理学和相关学科工作人员提供了很好的实践机会。当时，原冶金部提出了钢铁产业"三大、五中、十八小"①的基本布局，钢铁企业选址涉及鞍山、包头、武汉等26个大中小城市（余扬斌，2009）。

1960年，中苏关系恶化。在当时国际局势日趋紧张的情况下，为加强战备，中央政府于1964年提出了三线建设的重大战略决策，逐步使我国生产力布局由东向西转移，建设的重点在西南、西北，并提出了"靠山、分散、隐蔽"的企业选址和布局原则（徐有威和陈熙，2015）。这场建设经历了三个"五年计划"，安排了1000多个建设项目（张全景，2016），一批工业基地和新兴工业城市在内陆偏远山区建设起来。1966年之后，随着"文化大革命"的开始，中国经济进入停滞状态。

---

① "三大"指鞍钢、武钢和包钢三大钢铁基地。"五中"指五个有发展前途的中型厂，即山西太原、四川重庆、北京石景山（首钢）、辽宁本溪和湖南湘潭。"十八小"指规划建在河北邯郸、山东济南、山西临汾、江西新余、江苏南京、广西柳州、广东广州、福建三明、安徽合肥、四川江油、新疆八一、浙江杭州、湖北鄂城、湖南涟源、河南安阳、甘肃兰州、贵州贵阳、吉林通化的十八个小型钢铁厂。

二、教育与科学研究

中华人民共和国成立初期，教育事业的主要任务是接管改造旧学校，改革旧教育制度，建设新中国教育（胡卫，1988）。当时国际上一些国家对中国实行全面封锁，而国内对教育改造和新教育建设又毫无经验，仅依靠自己的力量发展教育事业的条件显然不够充分。于是，在当时中苏友好结盟背景下，向苏联学习发展经验成为当务之急。中国各级学校大量引进苏联的教育大纲和教科书，仿照苏联的模式办学（张俊洪，1989）。在苏联式的高度集中计划和专才教育模式下，教育计划和国民经济计划紧密相连，国家对教育实行高度集中统一的计划管理，按产业部门、行业，甚至按产品设立学院、系科和专业，教育的重心放在与经济建设直接相关的工程和科学技术教育上（杨东平，2003）。地理学专业设置，详细到具体的课程和实践活动等都带有强烈的苏联色彩。

由于当时国家经济建设的需要，大学中的地理教育被分为自然地理学专业和经济地理学专业，经济地理学被提升至与自然地理学并列的分支学科，经济地理学的各部门研究均有了不同程度的发展和突破。20世纪50年代初期，中国科学院地理所成立，这是中华人民共和国成立后的第一个地理研究机构，当时在地理所内从事经济地理研究的约10人；1950年曹廷藩在湖南大学创办经济地理系，孙敬之在中国人民大学创立经济地理教研室；1954年南京大学地理系设立经济地理专业并建立经济地理教研室（罗小龙和陈烨婷，2012）；1955年北京大学地质地理系设立经济地理专业（冯长春等，2017）；1956年中山大学设置经济地理学专业（司徒尚纪和许桂灵，2010），同年中国科学院地理所内成立了经济地理学科组（胡序威，2008）；1958年中国科学院地理研究所组建经济地理研究室（胡序威，2008）。科研机构的改革凸显了中国的科学科研体制从欧美模式转向苏联模式，这种变化的显著特点之一是科学研究强调应用研究。在地理学中的表现即为，以自然区划和经济区划以及自然资源考察工作为中心的自然地理学和经济地理学，与经济建设联系紧密，有了较为迅速的发展（胡志良，2015）。随着"文化大革命"的爆发，地理学发展受到重创，处于停滞状态（肖超，2015）。这使得中华人民共和国成立后至改革开放前近30年，经济地理学及经济地理思想的发展主要集中于1949~1966年的17年时间。

三、政府体制

中华人民共和国成立后，国家实行计划经济，政府的主导作用较之历史上任一时期都更明显，已经深入生产、流通、消费、教育、文化等经济社会生活的方方面面。经济发展完全由政府主导，政府是经济活动的主体参与者，具有较大的资源分配权，可以影响很多经济活动空间布局，如"一五"期间国家的156 项重点工矿业建设项目，均由中央政府选择其区位（李小建，2016）。在这样一个特殊环境下，经济恢复和工业体系的全面建设也是在政府完全起主导作用下进行的，包括发展何种产业，建立什么样的企业，在哪儿建立，配套设施如何来安排，交通等对外联系怎么来做，等等。经济地理学一定程度上承担了为国家建设决策提供科学研究支持的角色。

四、外部环境

1949 年中华人民共和国成立后，苏联是第一个承认新中国并与中国建立外交关系的国家。当时，中国经济发展一片空白，急需生产建设。对于经济社会发展和建设以及处理国际事务缺乏经验，英美等发达国家又对我们实行经济、文化全面封锁，只能向当时已经取得很大发展成绩的社会主义国家苏联学习。中国对内事务几乎全盘照搬苏联模式。在这一背景下，经济地理的实践工作、学科发展、理论建设等都带有深刻的苏联烙印。地区综合考察、经济区划、工业布局、经济体系建设等一系列工作都是在苏联专家的指导或直接参与下进行的。20 世纪 60 年代中苏关系开始恶化，加之紧张的台海局势，中国进入战备状态，国内发展战略开始调整，大部分工业企业转移到经济落后、交通不便的西北和西南山区，并配套开展城镇建设。

第二节　苏联经济地理思想引入

从 1949 年中华人民共和国成立到"文化大革命"开始，商务印书馆翻译出版的来自苏联的地理学译著就有 74 种，其中经济地理 12 种（肖超，2015），仅1959~1962 年就出版了 7 种（见表 4-1），侧重于交通运输、生产力配置、经济区划等方面，这些译著的出版对当时经济地理学的研究起了重要作用。此外，《地理学报》《科学通报》等也有介绍苏联经济地理思想。

表 4-1　1959~1962 年商务印书馆翻译出版的部分苏联著作

中文书名	作者	译者	出版年份
《苏联经济地理总论》	［苏］安得烈耶夫等	北京编译社	1962
《美洲经济地理问题》	［苏］费根等	北京师范大学地理系经济地理教研组	1961
《经济地理学导论》	［苏］萨乌式金，IO. F	谭稼禾等	1960
《苏联远东区：经济地理总论》	［苏］乌多文科，B. F.	马孟超	1960
《美国重工业地理》	［苏］戈赫曼，B. M	邵清于等	1960
《地理区划问题研究》	［苏］查莫利依	巴山	1959
《英国经济地理》	［苏］道布罗夫，A. C	王正宪	1959

资料来源：根据肖超（2011）内容整理得来。

一、苏联主要经济地理学派观点

20 世纪 20 年代，苏联开展计划和区划工作，这一实践工作和经济地理专业息息相关，而当时该方面人才特别缺乏，很多其他行业的人员开始转向经济地理学领域。这些人员对经济地理学有不同的理解，再加上旧俄时期留下的各学派的不同观点以及当时政治思想领域的复杂性，使得这门学科的学术思想相当混乱。在同当时占统治地位的部门统计学派争论的基础上，产生了许多新的观点和流派，其中最主要的是区域学派（又称地理学派）和经济学派（又称部门学派）（祝成，1987）。

（1）部门统计学派。该学派认为，经济地理学是政治经济学的一个重要组成部分，其任务在于研究经济生活中各个部门的现状（如农业部门、煤炭和制铁工业部门等），其研究方法以对统计资料的分析为基础（祝成，1987）。

（2）区域学派。该学派比较重视自然条件的评价和地区特征的分析，认为经济地理学研究的对象是地域生产综合体或经济区，研究它的形成过程和职能，分析它的内部结构、空间形式、内外经济联系、进一步发展的途径和地理配置的规律（吴传钧，1997）。这一学派的产生和当时苏联国内开展的区划工作相契合，在当时影响较大。

（3）经济学派。该学派认为经济地理学是一门社会学科，认为经济地理学研究的对象是生产布局和各地区发展的特点，重视经济因素、生产关系的重要作用，强调不同社会形态下生产布局规律的特殊性，仅把自然条件和自然资源看作生产布局的重要因素之一（祝成，1987）。

以上观点中，区域学派和经济学派争论的焦点主要集中在经济地理学的研究对象上，主要分歧在于经济学派认为经济地理学的研究对象是"生产配置"，而区域学派则认为是"生产力配置"（曹廷藩，1981）。由于在研究对象上，经济学派认为生产关系应该包括在研究对象内，并强调生产关系在生产配置中的决定作用，从而认为经济地理学是一门经济科学；区域学派认为经济地理学的研究对象是生产力配置，不包括生产关系在内，不同意把经济地理学作为一门经济科学，而认为它是地理科学的一个分支。

二、中国学者关于苏联观点的争论

苏联区域学派和经济学派的观点同时被引进中国，并在中国经济地理学界引起了争论。前者的代表人物孙敬之（1956）认为，经济地理学的研究对象，不应是他所包括的全部内容，而是与其他学科相区别的独特特点，是由其所担负的独特的科学任务所决定的，经济地理学的科学任务是在一定社会制度下研究现代各国各地区社会生产力配置（规律），即"透过生产关系研究社会生产力配置"，而回答生产资料属于哪一个集团或阶级所有，或者分配形式如何，不是经济地理学的对象和任务，而是政治经济学以及部门经济学的任务。但是，承认经济地理学中有生产关系，如研究人口时必须了解阶级构成；研究工业、农业、运输业，也要以生产关系为出发点。同时也提出，从生产关系出发的目的，不是为了解决与回答生产关系的问题，而是应用政治经济学及其有关科学的方法论，表达到正确解决社会生产力配置问题的目的。也就是说，该观点认为，生产关系只是研究生产力配置的方法，只是经济地理学研究内容的一部分，并不需要回答生产资料属于哪一个阶级或集团所有及产品分配形式，不应包括在经济地理学研究对象之内。后者的代表人物曹廷藩（1958）认为经济地理学是研究生产配置的科学，这个生产配置是包括生产力与生产关系相统一的生产配置，只有这样，才能够全面地理解物质资料的生产配置。而如果仅仅把研究对象理解为生产力配置，则是只反映了人与自然之间的关系，而人与人之间的相互关系则不能反映，从而不能够全面地理解研究对象。该观点认为，生产力和生产关系之间具有紧密联系，研究任何一个方面都不足以反映事物的本质，而应将两者统一起来作为一个整体来看。

专栏4-1　　　　　　曹廷藩建立中国第一个大学经济地理系

曹廷藩（1907—1990），河南省舞阳县人，著名经济地理学家。1937～1940年赴英国伦敦大学留学深造。回国后在湖南大学任教，1950年11月创办湖南大学经济地理系并任主任，1954年任中山大学地理系主任。曾任中国地理学会常务理事、经济地理专业委员会首任主任。1956年筹建广州地理研究所，曾兼任该所副所长。著有《经济地理学主要理论问题研究》《经济地理学原理》（与张同铸、杨万钟合作）。主要贡献包括：提出经济地理学教材体系，20世纪40年代编写了《经济地理》《世界经济地理》《中国经济地理》等讲义；20世纪50年代，为经济地理学的研究对象是生产力和生产关系统一的"生产"的配置的代表人物（刘琦，1995）。

资料来源：中山大学城市与资源规划系. 曹廷藩教授纪念文集［M］. 广东省地图出版社，2001.

后者的观点是对当时苏联国内讨论的进一步阐述。1954年苏联"哲学杂志"编辑部在他们所作的"自然地理学和经济地理学讨论总结"中说："讨论的参加者提出了许多经济地理学对象的定义，其中最可以接受的经济地理学对象的定义应该是：它是研究生产的地理配置以及各国家各地区生产发展的条件和特点的科学。""这个定义是最正确的，因为经济地理学是研究与各国各地区间社会劳动分工密切相联系的各种问题的科学。同时，必须考虑到生产力的地理配置的基本规律取决于物质资料的生产方式"（叶蒸，1955）。1955年，苏联地理学会第二次代表大会的决议中明确指出："在地理学中，经济地理学具有重大意义，它是社会科学，研究生产（理解为生产力与生产关系的统一）的地理分布、各国各地区生产发展的条件与特点。"经济地理学家胡兆量（1956）也从五个方面阐述使用生产配置作为经济地理学研究对象的理由：①生产力这个概念无法包括经济地理学所研究的一些重要的基本问题，只有生产这个概念才能包括经济地理学所研究的一些基本问题。②客观事物的运动规律是科学研究的主要内容。生产力这个概念无法包括经济地理学研究对象的运动规律。③采用生产配置能够正确地估计影响生产配置诸条件的作用。④生产配置这个概念能够正确地反映经济地理学与其他科学的关系。⑤采用生产配置这个概念，能够正确地阐明经济地理学的任务。

专栏 4-2　　　　孙敬之主编"中国省区经济地理系列丛书"

孙敬之（1909—1983），河北省深泽县人，著名经济地理学家和人口学家。1933 年毕业于北京师范大学地理系。历任中国人民大学经济地理教研室主任、兰州大学地理系主任、北京经济学院人口经济研究所所长。曾任国际地理学会副主席、中国地理学会副理事长和党组书记，中国经济地理科学教育研究会（现全国经济地理研究会）第一届理事长。著有《论经济地理学的科学性质》等著作，主编的"中华地理志经济地理丛书""中国省区经济地理丛书"，是中国经济地理研究历史上的标志性成果之一。主要贡献包括：20 世纪 50 年代主持了经济地理研究生班，为全国培养了大批经济地理教学和科研人才；1950 年编写了适应社会主义计划经济的《经济地理学》讲义，是中华人民共和国成立后经济地理学的重要代表人物之一。

资料来源：中国人民大学应用经济学院官方网站，http：//ae.ruc.edu.cn/szdw/xsqb/09e5929a1d024e8e9de955258b013915.htm.

实质上，两派对于生产关系都是非常重视的，不同的是一个说生产关系包括在经济地理学研究的对象内，另一个说生产关系不能包括在经济地理学研究的对象内，而是应通过生产关系来看生产力的配置。其后，随着讨论的不断深化，经济地理学者在研究对象上基本达成共识，把生产配置、分布、布局作为经济地理学的研究对象，并且认为经济地理学所研究的只是生产的生产配置、分布或布局方面，而不是生产的生产关系方面，也不是生产的生产力方面（曹

廷藩，1962）。这种理论上的分歧，对当时经济地理学理论和实践没有太大影响，但和当时国内经济建设环境、政治环境是相呼应的，对经济地理学研究内容以及学科体系产生有阶段性影响。

三、苏联观点对中国经济地理学影响

苏联经济地理学引入之前，中国国内大学系统讲授的经济地理学主要以英国经济地理学家斯坦普为代表的统计记述学派的内容为主。1949 年以后，我国引入苏联经济地理学，全面照搬苏联的经济地理理论，同时又全面否定和批判欧美等西方国家的学科理论。这种情况对中国经济地理学在理论上的发展有着阶段性的影响。苏联经济地理学基本围绕生产力、生产关系展开，以部门地理学为主要划分体系，涉及农业地理学、工业地理学、交通运输地理学等。理论研究更多的是为国家建设服务，与社会主义建设的实践有不可分割的联系，具有浓厚的计划经济色彩。当时国内的经济地理学，从学科任务到研究对象，也是围绕生产力、生产关系、生产配置展开，内容体系以部门地理学为主。为国家建设服务，具有强烈的自上而下的计划体制烙印。研究内容上强调综合考察、企业选址、铁路选线、经济区划等，这些实践工作为当时的国家建设做出了很大贡献，但是具有中国特色的经济地理学的基础理论研究明显欠缺。可以说，从 1949 年至改革开放前近三十年时间里，我国经济地理学的理论主要围绕经济地理学的研究对象和学科性质等问题。随后，随着中苏关系恶化和"文化大革命"的开展，我国经济地理的理论研究基本上处于停滞状态，直至改革开放初期。但是这段时间苏联经济地理学的思想，如生产地域综合体、生产力和生产关系等，仍有一定影响。

第三节　中国经济地理的研究重点

这段时期，"以任务带学科"是中国经济地理学研究的主导。围绕国家需求，经济地理学者作了很多实际工作。通过文献分析，笔者发现多数工作集中于地区综合考察、经济与农业区划、工业布局等。

一、论著分析

基于《地理学报》《科学通报》《经济学动态》等主要期刊，笔者整理出1949~1978年间[①]103篇有关经济地理研究方面的文献进行分析。对于文献的选择，主要基于以下考虑：一是主要选择影响力较大的地理和经济学方面的期刊；二是所选文献的研究内容不仅是对当时各项实践工作的简单总结，更主要是要侧重于理论分析或观点性文章，能够体现当时经济地理学界的思想动向；三是关注当时在经济地理学领域影响较大的学者或者后来具有较强影响力的学者的思想。通过 Citespace 软件进行分析，发现当时的研究主要集中于两个方面（见图4-1）：一是生产力配置、生产关系等反映经济地理基础理论方面的探讨，涉及经济地理学的研究对象、学科性质等问题的争论；二是经济区划、农业区划、工业布局、生产分布等对实践工作的总结，涉及各种实际工作的原则、方法论以及影响因素研究。

关键词	出现频次
地理学	14
经济地理	14
区划工作	13
生产力配置	11
社会主义	8
工业布局	8
地理学研究	7
生产分布	6
经济区划	6
生产关系	4

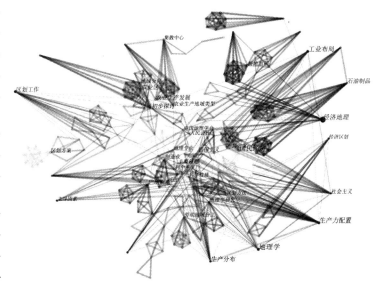

图4-1　主要关键词分布图及出现频率前10的关键词

---

① 鉴于当时特殊的历史时期，其中大部分文献发表于中华人民共和国成立后初期的17年间。

经济地理领域的主要学者大多来自当时的中国科学院地理研究所、中山大学地理系、北京大学地质地理系、北京师范大学地理系、华东师范大学地理系[①]。对成果较多且影响较为深远的一些经济地理学家的文献进行分析（见表4-2），发现他们当时的研究领域也主要是集中于上述两个方面，即经济地理学科的基础理论和当时国家建设需要的各种与经济地理相关的实践工作。此外，当时经济地理学年会论文集及相关著作也都体现了理论及相关实践的内容（见表4-3）。因此，本节以下部分主要总结地区考察与区划、经济与农业区划、工厂选址、工业布局、交通运输等实践工作，第四节经济地理思想部分除了基于实践工作的经验总结外，增加关于经济地理学基础理论的观点。

表 4-2　1949～1978 年主要经济地理学者及研究领域

作者	文献数量（篇）	研究领域	作者	文献数量（篇）	研究领域
李文彦	5	工业配置	陈栋生	3	生产配置
邓静中	5	农业区划	利广安	3	经济区划
孙敬之	4	经济地理基础理论	王守礼	3	经济区划
曹廷藩	4	经济地理基础理论	吴传钧	3	地区综合考察
胡兆量	3	区域经济地理	胡序威	2	工业布局

资料来源：根据文献分析整理得来。

表 4-3　1949～1978 年主要经济地理学著作

作者	著作	出版社	出版年份
中华地理志编辑部	内蒙古、华北、华中、华东、华南、西南、西北、新疆各地区经济地理	科学出版社	1954～1962
吴传钧、郭来喜、谢香方	黑龙江省黑龙江及乌苏里江地区经济地理	科学出版社	1957
赵松乔	内蒙古自治区农牧业生产配置问题的初步研究	科学出版社	1958
孙敬之	论经济地理学的科学性质	商务印书馆	1960
邓静中	中国农业区划方法论研究	科学出版社	1960
中国地理学会经济地理专业委员会	中国地理学会一九六一/一九六五年经济地理学术讨论会文集	科学出版社	1962/1965

---

① 这些地理系曾是目前以下院或所的前身：中国科学院地理科学与资源研究所、中山大学地理科学与规划学院、北京大学地球与空间科学学院、北京师范大学地理科学学部地理学院、华东师范大学地理科学学院。

续表

作者	著作	出版社	出版年份
中国科学院新疆综合考察队	新疆综合考察报告汇编1958年经济地理部分	科学出版社	1962
张国伍等	中国经济地理总论：运输地理部分	科学出版社	1965
中国科学院西部地区南水北调综合考察队	川西滇北地区农业地理	科学出版社	1966

二、地区考察与区划

中华人民共和国成立后，国内一片空白，大规模经济建设亟须进行。当时，计划经济是社会主义经济的主要特征，国民经济建设按国家编制的年度和数年的经济计划进行。开展经济建设，首先需要对各地区的自然条件和自然资源有充分的了解和掌握，以便充分利用和合理开发，适合国家计划经济的要求。基于以上目的，长时期、多学科的地区综合考察在全国范围内逐渐开展。就经济地理相关的实践工作，主要包括地区综合考察、经济区划、农业区划、流域考察等。

1. 地区综合考察

地区综合考察涉及地域广泛，仅中国科学院综合考察委员会直接组织的考察队前后共计有十个，包括黑龙江、云南、新疆、华南、青海、甘肃等多个地区，涉及地貌、土壤、流域、经济开发条件等多项内容（竺可桢，1984）。当时，一些研究和教学机构的经济地理专业历年都抽出一部分人员先后投入新疆、青甘、宁蒙、西南和华南等地区的综合考察（陆大道，2000）。科学出版社出版了《一九五八年新疆综合考察报告汇编·经济地理部分》。综合考察侧重于对自然条件和自然资源的考察，但也有部分工作提出了地区生产力布局的设想，这和经济地理研究对象是相契合的。如黄河中游水土保持综合考察队经济组的工作主要涉及三个方面，即对区域经济特征做概要性了解，划定不同尺度上的经济区，预测适合各经济区的产业和部门的发展（张九辰，2011）。对地区进行综合考察的目的，是全面把握各地资源禀赋，以便进行合理开发利用，服务国家建设需要。

2. 经济区划

1954年春，北京的经济地理学者对我国经济区划的原则和方法进行了讨论，分别由中国科学院地理研究所和中国人民大学经济地理教研室草拟了《经济区划工作进行方案》和《中国经济区划分草案》（赵一振，2019）。该年8月，中国地理学会在北京召开学术会议，孙敬之做了关于中国经济区域划分问题的专题报告，阐述了划分经济区的原则、意义和方法，与会学者们讨论了经济区划的理论和方法，引起了我国地理界对经济区划的理论与方法的研究兴趣（叶逸征，1954）。之后，孙敬之（1955）发表文章阐述了综合经济区的性质、任务和区划原则，并将全国划分为东北、华北、华东、华中、华南、西南、西北、新疆、西藏、内蒙古10个综合经济区。贵州、吉林、河北等省份内部也开展了经济区划工作，并对经济区划实践中遇到的问题进行了初步研究（王守礼，1956，1958，1960）。

3. 农业区划

中华人民共和国成立后，根据国家统一计划的要求和因地制宜的原则，为了在地区之间实行合理的劳动地域分工和农林牧副渔业的综合发展，促进农业生产快速发展，需要科学划分农业区划。1955年，受农业部委托，周立三主持并组织学者编写了《中国农业区划初步意见》，将全国划分为6个农业地带和16个农业区。与此同时，邓静中等编写了《中国农业区划方法论》，对我国发展农业区划进行了比较系统的理论与方法探讨。1962年又为农业部编制了《全国农业现状区划（草案）》。此后，周立三又领导编制了《江苏省农业区划》。与此同时，全国经济地理工作者广泛参与了全国各地区的农业区划工作。除江苏省以外，在四川、广东、黑龙江、山西、湖北等省的农业区划中经济地理工作者起到了重要的作用（陆大道，2000）。

专栏4-3　　　　　　吴传钧倡导人地关系地域系统

吴传钧（1918—2009），江苏省苏州市人，著名经济地理学家，中国科学院院士，先后担任中国科学院地理研究所经济地理研究室主任、副所长，历任中国地理学会副理事长、理事长和名誉理事长、国际地理联合会原副主席。主要从事综合经济地理和人文地理研究，代表作有《中国农业地理总论》《1：1000000中国土地利用图集》《现代经济地理学》和《中国经济

地理》。主要贡献包括：在农业地理、土地利用、人地关系地域系统等领域取得丰硕研究成果，提出经济地理学是具有自然—技术—经济三结合特点的"边缘科学"，地理学研究的核心是人地关系地域系统发展过程、机理和结构特征、发展趋向和优化调控。在改革开放后带领中国地理学走向世界中起到十分重要的作用。

资料来源：中国科学院官方网站，http：//casad.cas.cn/sourcedb_ ad_ cas/zw2/ysxx/ygysmd/200906/t20090624_ 1809671.html.

4. 流域考察

1956年，中央政府公布《1956～1967年科学技术发展远景规划（修正草案）》。在"我国重要河流水利资源的综合考察和综合利用的研究"中，将最终考察地域确定为黄河、长江和黑龙江三大流域。其中，黑龙江流域考察是由中国和苏联合作进行的，我国成立了黑龙江流域综合研究委员会，并组成黑龙江流域综合考察队，下设水利水能、交通运输、自然条件、地质、经济5组和一个勘测设计大队，分别在黑龙江及其主要支流上进行了全面的科学考察（曾昭顺，1957）。流域考察除牵涉水利资源外，还包括地质、运输、农业、经济等多方面内容，一方面是对自然资源和自然条件进行考察和评价，另一方面是为之后的农业开发、工业建设、经济发展做准备，这也需要从经济地理学角度对适合于经济开发的自然资源进行科学评价。此外，在地区综合考察中，也有涉及流域经济地理考察工作，如中国科学院新疆综合考查队经济地理组在新疆的考察工作，对地域内的流域经济地理进行了详细的调查，并编写了《新疆阿勒泰地区和玛拉斯河流域经济地理调查报告》①。

三、工厂选址与地区工业综合布局

中华人民共和国成立后，以"一五"时期苏联援建的156个重点项目为依托，经济地理学者参与了大量的工业布局与选址工作。这些工作在宏观上从全

---

① 周立三. 新疆阿勒泰地区和玛拉斯河流域经济地理调查报告 [EB/OL]. 1956. http://www.ngac.cn/dzzlfw_sjgl/d2d/dse/category/detail.do? method=cdetail&_id=231_1805&tableCode=ty_qgg_edmk_t_ajxx&categoryCode=dzzlk.

国考虑均衡发展工业，建设新工业基地，在中观布局上依托旧城，利用自然资源和原有基础设施建设新区，在微观布局上按项目性质及生产协作关系成组布局，充分体现了苏联"生产力均衡布局"和工业区规划理论（彭秀涛和荣志刚，2006）。例如，兰州西固化工区、太原西南郊化工区、吉林市江北化工区等，即以联合选厂的形式确定厂址，当时主要考虑水源、交通等微观条件（陆大道，2003）。1963~1964年，工业地理方向的经济地理学者开展了华北地区工业布局的调查研究，在十分困难的情况下，还开展了山东、辽宁、安徽、河北等地工业基地规划的调查研究（陆大道，2000）。

四、铁路选线与交通运输调查

1958~1978年20年间，我国新增铁路营运里程24992千米，平均每年增加1249.6千米（不含地方铁路、企业专用线、青藏铁路等一批在建或建成未通车的铁路）（国家计委计划经济研究所，1984）。新建铁路合理选线需要具备多重先决条件，要有全国铁路网规划的经济调查资料，结合政治、经济、文化、国防、工业布局等要求，考虑新线施工的能力和速度等情况，才有可能选出最经济、最合理的线路（陈琯，1959）。地理工作者由于具备相当的自然地理和经济地理知识，比较适合担任铁路调查工作（吴传钧等，1955）。中国科学院和各大学的部分经济地理工作者在当时的铁道设计局的领导下，先后担任了西南、内蒙古、西北各地线路计划线和已成线的调查，主要有包兰、湘黔、集白等铁路的选线和沿线的经济地理调查，提供线路设计部门以必要的参考资料，对国家建设起到了一定的作用。吴传钧曾担任部分计划线的调查工作，1955年与孙承烈、邓静中共同发表了《铁路选线调查方法的初步经验》一文，指出铁路选线调查要求解决的具体问题很多，包括决定走向，了解有关地区的自然条件和地方经济特征，划定经济吸引范围，估计运量，提出比较线等。经济地理学者还参与了大量交通运输问题的调查与研究工作，如黑龙江流域综合考察中航运问题的调查，以及国家组织的一些重点地区的交通运输发展的研究等（吴传钧等，1957）。在《中华地理志经济地理丛书》编写中，学者们也对各大区的交通运输发展做了大量的调查和系统总结（吴传钧，2002）。在以往的任务实践和调查分析基础上，《中国经济地理总论》（张国伍，1965）以及《中国河运地理》（张国伍，1962）等交通运输地理著作对当时中国的交通运输地理状况做了较为系统的总结。

专栏 4-4　　　　　　　　周立三开辟国情研究

周立三（1910—1998），浙江省杭州市人，著名经济地理学家。1933 年毕业于中山大学地理系，先后任国立编译馆编译、广西大学副教授。1946 年赴美国威斯康星大学研究生院进修，1947 年回国，协助竺可桢先生筹建中国科学院地理研究所。1953~1958 年任中国科学院地理研究所研究员兼副所长，1978 年任中国科学院南京地理所所长。1980 年当选为中国科学院院士。著有《中国农业地理》《中国农业区划的理论与实践》等著作。主要贡献包括：多次主持中国科学院新疆综合考察工作，出版系列专著；是中国农业区划理论与实践的开拓者之一，编制首例《中国农业区划图》；开辟了国情分析研究，分析了中国国情的基本特点和主要矛盾；预见性地提出中国可持续发展问题。

资料来源：中国科学院官方网站，http：//casad. cas. cn/sourcedb_ad_cas/zw2/ysxx/ygysmd/200906/t20090624_1809451. html.

五、编写《中华地理志经济地理丛书》

中华人民共和国成立后，需要对各地的经济发展条件进行分析评判，以合理进行生产力布局和生产配置。这就需要摸清楚各个地方具体的自然条件、生产布局、人口分布、居民点体系等现状。虽然部分地区编纂有地方志，但是内容过于广泛，难以为生产布局和生产配置提供具体的参考。鉴于此，中国科学院于 1953 年成立了地理志编辑部，将编辑工作分为自然地理和经济地理两部分，其中经济地理由中国科学院地理研究所和中国人民大学经济地理教研室[①]合作进行，中国人民大学孙敬之教授任主编，从当时在南京的中国科学院地理所抽调邓静中、孙盘寿、李文彦、曹婉如、李慕贞，从中国人民大学借调胡序威、

---

① 中国人民大学经济地理教研室由孙敬之先生于 1950 年创办，该教研室是区域与城市经济研究所的前身。

方文、梁仁彩，共同组成经济地理编写组（胡序威，2009）。为更好地配合国家经济建设和自下而上积累资料，编辑组采取分区入手的形式，将全国大陆地区分为华北（京、津、冀、晋、鲁、豫）、东北（辽、吉、黑）、华东（沪、苏、浙、皖）、华中（鄂、湘、赣）、华南（粤、桂、闽）、西南（川、云、贵）、西北（陕、甘、青、宁）、内蒙古、新疆、西藏十个大区（胡序威，2009），深入各地城市和乡村进行实地调查，以使丛书能够全面真实地反映新中国的经济建设现状和成就，掌握最新发展情况。丛书内容涉及各大区的自然条件、经济发展历史和概况，包括农牧业、工业、交通运输等详细情况，以及区内居民点体系等。自1956年起，科学出版社陆续出版了"中华地理志经济地理丛书"。

第四节　主要经济地理思想

1949年以后，中国经济地理学的发展主要为国家建设服务，即学科发展的首要目标和驱动力是满足国家需求，同时以实践任务促进学科的理论发展。这种直接面对政府需求的研究工作，使经济地理学为国家经济建设做出了重要贡献。但是，也正是这种性质的工作使得中国经济地理学理论研究相对薄弱，且绝大部分是基于实际工作的经验总结，也体现了当时人地关系相对宽松状态下，如何充分发挥"人"的主观能动性，挖掘"地"的潜力，使得人地关系协调发展，有效发挥人地互动价值的理念。

一、经济地理学的研究对象和性质

1949年至改革开放前，经济地理学的基础理论问题争论最为激烈，经济地理及相关领域的学者们在不断的实践和探索中，对于经济地理学研究对象和学科性质的认识基本形成了较为一致的观点，即经济地理学是研究生产地理分布（布局、配置），研究生产发展对于生产分布的要求和作用于生产分布的诸条件之间的关系，是一门介于社会科学和自然科学之间的边缘科学，属于地理科学的一个分支（曹廷藩，1981）。

从1949年至1958年前后，这一时期的基础理论可以视为基本上是全盘照搬苏联（曹廷藩，1981），主要是对学科研究对象和学科性质的讨论，包括将苏联国内有争议的区域学派和经济学派的观点一并引入。关于对研究对象的认识，两个学派之间的分歧上文已有讨论，此处不再赘述。1958 年之后，我国经济地理工作者在综合考察、农业区划、经济区划、工业选址等诸多实践工作的基础上，对经济地理学的研究对象有了进一步的认识。在这一阶段，随着实践工作的不断推进，大部分学者认为"生产配置"作为经济地理学的研究对象比较合适，进一步的分歧在于这一研究对象的基本矛盾上（曹廷藩，1981）。曹廷藩将其归纳为两种不同的观点：一种观点认为生产发展对于生产配置的要求和作用于生产配置的诸条件之间的矛盾，是经济地理学研究对象的基本矛盾，简称为"要求和条件"之间的矛盾；另一种观点认为生产部门和生产地区之间的矛盾，是经济地理学研究对象的基本矛盾，亦即"条条与块块"之间的矛盾。实际上，前者所述观点，是从各种资源配置，到变现为生产力，并且能带来经济效益的全链条视角来看的，这和当时国家建设的实践工作基本是一致的。当时很多实践工作均是从评价各种资源禀赋和发展条件基础上，如何进行开发进而实现其经济效益方面来考虑。后者则从部门角度来看待地区经济发展，这两者都是经济地理研究的主要方面[①]，如果进行深入挖掘，则和前者也具有本质上的一致性。在这样的深入讨论下，有学者将经济地理学研究对象的定义表述为："经济地理学是研究生产配置，研究各国家、各地区生产发展对于生产配置的要求与影响生产配置诸条件之间关系的科学"（马裕祥，1963）。显然，这一认识较之前完全照搬苏联的定义更为确切。根据经济地理学研究对象基本矛盾的揭示，结合当时政治环境，又把社会主义生产配置的基本点具体概括为"根据需要，利用条件，合理布局，促进生产"，把资本主义生产配置的基本点具体概括为"利用条件，配置生产，追求利润"（吴传钧，1960）。

关于学科性质问题，当时的经济地理学者基本上一致认为经济地理学是一门社会学科，但在具体分支归属上仍然有分歧。既然经济学派认为经济地理的研究对象是生产配置，属于经济科学的一个分支，那么必然要研究生产关系，但是又和经济地理学的研究对象，即"是研究生产配置的科学，而不是研究生

---

① 关于这一点，从其后大量的关于部门经济地理学、地区经济地理学的研究成果可以窥见。

产关系的科学"这一观点是有出入的，从理论上是说不通的。当时还有学者提出经济地理学既是一门社会经济科学，又是一门地理科学，或者是具有社会科学性质的地理科学的一个分支（曹廷藩，1962）。吴传钧（1960）认为，经济地理学是在基本经济规律对生产配置起主导作用下和自然科学、技术科学有着密切联系，并具有自己特点的社会科学领域内的边缘学科。大多数人所接受的观点是，经济地理学是一门特殊的社会科学而非一般的社会科学（曹廷藩，1962）。其特殊性在于它所研究的既不是生产关系现象，也不是上层建筑现象，而是物质资料生产的配置现象，与自然条件有密切联系，具有地域性特点，因此是一门社会科学领域内的地理科学。

1978 年 12 月全国经济地理学术讨论会长沙会议，集中反映了经济地理学各方面理论研究的概况。在研究对象上，出现了诸如"生产地域综合体""生产的空间组织""生产力的地域组合"等的提法，但"生产布局"的提法仍被多数人接受（曹廷藩，1981）。关于经济地理学学科性质的争论较多，这些争论源自于前期诸多经济地理实践工作的经验积累和理论探讨。一部分学者赞成经济地理学属于社会科学，认为经济地理学主要是研究生产布局问题中的经济关系，技术、自然因素并非主要内容（刘再兴和周起业，1980）。有多年实践工作经历的学者则认为，当时的工作是在党的政策方针指导下，对地区与生产布局有关的自然资源条件和社会经济条件进行调查研究，为因地制宜、合理布局生产提供科学依据，为制定生产规划和正确领导生产服务，把经济地理学看作一门社会科学，在实践上不能起到正确的指导作用，在理论上也难以讲通。认为经济地理学属于边缘学科，生产布局作为经济地理学的研究对象，实质上是自然、技术和经济的三结合现象，其发展变化既受社会规律的制约，又受自然规律的制约。因此，应当把经济地理学理解为一门介于社会科学和自然科学之间的边缘学科（曹廷藩和朱成云，1980）。

二、自然条件评价理论

经济地理学如何对自然条件进行经济评价，是 1962 年中国地理学会经济地理专业委员会学术年会的中心议题，可见当时对该项内容的重视程度，也反映了该时期经济地理学的发展主要服务于国家经济建设。经济地理学所评价的自然条件，是指自然界内与人类经济活动有关的那些自然因素和要素（邓静中，

1963）。当时来看，具体阐明自然条件对生产配置的影响，是经济地理学的重要任务之一（曹廷藩，1964）。对自然条件进行评价的目的，则是解释自然条件和生产布局之间的关系，揭露自然条件和地区生产发展特点之间的关系，为实现合理的生产布局提供一项重要的科学依据（邓静中，1963）。那么，哪些自然条件是和经济活动相关的，它们的重要程度如何，进行评价的原则和标准如何把握，具体的评价方法是什么，是当时经济地理学者们结合具体评价工作着重思考的问题。

对于自然条件的评价需要基于客观条件进行，夸大自然环境的影响易导致环境决定论，显然并不适用于复杂多变的经济社会发展环境（曹廷藩，1964）。从经济地理学角度来讲，在生产配置的全局性问题上，曹廷藩（1964）认为，起决定作用的主要是生产方式而非自然条件，不能将自然条件放在首要位置。但是，在经济发展的某些领域，自然条件确实起着非常重要甚至是决定性的作用。生产配置的地区差异在很大程度上是由于自然条件的不同，比如农业生产配置和工业中采掘工业生产配置的地区差异，可以说自然条件起着决定性作用。但是也不尽然，比如对于地方自然资源依赖较小的制造业，或者自然资源的运费成本不高，在整个产品生产过程中占比较小，则对地方自然资源依赖性就小，自然条件显然不足以对生产配置起决定作用。那么，就需要结合具体生产配置情况进行细致深入的区分。

不同生产配置要求对自然条件评价的主要侧重点不同。农业地理学是经济地理学各分支学科中与自然条件关系最为密切的一个部门，对自然条件的评价以土地评价为核心，而日照、降水、温度、湿度等自然条件都可以间接反映在土地肥力上。工业与自然条件的关系，主要在于原料来源与厂址、工业区的条件，着重评价自然资源、厂区的位置和环境（梁溥，1964）。自然条件主要是通过道路基础、线路状况、建筑材料、水的需求等方面对各类陆路交通道路起作用，影响中国陆路交通技术经济特性的自然条件主要包括大地构造、水热状况、地表形态、地表水与地下水、土质与现代地质作用（杨吾扬，1964）。从经济地理学研究范围来看，某些自然条件影响经济发展，需要其他学科配合进行研究，比如道路交通中地质构造、地质作用的具体情况，显然这是地质学科的研究范畴，经济地理学对自然条件的评价，是在技术可能性的基础上进行经济合理性的论证（邓静中，1963）。当然，这些实际工作在当时是需要不同领域的专家学者们合作进行的。

虽然不同部门或者不同生产配置对自然条件要求不同，但首先要做的事情是需要弄清楚和一定生产部门有关的各种自然条件的地理分布，这是开展评价工作的基础。要弄清楚这些自然条件的数量和质量特征，对特定生产部门来讲，这直接决定相关的自然条件是否开发以及能够达到的开发程度。在此基础上，结合技术可行性和经济合理性，比较不同的开发方案，评价自然条件开发的可能方式和利用方向。最后是预测自然条件开发利用的预期经济效果，以及这种开发会对自然条件产生的可能影响主要有哪些，进而对生产开发产生的可能后果等（邓静中，1963）。

具体到自然条件的评价原则，邓静中（1963）根据 1962 年中国地理学会经济地理专业委员会学术会议讨论情况，大致将其归纳为以下三点：一是自然条件的经济评价要从不同生产部门的发展和布局对自然条件的具体要求出发。二是在全面评价同一定生产部门发展和布局有关的多种因素和要素的基础上，需要重点深入研究对该部门生产发展起决定性影响的主导因素，要具体识别出针对某一部门的重要主导性自然因素是什么。三是在技术可能性的基础上，充分利用自然科学和技术科学评价鉴定自然条件技术可能性的方法，论证经济合理性。这一原则实质上说明了对自然条件评价不仅仅是经济地理和自然地理要做的事情，牵涉到自然资源开发的技术支持，学科门类涉及地质、物理、化学等，而经济地理角度要做的工作必须是在技术可能性的基础上论证经济合理性。显然，这和当时的生产力发展水平，即开发自然资源可用的技术条件是显著相关的，当时需要投入较多人力、物力、财力进行开发导致经济效益不高，随着技术不断进步后也能达到开发条件。所以自然条件评价是在考虑当时生产力水平和技术开发能力前提下进行的。

关于自然条件评价工作的基本程序和方法，1962 年中国地理学会经济地理专业委员会学术会议也有深入讨论（邓静中，1963）。第一步，掌握评价尺度，了解一定生产部门对于自然条件的要求及其具体指标。第二步，综合分析一定地区有关的自然条件，把和该生产部门有关的各项自然条件逐个分析，评定它们在一定地区的地理分布、数量、质量状况及其对该项生产发展和布局的关系、适合程度和保证程度，并评价这些条件在地域上的结合及其作用。第三步，在综合分析的基础上，找出主导因素，分析主导因素与非主导因素之间的内在联系。第四步，对主导因素的表现形式、不同等级、具体影响及转化可能性等，进行具体深入的分析和评价。第五步，在深入分析主导因素，并联系次要因素的基础上，划分不同等级的自然条件经济评价类型地区，并分别论证合理开发利用的可能方式和方向、技术经济前提与经济效果。

三、农业区划理论

1949年后，经过多年农业区划实践工作，我国经济地理和相关学科的学者就农业区划理论和方法论问题总结出很多新的见解，逐渐突破了完全照搬苏联时期农业区划的框架。认为农业区划不仅仅是部门经济区划，其目的不仅限于确定地区农业专门化方向，而是要科学地揭示农业生产的条件、特点、发展方向和增长途径的地区共同性和区间差异性，具有很强的实践性（邓静中，1982）。关于农业区划基本原则方面，提出应遵循以下六项原则（邓静中，1960；程潞等，1959）：一是保证农业生产与农产品需要相结合；二是合理利用自然条件并充分地估计改造自然的可能性；三是农业生产地域分工与区内农业综合发展相结合；四是合理利用劳动力资源并注意到国民经济发展和农业现代化过程对劳动力要求的变化；五是农业生产配置原有基础的合理利用和必要改造；六是保持一定的行政区域的完整性但也不完全受现有行政区划所局限。

农业区划中工业与农业布局的相互关系也是当时探讨的重要方面。在当时计划经济条件下，以农产品为原材料的加工业和以农产品种植为主的农业之间，需要进行统一安排。那么，究竟是农业生产决定工业配置，还是工业配置左右农业布局，抑或两者相互制约，需要根据实际情况进行具体分析。有学者认为，农业的配置取决于工业配置的要求，离开了工业分布来划分农业区，就必然只是片面的农业区，无实践意义（周起业，1957）。还有学者认为，上述观点只重视工业而忽视农业，过于片面。不是农产品加工工业的分布决定农业的分布，而是这些工业的分布要尽量接近农业原料产地（邓静中，1960）。究竟是工业配置接近于农业原料产地还是根据工业配置调整农业生产配置，主要是农产品作为工业的主要原材料，两者在产业链上的相互配合问题。在当时生产条件下，短时间内很难实现大运量长距离运输，交通设施和运输工具都无法降低运输成本，因此需要农业生产和相应的加工企业邻近布置。但是，单纯根据工业需求改变农业生产配置显然是不科学的。农业生产的配置必须要结合地方的土质、温度、湿度等自然条件来考虑，不能任由人为决定种植何种农产品。在自然条件允许情况下，根据企业需求适当调整农业生产配置较为合理，也是当前比较常见的农产品生产加工模式。然而，随着运输技术的提升和信息技术的发展，一些农产品生产及其加工之间已经可以突破空间距离限制，各自根据最适宜条件进行配置，这在很大程度上是由市场来决定的，而本质上也是企业在考虑原料产地和产品市场地之间的运输成本之后的利润最大化选择。

关于是否要普遍实行农业专门化的问题，在当时也引发了广泛讨论。农业区域专门化指一国或地区根据农业生产条件与优势，为适应市场的需要，专门生产一种或少数几种有商品意义的农副产品的一种农业分工形式（谢杰和孙应学，1996）。有观点认为，在当时的生产条件下，没有必要普遍实行农业生产专门化。农业生产专门化是地域分工高度专门化的结果，专门化部门既是区内的主导生产部门，也是具有区际意义商品性生产部门。但是，当时我国农村人口比重高，自给性生产占绝对比重，并且生产力水平很低，地区专业生产的基础很薄弱，那么商品生产发展的比重不能过大。农业布局是否合理主要取决于能否妥善解决需求量大的最基本农产品、各地区自然经济资源是否得到最有效利用、农业各部门能否协调发展相互促进、是否合理利用土地资源并有助于对自然的改造等问题（邓静中，1960）。也有观点认为，专门化的部门不一定就是区内的主导部门，凡是具有区际意义的部门都可以是专门化的部门。虽然当时粮食作物和经济作物生产上还存在一定的矛盾，但是只要这两种作物的布局和实际可能的条件相适应，将会是相互促进而非相互排斥（沈道齐，1962）。当时条件下实行大面积的专门化生产显然不太成熟，一方面是商品经济不够发达，主要依靠国家计划配置安排生产；另一方面是无法保障农产品大量、快速地运往需求地。

关于农业区划的分级问题，当时经济地理学者基本达成了一致，认为可以分为三级（何作文，1963）：第一级区划是以全国为范围按省、自治区考虑农业生产合理地域分工；第二级区划是以各省、自治区主要农业部门地域分工的任务为基础进行的省内农业区划；第三级区划是以省、自治区内每个区的农业生产分工任务为基础，进一步进行区划，以自然经济条件和国民经济任务相类似的人民公社为单位组成。

关于农业区划的工作步骤，有自上而下和自下而上两种观点，前一种观点认为，应先做第一级区划，依次进行第二级和第三级区划，由全面到局部，可以保证各地区各农业部门配置的合理性（邓静中，1960）。后一种观点认为，应首先从第三级农业区划入手，范围较小，可以集中人力进行试点，进行区划相对容易，而且第三级既是全国第一级农业区划的基本单位，又是省内农业区划的一个中心环节，可以为前两级农业区划提供重要的科学依据（胡遂甫，1962）。结合当时的实践工作，更大程度是按照自上而下的步骤进行的，中国农业区划委员会 1981 年编制的《中国综合农业区划》（全国农业区划委员会，1981），根据地域分异规律和分级系统，分别阐明了 10 个一级区和 38 个二级区的基本特点、农业生产发展方向和建设途径。

关于农业规划与农业区划的相互关系，有以下四种观点：第一种观点认为，农业规划是农业区划的基础，而农业区划是农业规划的进一步补充和深入。一个完整的农业生产规划应该包括农业生产的发展方向、规模、地区和生产措施等，而农业区划则是在国民经济需要的总任务下，研究分析不同地区的具体条件和特点，确定各地区的农业远景生产类（宋家泰等，1959）。第二种观点认为，农业区划就是按地区合理配置农业的纲要，其本身就是一个有科学根据的、部门和区域相结合的轮廓性的农业发展规划（邓静中，1960）。第三种观点认为，农业规划是拟定一定年限内各部门发展的指标、速度、比例关系，它较多地考虑在时间上分阶段实现的步骤和措施，是一种长期性的农业计划，而农业区划则从空间分布着眼，分析农业的发展条件和特点，根据需要与可能论证农业在地域上如何合理分工，并将专业方向类似的地区划为一个农业区，两者既有区别又有联系。农业区划是科学地编制全国各地近期和远期农业发展计划的重要依据（周立三，1963）。第四种观点认为，编制农业区域规划时，应该批判地分析研究历史、习惯自发形成的农业生产地区的差异，继承合理的方面（何作文，1963）。从当时我国整个社会生产来看，研究农业生产在地区上的合理分布，实质就是为适应国民经济发展变化并满足社会需要，各地区在农业生产中怎样分工最为经济，而编制全国和各地区农业区划是实现农业技术改革并进行合理分工所必须进行的一项工作。

专栏 4-5 　　　　　　　　　　邓静中的农业区划理论研究

邓静中（1920—1994），四川省什邡县人，著名经济地理和农业地理学家。1946 年于原中央大学地理学部研究生毕业后留校任教，1950 年到中国科学院地理研究所从事经济地理研究，任研究员。为 20 世纪 80 年代全国农业区划主持者之一。曾兼任全国农业区划委员会特约研究员、科学顾问组成员。先后参与铁路选线、《中华地理志》编纂、新疆综合考察、人民公社土地利用与农业布局研究工作。著有《中国农业地理总论》《中国综合农业区划》《中国农业区划方法论研究》等。主要贡献包括：系统地提出了农业地理学的理论体系及其研究方法，是中国农业地理学的开创者和奠基者，是农业区划理论的重要创建者和实践者；较为全面地阐述了自然条件经济评价的概念、原则、内容、步骤和方法，在中国自然条件评价方面做出了重要贡献。

资料来源：毛汉英，徐志康，姜德华．沉痛悼念我国著名的地理学家邓静中先生[J]．地理研究，1994，13（2）：55-58.

四、工业布局理论

结合 1949 年后国家发展的实际情况，当时的工业布局实质上主要是生产力的布局，是国家自上而下安排各种基础设施和工业项目，使我国工业逐渐形成了较为完整的基本工业门类，也在工业（生产力）的地区布局、地点布局和厂址布局三方面形成了一些观点。

关于工业生产力地区布局，毛泽东（1956）在《论十大关系》中谈到沿海和内地工业之间的关系，他认为，"为了平衡工业发展的布局，内地工业必须大力发展""新的工业大部分应当摆在内地，使工业布局逐步平衡，……好好地利用和发展沿海的工业老底子，可以使我们更有力量来发展和支持内地工业"（毛泽东，1977：25-26）。这是地区平衡发展或等速发展战略，强调落后地区跳跃发展直至和发展相对较好的地区保持平衡发展态势。在 1949 年后的 30 年内，受当时国际国内形势的影响，基于平衡生产力布局和有利于备战的考虑，平衡发展观点占主导地位。国家一直把"有计划、按比例发展"作为社会主义的重要经济规律。在三年经济恢复时期将全国划分为沿海和内地两大经济地带，沿海侧重于对老工业基地的改造，内地侧重于建设新的工业基地，工业布局开始由沿海向内地转移。随后把全国分为一线、二线和三线，经济建设和工业布局重点放在三线地区，特别是深入内地的贵州、四川东部和南部、陕西南部、湖北南部等地区（刘海涛，1997）。这一趋势直到20世纪70年代末才逐步扭转，将经济建设和工业布局重点由内地向沿海发达地区逐步转移。平衡发展观点是以区域的不平衡发展现实以及计划经济主导为基础的。

在工业地点布局方面，不同工业部门所考虑的因素不同，但能否最大程度地节约联系生产和消费过程的运输费用支出，对工业配置具有普遍意义。也就是说，尽量使工业靠近原料、燃料的产地和产品的消费区，避免过远运输和其他不合理运输，以节约可以节省的社会劳动消耗（魏心镇，1982）。那么，究竟是靠近原料、燃料地还是靠近消费地，又需要根据工业部门和生产特点来具体确定。如果原料、燃料的消耗量非常大，运输不便或者运费成本很大，要靠近原料、燃料地。如果原料、燃料地不一致，则要进一步对比两者的消耗量，如若原料的消耗量小于燃料的消耗量，则靠近燃料地较为合适，反之亦然；如果生产中所需的原料、燃料的重量比制成品的重量轻，则该类工业企业布局在成品消费区附近较为合适，使相对较重的制成品运输距离最短，降低运费；如果原料、燃料与成品的重量比较接近，则无论布局于何地运输费用都差别不大，那么就需要考虑生产力均衡布局原则，尽量均衡布局生产企业，以及有充裕劳动力资源的地区，以充分吸收当地闲余劳动力。当时也有关于产销区划的讨论，是通过对某种产品的各个产地规定合理的销售地区，来确定这些产地经济上最合理的产量的一种方法（杨吾扬，1963；陈锡康，1966）。一般来讲，产销区划主要适用于产品的运费大、产地比较集中，而消费地却相对比较分散的产品。产销区划对于在全国进行某些产品的合理生产配置具有一定的作用，它能够提供各个产地经济上最合理的生产规模以及产品的销售区的资料，还能够从经济上来分析在某地建立一个新的生产地是否适宜及其合理的规模。这为当时计划经济体制下在全国进行工业企业的合理布局提供了重要参考。

实质上，以上这些工业布局的原则可以归纳为"原料指向""市场指向"

"能源指向"和"劳动力指向",这和西方古典及近代经济地理思想是一致的。从运输成本最小化出发,按照上述原则选定布局地点后,不同生产环节及相应车间的布局,尤其是布局的集中与分散程度,也引发了一些讨论。理论上认为,各种产品生产需要就地协作的技术经济联系和现代城市公用设施经济规模的起点,是决定工业最低集中程度的重要因素,超过最底限,就是过于分散(陈栋生,1980)。当时人们普遍认为,工业布局要适当的分散和必要的集中相结合。但从当时的实践来看,出现了工业在某一地点的布局过于分散的现象,不同厂区绵延几十千米甚至上百千米,非常不利于各生产环节之间的相互配合,经济效益很难保障,并且每个厂区之间由于距离过远,只能分别建设职工配套设施,带来了很高的社会成本,引起当时人们的广泛重视。与过于分散布局于某地点相对应的是,工业过度集中布局于某一个或某几个地点,当时很多讨论认为这种做法也是不可取的。认为过度集中会导致工业区和城市规模扩大,人口过分集中,增加交通运输负担,造成水、电、生活资料供应紧张,以及国防上的不利局面,有必要控制某些工业比较集中的城市新建工业企业(魏心镇,1982)。也就是说,工业各组成部分在某一地点布局时集中程度如何,达到多大规模才可以显现集聚效应;随着工业企业的不断集中,达到多大规模后会出现集聚负效应,这些一直是现代经济地理、空间经济学等相关学科讨论的内容。

厂址选择和工厂群的成组布局是工业布局中的最后一个环节,属于微观研究范畴。厂址选择分两种情况来看待:一是在原城镇内选址,则需符合城市规划;二是在新建城镇选址,当时认为最好的方法是通过联合选厂和工业小区规划,对生产工艺技术有密切联系的工厂,连同各项公用工程同盘规划,成组布局(陈栋生,1980)。具体来讲,厂址选择除尽量使企业靠近原料、燃料产地和消费地外,还需要考虑农业条件、用地条件、用水条件、供电条件、运输条件、协作条件、建筑施工条件、职工居住条件(胡序威和胡廷佐,1965)。应根据工厂生产和产品的特点选择厂址,如水源、水质、土质抗压力、电源等。影响居民卫生和居民健康的工业企业应设置在离居民点稍远一些并且是下风向的地方。受洪水威胁的地区和有地下资源的地点不易建厂(王明勋,1958)。总体来看,交通、水源、矿产资源是当时选址考虑的主要因素。这些和现代城市规划中工业企业选址考虑的影响因素是一致的。

技术经济论证是工业布局研究中的一个重要方法。不同技术条件对各种布局方案的经济效果的影响是不同的，通过技术经济论证，可以判断各种工业布局方案的经济效果。中国地理学会一九六五年经济地理学术讨论会专门对工业布局的技术经济论证进行了重点讨论。多数与会学者认为，虽然全国性的工业布局（"大布局"）、个别部门或小地区范围内的工业布局（"小布局"）都要考虑技术经济因素，但后者显然要面临更多更具体的技术问题（中国地理学会经济地理专业委员会，1966）。也就是说，当时多数学者认为技术经济论证主要适用于"小布局"，并将以下内容作为论证的主要内容，包括资源的开发利用；工业原料燃料基地或原料燃料路线的选择；工业企业的产品方向和合理规模；在小地区范围内的工业合理结合；厂址、工业点、工业基地的选择；建设方式和建设程序的确定（胡序威和胡廷佐，1965）。结合以上内容，在进行工业布局的具体研究工作时，要根据工作的具体要求，提出不同的论证重点。实地调查获取一手资料是做好工业布局技术经济论证的关键环节。除了科学合理确定各种方案的比较指标体系，还要考虑国民经济的总效果，并且要兼顾远期效果。在弄清楚各工业布局方案的经济效果后，还必须从政治利益和经济利益两方面进行综合分析、比较和论证（中国地理学会经济地理专业委员会，1966）。

五、交通运输地理观点

运输地理学是当时经济地理学的一个重要分支。从学科角度来看，对于运输地理学的研究内容当时也是有争议的，一部分人认为运输地理学的研究内容主要包括交通运输网布局和货流分布，交通运输网是实现货流的物质基础，而货流是交通运输网布局的依据。但是，大多数学者都不同意该观点，认为交通运输网布局是主要内容，货流布局是为研究交通运输网布局服务的，如果将两者并列研究，则易于出现单纯研究货流组织的偏向，属于运输经济学的研究领域（中国地理学会经济地理专业委员会，1966）。无论是否包括物流布局，不可否认的是，客流与货流是交通网络布局和需求预测的基础。从具体的实践和研究来看，当时主要集中于货流、交通线网和工业布局之间的关系方面。

交通线网布局具有重要作用。在国民经济发展中，交通先行是一条应遵循的客观规律，交通运输超前发展是工业基地形成与发展的客观要求（张文尝，1981；王富年和杨吾扬，1981）。交通运输对于生产力的布局，无论是在计划经济时期还是在市场化情况下，均有着相当重要的影响。1949年后的农业区划和工业布局实践工作，都和交通运输有极其密切的关联。在交通运输适应工业发展和工业布局方面，张文尝（1981）按交通运输与工农业的关系，将线路分为区际主干交通线路、区内交通干线、集散交通线路三类。交通线路布局应按不同工业基地的运输联系特点，分析货运流量和流向，采取有针对性的线路安排和布局（见表4-4）。在具体布局交通网络时，他提出工业基地的交通布局需要线网化，即一个地区内交通运输干线形成网状，每个主要运输方向均有两条以上通路，相互间有迂回线和联络线相通。地区交通干线线网化有利于城市和工业均衡分布，提高运输保证程度，促进资源合理开发。在当时的我国六大经济区中，只有东北区基本达到线网化，其他各大经济区仅形成了交通运输网的骨架。

表4-4　不同工业基地类型对交通运输的要求

工业基地类型	运输特点	运输条件需求	主要基地
具有区际意义的原料燃料基地	发送量大于到达量，运出量大于运入量，其发送货物大部分运往区外	有多条强大的交通干线与外部沟通，在内部应便于大宗货物的汇集外运	山西，具有全国意义的燃料基地
本地缺乏矿产资源的综合工业基地	运入量大于运出量、发送量小于到达量；无论是发送还是到达均以对外联系为主	以对外交通干线最为重要，其内部联系取决于工业门类和结构，专业化发展程度越高，则越需发达的交通网相适应	上海，在原有轻工业基础上，重工业发展十分迅速，而其大部分原料燃料均需运入
立足于本地资源之上的综合工业基地	区内运输量很大，运出量和运入量也大	要求有强大的对外联系交通干线，而且要求内部有发达的交通网	辽宁，是我国发展最早的重工业基地，具有丰富的铁矿和煤炭等资源
以内部联系为主的工业基地	以内部联系为主，对外联系较少	要求内部有发达的交通网	四川，位于高山环绕的盆地，有丰富的自然资源和较好的农业基础

资料来源：根据张文尝（1981）的观点整理。

交通线路对于工业企业选址也有重要影响。加工工业位置的经济性主要由原料、燃料产地和消费地来制约，这种关系综合地表现在总的运输消耗上。从理论上讲，加工工厂应位于原料产地、燃料产地和消费地中间的总运费最小的位置。如果把加工工业所需原料、材料、燃料的重量和其相应产品的重量之比称作"失重比"，那么据此可将加工工业分成三类。从节约运输的观点来看，它们的选址会有很大不同。上述工业布局理论部分已有阐述，此处不再展开。但是，从企业布局角度来看，也不能仅考虑"失重比"，也会有特殊情况，如农业机械制造业，其原料和产品的重量相差不大，但由于钢材和木材的运输要比农业机具的运输方便和经济，因而它接近消费区更为合理。家具工业虽然失重比较高，但因成品不宜装运，且同使用者邻近便于征询意见，改进形式，故往往在消费中心区设厂（王富年和杨吾扬，1981）。

货流研究主要侧重货流合理化影响因素及其与工业布局的关系方面。工业企业的合理布局是货流合理化的最主要途径（中国地理学会经济地理专业委员会，1966）。在工业布局中，需要正确地考虑运输条件，全面分析论证工矿企业布局方案的选择，合理地确定企业的原料、燃料基地和产品供应地区，以进一步促进运输布局合理发展。其中，煤炭运输是最大宗的货物运输之一，在当时的货运周转量中占30%~40%，生产布局对于煤炭货流有重大作用和影响。张务栋和杨冠雄（1966）专门就生产布局与煤炭货流合理化关系进行了深入细致的研究，认为通过改善生产布局可以消除或减少煤炭过远运输，可以将煤炭生产接近煤炭消费地，或者适当地把消费大量煤炭的工业配置在现有可能开发的煤炭基地附近。他还认为，改善运网布局，可以消除或减少煤炭迂回运输，充分利用廉价的水运，使煤炭货流进一步合理化。

总体来看，当时对于交通运输的研究还处于比较初步的阶段，主要是介绍交通网络的状况、存在问题及进一步的发展方向，纯理论方面的探讨较少。除以上阐述交通运输网络及其对工业布局的作用之外，也有研究探讨了交通运输对农业区域专门化的影响，认为农业区域专门化的实现，需要依靠交通运输来扩大运销范围。将自给自足改造为现代化、商品性、专门化的农业单位，需要现代交通运输工具，必须要在农业地区修建稠密的公路网，并与铁路和水运干线联系起来（雷汀和梁况白，1965）。

参考文献

[1]《中国近现代史纲要》编写组. 中国近代史纲要（2013年修订版）[M]. 北京：高等教育出版社，2013.

[2] 曹廷藩，朱成云. 关于我国经济地理学当前发展中的一些问题 [M] //中国地理学

会经济地理专业学术会议论文选集（经济地理学的理论和方法）. 北京：商务印书馆，1980.

［3］曹廷藩. 三十年来我国经济地理学的基础理论研究［J］. 中山大学学报（自然科学版），1981（1）：128-136.

［4］曹廷藩. 关于经济地理学当前争论问题的一些初步意见［J］. 地理学报，1958（2）：189-210.

［5］曹廷藩. 关于经济地理学的研究对象和科学性质问题［M］//中国地理学会一九六一年经济地理学术会议文集. 北京：科学出版社，1962.

［6］曹廷藩. 关于自然条件经济评价的几个主要问题［J］. 中山大学学报（自然科学版），1964（1）：87-99.

［7］曾昭顺. 黑龙江流域的综合考察［J］. 科学通报，1957，8（S1）：93.

［8］陈栋生. 工业布局理论与方法的探讨［J］. 经济问题探索，1980（5）：9-21.

［9］陈琯. 十年来铁路建设中正确选线和加速进度的伟大成就［J］. 土木工程学报，1959（10）：825-828.

［10］陈锡康. 关于产销区划的一些原理和方法的进一步探讨［J］. 地理学报，1966，32（1）：82-94.

［11］程潞，杨万钟，金家相，等. 江苏省苏锡地区农业区划［J］. 地理学报，1959，26（3）：14-34.

［12］邓静中. 经济地理学对自然条件的评价——中国地理学会经济地理专业委员会1962年学术会议讨论初步总结［J］. 地理学报，1963（1）：27-37.

［13］邓静中. 农业区划的回顾与展望［M］//中国地理学会一九七八年经济地理专业学术会议论文集. 北京：科学出版社，1982.

［14］邓静中，等. 中国农业区划方法论研究［M］. 北京：科学出版社，1960.

［15］冯长春，贺灿飞，邓辉，等. 北京大学人文地理学发展与创新［J］. 地理学报，2017，72（11）：1952-1973.

［16］国家计委计划经济研究所.《新中国国民经济计划史纲要（初稿）》（专辑一）［J］. 计划经济研究，1984（10）：1-47.

［17］何一民，周明长. 156项工程与新中国工业城市发展（1949~1957年）［J］. 当代中国史研究，2007（2）：70-77+127.

［18］何作文. 关于我国农业区划方法论若干问题的讨论［J］. 经济学动态，1963（22）：22-26.

［19］胡遂甫. 关于专区农业区划的几个问题［M］//中国地理学会一九六一年经济地理学术讨论会文集. 北京：科学出版社，1962.

［20］胡卫．试论建国后十七年教育的外部形态特征及其实质［J］．上海教育科研，1988（3）：11-14.

［21］胡序威．从事区域与城市研究学术生涯的回顾［J］．城市与区域规划研究，2009，2（1）：184-198.

［22］胡序威，胡廷佐．工业布局的技术经济论证［J］．地理学报，1965，31（3）：179-193.

［23］胡序威．新中国经济地理与人文地理学界的领路人——贺吴传钧先生90华诞［J］．地理学报，2008，63（4）：349-352.

［24］胡兆量．不应该把经济地理学的对象局限在生产力范围内［J］．教学与研究，1956（4）：36-39.

［25］胡志良．新中国建立初期的科学改造活动研究：以地理学为例［J］．自然辩证法通讯，2015，37（2）：75-81.

［26］雷汀，梁况白．交通运输业在我国国民经济中的作用［J］．经济研究，1965（2）：39-43.

［27］李小建．中国特色经济地理学思考［J］．经济地理，2016，36（5）：1-8.

［28］梁溥．经济地理学中的自然条件评价问题［J］．中山大学学报（自然科学版），1964（1）：100-106.

［29］刘海涛．建国后30年实行区域均衡发展政策的情况［J］．当代中国史研究，1997（6）：35-44.

［30］刘琦．曹廷藩教授传略［J］．地理学与国土研究，1995（4）：60-63.

［31］刘卫东．美国农业地域专门化及其对我国农业发展的启示［J］．经济地理，1992（2）：58-63.

［32］刘再兴，周起业．有关生产布局学的若干问题［M］//中国地理学会一九七八年经济地理专业学术会议论文选集．上海：商务印书馆，1980.

［33］陆大道．50年来我国经济地理学的发展［J］．经济地理，2000，20（1）：1-6.

［34］陆大道．中国区域发展的理论与实践［M］．北京：科学出版社，2003.

［35］罗小龙，陈烨婷．南京大学经济地理学发展历程与展望［J］．人文地理，2012，27（3）：141-146.

［36］马裕祥．试谈经济地理学的对象［J］．杭州大学学报（自然科学版），1963（2）：143-152.

［37］毛泽东选集（第五卷）［M］．北京：人民出版社，1977.

［38］彭秀涛，荣志刚．"一五"计划时期工业区规划布局回顾［J］．四川建筑，2006

(S1)：44-46.

[39] 全国农业区划委员会．中国综合农业区划［M］．北京：农业出版社，1981．

[40] 沈道齐．对地区经济的专业化与综合发展及其影响因素的初步探讨［M］//中国地理学会一九六一年经济地理学术讨论会文集．北京：科学出版社，1962．

[41] 司徒尚纪，许桂灵．华南地理人才的摇篮——中山大学地理学80年（1929—2009）［J］．经济地理，2010，30（7）：1057-1064．

[42] 宋家泰，张同铸，苏永煊，等．江苏省淮阴专区农业区划［J］．地理学报，1959，26（2）：120-134．

[43] 孙敬之．论经济地理学的科学性质［J］．教学与研究，1956（11）：1-12．

[44] 孙敬之．论经济区划［J］．教学与研究，1955（11）：12-17．

[45] 王富年，杨吾扬．当前我国交通运输发展与布局中的几个问题［J］．中国经济问题，1981（6）：16-20．

[46] 王明勋．关于人民公社的工业布局［J］．吉林大学人文科学学报，1958（4）：47-52．

[47] 王守礼．关于省内经济区划的若干问题［J］．经济研究，1960（3）：45-51．

[48] 王守礼．关于省内经济区划原则的商榷［J］．经济研究，1958（1）：18-21．

[49] 王守礼．水土保持区经济区划的初步经验［J］．经济研究，1956（2）：30-39．

[50] 王亚华，鄢一龙．十个五年计划完成情况的历史比较［J］．宏观经济管理，2007（4）：71-74．

[51] 魏心镇．工业地理学［M］．北京：北京大学出版社，1982．

[52] 吴传钧，郭来喜，谢香方．黑龙江省黑龙江及乌苏里江地区经济地理［M］．北京：科学出版社，1957．

[53] 吴传钧，刘建一，甘国辉．现代经济地理学［M］．南京：江苏教育出版社，1997．

[54] 吴传钧，孙承烈，邓静中．铁路选线调查方法的初步经验［J］．地理学报，1955，21（2）：155-164．

[55] 吴传钧．20世纪中国学术大典·地理学［M］．福州：福建教育出版社，2002．

[56] 吴传钧．经济地理学——生产布局的科学［J］．科学通报，1960（19）：594-596．

[57] 肖超．改革开放前商务印书馆地理学译著出版概况及其特点［J］．东南传播，2015（12）：141-143．

[58] 谢杰，孙应学．大连市农业专门化发展初步研究［J］．地理学与国土研究，1996（4）：35-41．

［59］徐有威，陈熙．三线建设对中国工业经济及城市化的影响［J］．当代中国史研究，2015，22（4）：81-92+127.

［60］杨东平．新中国"十七年教育"的基本特征［J］．清华大学教育研究，2003（1）：9-16.

［61］杨吾扬．关于产销区划的一些原理、方法的介绍和体会［J］．地理学报，1963，29（1）：63-77.

［62］杨吾扬．中国陆路交通自然条件评价和区划概要［J］．地理学报，1964，30（4）：301-319.

［63］杨琰．新中国工业体系的创立、发展及其历史贡献［J］．毛泽东邓小平理论研究，2019（8）：53-62+108.

［64］叶逸征．中国地理学会举行学术讨论会［J］．科学通报，1954（10）：81-83.

［65］叶蒸．自然地理学和经济地理学问题讨论总结［J］．科学通报，1955（1）：63-66.

［66］余扬斌．"三大五中十八小"回眸——"二五"时期的钢铁工业战略布局［J］．冶金经济与管理，2009（3）：47-48.

［67］张国伍．中国河运地理［M］．北京：商务印书馆，1962.

［68］张国伍．中国经济地理总论：运输地理部分［M］．北京：科学出版社，1965.

［69］张九辰．二十世纪六十年代对"任务"与"学科"关系的讨论：以中科院组织的自然资源综合考察为例［J］．自然辩证法通讯，2011，33（3）：32-38.

［70］张俊洪．建国后教育实行"以俄为师"的历史教训［J］．教育评论，1989（1）：7-10.

［71］张启华．曲折探索时期的光辉业绩——建国后至"文革"结束的经济建设［J］．马克思主义研究，1999（5）：2-12+31.

［72］张全景．发扬"三线建设"的创新精神推进西部大开发和"一带一路"建设［J］．中国经贸导刊，2016（12）：17-19.

［73］张文尝．工业基地交通运输布局问题［J］．地理学报，1981，36（2）：157-170.

［74］张务栋，杨冠雄．生产布局与煤炭货流合理化［M］//中国地理学会一九六五年经济地理学术讨论会文集．北京：科学出版社，1966.

［75］中国地理学会经济地理专业委员会．一九六五年经济地理专业学术讨论会汇报发言［M］//中国地理学会一九六五年经济地理学术讨论会文集．北京：科学出版社，1966.

［76］周立三．试论农业区域的形成演变、内部结构及其区划体系［J］．地理学报，1964（1）：14-24.

［77］周起业. 我国农业区划基本问题的探讨［J］. 地理学报，1957，24（2）：17-34.

［78］竺可桢. 十年来的综合考察［J］. 自然资源，1984（1）：1-7.

［79］祝成. 苏联经济地理学中两个学派的形成［J］. 国外人文地理，1987（2）：1-5+10.

第五章　20世纪后期经济地理思想

第一节　经济地理研究背景变化

一、经济社会对外开放

党的十一届三中全会以后，中国逐步对外开放。在对外开放的过程中，中国经济地理学的研究思维、研究主题和研究方法等发生了明显的变化。

（一）经济对外开放

1980年，国家在广东和福建两省设立了深圳、珠海、汕头和厦门四大经济特区，打开了对外开放的窗口。1984年，对外开放的范围扩大至大连、秦皇岛、天津等14个沿海城市。随后陆续批准10个经济技术开发区，给予它们和沿海经济特区类似的优惠政策。到90年代后期，基本形成了多层次、有重点、点面结合的对外开放格局。这种由点到面、由浅入深，以经济特区和沿海开放城市为重点，逐步向中部、西部内陆地区推进的对外开放，对中国已有的经济地理格局产生显著影响。跨国公司作为外国直接投资的主体，其投资区位受到中国开放政策和各地制度文化背景的影响，也为中国经济地理学提供了新的研究对象。

（二）学术交流对外开展

"文化大革命"结束以后，中国地理学家与欧美等国家地理学者的学术交流不断增多。1977年夏，中国科学院接待了美国俄亥俄州科学院派出的地理代表团来华访问。同年9月，中国科学院地理研究所应邀回访美国俄亥俄州科学院。1979年10月，东京联合国大学副校长及国际地理联合会（IGU）秘书长孟斯哈特邀请中国地理学会理事长黄秉维、副理事长吴传钧及秘书长瞿宁淑访问日本。学术会议方面，1988 年 IGU 在悉尼召开第 26 届大会，中国作为正式会员国组织代表团前往参加，在各分组会议上宣读了介绍中国地理学成就的论文，吴传钧院士当选为 IGU 副主席。随后的历届 IGU 大会，中国经济地理学者均积极参加。1990 年 8 月，国际地理联合会亚太区域会议在北京召开，这是中国地理学会受 IGU 委托主办的第一次国际地理盛会。值得注意的是，中国派出了一大批青年学生到美国、澳大利亚、英国等西方国家从事经济地理学习，他们学成回国后相继成为中国经济地理学各研究领域的中坚力量。

二、市场化改革

随着中国经济体制改革的深入推进，地方政府发展经济的积极性和主动性增强，微观经济主体呈现多样化。市场化改革过程中，中国经济地理学服务地方经济发展需求的同时，关注微观经济主体行为的变化及其在区域经济发展中的作用。

（一）经济管理体制的变化

20 世纪 70 年代末以后，中国以农村改革为先导，经济管理体制从计划经济逐渐向计划和市场调节相结合的经济管理体制转变。一方面，随着中央政府对部分经济管理权的下放，地方政府获得部分财政、税收、投资、立项审批、对外合作等权限，增强了区域经济发展的活力和动力。特别是，地方政府在规划、建设、管理其管辖范围内经济单位的积极性和责任心大大增强。另一方面，国家经济体制改革采取的是先试点再推广的模式，导致要素市场发育的时空间断性（陆大道和薛凤旋，1997）。一些特殊地区获得优先发展要素市场的机会，从而导致区域间要素市场发展的差异。经济管理体制的变化影响着经济地理学者的相关研究。

（二）经济主体行为的变化

改革开放以后，中国微观经济主体生产经营积极性得到充分调动，并呈现多元化特征。一是伴随家庭联产承包责任制的实施，农民的生产积极性充分调动起来。他们可以根据市场需求，调整生产经营结构，实现家庭收益的最大化；由于农村财产制度、产业结构、农民就业观念以及农民就业能力等均发生重大变化，农民的就业结构也随之走上多元化的道路。尤其是随着农村生产力水平

的提高，越来越多农民开始从事非农生产活动。同时，乡镇企业如雨后春笋般
蓬勃发展起来，弥补了计划经济体制的僵化与缺陷。二是国有企业和集体企业
改革的深入推进以及现代企业管理制度的建立，使企业拥有较大的生产经营自
主权。这些企业为适应市场经济环境，重构了生产关系、销售关系和技术联系
等企业间联系，进而对区域经济发展产生多方面的影响。三是外资企业大量涌
入。改革开放以后，大批外商投资企业进入中国，带来了大量的资金、先进的
技术和管理经验。同时，这些外资企业投资主要集中于沿海地区，对中国区域
经济格局产生了显著影响。总的来看，随着经济活动主体的日益复杂化和多元
化，其区位选择和空间格局成为经济地理学关注的重点内容之一。

三、经济持续高速增长

（一）经济高速增长与区域经济差异扩大

1978年，邓小平同志在总结中国经济发展的经验教训基础上，提出让一部
分地区先发展起来的区域非均衡发展思路，认为沿海地区无论是地理区位还是
要素禀赋都有比内地更优越的地方，应该优先发展。在这种不平衡发展思想的
指引下，中国经济保持持续快速增长。1978~2000年，中国国内生产总值年均
增长速度达到9.45%（陆大道等，2003）。同时，区域经济差异发生了较大变
化。自1978年之后，区域间的绝对差异一直呈扩大趋势，而相对差异在20世纪
90年代以前一直在缩小，90年代之后迅速扩大（见表5-1）（余军华，2007）。
经济高速增长和区域经济差异变化给经济地理学带来了新的研究问题。

表5-1　1978~2000年中国各地区人均国内生产总值的差异指标

年份	R	S	VUW	VWP	Vwgdp	Gini	Theil
1978	2323	455	0.974	0.767	1.775	0.251	0.158
1979	2364	470	0.920	0.696	1.504	0.228	0.154
1980	2519	508	0.906	0.698	1.506	0.239	0.154
1981	2571	510	0.857	0.652	1.375	0.238	0.147
1982	2599	522	0.805	0.613	1.239	0.235	0.139
1983	2661	550	0.777	0.583	1.126	0.230	0.139
1984	2888	615	0.742	0.561	1.030	0.231	0.137
1985	3435	723	0.732	0.555	1.009	0.240	0.137
1986	3541	764	0.705	0.540	0.935	0.244	0.134

年份	R	S	VUW	VWP	Vwgdp	Gini	Theil
1987	3850	842	0.676	0.520	0.854	0.246	0.133
1988	4478	995	0.648	0.503	0.794	0.244	0.136
1989	4738	1060	0.623	0.485	0.743	0.249	0.135
1990	5100	1125	0.601	0.461	0.700	0.251	0.134
1991	5785	1324	0.668	0.484	0.735	0.260	0.136
1992	7643	1674	0.700	0.511	0.779	0.262	0.139
1993	10666	2247	0.697	0.545	0.822	0.264	0.143
1994	13651	2869	0.669	0.529	0.796	0.266	0.148
1995	17090	3621	0.678	0.541	0.798	0.269	0.153
1996	20182	4169	0.678	0.525	0.781	0.273	0.155
1997	23535	4781	0.697	0.537	0.810	0.279	0.158
1998	25911	5269	0.715	0.554	0.848	0.281	0.162
1999	28330	5756	0.738	0.573	0.890	0.283	0.166
2000	31885	6523	0.759	0.607	0.929	0.288	0.164

注：表中为以省区为单位计算的各地人均国内生产总值的标准差（S）、极差（R）、变异系数（VUW）、以人口为权数的加权变异系数（VWP）、以国内生产总值为权数的加权变异系数（Vwgdp）。

资料来源：余军华（2007）。

（二）经济增长与资源环境关系

中国经济高速增长的同时，也带来了严重的环境污染和生态破坏。大量的耕地被占用，森林和草地退化，水土流失、荒漠化加剧，生物多样性降低。一部分资源正在加速消耗，部分资源正趋于耗竭。1984~1994年，全国耕地面积减少了778.4万公顷，环境污染由大中城市扩大到其他人口密集地区，淮河、长江、辽河、珠江等大江大河受到了不同程度的污染（陆大道和薛凤旋，1997）。环境污染破坏了许多生产的自然基础，有些地方甚至影响其经济国际化的进程，从而影响到经济的发展。1994年，国务院审议通过《中国21世纪议程》，将其作为中国可持续发展总体战略、计划和对策方案。新的发展形势要求对人类活动和环境关系以及经济地域结构进行优化调整，对经济地理学提出了新的任务。

（三）产业园区与开发区建设

农村工业发展形成中国特色的产业集群（专业村镇），它们对农村经济起着重要的作用。以农村工业为主体的非农收入占农民人均收入比重从1978年的7.03%增加到2000年的近50%（陆大道等，2003）。在中国农村地区，相继涌现出苏南模式、温州模式、珠江模式、闽南模式等典型的农村工业化模式。同时，为接纳国际资本和产业转移，1984 年国家批准兴建大连、秦皇岛等 14 个经济技术开发区。1992~1994 年，第二批批准了营口、长春等 18 个经济技术开发区。各省份也建立了各自的开发区。开发区以吸引大型跨国公司为主，大规模、成批量地引进外资，项目的档次明显提升，带来了先进的技术、设备和管理理念，直接推动了中国工业现代化的进程。各级各类开发区成为区域经济发展和布局的新生长点，为经济地理学研究提供了新的研究对象。

第二节　经济地理研究主题

运用文献分析软件 CiteSpace 对 1978~2000 年《地理学报》《地理研究》《地理科学》《地理科学进展》和《经济地理》5 种期刊发表的经济地理文献进行分析（见图 5-1 和图 5-2），根据分析结果可将该时期经济地理学研究划分为

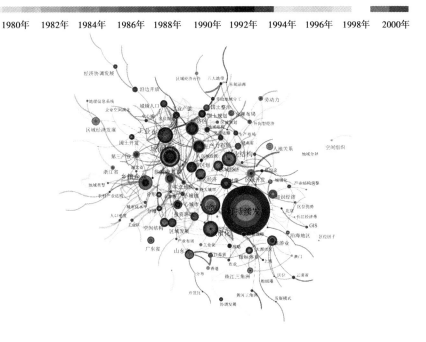

图 5-1　1978~2000 年经济地理文章关键词共现情况

突现词	年份	强度	开始时间	截止时间	1978~2000
合理布局	1978	6.1278	1981	1984	
湖南省	1978	5.3916	1981	1987	
国民经济	1978	7.1247	1981	1984	
国土整治	1978	5.6587	1982	1987	
国土开发	1978	3.1841	1982	1992	
国土规划	1978	3.3691	1982	1993	
经济区划	1978	6.2325	1982	1989	
工业布局	1978	10.4755	1982	1987	
城镇人口	1978	4.8384	1983	1988	
经济区	1978	6.4738	1984	1991	
城镇体系	1978	5.7827	1986	1992	
地域结构	1978	3.4801	1987	1990	
生产力布局	1978	4.852	1988	1992	
乡镇企业	1978	3.8462	1992	1996	
工业总产值	1978	4.2833	1992	1994	
第三产业	1978	4.1606	1993	1996	
区域经济发展	1978	3.6323	1993	1998	
区域开发	1978	3.3754	1994	1996	
山东省	1978	3.239	1994	1996	
产业结构	1978	4.8229	1995	1997	
中国	1978	6.2086	1995	2000	
城市化	1978	3.4222	1995	2000	
区域经济	1978	3.987	1995	2000	
人地关系	1978	4.2776	1996	1998	
可持续发展	1978	22.3664	1997	2000	

图 5-2　1978~2000 年经济地理文章突现词检测分析（TOP25）

三个阶段：1978~1985 年，对产业布局、国土整治、国土开发、经济区划等进行研究；1986~1990 年，对国土规划、地域结构等进行研究；1991~2000 年，围绕乡镇企业、第三产业、区域发展、产业结构、城市化、可持续发展等开展研究。为进一步展示经济地理研究的全貌，我们结合已经出版的各种专著和批准的国家自然科学基金项目，从产业与企业地理研究、国土规划与土地利用、区域间关系、可持续发展研究、区域综合研究、综合理论研究六个方面分析该时期经济地理学研究情况（见表5-2、图5-3）。

表5-2　1978~2000年主要研究主题的代表性著作

研究主题	主要作者	书名	出版社	出版年份
产业与企业地理研究	刘再兴	《中国工业布局学》	中国人民大学出版社	1981
	全国农业区划委员会	《中国综合农业区划》	农业出版社	1981
	陈振汉等	《工业区位理论》	人民出版社	1982
	李振泉、佟素贤	《中国甜菜地理》	农业出版社	1984
	杨吾扬	《交通运输地理学》	商务印书馆	1986
	王德荣、柴本澄	《中国运输布局》	科学出版社	1986
	徐培秀、梅方权	《中国棉花地理》	农业出版社	1987
	陈栋生	《经济布局的理论与实践》	辽宁大学出版社	1988
	沈长江	《中国畜牧业地理》	农业出版社	1989
	陆大道	《中国工业布局的理论与实践》	科学出版社	1990
	李文彦	《中国工业地理》	科学出版社	1990
	刘再兴	《黄土高原地区工业发展与城市工矿区合理布局》	科学出版社	1991
	赵令勋	《中国环渤海地区产业发展与布局》	科学出版社	1992
	张文尝等	《空间运输联系》	中国铁道出版社	1992
	周立三	《中国农业区划的理论与实践》	中国科学技术大学出版社	1993
	陈航	《中国交通运输地理》	科学出版社	1993
	魏心镇等	《新的产业空间——高技术产业开发区的发展与布局》	北京大学出版社	1993
	李小建	《河南农村工业发展环境研究》	中国科学技术出版社	1993
	王缉慈	《现代工业地理学》	中国科学技术出版社	1994
	刘再兴	《工业地理学》	商务印书馆	1997
	苗长虹	《中国农村工业化的若干理论问题》	中国经济出版社	1997
	郭焕成	《中国农村经济区划》	科学出版社	1999
	李小建	《公司地理论》	科学出版社	1999

续表

研究主题	主要作者	书名	出版社	出版年份
国土规划与土地利用	吴传钧、蔡清泉	《中国海岸带土地利用》	海洋出版社	1993
	吴传钧、郭焕成	《中国土地利用》	科学出版社	1994
	谢光辉、周国华	《国土开发与整治》	中南工业大学出版社	1996
区域间关系	陈栋生	《区域经济研究的新起点》	经济管理出版社	1991
	魏后凯	《区域经济发展的新格局》	云南人民出版社	1995
	陆大道	《区域发展及其空间结构》	科学出版社	1995
	曾菊新	《空间经济：系统与结构》	武汉出版社	1996
	魏后凯等	《中国地区发展》	经济管理出版社	1997
	胡兆量等	《中国区域经济差异及其对策》	清华大学出版社	1997
	覃成林	《中国区域经济差异研究》	中国经济出版社	1997
	陆玉麒	《区域发展中的空间结构研究》	南京师范大学出版社	1998
	张小林	《乡村空间系统及其演变研究》	南京师范大学出版社	1999
可持续发展研究	陆大道	《中国环渤海地区持续发展战略研究》	科学出版社	1995
	毛汉英	《人地系统与区域可持续发展研究》	中国科学技术出版社	1995
	陆大道	《中国沿海地区 21 世纪持续发展》	湖北科技出版社	1997
	孙久文	《中国资源开发利用与可持续发展》	九州图书出版社	1998
	任建兰	《区域可持续发展理论与方法》	山东省地图出版社	1998
	王黎明	《区域可持续发展：基于人地关系地域系统的视角》	中国经济出版社	1998
	董锁成	《21 世纪中国可持续发展新论》	陕西人民出版社	1999
	毛志锋	《区域可持续发展的理论与对策》	湖北科学技术出版社	2000
区域综合研究	李润田	《河南省经济地理》	新华出版社	1987
	陈才	《区域经济地理基本理论问题研究》	东北师范大学出版社	1987
	中国科学院经济地理研究所	《京津冀区域经济地理》	天津人民出版社	1988

续表

研究主题	主要作者	书名	出版社	出版年份
区域综合研究	陈才	《区域经济地理学原理》	中国科学技术出版社	1991
	郭焕成	《黄淮海地区乡村地理》	河北科学技术出版社	1991
	陆大道等	《1997年中国区域发展报告》	商务印书馆	1997
	陆大道等	《1999年中国区域发展报告》	商务印书馆	1999
	吴传钧等	《中国地理学发展90年回忆录》	学苑出版社	1999
综合理论研究	魏心镇	《工业地理学》	北京大学出版社	1982
	陆大道	《区位论及区域研究方法》	科学出版社	1988
	杨吾扬	《区位论原理》	甘肃人民出版社	1989
	陈宗兴	《经济活动的空间分析》	陕西人民出版社	1989
	华东师范大学等	《经济地理学导论》	华东师范大学出版社	1982
	肖志斌、刘甲金	《经济地理学导论》	新疆人民出版社	1983
	中国科学院经济地理研究所	《京津冀区域经济地理》	天津人民出版社	1988
	陈才	《经济地理学基础》	高等教育出版社	1988
	王缉慈	《现代工业地理学》	中国科学技术出版社	1994
	董锁成	《经济地域运动论》	科学出版社	1994
	陆卓明	《世界经济地理结构》	中国物价出版社	1995
	吴传钧等	《现代经济地理学》	江苏教育出版社	1997
	杨吾扬、梁进社	《高等经济地理学》	北京大学出版社	1997
	李小建	《经济地理学》	高等教育出版社	1999
	张文忠	《经济区位论》	科学出版社	2000

一、产业与企业地理研究

（一）工业地理

随着"文化大革命"的结束和改革开放政策的实施，工业生产再次成为国家建设的主导力量。工业地理学也获得快速的发展，研究对象开始从单一工矿城镇为重点开始向集聚地区、区域工业生产综合体、地区工业结构等多元

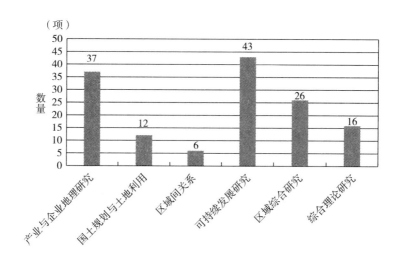

图 5-3 1987~2000 年国家自然科学基金经济地理项目分主题统计

化方向发展，研究内容则从资源评价和重点企业布局扩展到工业布局原则、相关因素和条件影响的系统分析及宏观发展战略等方面（张雷和陆大道，1999）。

20 世纪 80 年代初，经济地理学者对全国以及一些重点区域开展工业布局进行了实地调查研究。例如：分析全国工业布局的宏观经济效果，探讨各地区能源矿产资源、地理位置差异与工业布局关系（胡兆量等，1987）；开展黄土高原工业发展和工矿业的合理布局、环渤海地区工业发展与布局、珠江三角洲工业地域分工等重点地区工业布局研究（陆大道，1990）。在此基础上，深入分析轻纺、钢铁、煤炭、石油化工等具体工业部门的布局因素与特点。以轻纺工业为例，在强调原料、能源、市场、集聚和劳动力等微观层面因素作用的同时，还关注资源合理开发利用与环境保护、区域各部门经济联系与区际分工协作等宏观层面因素的作用（李为，1983）。再以钢铁工业布局为例，在分析新形势下上海等地方钢铁工业合理发展与布局的基础上，提出优化布局的思路（杨万钟等，1984）。这些研究除关注原料、燃料、劳动力等传统因素对工业布局影响外，开始强调技术、集聚、市场等新因素对工业布局的作用。

专栏 5-1　　　　　李文彦的中国工业地理和能源地理研究

　　李文彦（1929—2020），北京市人，著名经济地理学家，历任中国科学院经济地理室副主任、主任、地理所副所长等职，曾任中国地理学会经济地理专业委员会主任委员、中国自然资源研究会副理事长、《地理学报》副主编。先后从事地区综合考察、地区工业布局、能源经济区划、国土规划等实践工作。主要著作有《中国工业地理》等。主要贡献包括：开创了自然资源综合考察的工矿基地开发建设研究；最早从事煤矿城市的工业发展与城市规划，开拓了能源发展的经济地理学研究新领域；采用"部门+因素"的研究模式，构筑了从矿产资源的经济地理评价、工业基地建设布局研究，到经济区划、工业体系的探讨的工业地理学的研究框架，代表了 20 世纪 70～90 年代中国工业地理学的主流思想。

　　资料来源：李文彦. 经济地理研究拾零与经历回顾［M］. 北京：气象出版社，2008；照片来源：李文彦先生夫人申维承女士提供。

　　另一些经济地理学者对地区工业系统、工业地域组合及地区工业结构等问题进行了深入探讨。①在工业地域结构方面，论证了工业区的工业企业成组布局类型及其技术经济效果（陆大道，1979），探讨了不同类型矿产资源区域组合与地域工业综合体的空间结合形式（魏心镇，1981）；通过地区煤炭与水资源、地理位置与交通运输、资源组合与调配等条件的系统分析和综合平衡，探讨了长治—焦作地域工业综合体的组织（凡杰，1989）；基于费用最小的原理，论述了工业区工业企业成组布局的经济效果和最佳规模的确定问题（沈小平，1987）。②在地区工业结构方面，从城市、省区和区域等不同尺度分析地区工业结构的特征、结构变化及其调整优化路径：如对大连、北京、天津、宁夏及东北老工业基地等城市和地区的产业结构问题及其布局调整进行研究（李诚固，1996；杨开忠和张洋，1999；陈忠祥，1990）；对中国地区工业结构变化的特征以及对区际增长和分工的作用进行探讨（杨开忠，1993）。③还有一些研究关注工业结构和布局对环境的影响：李为（1982）分析了造纸工业布局与水环境的相互作用以及水环境遭受造纸工业污染后的变化规律；于振汉（1986）探讨了工业结构和布局对区域环境的影响及这种影响所引起的环境生态问题。该时期工业地理代表性的著作有《中国工业布局学》（刘再兴，1981）、《中国工业地理》中英文版（李文彦，1990）、《中国工业布局的理论与实践》（陆大道，1990）。

专栏 5-2　　　　刘再兴的中国工业布局研究与梯度推移观点

　　　　　　　　　　　刘再兴（1926—1999），湖北省新洲县人，著名经济地理学家和国土规划专家，区域经济学和工业布局学的创始人之一。中国人民大学教授，原中国人民大学计划统计学院生产布局教研室主任，全国经济地理研究会原会长。主要著作有《中国工业布局学》《中国经济地理概论》。其研究成果三次获中国科学院科研成果一等奖。主要贡献包括：提出"主导论"，认为在中国区域经济发展中，起主导作用的是梯度推移，但要坚持大范围内的梯度推移与局部范围的反梯度推移相结合；领先研究地区差距和西部发展问题地区、生产分布规律、区域发展的比较、中国国土规划等问题。

　　资料来源：孙久文．李青：中国区域经济学开创者刘再兴先生学术思想回顾［J］．区域经济评论，2017（5）：135-138；照片来源：中国人民大学应用经济学院官网。

（二）农业地理

20世纪80年代初，经济地理学者对农业地理的性质、主要研究内容和发展方向进行了探讨。在此基础上，围绕农业生产布局、农业地域类型划分和农业区划等方面开展了一系列理论研究和实际工作。

（1）在农业生产布局方面，经济地理学者在大量实地调查基础上，分别从全国或地区角度对粮食作物、经济作物、热带亚热带作物、畜牧养殖等的生产布局条件和布局规律进行研究。例如：从全国角度分析人口、资源、农业生态环境、经济和技术等因素同农业生产的关系，探讨甜菜生产的适宜地带、适宜区划和集中产区（李振泉和佟素贤，1982）；探讨出口商品生产综合基地的布局条件及其作用（于志达，1988）；根据小区域内部的微地形和微气候特点，对柑橘适宜区进行分区评价（佘之祥等，1981）。在总结中华人民共和国成立以来改造自然、发展农业的丰富实践基础上，出版了一系列理论著作。其中，中国科学院地理研究所组织全国各地经济地理学者编写了一套共计 22 本的《中国农业地理丛书》，后由于种种原因未能全部出版。该丛书以因地制宜、合理布局为中心思想，较为系统评价了全国各地区农业生产条件和特点，揭示其生产发展过程中的问题，进而探讨各区域发展方向及其改善途径。同时，一些学者对特定部门和作物生产布局研究成果进行了全面系统的总结，撰写了《中国棉花地理》（徐培秀和梅方权，1987）、《中国甜菜地理》（李振泉和佟素贤，1984）、《中国畜牧业地理》（沈长江，1989）等专著。

（2）在农业地域类型方面，在自然条件和社会经济条件进行综合分析基础上，对全国或地区的农业地域进行类型划分。例如：郭焕成等（1992）基于农业结构、生产水平、集约化水平、商品化水平、自然条件等方面的综合分析，将全国划分为种植业、林业、畜牧业、农林牧综合等十二个一级类型和 122 个二级类型；姚建衢（1988）以自然条件和社会经济特征为依据，应用聚类分析和数学模型对山东陵县农业类型进行划分。

（3）在农业区划方面，20 世纪 80 年代初全国开始大规模的农业区划调查，许多地理单位派出人员投入这项工作。许多省、市和县区都编制出版了综合农业区划。其中，经济地理学者参与编写的《中国综合农业区划》在对中国自然资源的基本特点、开发利用过程中存在的问题及其开发潜力进行系统分析的基础上，论述了合理调整农业结构和优化农业生产布局的重要性，在农业分区基础上指明其发展方向及建设途径（全国农业区划委员会，1981）。周立三（1993）对农业区划工作进行系统总结和理论探讨，并提出了农业区域综合开发和农业产业化发展趋势。郭焕成（1999）论述了全国农村经济发展及地域分布规律。

（三）交通运输地理

改革开放以来，随着中国大规模的交通基础设施建设和快速经济发展，交通运输与空间组织再次成为经济地理学研究的重要主题。经济地理学者主要集中于综合交通网布局与规划、不同类型地区的交通布局、运输与生产配置、客货流与空间运输联系及区划、港口发展布局与地域组合等方面，这些研究所涉及的地域范围，既包括全国性、跨省市区和大地理地带，也有省区、地区和县市区。一方面，针对前期参与的与交通运输有关的实际工作，撰写了相应的研究报告和学术论文进行总结。例如：陈航（1981）对煤炭基地类型区交通运输特点进行总结并针对运输网络的优化提出方案；张文尝（1981）对不同类型工业与交通运输的配置提出了一系列的方案和总结。另一方面，从不同尺度对交通运输布局与区域规划问题进行研究。金凤君（1991）针对中国空间运输联系与经济区划进行了研究；韩增林（1995）以环渤海地区为例探讨了港口运输体系的建设与布局；王曙光（1993）则重点关注交通运输地理具体的空间效应，强调港口城市的发展战略。与改革开放以前相比，研究逐渐扩大到交通运输网的布局规划、运输与生产配置、港口发展布局与地域组合、城市交通规划等方面。在研究过程中，经济地理学者积极引进和拓展图论方法、复杂网络方法等新的研究方法和技术手段对交通运输和空间组织问题进行研究。

经济地理学者也出版了一系列专著，对交通运输与空间组织的成果进行系统的梳理和总结。《交通运输地理学》（杨吾扬等，1986）从学科性质、运输布局、货流规划、网络模式等方面深入阐述了交通地理学的基础理论，并对部门交通和交通枢纽、城市交通等进行较为系统分析，是中国交通运输地理学最为重要的理论著作。《中国运输布局》（王德荣和柴本澄，1986）对中国运输布局进行了初步总结。《中国交通运输地理》（陈航等，1993）、《空间运输联系》（张文尝和金凤君，1992）系统总结了中国交通运输的发展历程、地理总图、空间分布演变和发展机理。

（四）企业地理

李小建1990年的博士学位论文及1991年的专著等成果分析了工业变化与工业地理的关系以及中国开展公司地理研究的重要意义，将公司地理引入国内研究领域（李小建，1991）。随后，王缉慈（1992）、费洪平（1993）介绍了西方企业地理的主要研究领域及研究动向，提出中国相关研究问题。该时期有关公司地理研究的代表性著作有《新的产业空间》（魏心镇和王缉慈，1993）、《现代工业地理学》（王缉慈，1994）、《公司地理论》（李小建，1999a）等。

1. 企业区位选择及其空间扩张

在企业区位选择方面，主要集中于不同来源的外国投资在华投资区位及其变化。李小建（1999a）对港商内地投资空间行为及区位变化问题进行了研究。张文忠等（2000）对日资和韩资企业在华投资的区位行为和企业的空间组织联系特征进行了研究。在企业空间扩张方面，王缉慈（1992）则以四通集团和联想集团为例，探讨了新技术企业集团在发展过程中所采取的空间发展战略。李小建（2002）以中国一拖集团有限公司为例，对国有企业改革背景下联系网络的变化进行分析，强调产业联系、人际关系、体制根植对空间扩张的重要作用。

2. 企业与区域发展关系研究

20世纪70年代末以来，中国农村经济改革促成乡镇企业的蓬勃发展。中国各地的自然地理环境和人文地理环境差别很大，形成了许多富有区域特色的农村工业化发展模式。一些学者抓住这一中国特有的现象，从经济地理视角对农村工业化对经济增长的贡献、农村工业化的地域模式、农村工业发展与地理环境的关系等问题进行富有意义的调查研究。例如：樊杰（1998）基于对中国6省7个建制镇的实地调查，揭示了农村工业化对就业结构变化、人口迁移、小城镇建设和资金来源、小城镇工业布局等方面的作用；苗长虹（1996）分析了农村工业化对中国农民收入增长、要素市场形成（如企业家阶层和企业家市场的形成）、外汇增长等的贡献。庞效民（1991）从总量、结构、效益等方面分析了中国农村工业的地区差异，进而探讨了农村工业产业结构和空间结构合理组织方向；樊杰（1996）探讨了农村工业发展具有地域差异。经济地理学者从乡村内在因素和外部环境等不同方面分析农村工业产生和发展（苗长虹，1997）。费洪平（1993）分析了工业化地域类型与协调发展的关系；李小建等（1993）从农村工业发展环境角度揭示农村工业的形成发展环境及其区域分异规律，并划分为不同的农村工业发展环境类型区，揭示农村工业化对农村人地关系演进的影响；苗长虹（1997）分析了人力资本的状况对农村工业的产生与发展的影响，尤其突出了"经济能人"的作用，并从欠发达地区发展的视角对农村工业与其发展环境系统的相互作用过程和机理进行了综合研究；张小林（1999）以苏南地区为例，分析乡村工业化与乡村空间系统演变的关系。此外，李小建（1999a）以河南省为例分析了产业联系在农村工业发展中的作用，对亲缘、地缘和业缘等非正式关系的作用进行分析。

在国有企业与区域发展关系方面，费洪平（1993）以胶济沿线产业带为例，探讨了企业与区域协调发展问题，并分析了位于山东济南的中国重型汽车联营公司的空间演化；随后，从企业空间联系的角度探讨了产业带空间边界划分的理论与方法问题（费洪平，1994）。鉴于企业空间联系模式在不同环境条件下具有不同的类型，费洪平（1996）从公司内部组织结构与外部环境的相互关系总结归纳了公司不同功能单位的区位模式。李小建（2002）以河南省和中国一拖集团有限责任公司为例，从统计数据和企业案例分析两方面讨论了国有企业改革对区域经济发展的影响。

外资企业与区域发展的关系方面，李国平和杨开忠（2000）通过分析外商对华直接投资的发展过程，揭示了外商对华直接投资的产业与空间转移特征及其机制。宁越敏（1998）对跨国公司投资区位的研究发现，其投资模式使管理和生产出现分离的投资模式，进而对中国城市等级体系产生影响。李小建和杨汝万（Li and Yeung, 1999）以上海为例分析海外跨国公司与投资地关系。李小建（1999a）考虑到外资影响会通过产业关联在投资地和非投资地扩散，特别关注跨国公司对中国区域经济差异的影响。

3. 中小企业集聚研究

在中小企业集聚研究方面，学者在对国外新产业区的概念和内涵进行探讨的基础上，对中国的应用进行了研究（王缉慈，1998）。例如，李小建（1999b）从形成时间、规模、结构、联系程度和根植性等方面设定定性或定量指标，判定一个产业区可否属于新产业区。与国外新产业区概念相联系，学者对乡镇企业集聚和高新技术企业集聚现象进行了分析研究。在高新技术企业集聚方面，强调企业衍生是高新技术产业集聚区形成的重要特征。王缉慈等（1996）在深入调查的基础上，讨论了北京中关村新技术企业集聚区域的企业衍生、集聚与扩散因素，Wang and Wang（1998）分析了企业空间联系网络与企业创新能力的关系。90年代后期，乡镇企业开始向适宜的区位集聚，并形成农村地区的产业集聚区。钱伯增等（1996）对浙江省538个建制镇的现状条件、基础设施、发展潜力大小和区位优劣等方面进行综合评价的基础上，对乡镇企业空间集聚优越区位的选择问题进行探讨。一些学者则以新产业区理论为基础，从内部结构、产业联系、生产系统的特征、在当地社会经济中的地位等方面对其进行分析研究。例如，李小建（1999）以新产业区理论为基础分析乡镇产业区的发展理念与特征，从企业联系角度探讨乡镇企业及其区域发展。

专栏 5-3 魏心镇的工业地理学研究

魏心镇（1927—），辽宁省沈阳市人，著名经济地理学家，北京大学地理系教授。主要从事工业布局理论、国土规划的理论与方法研究。代表著作有《工业地理学》《新的产业空间》。主要贡献包括：探讨了中国传统工业布局和新兴工业布局的一些理论问题，提出发挥组合资源优势、强化以水资源为特色的复合轴线的作用、发展多元主导工业部门、构成大范围线状分布和小范围点状集中相结合的点轴系统。

资料来源：北京大学城市与环境学院网站 http://www.ues.pku.edu.cn/tplm/xyk/rw/xyl/286931.htm

---

二、国土规划与土地利用研究

（一）国土整治与规划

为适应国土整治工作需要，经济地理学者围绕"五位一体"的国土整治任务，主要关注经济区划、矿产、水、林草、滩涂等资源的利用和管理以及解决沙漠化、水土流失等国土生态破坏问题，并对国土整治的目的和任务、国土整治（规划）类型划分、国土整治的措施等方面进行讨论（陆大道，1984）。20世纪80年代中后期，随着"开发"在"国土整治"中地位更加凸显，经济地理学者提出了"国土开发整治"的概念，对国土"保护"和"治理"两方面的认知更加细化。

1985年，中国科学院地理研究所经济地理学者参加了原国家计划委员会组织的"京津唐地区国土开发与整治规划"和《中国国土总体规划纲要》的研究与编写。广东、吉林、上海、南京、湖北等地的经济地理学者参与了广东省、松花湖地区、荆州地区、库尔勒等地区的国土规划。这些规划工作大大加强了经济地理学者与政府机构的联系。经济地理学者通过参与不同类型的国土规划试点，国土规划从内容和方法、从理论到实践等方面都得到了充实和提高。随

着国土整治理念认知逐渐深入，经济地理学者也强调国土规划工作是优化资源配置、进行生产力布局的理论依据与技术手段，研究重点转向国土整治开发模式、整治效益等方面。一些学者对国土整治和规划的特点和内容进行总结。谢光辉和周国华（1996）从国土开发与整治的内容与特征、效益的评价、国土开发整治与环境保护的关系等方面总结了国土整治的经验和教训。魏心镇和林亚真（1989）对国土规划的理论和方法进行探讨。在此基础上，魏心镇和韩百中（1992）强调国土规划要注意研究地域结构特征及其演化机制，提出沿黄河地带要强化以水资源为特色的复合轴线的作用，发展多元主导工业部门，构成大范围线状分布和小范围点状集中相结合的点轴系统，与沿江、沿边两大经济开发轴线构成互补格局。陆大道（1990）提出"T"形空间结构战略和点轴开发理论等具有重要影响的理论观点。

专栏 5-4   **胡序威的区域与城市关系研究**

胡序威（1928—），浙江省上虞县人，著名经济地理学家，历任中国科学院地理研究所经济地理部主任、中国科学院区域开发前期研究专家委员会副主任，曾任中国城市规划学会副理事长兼区域规划与城市经济学术委员会主任、中国区域科学协会副会长、《经济地理》主编。长期从事区域经济地理、区域规划和城市发展研究，其主持完成的主要研究成果曾获多项国家和中科院科技进步奖。2006 年获中国城市规划学会突出贡献奖，2009 年获中国地理学会中国地理科学成就奖。主要著作有《区域与城市研究》《中国沿海城镇密集地区空间集聚与扩散研究》等。主要贡献包括：探讨不同类型地区城镇体系的形成与演变、城镇群体的发展和布局、工业的地域组合与工业基地的建设布局，以及工业布局与城镇布局的相互作用和影响等规律性问题。

资料来源：胡序威.一生无悔：地理与规划研究［M］.北京：商务印书馆，2019.

（二）土地利用调查与研究

经济地理学者基于土地资源的调查，弄清土地资源分布状况的同时，也开展了土地利用综合研究，撰写和编制了大量的论文、专著和图件。如《1：100 万中国土地利用图》（1990）、《中国 1：100 万土地资源图》（1990）、《中国土地利用》（1994）、《全国土地利用总体规划研究》（1994）等，都具有重要科学价值和应用价值。《中国 1：100 万土地利用图》，是中国第一套反映 20 世纪 80 年代初期土地利用现状及其分布的大型专业性地图。与此配套的《1：100 万土地利用制图规范》，建立了中国土地利用分类体系。这为世界各国编制全国性的土地利用图提供了一个重要的范例。在分析土地利用图和进行实地调查研究的基础上，1994 年吴传钧和郭焕成编写了《中国土地利用》专著，该专著分为土地利用理论和方法、中国土地利用总论和各省市区土地利用分论三篇，是中国第一部大型的土地利用专著。与此同时，在国家海洋局的主持下，由中国科学院地理研究所组织沿海省区有关地理单位对海岸带土地利用进行了全面而系统的调查研究，编写了《中国海岸带土地利用》一书。该著作包括海岸带土地利用现状及评价、土地资源开发利用设想、分岸段土地资源开发利用等内容（吴传钧和蔡清泉，1993）。

三、区域间关系研究

（一）区域经济差异与协调发展

改革开放之初，经济地理学者就提出了中国区域经济差异问题及其与矿产资源和地理位置的关系（李文彦，1982）。伴随全国经济快速增长，区域间经济发展差异日趋扩大。20 世纪 90 年代，区域经济差异的定量刻画、成因机制及对策成为经济地理学研究的重要主题。经济地理学者从全国、流域、省域等范围进行了研究：胡兆量等（1997）介绍了中国东西南北的地区经济差异及其与地形、社会、历史等关系；刘卫东（1997）对中国省级经济差异的历史过程进行分析，强调要正确看待城乡区域差异问题，客观认识导致区域差异的原因。针对不断扩大的区域经济差异，经济地理学者也从自身独特的视角提出了调控办法：张文忠（1998）强调区位政策的作用，认为各级政府或决策部门可通过区位投资环境的改善、区位补助金和区位倾斜政策等来诱导或限制个人或企业的经济活动行为的空间选择，进而缩小区域发展经济差异。

除经济地理学者外，经济学者和公共管理学者也对区域经济差异进行研究，形成专题研究报告。如张可云（1992）很早就关注区域经济协调理论问题，通过对区域经济运行分析，提出市场与计划相结合的区域协调发展框架；《中国区域协调发展战略》（孙尚清，1994），《中国地区经济发展研究》（刘树成等，1994）、《中国地区差距报告》（胡鞍钢等，1995）、《中国区域差异研究》（覃成林，1997）等，较为客观地分析了中国区域发展的问题及其机制。值得注意的是，由于研究方法、研究尺度等存在差异，一些研究结果甚至出现不一致的情形。总体来看，这些研究具有一定的经济地理成分，其研究方法和研究视角对经济地理学有着重要借鉴。

针对区域发展过程中区域差异不断扩大问题，学者们围绕公平和效率关系提出不同的观点。一些经济学者主张两者兼顾但偏向于公平，提出要牺牲一定的公平和效率，但牺牲公平只是为了提高效率，同样允许效率损失也只能是为了公平。至于公平和效率之间应该如何选择，应该采用民主原则来确定（胡鞍钢，1995）。另一些经济学者侧重于效率优先，强调中国处于工业化中期阶段，由于国家财力十分有限，应集中力量重点支持经济效益较好的地区的经济发展，等发达地区富裕了，再由这些地区拿钱来解决地区差异问题（魏后凯等，1997）。经济地理学者认为，中国正处于大规模工业化和城市化的初期，经济结构以基础产业为主体。这意味着，在效率优先目标下国民经济增长越快，地区间经济增长的差异就越大，符合经济增长与地区经济不平衡之间的倒"U"形相关的规律（陆大道和薛凤旋，1997）。

专栏 5-5　　　　　　　胡兆量的地理环境与区域发展关系研究

胡兆量（1933— ），浙江省镇海县人，北京大学城市与环境学系教授。曾任全国经济地理研究会理事长、中国地理学会常务理事。1952 年毕业于清华大学地学系。在中国人民大学和北京大学从事教学研究工作 40 余年，讲授《经济地理学导论》《中国经济地理》等课程。出版《经济地理导论》《地理环境概论》《中国区域发展导论》等专著 10 种，发表论文百余篇。对经济地理学基本理论、中国地理环境与区域发展、北京城市发展、中国钢铁工业布局等有系统论述。

资料来源：北京大学城市与环境学院网站，http://www.ues.pku.edu.cn/szdw/fpjs/312283.htm.

（二）区域空间组织和发展战略

自增长极理论被引入中国以来，经济地理学者对该理论的理论基础和方法进行了广泛而深入的讨论。例如：李小建和苗长虹（1993）探讨了增长极在区域发展规划中的实用性，提出增长极选择方法。陆大道（1995）根据克里斯塔勒的中心地理论和德国巴伐利亚州区域规划中提出的发展轴设想，初步提出"点—轴系统"理论，提出中国国土开发和经济发展的"T"形结构，即以海岸地带和长江沿岸作为中国第一级发展轴线的空间战略。曾菊新（1996）从系统与结构角度解析空间经济结构要素、基本特征、主要类型基础上，探讨了空间经济结构效应和空间经济结构优化问题。陆玉麒（1998）则从点、线、面三个角度衍生出增长极、发展轴、都市带、成长三角、区域增长极五个研究领域，并提出了区域双核空间结构模式。叶大年等（2001）对城市分布的对称性进行探讨，并将其与地质构造、自然地理等因素相关联。此外，刘卫东和张玉斌（1992）探讨了区域资源结构、产业结构与空间结构的协调机制，强调资源结构和资源短缺在空间结构形成过程中的作用。

经济地理学者从不同的角度探讨了区域开发战略，提出了"梯度推移理论""两通（交通和流通）发展论""四沿（沿海、沿长江、沿京广、沿陇海—兰新）发展论""TC构造（沿长江、沿海与沿渤海经济圈）发展论""点线面"协同的开放发展理论、区域分工协作协调论等多种区域协调发展理论。例如：汪一鸣（1993）基于不发达地区的实际情况，提出重点开发和协调发展相结合的区域开发战略。杨开忠（1994）以中国区域经济实践为基础，在深入探讨平衡发展战略和不平衡发展战略的基础上，提出了实行积极的全国区域一体化发展战略。杨吾扬和梁进社（1994）对区域增长模式、区域和区际投入产出模式等主要区域开发模式进行了理论探讨，强调应用这些模式时应根据实际情况进行修改和补充。顾朝林和赵晓斌（1995）在分析资本流动对区域开发的作用的基础上，讨论了"内陆均富"和"沿海先富"两种中国传统区域开发模式的不足，并提出了运用西方现代区域发展理论构造以城市为主体的新型区域开发模式。总体来看，经济地理学者对区域经济协调发展进行了有益探索，强调重视经济系统与环境系统之间的动态平衡和空间协调，针对不同地域类型、不同发展阶段的区域系统，因地制宜地确定不同的开发战略和目标。

四、可持续发展研究

（一）经济可持续发展

1994 年 3 月，国务院第十六次常务会议审议通过《中国 21 世纪议程》。学者们从多学科多视角开展了关于可持续发展的理论体系构建、运行机制、战略对策等问题的研究。在可持续发展运行机制方面，董锁成等（1999）以可持续发展为主线，从多学科综合视角对资源、环境与经济相互作用的机制和规律进行了探讨，并从不同时空尺度对中国现代化进程中即将出现的人口、资源、环境难题和危机及其演变趋势进行前瞻性的预警分析。在可持续发展战略方面，孙久文（1998）从环境政策、产业政策和区域政策三个方面探讨了资源开发利用与可持续发展之间的关系，提出了未来中国资源开发利用的战略。廖荣华（1998）系统分析了可持续发展的来龙去脉、理论基础、基本因素、产业选择、社会响应、区域机制等，在此基础上探讨了中国自然生态、经济社会以及山区和洪涝灾区的可持续发展战略。郭焕成等（1996）探讨了中国粮食生产潜力及缓解粮食压力的途径和政策选择、中国农业区域发展战略与对策、面向国际市场的中国农业持续发展战略与对策等。此外，一些经济学者的相关研究也体现出一些经济地理思想。例如，基于均衡思想，王军（1997）从经济均衡、人口均衡、生态均衡、资源均衡等方面探讨如何走向优化可持续发展均衡，强调制度变革、制度创新在实现可持续发展过程中的作用。

（二）区域可持续发展

经济地理学者发挥其学科优势，从区域可持续发展的价值观和哲学范式、区域可持续发展战略态势和能力的指标体系、区域可持续发展的机理、区域可持续发展的优化模型和系统调控等方面对其进行理论探讨。例如：秦耀辰等（1997）从现代人地关系协调论、区域 PRED（人口—资源—环境—发展）系统论、区域发展控制论和人地相互作用潜力论等方面对区域持续发展的基本理论进行了探讨；任建兰等（1998）总结和提出了区域可持续发展建设体系的理论与实践框架，在此基础上对不同区域可持续发展问题及其对策进行了分析。鉴于可持续发展过程是不同空间尺度下区域诸多社会、经济、自然要素相互作用、协同耦合的过程，具有复杂性、非线性、开放性和动态性等特点，毛志锋（2000）运用耗散结构理论和自组织原理，从区域社会、经济与资源环境的和谐发展角度，系统地探讨了区域物质循环和能量供需的机理以及区域可持续发展的内在协同规律和调控策略。在理论分析的基础上，一些学者运用系统动力学模型和实验方法对区域人地系统中各子系统之间的复杂相互作用和相互影响关系进行模拟仿真。例如：杨晓鹏和张志良（1993）基于系统动力学模型对不同情景下土地承载力进行模拟；王黎明（1998）运用PRED集成系统仿真模型系统对可持续发展问题进行全面深入的诊断，提出人口增长模式、经济发展模式、资源利用与环境保护模型和跨世纪区域发展模型。基于区域承载力是衡量区域可持续发展的重要标志，区域承载力的提高则意味着区域可持续发展能力的增强。还有一些学者则利用科学方法研究区域综合承载力与现实承载状况，从实证分析角度揭示人地关系的不同模式及协调机理。例如，毛汉英和余丹林（2001）基于系统动力学原理建立区域可持续发展仿真模型，定量地描述人口、资源、经济与环境子系统中各变量间复杂的相互关系，并运用计量模型、地理信息系统和遥感等新技术和新方法对区域PRED结构的动态变化进行模拟、预测及优化。区域可持续发展机理取决于许多因素的共同作用。然而，每一种因素在不同的时期和不同的地区其作用大小有所差异。

　　不同地区具有不同的资源环境条件和社会经济特征，也会形成不同的可持续发展起点、水平、内容和模式。经济地理学者对典型区域可持续发展实践进行剖析和总结。例如：毛汉英（1998）从经济增长、社会进步、资源环境支持和可持续发展能力四个方面构建了可持续发展的指标体系，对山东省可持续发展战略和规划进行了研究；方创琳和毛汉英（1999）从经济发展、社会发展和资源与环境发展三个维度构建了多层次、多目标模糊综合测度模型以反映区域发展水平；李小建等（2001）将大比例尺地形高程模型与遥感数据相结合，从点位（site）角度构建了区域可持续发展的模型，运用相对标准对区域可持续发展状态变化进行分析。为了在多个区域间进行可持续发展能力的比较，王黎明和毛汉英（2000）建立了一个具有可比性的无量纲的综合量，作为区域可持续发展能力得分及排序的依据；毛汉英和余丹林（2001）采用状态空间法作为度量区域承载力的基本方法，利用状态空间中的原点同系统状态点所构成的矢量模数表示区域承载力的大小。另一些学者则对特定地区的区域可持续发展模式、路径和战略进行了探讨。胡序威等（1995）对影响沿海地区持续发展的重大问题进行了系统分析；陆大道等（1997）从地缘经济和地缘政治的角度对该地区面向 21 世纪的持续发展战略进行了综合性研究。吕拉昌（1997）从人地关系"三元"结构出发探讨民族地区的可持续发展战略和区域持续发展的模式。申玉铭和毛汉英（1998）按照 PRED 可持续发展的要求，提出山东省未来一段时期经济发展规划的主要目标方案。杨桂山（1998）在对资源环境进行评估的基础上，从资源合理利用、区域开发方式、环境保护等方面提出了开发利用对策和可持续发展战略措施。毛志锋（2000）针对小城镇建设、自然保护区和县域等不同区域，从人口有序化、资源和环境价值合理化、产业结构重组与优化等方面提出了可持续发展的战略和措施。

五、区域综合研究

（一）区域综合实证研究

20 世纪 80 年代以来，经济地理学者在区域综合研究方面做了大量的实际工作，出版了若干有参考价值的专著。80 年代末，中国经济地理学家孙敬之组织编写了"中国省市区经济地理丛书"（共 28 册），由新华出版社陆续出版。该丛书是区域性的经济地理著作，一个省市区一个分册，分别介绍了各省市区生产分布的演变、生产分布的现状和基本特征，分析了影响生产分布发展变化的条件，总结了新中国成立以来省市区生产布局的基本经验，探讨了经济发展趋势，对省市区国土开发、地区产业结构与布局的调整有一定的参考价值。例如，《河南省经济地理》主要是围绕河南省国土资源、生产发展条件、产业结构、生产布局、经济地理分区等问题进行研究，对认清河南省的省情、制定国土规划和经济发展战略等具有重要参考价值（李润田，1987）。《中国经济地理概论》（孙敬之，1983）系统地介绍中国生产分布发展变化的历史过程和现状，分析了影响生产分布发展变化的诸因素，探讨了进一步调整生产力布局的路径。值得一提的是，该著作的英文版于 1988 年由牛津大学出版社发行，产生了较大的国际影响。同时，中国科学院经济地理研究所编写的《京津唐区域经济地理》系统分析了京津冀地区的自然条件、自然资源特点，阐述了国民经济空间布局与经济联系，揭示了中心城市的形成机制以及经济发展和人口增长等对资源环境所产生的负面影响，为该地区的重大建设项目布局及国土空间整治提供了重要决策参考（中国科学院经济地理研究所，1988）。《黄淮海地区乡村地理》（郭焕成，1991）全面论述黄淮海地区乡村土地资源的合理利用、产业结构调整与布局、乡镇企业与乡村工业化、交通运输与乡村经济发展、乡村经济类型与功能分区等问题，结合黄淮海地区的实际提出了乡村长期发展的区域模式和道路。

为了连续跟踪全国及各地区经济和社会发展决策和态势，满足国家和地区政府决策部门的需要，陆大道从 1997 年开始定期主持编制《中国区域发展报告》。《1997 中国区域发展报告》比较全面地阐述了中国自然基础和经济特征的地域差异，从国家和各省区市政府决策的高度，在全国、大地带、省区市以及重要的行业、发展领域等多个层面上揭示了 20 世纪 90 年代中国实施的区域发展战略、政策及其效果，并以丰富的资料对经济持续快速增长、经济布局、区域经济差异等问题进行分析（陆大道和薛凤旋，1997）。随后，《1999 中国区域发展报告》从可持续发展的观点和区域的角度对 90 年代中国高速经济增长及其可持续性发展问题进行跟踪评价，对一些重要资源的长期可持续利用、环境与生态稳定性和可支持能力进行了分析，并对社会发展与经济发展间的协调性和适应性做出区域性的判断和评价（陆大道等，1999）。

（二）区域经济地理理论

经济地理学者围绕经济地域类型划分、经济地域结构—功能、经济地域类型形成与演化机制等方面对区域经济地理学理论进行探讨。陈才（1987）的《区域经济地理学基本理论问题研究》对区域经济地理学的一些基本理论进行初步分析。随后，陈才（1991）进一步以劳动地域分工和经济地域运动理论为主线，以经济地域与经济地域系统为研究客体，系统地阐述了区域经济地理学的基础理论、基本内容和主要研究方法，揭示经济事物地域分异的内在机制及其深刻的地理内涵，所构建的区域经济地理学理论体系有助于解决各种现实区域问题。丁四保（1992）对经济地域结构要素进行讨论的基础上对经济地域结构进行了类型划分，探讨了条件要素研究与区域经济地理学的理论区别与联系，论述了区域经济地理学的实践功能。在《经济地域运动论》中首次提出了经济地域运动的概念，指出了经济地域运动是指经济地域系统的成分、结构、功能规模、等级、性质等在不可逆时间序列中有机的空间演变过程（董锁成，1994）。《世界经济地理结构》（陆卓明，1995）从地理空间观的视角阐述了现代生产力地理分布的模式，其中包括工业、农业、矿业各自的分布模式，以及它们结合分布的模式，从而建立了一套崭新的世界经济结构理论。

专栏 5-6　　　　　　　　陈才的区域经济学研究

陈才（1931—2020），黑龙江省庆安县人，著名经济地理学家，区域经济地理学科的奠基人，第二届中国地理科学杰出成就奖获得者，东北师范大学城市与环境科学学院教授、博士生导师和终身荣誉教授。主要著作有《经济地理学基础》《区域经济地学原理》等。主要贡献包括：提出了经济区域形成发展的劳动地域分工、经济地域运动和地缘经济理论，并形成了完整的时间方法体系，创立和完善了区域经济地理学学科体系，开创和深化了劳动地域分工理论和经济地域运动理论研究；在东北地区发展、东北老工业基地振兴、东北亚地缘关系和区域经济合作以及图们江流域国际合作开发等研究和实践领域有重要贡献。

　　资料来源：董锁成，杨旺舟，石广义. 陈才教授学术思想及对区域经济地理学的贡献［J］. 地理研究，2011，30（11）：2115-2122；照片来源：http：//news. cctv. com/special/C19198/20070820/107595. shtml.

六、其他研究

（一）译著和教材

在译著方面，1978~1984 年，李旭旦教授牵头编译了《国外地理科学文献选译》，系统介绍了国外区域地理和人文地理动向。1982 年，《地理译报》创刊，重点关注国外地理学发展动向，成为中国学者了解西方经济地理研究进展的窗口。自 1982 年起，商务印书馆陆续出版地理学译著，如《孤立国同农业和国民经济的关系》（杜能）、《工业区位论》（韦伯）、《德国南部中心地原理》（克里斯塔勒）。此外，1987 年，萨乌什金的《经济地理学：历史、理论、方法和实践》被翻译为中文出版，该书较为系统地介绍了 20 世纪 70 年代以前苏联及世界经济地理研究的历史、现状、理论和方法。

在大学教材方面，《工业地理学》（魏心镇，1982）主要介绍了工业生产力布局、工业地域组合形成和特点及其发展演变规律。《经济地理学导论》（华东师范大学等，1982）从生产布局的条件和规律、不同产业部门（农业、工业和交通运输业）以及经济区划与区域规划等方面，阐明了经济地理学的基本理论、基本专业知识和基本方法。《经济地理学导论》（胡兆量等，1987）基于当时有计划的商品经济条件，阐述了经济地理学的基本理论和基本方法。《经济地理学原理》（曹廷藩等，1991）突出中国特色产业布局的理论总结。《现代经济地理学》（吴传钧等，1997）侧重于生产布局、地区经济发展以及人口、资源、环境与经济发展间相互关系论述，开始引入西方国家的一些理论方法。《现代工业地理学》（王缉慈，1994）关注工业技术创新和企业空间竞争，从国际化视角分析了该时期国内外工业空间变化的机制和发展的格局。《高等经济地理学》（杨吾扬和梁进社，1997）从理论推导角度对中外经济地理学的主要理论进行介绍，对中外区域经济开发模式进行比较。《经济地理学》（李小建，1999b）是第一本系统吸纳西方主要经济地理思想，并与中国实践相结合教材。该教材被全国高校普遍采用，有力地推动了中西经济地理学观点的融合和发展，第一版2002年获得全国高等学校优秀教材一等奖，第二版2019年获第二届全国优秀地理图书普通高等教育教材奖，第三版2021年获全国首届教材建设奖（高等教育类）全国优秀教材二等奖。

总的来讲，随着这些译著和教材的出版，一些中国经济地理学家逐渐接受了欧美经济地理学的思想和研究方法，开始用这些理论和方法进行中国特色经济地理问题的研究。

（二）区位理论研究

改革开放后，学者对区位论介绍、评论的文献日益增多。张文奎（1981）首先对韦伯的工业区位理论进行了介绍和评述。随后，闫小培（1996）从传统区位理论在解释信息产业区位时所面临的问题入手，分析了影响信息产业区位的主要因素；杨吾扬和杨齐（1986）从区位论的角度分析城市功能区形成的自然、经济和社会因素。同时，出现了一些介绍和评述区位理论的论著。《区位论及区域研究方法》（陆大道，1988）一书系统阐述了主要区位理论产生的社会经济基础和理论模型，提出区位理论正向空间结构、区域分析和区域模型理论的发展，并运用国内外的经济地理实践论证了这些理论和方法的实践意义。《区位论原理》（杨吾扬，1989）较为全面地介绍了古典区位论、近代区位论和现代区位论，同时吸收了国内外近期研究成果，包括对区位理论和模式的实验研究。《经济区位论》（张文忠，2000）立足于经济学和地理学的研究视点，探讨了农业、工业、商业、交通以及跨国企业的区位决策和空间经济行为过程，并对区位决策与区域经济发展等问题进行了研究。此外，《工业区位理论》（陈振汉和厉以宁，1982）则从经济学角度对工业区位论的有关理论进行了评述。

然而，区位论的实证研究以农业区位论和中心地理论为主。华熙成（1982）对上海市郊区农业区位模式进行分析，发现上海郊区的四个环状农业带与杜能环具有一定相似性。宁越敏（1984）从商业中心的分类、等级体系、影响区位的因素等方面分析了上海市区商业中心的区位，随后吴郁文（1988）、李振泉等（1989）分别对广州、长春等城市商业中心的布局进行了研究。

（三）理论方法构建

20世纪80年代初，学者就经济地理学的研究对象进行了讨论。计划经济时期，经济地理学界普遍认为生产或生产力布局是经济地理学研究的核心。胡兆量和陆大壮（1982）认为，这种观点实际上是把经济地理学科学研究的任务与具体研究工作画等号，难以正确处理部门经济地理学和区域经济地理学的关系，提出应加强综合性的区域经济地理研究，揭示典型情况下的典型规律。张乐育（1983）认为，经济地理学是研究地球表面人类经济活动与各种地理要素相互关系的科学。生产布局只是具体工作任务，属于经济地理学的应用研究方向。胡兆量（1986）进一步提到，经济地理学综合的形式包括要素的综合、过程的综合、开发效果的综合以及区域间的综合，而综合性研究则体现在加强区域综合的理论和方法论，关注经济、人口、环境和资源的相互关系。

1981年，孙敬之组织编写了"经济地理学理论丛书"，并计划由商务印书馆出版8部，对《经济地理学导论》《工业地理学》《农业地理学》《交通运输地理学》《商业地理学》等重要领域的基本理论问题进行较为深入的研究。因多方面的原因仅有部分著作出版。其中，《经济地理学导论》（胡兆量等，1987）在系统探讨经济地理学研究对象及学科体系基础上，对自然条件、技术、社会条件、人口等生产力布局的关系以及生产力布局规律进行探讨。《商业地理学》（杨吾扬等，1987）对商业地理学的基本理论、商业活动的空间组织模式以及商业与地理环境的关系等问题进行较为系统的研究和探讨。

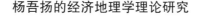

专栏 5-7 杨吾扬的经济地理学理论研究

杨吾扬（1933—2009），北京市人，北京大学教授，著名经济地理学家，中国地理学数量化先驱、理论化的倡导者，交通运输地理学科和课程的组建人。主要从事交通运输地理、经济区划等方面研究。主要著作有《交通运输地理学》《区位论原理》《商业地理学》《高等经济地理学》等。主要贡献包括：率先将线性规划方法引进交通运输的地理研究，提出了关于吸引范围、腹地的系统性理论；提倡并积极推进地理学的理论化和数量化；提出了城市体系的级别、数目和规模对应模式，以中国一些大中城市为例，获得很好实证效果。

资料来源：冯长春，贺灿飞，邓辉，等. 北京大学人文地理学发展与创新［J］. 地理学报，2017，72（11）：1952-1973；照片来源：北京大学城市与环境学院。

第三节 主要经济地理思想

改革开放以来，经济地理学者主要关注如何利用自然条件和自然资源发展经济，强调不同类型企业在区域经济发展中的重要作用。伴随着经济快速增长过程中出现的资源环境问题、区域经济差异扩大等问题，开始关注区域可持续发展和区域经济协调。同时，随着计算机技术和遥感技术的发展，经济地理学者也关注新方法和新技术的应用。经济地理学者在运用新技术和新方法对这些特色经济地理问题进行理论研究和实践应用的过程中，丰富和发展了经济地理学思想。

一、区域发展战略思想

20世纪80年代，邓小平同志提出了"两个大局"的战略思想。一个大局是沿海地区加快对外开放，较快地先发展起来，内地要顾全这个大局；另一个大局是沿海地区发展到一定时期，拿出更多的力量帮助内地发展，沿海地区也要顾全这个大局。与此相应地，经济地理学者提出了一些具体观点。其中，梯度推移观点认为，生产力的空间推移要从梯度的实际情况出发，首先让有条件的高梯度地区引进、掌握先进生产技术，然后逐步向处于二级、三级梯度的地区推移。反梯度推移观点认为，区域的技术引进和经济开发的次序不能完全按照所处的梯度，而应主要根据经济发展的需要和条件而定。主导论则认为从不同的层次观察区域之间的梯度推移会存在不同形式，从总体上看，起主导作用的是梯度推移，其他推移形式只是发生在少数领域、个别领域和特殊的时期（李小建，1999b）。基于梯度推移、反梯度和主导论，学术界对不同区域开发先后顺序有所讨论。较有影响力的是刘再兴（1987）提出的"立足沿海，循序西移，中间突破"、陈栋生（1991）提出的"东靠西移、逐步展开"以及"墨渍扩散"等思想和模式。

在不平衡战略思想的引导下，全国经济在整体上快速发展的同时，区域经济差异呈现逐渐增大的趋势。针对这种现象，经济地理学者认为中国处于大规模工业化和城市化阶段，经济增长已导致区域经济差异不断扩大，建议政府应采取举措减缓其加剧趋势（陆大道和薛凤旋，1997）。区域经济发展应坚持"效率优先、兼顾公平"的原则，该原则应用于区域经济差异调控上，就是在追求整体经济快速增长的情况下，将区域经济差异控制在一定的合理范围之内。这方面，有学者提出了"区域经济差异警戒线"的概念，即区域经济差异只要不超过这条警戒线，那么就不会危害经济和社会发展，区域经济差异的调控目标就是将其控制在这条警戒线之下（覃成林，1997）。

针对区域经济差异的扩大，20 世纪 90 年代初经济地理学者提出了区域协调发展思想，这被看成是突破传统的平衡发展论和不平衡发展论的第三条发展道路（魏后凯，1995）。区域协调发展理论的核心观点是，根据不同区域自身要素禀赋的特点，确定开发模式，形成合理的分工，并通过区域间关联互动，实现区域间相对平衡和动态协调的发展过程（张敦富和覃成林，2001）。区域经济协调发展主要受到来自区域层面的内在动力与来自国家层面的外在推力的综合影响（覃成林等，2011）。区域经济发展是否协调可从地区比较优势偏离度、区域差距、基本公共服务均等化程度、市场一体化程度等方面进行判断。这些思想对之后的区域发展战略考虑具有重要参考价值。

二、经济空间结构思想

经济现象的空间关系是经济地理学研究的重要主题。这一时期，中国经济地理学者在这方面做了富有创新的工作，在陆大道的"点—轴"理论引领下形成了相互关联的系列思想。"点—轴"理论是 20 世纪 80 年代陆大道（1988，1990）系统总结的区位理论，其中包含着对中国工业企业成组布局和经济布局规律研究的总结。该理论认为，合理集聚和最佳规模是生产力空间结构形成的核心。在这一机制作用下，交通线的建设改变了区域初始的经济空间格局，促成沿线经济集聚点的形成（见图 5-4 中展示 A 到 D 的发展）。这些集聚又带动交通线的延伸，交通线的延伸反过来促成更大程度的集聚，如此发展下去，使区域形成以"点—轴"为标志的空间结构系统（陆大道，1995）。"点—轴"空间结构模式在诸多国家和区域战略规划中得到广泛的应用，已成为中国不同地域尺度和不同类型空间规划进行空间组织的主要模式。基于"点—轴"空间结构模式，80 年代初期陆大道提出的中国国土开发和经济发展的"T"形结构被纳入1990 年国家计划委员会同有关部门共同编制完成的《全国国土总体规划纲要（草案）》，并在全国试行，成为中国区域发展战略的重要思想。

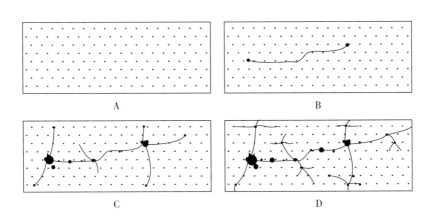

图 5-4　"点—轴"空间结构的形成机理

资料来源：陆大道（1995）。

与"点—轴"理论相关联，学者们提出了网络式空间结构的观点。魏后凯

（1988）认为，随着"点—轴"系统内的轴线连接和扩展，将形成一个纵横交错、遍布全区的空间网络。网络空间结构中，点和点之间会建设多路径的联系通道，形成纵横交错的交通、通信、动力供给网络。网络上的各个点对周围地区的经济和社会发展产生组织和带动作用，并通过网络而构成区域的增长中心体系。同时，网络沟通了区域内各地区之间的联系，在全区范围内传输各种资源和要素。覃成林等（2016）基于早期形成的网络式空间结构观点，进一步提出多级网络空间发展格局思想，认为，在国家层面，需要构建多极网络空间发展格局，在全国范围内形成多极支撑、轴带衔接、网络关联、极区互动、各具活力的区域经济发展新格局，促进全国区域经济走向相对平衡、协调发展的新阶段。

专栏 5-8   **陆大道的经济空间结构思想**

        陆大道（1940— ），安徽省枞阳县人，著名经济地理学家，中国科学院院士，中国科学院地理科学与研究所原所长，中国地理学会原理事长。主要从事经济地理学和国土开发、区域发展问题研究。代表著作有《区位论及区域研究方法》《中国工业布局的理论与实践》《区域发展及其空间结构》。主要贡献包括：科学地构思了中国生产力布局和国土开发的框架，提出了"点—轴结构"理论和以海岸带及长江沿岸为国土开发、经济布局战略重点的"T"形宏观战略，被列入《全国国土总体规划纲要》和23个省、自治区的国土规划。牵头提交29篇咨询报告得到了国家高层重视，影响中国20世纪80年代中后期以来区域发展战略格局。

    资料来源：孙东琪，刘卫东，陈明星.点—轴系统理论的提出与在我国实践中的应用[J].经济地理，2016，36（3）：1-8；照片来源：中国科学院地理科学与资源研究所网站，http：//www.igsnrr.ac.cn/gkjj/ysfc/ldd/.

    基于中国经济空间结构现象的观察，陆玉麒（1998a，1998b）结合增长极

理论和"点—轴"结构理论，提出双核结构理论。双核结构是指在某个区域中由区域中心城市和港口门户城市及其连线构成轴线，由此引领和推动所在区域发展的一种空间结构现象（见图5-5）。该理论认为，双核结构是区域发展过程中内生性与外源性力量共同作用的结果。两种力量的空间耦合，导致双核结构的形成与演化。双核结构实现了区域中心城市的趋中性与港口城市的边缘性的有机结合。在同一个区域中，区域中心城市与港口城市之所以能形成一种固定的空间结构，就在于这种空间组合可以实现区位上和功能上的互补。目前，一些地区已将双核结构理论用于区域规划中，并作为发展战略的重要参考。

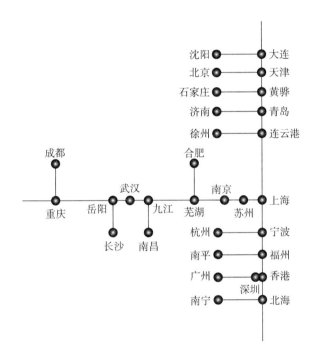

图5-5　中国沿海和沿江地区的双核结构分布

资料来源：陆玉麒. 区域发展中的空间结构研究［M］. 南京：南京师范大学出版社，1998a.

在经济空间结构与自然地理现象的联系上，叶大年等（2001）发现，中国的城市和集镇有各种不同的对称模式，并且发现城市集镇的对称分布是由大地构造位置决定的。在此基础上，他们提出了城市对称理论，其主要观点是：一个区域在地质构造上有对称性，它会在自然地理（如地形和地貌）相应的对称性上反映出来；一个区域在自然地理上有对称性，它会在经济地理相应的对称性上反映出来，城市特别是大城市，是经济高度发展的体现，因而经济的对称性可由城市分布的对称性表现出来；区域气候条件（如气温、年降雨量）会在某种程度上影响经济地理的对称性；人们的重大经济政治活动会影响经济地理的对称性；对称的经济地理格局是一种合理的格局。

以上这些系列观点渗透着新的人地关联思想，是该时期中国经济地理思想的重要组成部分。

三、经济地理学的人地关系思想

1979 年，吴传钧先生提出经济地理学的人地关系思想（陆大道和樊杰，2009）。该阶段，经济地理学的人地关系思想主要体现在国土开发整治规划和可持续发展理论观点上。经济地理学者强调国土开发整治要有综合观点和长远观点，特别关注资源开发利用布局。在综合观点方面，把国民经济各部门作为整体来考虑，而不是把各部门孤立考虑；分析经济部门结构时，要考虑部门结构和地区布局之间所存在的相辅相成关系。在长远观点方面，强调要合理利用资源，保护好生态环境。国土开发整治的目的是正确处理经济发展与人口、资源、生态之间的关系（吴传钧，1998）。

一些学者从区域可持续发展切入人地关系，提出了一些新观点，其中一个重要的观点是区域 PRED（人口—资源—环境—发展）的协调发展（申玉铭和毛汉英，1999）。经济地理学提出根据自然系统是否合理、经济系统是否高效、社会系统是否健康协调、生态系统是否向良性循环发展四个方面来综合判断区域可持续状态（毛汉英，1996；方创琳和毛汉英，1999；王黎明和毛汉英，2000）。区域可持续性的监测/评估应根据区域长期人地和谐状况来建立相对判断标准（Li et al.，2001），所使用的定量指标要符合当地实际（王云才和郭焕成，2000）。区域 PRED 系统与外界环境和其他区域不断地发生着物质、能量和信息的传输与相互作用，要使区域 PRED 系统协调地发展演化，人类就必须自觉地调控自身及系统各要素的发展，使系统总体发展轨迹与环境容量的限制作用相适应（张志强，1994）。在区域可持续发展过程中，根据不同类型地域人地关系的动态变化规律及其差异特征，制定符合区域实际的经济可持续发展模式，促进人类活动和地理环境关系的动态平衡（吴传钧，2008）。经济地理学特别强调，在人地关系地域系统的优化调控过程中要充分发挥人类在人地系统中的主观能动作用，发挥市场调节和政府宏观调控的双重作用，综合运用直接调控手段（如各种经济技术手段）与间接调控手段（如政策、法律法规、公众参与和监督等），从时间协调、空间协调和利益协调三个方面入手对区域可持续发展系统进行调控（毛汉英，1995）。

专栏 5-9　　　　　毛汉英的区域可持续发展系列研究

毛汉英（1938—），江苏省江阴县人，著名经济地理学家，国际欧亚科学院院士，中国科学院地理科学与资源研究所资深研究员，曾任中国地理学会人文地理专业委员会主任。主要从事城市与区域规划、区域可持续发展与世界地理方向研究，先后主持中国沿海地区区域开发与 21 世纪可持续发展研究、三峡库区移民开发与可持续发展研究等各级项目 20 余项，出版学术专著 16 部（含合著），发表学术论文 220 多篇。主要著作有《人地系统与区域可持续发展研究》《区域发展与区域规划：理论·方法·实践》。主要贡献包括：对区域可持续发展理论、人地系统优化调控、区域发展规划等有系统论述。

资料来源：毛汉英.区域发展与区域规划研究［M］.北京：商务印书馆，2022；照片来源：本人提供。

四、企业地理与产业集聚思想

改革开放以来，中国经济地理学者在引入西方理论的同时，结合中国实际，围绕公司区位选择与迁移、企业与区域发展关系、产业集聚等方面进行了系列研究，形成了一些有特色的思想。

企业的区位选择行为常常会受到个人、公司、国家等方面社会关系和政策因素的影响。一些学者强调制度变迁是决定农村工业的产生和推进的根本因素

（苗长虹，1998）。改革开放初期，城乡制度差异导致企业生产成本和经营成本的差异，一些企业选择布局在成本相对较低的农村社区。另一些学者强调企业家精神和社会关系在农村工业发展中的作用，认为农村工业的产生与发展取决于其人力资本的状况，其中"经济能人"对农村工业发展起决定性作用，而这些"经济能人"的社会关系对企业区位选择起着重要作用（李小建，1993）。乡镇企业初始区位的选择倾向于在其熟悉的社区，因为企业创办和运营过程中所需要的资金、技术和原料供应能通过血缘、地缘和人缘关系以较低成本实现（苗长虹，1998）。社会文化邻近对跨国企业在华投资初始区位的选择过程中具有重要作用（张文忠，2000）。然而，随着对我国投资环境和政策的熟悉，外资企业在我国投资的区位和空间行为也会发现一定的变化。企业的区位选择和迁移则与区域创新环境的好坏密切相关（王缉慈和王可，1999；王缉慈等，2001）。

　　多区位企业与区域之间形成复杂的相互联系。不同类型的企业与区域发展的关系有所差异。对国有企业而言，国有企业通过兼并、重组实现自身的空间扩张，进而对所在区域产生影响。同时，通过加强与其他非国有企业（特别是农村工业企业）的产业联系，扩大其对区域经济的间接影响。经济地理学者研究发现，国有企业的扩张并不符合"近邻""等级"原则，而是按照产业联系、人际关系、体制根植形成空间扩张"通道"，提出"通道扩张"的观点（Li，2002）。对跨国公司而言，跨国公司与投资地政府有关部门、合资者、同类生产企业、生产关联企业、服务性企业等均发生一定联系。通过这些联系，各方相互作用。正是这种相互作用中各方地位的不同，决定了投资地利益得失的大小（李小建，1999a）。跨国公司和投资地之间的交易，存在不平等关系。发展中国家接受跨国公司投资地区，并不全处于弱势地位，某些特殊地区（如上海）具有较强的讨价力量，从而为该地区带来较大收益（Li and Yeung，1999）。跨国投资对中国区域经济发展的影响具有显著差异。李小建（1999b）通过对中国改革开放以来的外资影响的分析，发现外资对区域经济差异的影响是处于变动之中（即由初始阶段的缩小区域差异，到一段时期后扩大区域差异）。该观点的提出丰富和完善了跨国公司与区域经济关系相互作用理论。

　　相同或相似产业的中小企业集聚所形成的工业园区具有新产业区的特征。在中国特殊的社会文化背景下，亲缘、地缘和业缘关系对集群企业之间联系具有极为重要的促进作用（李小建，1997）。中小企业集群企业间通过资源—加工联系、农产品—加工联系、零部件与半成品加工联系、资金联系以及技术联系等，形成规模经济、分工经济和网络联系等共同竞争优势。同时，偶然因素、非正式联系等因素对集群竞争优势的作用也不容忽视。基于人情化的非正式联系所构建的地方生产网络，能够帮助企业及时、快捷地获得所需要的原料和零部件，并及时地将自己的产品销售给客户。此外，网络也为企业提供面对面交流的机会，有效促进知识和信息在企业间流动、累积和创新，从而增强其区域的产业竞争力（王缉慈等，2001）。区域创新能力的提高是持久竞争力的保障。外向型制造业集聚区域利用业已形成的集聚优势，建立本地创新网络是区域产业升级和结构调整的关键，而全球化联系对提高本地创新网络的学习能力和协同作用具有重要作用。此外，高新技术产业开发区作为高新技术企业的载体，其中的企业根植性是区域创新环境的形成、地方化经济发展、高新技术产业开发区开发的关键（王缉慈和王可，1999）。

五、新的研究方法和视角

20世纪后期，随着计算机技术、地理信息技术和遥感技术的发展，经济地理学研究方法开始关注新方法和新技术的应用，研究方法呈现多元化和定量化特征。经济地理研究则从现象分析开始转向动态、过程和机理的研究，关注多因素综合作用。受西方经济地理思想的影响，经济地理研究关注中国特殊的微观经济主体和社会文化因素的作用。

（1）注重计量方法和数学模型的应用。经济地理学者运用投入产出方法、聚类分析、层次分析、区位商、回归分析等各种传统统计分析方法进行区域分析与规划，分析和预测各种地理要素的发展变化。同时，部分学者也尝试应用自组织理论等来解决更加复杂的问题。例如：陆大道（1988）应用系统动力学模型解决区域人口、资源、环境与经济发展关系问题；陈宗兴（1989）运用系统工程原理研究自然地理系统和经济地理系统，为区域资源的综合利用和开发进行规划；杨吾扬和梁进社（1997）利用图论方法解决交通运输问题。这些方法的运用提高了经济地理学解决实际问题的能力，同时也丰富和发展了经济地理学的方法论。该阶段经济地理研究所采用的研究方法逐步从定性分析转向定量计算的综合集成，不仅采用了综合因素地域分析法，还大量引用了数学模型、数理统计方法和遥感、计算机技术手段，开始走向推理逻辑化、体系严密化、理论化。

（2）注重遥感和地理信息技术的应用。20世纪80年代初，经济地理学者开始尝试运用GIS集成自然和人文数据，并用于区域的水土资源变化、基础设施布局、城市发展方面的可视化。例如：应用地理信息系统在管理、分析、描绘社会经济数据的优势，探讨其在区域规划、商业选址、城市商业土地级差地租评价、区域城镇发展用地评价等方面的应用；利用空间分布测度的方法研究工业布局，进行合理性论证；利用可达性分析方法分析区域结构、城乡地域分异和城乡相互作用；计算全国铁路交通可达圈（杨吾扬和梁进社，1997）。还有学者结合GIS和遥感进行资源调查和区域规划。例如：利用航空遥感调查方法结合GIS技术监测区域土地利用动态、编制土地利用现状和各类资源的分布图（王祁春和张柏，1995；陆大道等，2003）。总体来看，GIS和空间分析方法在区域发展规划和研究中开始逐步得到应用，这与土地利用态势、城乡发展变化的态势以及重大基础设施建设和布局需要进行可视化表现密切相关。

（3）注重多因素综合分析。20世纪80年代以来，经济地理学者开始关注国际化、区位、人力资源、社会文化、制度等因素在塑造中国经济地理格局和过程中的作用。例如：强调技术创新、信息技术在社会经济空间塑造过程中的作用（如：陆大道，1995）；制度变迁对农村工业化发展的影响（如：苗长虹，1998）；中国特有传统文化对产业集群形成与演变的作用（如：王缉慈等，2001）。针对传统单因素分析难以深入剖析系统的演变过程和演变规律，一些经济地理学者运用系统要素的综合集成方法分析不同自然和人文地学要素同特征指标与综合测度指标的关系，综合揭示影响区域发展的主导要素及其要素匹配关系的转换规律，探究要素同区域发展的耦合机理（陆大道和薛凤旋，1997）。多因素综合作用分析方法的应用大大增强了经济地理现象的解释能力和预测能力。

（4）开始注重微观研究。在计划经济时期，中国经济地理学重视宏观研究。随着西方经济地理学微观视角的引入，中国经济地理学也开始重视微观尺度和微观单元的研究。一方面，从微观经济单元入手，分析微观单元经济行为及其与区域发展的关系，并从简单区位的企业到复杂的企业内外部关系的综合分析。例如，基于企业层面的调查访谈，分析不同类型企业的区位变化与公司空间行为（李小建，1999）、产业集群的形成与演变（王缉慈等，2001）等。另一方面，从微观尺度精细解剖经济地理现象的内部机理。例如，小尺度区域的可持续发展模拟（Li et al.，2001）。该时期经济地理学重视宏观格局研究的同时，开始注重微观过程和机理的分析。

（5）关注动态和过程研究。20世纪90年代以前，经济地理学对经济地理现象更多侧重于静态分析。随着遥感、地理信息和计算机技术的进步，尤其是系统论、控制论和信息论的引入，中国经济地理学研究逐步由静态描述向动态分析、由模拟向控制方向发展，在与其他学科深度交叉的进程中，复杂性特征将进一步强化。如，运用多时相遥感数据和地理信息技术对经济活动的动态变化进行监测（陆大道等，1999）；运用系统动力学的原理和方法对区域社会—经济—生态复合系统进行总体动态仿真（王黎明，1998）；对经济特区经济辐射功能与发展趋势进行分析（姚士谋等，1989）。

参考文献

［1］［德］阿尔弗雷德·韦伯．工业区位论［M］．李刚剑，译．北京：商务印书馆，1997.

［2］［德］沃尔特·克里斯塔勒．德国南部中心地原理［M］．常正文，译．北京：商务印书馆，1998.

［3］［德］约翰·冯·杜能．孤立国同农业和国民经济的关系［M］．吴衡康，译．北京：商务印书馆，1986.

［4］［苏］Ю.Г.萨乌什金．经济地理学：历史、理论、方法与实践［M］．毛汉英，张成宣，等译．北京：商务印书馆，1987.

［5］曹廷藩，张同铸，杨万钟，等．经济地理学原理［M］．北京：科学出版社，1991.

［6］陈才．区域经济地理学基本理论问题研究［M］．长春：东北师范大学出版社，1987.

［7］陈才．区域经济地理学原理［M］．北京：中国科学技术出版社，1991.

［8］陈栋生．区域经济研究的新起点［M］．北京：经济管理出版社，1991.

［9］陈航．煤炭基地类型区交通运输特点及其运网规划的某些问题［J］．经济地理，1981，1（2）：37-40.

［10］陈航，张文尝，金凤君．中国交通运输地理［M］．北京：科学出版社，1993.

［11］陈振汉，厉以宁．工业区位理论［M］．北京：人民出版社，1982.

［12］陈忠祥．宁夏工业结构与工业布局［J］．经济地理，1990，10（1）：23-26.

［13］陈宗兴．经济活动的空间分析［M］．西安：陕西人民出版社，1989.

［14］丁四保．试论区域经济地理学的实践功能［J］．人文地理，1992，7（3）：14-19.

［15］董锁成．经济地域运动论：区域经济发展的时空规律研究［M］．北京：科学出版社，1994.

［16］董锁成．21世纪中国可持续发展新论［M］．西安：陕西人民出版社，1999.

［17］凡杰．长治—焦作地域工业综合体的组织［J］．地理学报，1989，44（2）：174-184.

［18］樊杰．中国农村工业化的经济分析及省际发展水平差异［J］．地理学报，1996，51（5）：398-407.

［19］樊杰．中国农村工业发展在城镇化过程中的作用——对我国7个建制镇的实证研究［J］．地理科学，1998，18（2）：4-10.

［20］方创琳，毛汉英．区域发展规划指标体系建立方法探讨［J］．地理学报，1999，54（5）：410-419.

［21］费洪平．企业地理研究综述［J］．地理研究，1993，12（1）：111-119.

［22］费洪平．产业带边界划分的理论与方法——胶济沿线产业带实例分析［J］．地理学报，1994，49（3）：214-225.

［23］费洪平．我国企业组织空间联系模式研究［J］．地理科学，1996，16（1）：18-25.

［24］费洪平．企业与区域经济协调发展研究——以胶济沿线地区为例［J］．经济地理，1993，13（3）：23-29.

［25］顾朝林，赵晓斌．中国区域开发模式的选择［J］．地理研究，1995，14（4）：8-22.

［26］郭焕成．中国农村经济区划［M］．北京：科学出版社，1999.

［27］郭焕成，康晓光，李荣生，等．社会主义市场经济体制下中国农业持续发展战略研究［M］．北京：中国环境科学出版社，1996.

［28］郭焕成，姚建衢，任国柱．中国农业类型划分的初步研究［J］．地理学报，1992，47（6）：507-515.

［29］郭焕成．黄淮海地区乡村地理［M］．石家庄：河北科学技术出版社，1991.

［30］韩增林．试论环渤海地区港口运输体系的建设与布局［J］．经济地理，1995，15（1）：79-84.

［31］胡鞍钢．中国地区差距报告［M］．沈阳：辽宁人民出版社，1995.

[32] 胡序威，毛汉英，陆大道，等．中国沿海地区持续发展问题与对策［J］．地理学报，1995，50（1）：1-12．

[33] 胡兆量．论经济地理学的综合性［J］．经济地理，1986，6（2）：83-85．

[34] 胡兆量，郭振淮，杨兆椿，等．经济地理学导论［M］．北京：商务印书馆，1987．

[35] 胡兆量，陆大壮．区域——经济地理学研究的核心［J］．经济地理，1982，2（3）：163-166．

[36] 胡兆量，王恩涌，韩茂莉．中国区域经济差异及其对策［M］．北京：清华大学出版社，1997．

[37] 华东师范大学，等．经济地理学导论［M］．上海：华东师范大学出版社，1982．

[38] 华熙成．上海市郊区农业区位模式及农业生产问题的探讨［J］．经济地理，1982，2（3）：175-181．

[39] 金凤君．我国空间运输联系的实验研究——以货流为例［J］．地理学报，1991，46（1）：16-25．

[40] 李诚固．东北工业基地产业结构调整与布局［J］．经济地理，1996，16（4）：68-73．

[41] 李国平，杨开忠．外商对华直接投资的产业与空间转移特征及其机制研究［J］．地理科学，2000，20（2）：102-109．

[42] 李润田．河南省经济地理［M］．北京：新华出版社，1987．

[43] 李为．关于我国轻纺工业区位选择因素的探讨［J］．地理学报，1983，38（3）：273-283．

[44] 李为．造纸工业布局与水环境动态平衡［J］．地理科学，1982，2（1）：23-32．

[45] 李文彦．我国矿产资源与地理位置的地区差异——工业布局若干条件的经济地理分析［J］．地理研究，1982，1（1）：19-30．

[46] 李文彦．中国工业地理［M］．北京：科学出版社，1990．

[47] 李小建．工业变化与公司活动的空间分析［M］．北京：科学出版社，1991．

[48] 李小建．河南农村工业发展环境研究［M］．北京：中国科学技术出版社，1993．

[49] 李小建．新产业区与经济活动全球化的地理研究［J］．地理科学进展，1997，16（3）：18-25．

[50] 李小建．公司地理论［M］．北京：科学出版社，1999a．

[51] 李小建．经济地理学［M］．北京：高等教育出版社，1999b．

[52] 李小建．外商直接投资对中国沿海地区经济发展的影响［J］．地理学报，1999，54（5）：420-430．

［53］李小建，苗长虹．增长极理论分析及选择研究［J］．地理研究，1993，12（3）：45-55.

［54］李振泉，李诚固，周建武．试论长春市商业地域结构［J］．地理科学，1989，9（2）：133-141.

［55］李振泉，佟素贤．我国甜菜生产的适宜地带适宜区划和集中产区［J］．经济地理，1982，2（4）：256-261.

［56］廖荣华．可持续发展的理论与实践［M］．长沙：湖南师范大学出版社，1998.

［57］刘树成．中国地区经济发展研究［M］．北京：中国统计出版社，1994.

［58］刘卫东．我国省际区域经济发展水平差异的历史过程分析（1952—1995）［J］．经济地理，1997，17（2）：28-32.

［59］刘卫东，张玉斌．区域资源结构、产业结构与空间结构的协调机制初探［J］．经济地理，1992，12（4）：20-25.

［60］刘再兴．中国工业布局学［M］．北京：中国人民大学出版社，1981.

［61］刘再兴．工业地理学［M］．北京：商务印书馆，1997.

［62］刘再兴．论我国生产力布局战略［J］．开发研究，1987（5）：11-13.

［63］陆大道．工业区的工业企业成组布局类型及其技术经济效果［J］．地理学报，1979，34（3）：248-264.

［64］陆大道．区位论及区域研究方法［M］．北京：科学出版社，1988.

［65］陆大道．中国工业布局的理论与实践［M］．北京：科学出版社，1990.

［66］陆大道．区域发展及其空间结构［M］．北京：科学出版社，1995.

［67］陆大道．关于国土（整治）规划的类型及基本职能［J］．经济地理，1984，4（1）：3-9.

［68］陆大道，樊杰．经济地理学的领路人、人文地理学的开拓者——沉痛悼念我国当代杰出的地理学家吴传钧先生［J］．经济地理，2009，19（3）：353-356.

［69］陆大道，刘毅，樊杰，等．1999年中国区域发展报告［M］．北京：商务印书馆，2000.

［70］陆大道，薛凤旋．1997中国区域发展报告［M］．北京：商务印书馆，1997.

［71］陆大道．中国沿海地区21世纪持续发展［M］．武汉：湖北科学技术出版社，1997.

［72］陆大道，等．中国区域发展的理论与实践［M］．北京：科学出版社，2003.

［73］陆玉麒．区域发展中的空间结构研究［M］．南京：南京师范大学出版社，1998a.

［74］陆玉麒．双核型空间结构模式的探讨［J］．地域研究与开发，1998b，17（4）：

45-49.

［75］陆卓明.世界经济地理结构［M］.北京:中国物价出版社,1995.

［76］吕拉昌.人地关系与我国西部民族地区的可持续发展［J］.经济地理,1997,17（3）:100-104.

［77］毛汉英.山东省可持续发展指标体系初步研究［J］.地理研究,1996,15（4）:16-23.

［78］毛汉英.山东省跨世纪可持续发展的综合调控研究［J］.地理学报,1998,53（5）:31-39.

［79］毛汉英,余丹林.区域承载力定量研究方法探讨［J］.地球科学进展,2001,16（4）:549-555.

［80］毛汉英.人地系统与区域可持续发展研究［M］.北京:中国科学技术出版社,1995.

［81］毛志锋.区域可持续发展的理论与对策［M］.武汉:湖北科学技术出版社,2000.

［82］苗长虹.中国农村工业化对经济增长的贡献［J］.经济地理,1996,16（4）:74-78.

［83］苗长虹.中国农村工业化的若干理论问题:兼述欠发达地区的发展［M］.北京:中国经济出版社,1997.

［84］宁越敏.上海市区商业中心区位的探讨［J］.地理学报,1984,39（2）:163-172.

［85］宁越敏.新城市化进程——90 年代中国城市化动力机制和特点探讨［J］.地理学报,1998,53（5）:88-95.

［86］庞效民.我国农村工业结构和发展方向分析［J］.农业经济问题,1991（11）:44-50.

［87］钱伯增,陈晓平,程进.乡镇企业空间集聚优越区位的选择研究——以浙江省为例［J］.经济地理,1996,16（2）:91-94.

［88］秦耀辰,陈世敏,王喜,等.区域持续发展的基本理论及其实践意义［J］.地理科学进展,1997,16（1）:18-26.

［89］全国农业区划委员会.中国综合农业区划［M］.北京:农业出版社,1981.

［90］任建兰.区域可持续发展理论与方法［M］.济南:山东省地图出版社,1998.

［91］佘之祥,唐振钹,陈永锡,等.江苏省吴县东、西洞庭山及沿湖丘陵地区常绿果树发展问题——以柑桔适宜区分区评价为重点［J］.经济地理,1981,1（2）:9-17.

［92］申玉铭，毛汉英. 山东半岛可持续发展的经济增长因素分析及趋势预测［J］. 经济地理，1998，18（3）：40-44.

［93］申玉铭，毛汉英. 区域可持续发展的若干理论问题研究［J］. 地理科学进展，1999，18（4）：287-295.

［94］沈小平. 试论工业区工业企业成组布局的经济效果和最佳规模的确定［J］. 地理学报，1987，42（1）：51-61.

［95］孙敬之. 中国经济地理概论［M］. 北京：商务印书馆，1983.

［96］孙久文. 中国资源开发利用与可持续发展［M］. 北京：九州图书出版社，1998.

［97］孙尚清. 中国区域协调发展战略［M］. 北京：中国经济出版社，1994.

［98］覃成林. 中国区域经济差异研究［M］. 北京：中国经济出版社，1997.

［99］覃成林，贾善铭，杨霞，等. 多极网络空间发展格局：引领中国区域经济 2020［M］. 北京：中国社会科学出版社，2016.

［100］覃成林，张华，毛超. 区域经济协调发展：概念辨析、判断标准与评价方法［J］. 经济体制改革，2011，169（4）：34-38.

［101］汪一鸣. 不发达地区区域开发的几个理论问题［J］. 地理学报，1993，48（6）：497-504.

［102］王德荣，柴本澄. 中国运输布局［M］. 北京：科学出版社，1986.

［103］王缉慈. 关于企业地理学研究价值的探讨［J］. 经济地理，1992，12（4）：11-14.

［104］王缉慈. 现代工业地理学［M］. 北京：中国科学技术出版社，1994.

［105］王缉慈. 简评关于新产业区的国际学术讨论［J］. 地理科学进展，1998，17（3）：32-38.

［106］王缉慈，等. 创新的空间——企业集群与区域发展［M］. 北京：北京大学出版社，2001.

［107］王缉慈，宋向辉，李光宇. 北京中关村高新技术企业的集聚与扩散［J］. 地理学报，1996，51（6）：481-488.

［108］王缉慈，王可. 区域创新环境和企业根植性——兼论我国高新技术企业开发区的发展［J］. 地理研究，1999，18（4）：357-362.

［109］王军. 可持续发展：一个一般理论及其对中国经济的应用分析［M］. 北京：中国发展出版社，1997.

［110］王黎明. 区域可持续发展：基于人地关系地域系统的视角［M］. 北京：中国经济出版社，1998.

［111］王黎明，毛汉英．我国沿海地区可持续发展能力的定量研究［J］．地理研究，2000，19（2）：156-164.

［112］王祁春，张柏．松嫩平原中部农业区域土地景观动态研究［J］．地理科学，1995，15（2）：176-181，200.

［113］王曙光．港口发展的区域观点［J］．经济地理，1993，13（1）：33-37.

［114］王云才，郭焕成．鲁西平原农村经济可持续发展指标体系与评价——东昌府区的典型案例研究［J］．经济地理，2000，20（1）：74-78.

［115］魏后凯．区域开发理论研究［J］．地域研究与开发，1988，8（1）：16-19.

［116］魏后凯．区域经济发展的新格局［M］．昆明：云南人民出版社，1995.

［117］魏后凯，刘楷，周民良．中国地区发展［M］．北京：经济管理出版社，1997.

［118］魏心镇．矿产资源区域组合类型与地域工业综合体［J］．地理学报，1981，36（4）：358-368.

［119］魏心镇．工业地理学［M］．北京：北京大学出版社，1982.

［120］魏心镇，韩百中．沿黄河地带——我国国土开发布局轴线［J］．地理学报，1992，47（1）：12-21.

［121］魏心镇，林亚真．国土规划的理论开拓——关于地域结构的研究［J］．地理学报，1989，44（3）：262-271.

［122］魏心镇，王缉慈．新的产业空间——高技术产业开发区的发展与布局［M］．北京：北京大学出版社，1993.

［123］吴传钧．人地关系与经济布局［M］．北京：学苑出版社，2008.

［124］吴传钧，蔡清泉．中国海岸带土地利用［M］．北京：海洋出版社，1993.

［125］吴传钧，郭焕成．中国土地利用［M］．北京：科学出版社，1994.

［126］吴传钧，刘建一，甘国辉．现代经济地理学［M］．南京：江苏教育出版社，1997.

［127］吴郁文，谢彬，骆慈广，等．广州市城区零售商业企业区位布局的探讨［J］．地理科学，1988，8（3）：208-217，295.

［128］谢光辉，周国华．国土开发与整治［M］．长沙：中南工业大学出版社，1996.

［129］阎小培．信息产业的区位因素分析［J］．经济地理，1996，16（1）：1-8.

［130］杨桂山．长江沿岸地区经济可持续发展面临的主要问题与对策［J］．地理科学，1998，18（6）：510-517.

［131］杨开忠．中国地区工业结构变化与区际增长和分工［J］．地理学报，1993，48（6）：481-490.

［132］杨开忠．论区域发展战略［J］．地理研究，1994，13（1）：9-15.

［133］杨开忠，张洋．天津市工业相对优势及其结构变动［J］．地理科学，1999，19（6）：510-516.

［134］杨万钟，陆心贤，沈玉芳．关于上海钢铁工业合理发展与布局问题初步研究［J］．经济地理，1984，4（1）：21-27.

［135］杨吾扬．区位论原理［M］．兰州：甘肃人民出版社，1989.

［136］杨吾扬．交通运输地理学［M］．北京：商务印书馆，1986.

［137］杨吾扬，梁进社．论我国区域开发的理论模式［J］．地理研究，1994，13（3）：1-13.

［138］杨吾扬，梁进社．高等经济地理学［M］．北京：北京大学出版社，1997.

［139］杨吾扬，杨齐．论城市的地域结构［J］．地理研究，1986，5（1）：1-11.

［140］杨吾扬，张靖宜，崔家立，等．商业地理学［M］．兰州：甘肃人民出版社，1987.

［141］杨晓鹏，张志良．青海省土地资源人口承载量系统动力学研究［J］．地理科学，1993，13（1）：69-77，96.

［142］姚建衢．农业地域类型划分的聚类分析［J］．地理科学，1988，8（2）：146-155，199.

［143］姚士谋，王德，叶枫．厦门经济特区经济辐射功能与发展趋势［J］．地理学报，1989，44（2）：140-146.

［144］叶大年，赫伟，徐文东，等．中国城市的对称分布［J］．中国科学（D辑：地球科学），2001（7）：608-616.

［145］于振汉．工业结构与布局对区域环境的影响［J］．地理科学，1986，6（4）：314-322.

［146］于志达．我国出口商品生产综合基地的布局条件及其作用［J］．经济地理，1988，8（3）：201-203.

［147］余军华．中国区域经济差异及协调发展研究［D］．武汉：华中科技大学博士学位论文，2007.

［148］曾菊新．空间经济：系统与结构［M］．武汉：武汉出版社，1996.

［149］张敦富，覃成林．中国区域经济差异与协调发展［M］．北京：中国轻工业出版社，2001.

［150］张乐育．关于经济地理学研究对象问题的几点讨论［J］．经济地理，1983，3（4）：243-247.

［151］张可云．中国区域经济运行问题研究［J］．经济研究，1992（6）：52-58.

［152］张雷，陆大道．我国20世纪工业地理学的发展［J］．地理学报，1999，54（5）：391-400.

［153］张文尝．工业基地交通运输布局问题［J］．地理学报，1981，36（2）：157-170.

［154］张文尝，金凤君．空间运输联系［M］．北京：中国铁道出版社，1992.

［155］张文奎．卫勃的工业区位论简介［J］．经济地理，1981，1（2）：69-70.

［156］张文忠．区位政策与区域经济发展［J］．地理科学进展，1998，17（1）：29-35.

［157］张文忠．经济区位论［M］．北京：科学出版社，2000.

［158］张小林．乡村空间系统及其演变研究：以苏南为例［M］．南京：南京师范大学出版社，1999.

［159］张志强．区域可持续发展的理论与方法［J］．中国人口·资源与环境，1994，4（3）：23-29.

［160］中国科学院经济地理研究所．京津冀区域经济地理［M］．天津：天津人民出版社，1988.

［161］周立三．中国农业区划的理论与实践［M］．合肥：中国科学技术大学出版社，1993.

［162］Li X J. The changing spatial networks of large state-owned enterprises in reform-era China：A company case study［J］．Tijdschrift Voor Economische En Sociale Geografie，2002，93（4）：383-396.

［163］Li X J，Peterson J，Liu G J，et al. Assessing regional sustainability：The case of land use and land cover change in the middle Yiluo catchment of the Yellow river basin, China［J］．Applied Geography，2001，21（1）：78-106.

［164］Li X J，Yeung Y. Inter-firm linkages and regional impact of transnational corporations：Company case studies from Shanghai, China［J］．Geografiska Annaler，1999，81（2）：61-72.

［165］Wang J. An analysis of new-tech agglomeration in Beijing：A new industrial district in the making?［J］．Environment & Planning A，1998（30）：681-701.

第六章 21世纪的经济地理思想

第一节 经济地理学发展的新背景

一、中国经济地理新现象

21世纪前20年，中国经济由高速增长向中高速增长转型，区域发展不均衡呈扩大态势，城市群经济迅速崛起，乡村经济日渐衰退，城乡差距突出，传统生产要素亟待转型，新要素对区域发展的驱动作用有待激发，区域发展战略向加快落后地区发展、缩小区域差距的区域协调发展方向转型。

（一）区域不均衡加剧

近20年是中国经济发展的关键时期。全国经济总量由2001年的11.09万亿元增加到2020年的101.60万亿元，尤其是2001~2015年中国经济高速发展，年均增速达13.94%[①]。但各省份间的经济增长速度差别很大，区域经济发展不均衡问题突出。首先，东部、中部、西部和东北地区四大板块间的区域差异呈波动拉大的趋势，四大板块之间的GDP变异系数由2002年的0.771增大到2019年的0.781。其间可以分为三个波动变化阶段，分别为2002~2007年由0.771增大到0.802，2007~2013年由0.802降至0.730，2013~2019年由0.730增至0.781（许欣和张文忠，2021）。四大板块间区域差异再次拉大的原因主要在于2014年以来东北地区经济增长旧动能减弱和新动力不足的结构性矛盾，造成了

[①] 根据《中国统计年鉴2020》和《中华人民共和国2020年国民经济和社会发展统计公报》。

东北地区经济增速放缓。其次，南北区域之间的差异也呈扩大趋势，主要体现在陕西、甘肃、青海、宁夏和新疆西北五省份与四川、重庆、贵州、云南和西藏西南五省份的发展差距正在拉大，东南与东北、华北的差距更加速拉大。区域发展差异的扩大是经济地理学者高度关注的问题之一。

（二）城市群经济崛起

城市经济是区域经济乃至全国经济增长的重要引擎。截至 2020 年，全国地区生产总值超过万亿元以上的城市已有 23 个[①]，这些城市已成为区域协调发展战略的中心节点和支撑。尤其是随着一系列区域发展战略的实施，城市群经济迅速崛起，逐步成为我国区域经济协调发展的重要抓手。《中华人民共和国国民经济和社会发展第十一个五年规划纲要》《国家新型城镇化发展规划（2014—2020 年）》《中华人民共和国国民经济和社会发展第十三个五年规划纲要》《2020 年新型城镇化和城乡融合发展重点任务》以及《中华人民共和国国民经济和社会发展第十四个五年规划和 2035 年远景目标纲要》都强调培育发展城市群。国家"十三五"规划提出加快城市群建设发展，并规划确立了 19 个城市群，土地面积仅占全国的 26%，2015 年，这些城市群的人口总量占全国的 83%，创造了全国 87% 的 GDP 总量。其中，京津冀、长三角和珠三角等九大城市群[②]在 2015 年以全国 16. 15% 的土地和 46. 94% 人口创造了全国 66. 92% 的地区生产总值和 54. 71% 的固定资产投资[③]。2020 年，全国已经形成和培育发展中的城市群有 20 个，包括 5 个国家级城市群、9 个区域级城市群和 6 个地区性城市群。城市群正逐步成为我国经济发展的支柱和载体，城市和城市群经济也成为值得关注的经济地理现象。

（三）乡村衰退与振兴

改革开放以来，我国城乡居民收入取得了长足提高，但本阶段城乡差距依然十分明显。城乡居民人均可支配收入比从 2000 年的 2. 79 减小到 2020 年的 2. 56[④]，

---

① 2020 年，GDP 超过万亿元的城市有上海、北京、深圳、广州、重庆、苏州、成都、杭州、武汉、南京、天津、宁波、青岛、无锡、长沙、郑州、佛山、泉州、济南、合肥、南通、西安和福州，共 23 个城市。

② 九大城市群为京津冀城市群、长三角城市群、珠三角城市群、长江中游城市群、中原城市群、成渝城市群、关中城市群、辽中南城市群和哈长城市群。

③ 资料来源于 2016 年《中国城市统计年鉴》。

④ 根据《中华人民共和国 2000 年国民经济和社会发展统计公报》和《中华人民共和国 2020 年国民经济和社会发展统计公报》。

而城乡居民收入的绝对差距从 2000 年的 4027 元增大到 2020 年的 25703 元，相对差距虽有所减低但绝对差距不容忽视。城乡二元结构体制和薄弱的农村经济造成的农村连片贫困化、空心化为主要特征的"乡村病"令人高度关注。2013年，全国仍有 14 个集中连片特困区，832 个贫困县，12.8 万个贫困村，近 3000万贫困户和 7017 万贫困人口（刘彦随等，2016），成为全面建设小康社会的最大"短板"。2013 年，中央印发《关于创新机制扎实推进农村扶贫开发工作的意见》提出"精准扶贫"，2015 年中央提出，到 2020 年我国现行标准下农村贫困人口实现脱贫，贫困县全部"摘帽"，解决区域性整体贫困问题[①]。经过五年的努力，脱贫攻坚目标如期完成，提前 10 年实现了联合国 2030 年可持续发展议程的减贫目标。随着发展阶段和目标任务的变化，全国"三农"工作重点也将逐步从脱贫攻坚转移到全面实施乡村振兴战略上来。这一时期，针对农村贫困问题，以及科学推进巩固拓展脱贫攻坚成果与乡村振兴有效衔接研究，经济地理学者发挥专业特长从多方面参与了相关问题的研究。

（四）传统要素转型

中国经济进入重大转型期，支撑经济增长的人口、资源、投资、体制等要素条件发生了新的变化。首先，人口禀赋的变化，2000~2020 年中国劳动年龄人口（15~64 岁）比重从 70.15% 减小到 68.55%，老龄化特征越来越显著。第五、第六、第七次全国人口普查显示，2000 年全国 65 岁及以上人口占总人口的比重为 6.96%[②]，2010 年为 8.87%[③]，2020 年增加到 13.5%[④]。相应地，"用工荒"现象在多地出现，劳动力成本不断上升。其次，中国的工业化进程伴随着大量的自然资源开发，自然资源禀赋为中国制造提供了强大的比较优势，但也导致了高耗能、高污染、低效率等现象。经济高速增长带来的资源短缺和生态环境的破坏，以资源耗竭为代价的增长模式不能持续支撑中国经济的长期持续发展。再次，过去 20 年经济增长主要得益于低劳动力成本、高储蓄、高投资和高资本，受全球经济低迷和供给冲击影响，中国投资红利出现了新变化，原有的成本洼地效应正在减弱，以高投资为特征的增长模式已变得不可持续。最后，

---

① 中共中央、国务院《关于打赢脱贫攻坚战的决定》，2015 年 11 月 29 日发布。
② 资料来源于《中国统计年鉴 2001》。
③ 国务院人口普查办公室、国家统计局人口和就业统计司：《中国 2010 年人口普查资料》。
④ 资料来源：http://www.stats.gov.cn/tjsj/tjgb/rkpcgb/qgrkpcgb/202106/t20210628_1818824.html。

过去一个阶段中国经济依靠要素驱动成功跨越了低收入国家的"贫困陷阱",迈入中等收入国家行列,但经济规模大而不强,要素驱动的高增长很难长久持续。自 2012 年以来经济增速明显放缓。

(五)区域发展战略转变

20 世纪 90 年代以来国家就开始重视区域协调发展,1999 年实施的"西部大开发"战略、2002 年实施的"东北老工业基地振兴"战略、2005 年实施的"中部地区崛起"战略,都在于推进欠发达区域或衰落区域快速发展,缩小东部、中部、西部地区的发展差距。2000 年以来,中西部地区多数省份经济增长高于广东、北京、上海和浙江等东部沿海地区。2018 年,《中共中央 国务院关于建立更加有效的区域协调发展新机制的意见》提出,推进国家重大区域战略融合发展,以"一带一路""京津冀协同发展""长江经济带发展""粤港澳大湾区建设"等为引领,以西部、东北、中部、东部四大板块为基础,促进区域间相互融通补充。2019 年,黄河流域生态保护和高质量发展上升为国家战略提出要统筹推进山水林田湖草沙综合治理、系统治理和源头治理,保障黄河长治久安,促进全流域高质量发展。这些相关战略,得到了经济地理学者的高度重视,并进行了一系列研究。

二、技术进步的新表现

(一)交通基础设施高速发展

21 世纪以来,中国高速公路和高速铁路快速发展,尤其是高速铁路运营里程超过世界其他所有国家的总和,发展速度引领世界。到 2020 年,全国高速公路总里程已达到 16.10 万千米,与 2001 年的 1.63 万千米相比,增长了 8.88 倍[①]。2008 年,中国第一条具有完全自主知识产权、世界一流水平的高速铁路京津城际高铁通车运营。到 2020 年,全国高速铁路运营里程已达到 3.79 万千米,较 2015 年的 1.98 万千米增长了近 1 倍,已覆盖 94.7% 的 100 万以上人口城市,成为世界上高铁运营里程最长、在建规模最大、高速列车运行数量最多、商业运营速度最高、技术体系最全、运营场景和管理经验最丰富的国家[②]。高速公路

---

① 资料来源:《2021 年中国统计摘要》。

② 资料来源:https://www, tghepaer, cn/newsDetail_forward_13180508.

和高铁网络的建成，为在更大的区域范围内开展区域合作提供了可能，不仅改变了中国的交通运输结构，还显著影响中国城市与区域发展空间格局，促进了交通要素和运输地理学的相关研究。

（二）现代信息技术快速提升

21世纪以来，我国信息技术发展逐步形成了包括信息基础设施、信息通信制造、软件和信息服务业全覆盖的产业体系。移动通信技术从3G、4G到5G不断革新，我国已成为全球第五代移动通信（5G）等标准制定的主导者之一，华为、中兴等企业的5G技术方案测试性能达到国际一流水平。新型光纤接入技术、新型光交换技术设备、400G数据通信设备、400G光通信设备等研发成功并投入应用，与国际先进水平同步。在互联网领域我国正由互联网大国向互联网强国转型发展，2015年，"互联网+"行动计划上升为国家战略，互联网与金融、零售、教育、交通、医疗、文化、旅游、生活服务等领域的结合所带来的产业升级和创新创业活力也逐步显现。2020年，全国互联网宽带接入端口9.46亿个，互联网宽带接入用户4.84亿户，移动互联网用户超13.49亿户[1]，一批互联网企业进入全球互联网企业前20强。信息技术发展为经济地理学发展提供了难得的机遇和发展条件，所积累的大数据为经济地理学认知经济活动规律提供了坚实的数据材料支撑。

三、经济全球化的新特点

中国的工业化和城镇化是与全方位的对外开放并行的。改革开放之后，尤其是21世纪以来，中国经济快速融入世界经济和全球价值链之中，中国制造广泛进入国际分工体系之中，中国市场已成为国际市场的重要组成部分。2008年，全球性金融危机对全球经济特别是对金融市场产生了剧烈冲击，全球跨境贸易和投资明显减少，贸易保护主义对全球经济发展带来明显的负面影响，主要经济体增长放缓，全球经济增长态势陷入低迷状态。2013年，"一带一路"倡议是中国推动对外开放和全球发展的新举措，是相对于新自由主义的全球化更具包容性的全球化（刘卫东和刘志高，2018）。这些都对经济地理学提出了新的课题。

---

① 资料来源于《中国统计年鉴2021》。

第二节　经济地理研究分析

经济地理学作为一门偏重于理论研究的自然和人文交叉学科，其研究成果的主要表现形式为学术论文、项目研究和学术著作。本节从这三个方面着手，收集自 2001 年以来国内主要学术期刊公开发表的学术论文、公开出版的经济地理学相关著作以及国家自然科学基金委员会立项的属于经济地理学的自然科学基金项目，梳理经济地理学研究的主要方向和研究特色。

一、数据来源与研究方法

经济地理学学术论文散见于地理学和经济学的相关刊物。其中，《经济地理》为本专业代表性期刊。《地理学报》《地理研究》《地理科学》《地理科学进展》《人文地理》等地理类学术刊物发表论文中含有"经济""工业""农业""服务业""电商""乡村发展"等相关关键词，可以看作经济地理学论文。从众多的经济学学术刊物发表的论文中，用关键词筛选经济地理学论文非常困难，且所选出的论文大多主要属于区域经济学、空间经济学。故以下论文分析的数据，主要依据前述的六个期刊 2001~2020 年刊出且属于经济地理学的论文。国家自然科学基金项目来源于 2002~2016 年《地球科学进展》发布的国家自然科学基金批准项目一览表（地球科学部分）及国家自然科学基金委员会，按照"经济地理学"申请代码，筛选出 2001~2020 年属于经济地理学的立项项目。学术著作主要来源于超星图书数据库、当当网、淘宝网、京东网等网络平台公开销售图书类别目录中于 2001~2020 年出版的属于经济地理学的著作。

判断学术论文、立项项目和学术著作是否属于经济地理学，主要依据学术论文研究主题、自然科学基金项目和著作是否研究经济活动的空间格局来判断是否属于经济地理学，具体包括经济活动区位、区域产业结构与产业发展、产业集聚与产业集群、空间格局与演变以及经济活动与地理环境的关系等。对于跨学科的论文，如果内容涉及经济活动、经济行为，如城市经济功能区、城市间经济网络以及城市内经济活动空间结构、旅游经济等论文也列入经济地理学范畴，城镇体系、城镇化、城市空间结构、旅游行为等方面的论文不列入经济地理学范畴，述评和报道与纪念性文章不列入。按照以上标准，从六种期刊中筛选经济地理学论文 3908 篇，国家自然科学基金立项项目 570 项，学术著作 361 部。

二、学术论文

学术文献分析 Citespace 软件是由美籍华裔学者陈超美开发的，通过论文关键词共现分析来刻画某一学科或知识领域在一定时期的发展趋势与动向。本节采用 Citespace 文献分析技术结合数理统计分析，对本时期地理学主要期刊刊发的经济地理学论文在研究机构、研究团队、研究主题等方面的特点进行分析。

（一）学术论文总量

经济地理学论文不断增加，地理学六种期刊发表的经济地理学论文量从 2001 年的 66 篇增加到 2020 年的 317 篇，各年度间经济地理论文数量存在较大的差别，经济地理学学者更加关注科学知识生产，也反映了学术期刊在发文方面的竞争不断加剧，各期刊的发文总量是有限的，期刊关注的是地理学全科发展，而非经济地理学的专刊，同时还受知识生产规律的影响，不同年份经济地理学发文数量有一定的差异和波动（见表6-1）。

表 6-1　2001~2020 年经济地理学论文发文量

年份	发文数量（篇）	年份	发文数量（篇）
2001	66	2011	265
2002	73	2012	193
2003	66	2013	125
2004	61	2014	156
2005	120	2015	244
2006	211	2016	298
2007	132	2017	246
2008	117	2018	337
2009	263	2019	327
2010	291	2020	317

（二）主要期刊比较

《经济地理》是国内刊发经济地理学研究成果的主要期刊。2001~2020 年，该期刊发表的属于经济地理学的研究论文达 1816 篇，占经济地理论文总量的 46.47%。虽然近几年来随着《经济地理》发文学科方向的多元化，经济地理学文章数量有一定程度的降低，但仍领先于其他期刊。《地理学报》《地理研究》

《地理科学》和《地理科学进展》四个刊物学科方向广泛，每期文章的数量也较少，所以经济地理学论文数量相对较少，尤其是《地理学报》在 2001~2020 年刊发经济地理学研究论文仅为 301 篇（见表 6-2）。

表 6-2　2001~2020 年主要地理期刊的发文量及占总量的比重

期刊名	发文数量（篇）	占总量的比重（%）
《经济地理》	1816	46.47
《地理科学》	601	15.38
《地理研究》	477	12.21
《人文地理》	395	10.11
《地理科学进展》	318	8.14
《地理学报》	301	7.70

（三）发文机构分析

对各研究机构发表经济地理学论文的数量进行统计，根据在六种期刊的刊文总量进行排序发现，中国科学院地理科学与资源研究所、南京师范大学地理科学学院、河南大学环境与规划学院（包括河南大学黄河文明与可持续发展研究中心）、中国科学院大学、中国科学院研究生院、东北师范大学地理科学学院、中国科学院南京地理与湖泊研究所、北京大学城市与环境学院、中国科学院区域可持续发展分析与模拟重点实验室和辽宁师范大学海洋经济与可持续发展研究中心是经济地理学研究的主要阵地，图 6-1 显示了发表论文机构间的合作关系。

（四）作者群及研究特色

将发文量位居前列的作者（不仅限于第一作者）进行汇总发现，河南大学的李小建、北京大学的贺灿飞、中国科学院的刘卫东、南京师范大学的陆玉麒、中国科学院的金凤君、河南大学的苗长虹、华东师范大学的曾刚、北京大学的李国平、中国科学院的曹有挥和辽宁师范大学的韩增林发表论文数量居前列，图 6-2 展示了论文作者合作关系网络。通过对论文作者合作网络的分析发现，中国经济地理学研究已形成了一些实力强大的学术团队，他们大多是建立在师缘和学缘关系的基础上。主要研究团队基本上都形成了相对较为明确的研究主题和特色。北京大学以贺灿飞为核心的团队主要关注产业集群相关研究；河南大

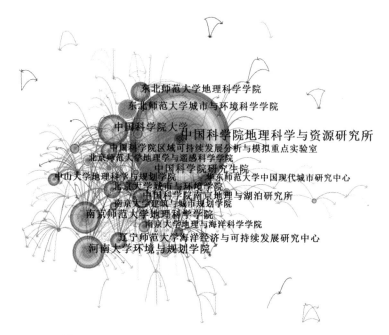

图 6-1 2001~2020 年经济地理学研究机构合作网络

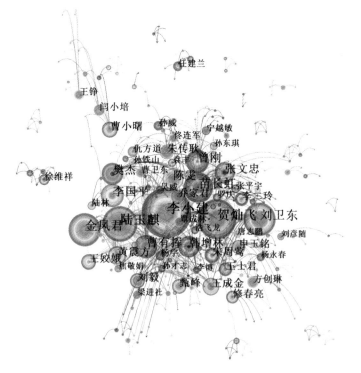

图 6-2 2001~2020 年经济地理学论文作者合作网络

学以李小建、苗长虹为核心的团队主要研究农户和农村发展、产业集群及学习创新；中国科学院以刘卫东为核心的团队主要关注经济全球化及"一带一路"倡议的研究，以金凤君为核心的团队主要关注交通地理和高铁经济效应研究；南京师范大学以陆玉麒为核心的团队主要关注交通可达性与区域空间结构研究；华东师范大学以曾刚为核心的团队主要关注知识创新网络研究；北京大学以李国平为核心的团队主要关注产业结构、产业集聚与区域发展；中国科学院以曹有挥为核心的团队主要关注物流与供应链相关研究等。城市与乡村地理学者顾朝林、方创琳、柴彦威、刘彦随、甄峰等也都发表或合作发表过重要的经济地理论文，这也反映了学科融合是重要发展趋势，尤其是经济地理学与人文地理学、城市地理学、乡村地理学的融合。

（五）关键词共现分析

通过关键词共现分析，得到 2001～2020 年六个地理学期刊所发表的属于经济地理学论文的关键词共现网络（见图 6-3），排在前 20 位的关键词依次为："中

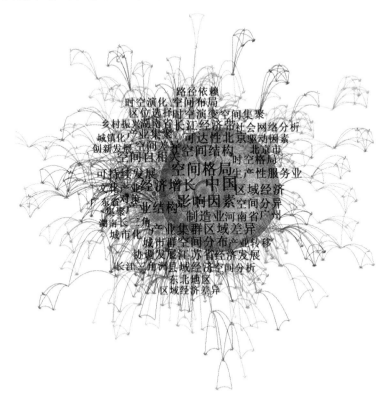

图 6-3   2001~2020 年经济地理论文关键词共现网络

国""空间格局""影响因素""经济增长""制造业""产业结构""产业集群"
"空间结构""空间分布""可达性""区域差异""长江经济带""空间自相关"
"北京""可持续发展""江苏省""区域经济""空间分异""生产性服务业"
"河南省"等（见表6-3）。可以发现，经济地理学论文在研究内容上主要集中
在经济要素和经济现象的区域差异及区域分异格局，区域经济现象空间格局分
布及区位选择的影响因素；区域产业结构研究，尤其是制造业和生产性服务业
等；在关注的区域上对全国的宏观研究最多，其次是北京、江苏、河南以及长
江经济带等地区；在研究方法上可达性分析、空间自相关分析较为典型。

表6-3　2001~2020 年发文数量在前 20 位的关键词

排名	关键词	频次	排名	关键词	频次
1	中国	375	11	区域差异	63
2	空间格局	173	12	长江经济带	63
3	影响因素	155	13	空间自相关	62
4	经济增长	90	14	北京	58
5	制造业	79	15	可持续发展	50
6	产业结构	78	16	江苏省	48
7	产业集群	74	17	区域经济	48
8	空间结构	74	18	空间分异	43
9	空间分布	72	19	生产性服务业	39
10	可达性	64	20	河南省	39

三、学术著作

（一）著作总量情况

根据前述对经济地理学范畴的界定，由图书数据库和网络平台检索经济地
理学领域的学术专著并进行筛选，收集获得了经济地理学领域的学术专著 361
部，自 2001 年以来学术专著的出版量也是不断增加的（见表6-4），个别年份
专著数量较上一年度减少并不代表该年度出版的专著减少，可能是受数据获取
途径的限制，本书编写组获得的该年度学术专著数量相对较少，但这并不影响
对研究时段内经济地理研究内容和研究方向的提炼和分析。

表6-4　2001~2020年经济地理著作出版情况

年份	著作数量/部	年份	著作数量/部
2001	14	2011	27
2002	5	2012	16
2003	9	2013	26
2004	14	2014	20
2005	14	2015	14
2006	13	2016	28
2007	14	2017	23
2008	19	2018	35
2009	20	2019	18
2010	20	2020	12

（二）研究领域和特色

根据书名的雷同词对经济地理学术著作进行分类，选取排在前20位的主题词（见表6-5）。可以归纳经济地理学著作的研究领域和研究特色主要集中在区域发展研究、经济地理学教材和经济地理学分支学科、可持续发展研究、区域差异、区域发展模式和发展战略、区域空间结构、产业集群、交通建设与区域发展、港口物流经济、产业集聚、国土空间开发和主体功能区划等领域，近几年对老工业基地振兴的关注也比较多。

表6-5　2001~2020年经济地理学学术著作研究领域分类

主题词	著作数量/部	主题词	著作数量/部
区域发展	49	港口物流	10
经济地理	23	交通运输	9
可持续发展	31	产业集聚	9
区位	20	技术创新	8
区域差异	19	国土空间开发	7
发展模式	15	主体功能区	5
发展战略	14	产业结构	6
空间结构	14	东北地区	6
空间格局	12	技术扩散	5
产业集群	11	产业转移	4

四、自然科学基金项目

（一）自然科学基金项目立项

自 2001 年以来，申请获批的与经济地理学相关的国家自然科学基金项目数量不断增加，包括自然科学基金重点项目、面上项目、地区基金项目、青年项目和优秀青年项目等项目类型在内的属于经济地理学领域的项目数量从 2001 年的 10 项增加到 2020 年的 50 项（见表 6-6），20 年间获批立课题达到 570 项，尤其是近 10 年来年均获批达 39 项，其中，2020 年获批 50 项，反映了经济地理学研究队伍的不断壮大，也反映了国家对经济地理学科的重视程度在不断提高。

表 6-6　2001~2020 年经济地理学自然科学基金立项

年份	立项数量/项	年份	立项数量/项
2001	10	2011	42
2002	13	2012	44
2003	14	2013	35
2004	11	2014	32
2005	16	2015	36
2006	17	2016	22
2007	19	2017	51
2008	20	2018	37
2009	19	2019	37
2010	45	2020	50

（二）立项机构分析

对研究院所和高校获批的经济地理学类的国家自然科学基金数量进行统计和排序，中国科学院地理科学与资源研究所、河南大学、北京大学、华东师范大学、中国科学院南京地理与湖泊研究所、南京师范大学、中国科学院东北地理与生态研究所、中山大学、河南财经政法大学、辽宁师范大学在经济地理学领域获批国家自然科学基金项目位居前列。

五、主要研究方向

学术论文关键词共现分析如图 6-3 所示，经济地理学的传统研究领域如经济增长、区域发展、区域差异、产业结构、空间结构等论题依然是近20年来重要的研究主题。生产性服务业区位选择、产业发展效率、产业发展与能源消费、产业集群等领域也是热点话题。中国经济地理学研究具有很强的政策导向性和国家发展战略凝聚性，对西部大开发、东北老工业基地振兴和中部崛起战略的研究快速增加。根据前述论文关键词共现性分析，并对国家自然科学基金立项的项目和学术著作分别进行研究方向分类，总结21世纪以来中国经济地理学的主要研究方向和研究特色如下：

（一）区域差异与区域发展

区域差异研究是经济地理学的一贯主题，该时期对区域差异问题的研究主要关注不同尺度的区域差异、区域差异的影响因素，尤其是新因素对区域差异的影响。在空间上除了探讨全国各省份之间、东中西部地区省份间、省内地市级间甚至县域单元间区域分异及趋同以外（如：覃成林，2008；刘琼和张可云，2014；邓仲良和张可云，2020；张伟丽，2014），还关注城市群、重点经济区内城市或县域间经济发展水平及空间异质性，诸如，近些年学者对长江三角洲地区（如：靳诚和陆玉麒，2009）、成渝经济区（如：彭颖和陆玉麒，2010）、长江经济带（如：郭庆宾等，2020）、黄河流域（如：覃成林，2011；张可云和张颖，2020）、中原经济区（如：赵威，2018）以及四大板块（如：许欣和张文忠，2021）城市或县市间经济发展差异都给予了关注。城乡差距也是我国区域发展中区域分异的典型特征，学者们对我国城乡居民收入差距的时空变化、影响因素进行了分析或从制度创新视角提出了应对策略（如：李卫华，2019）。同时，还讨论了区域差异测度的方法或指标，多指标综合评价法越来越多被用于区域发展水平的综合评价与比较（陈培阳和朱喜刚，2012；孟德友等，2014）。区域差异是多因素综合作用的结果，除自身地理位置、自然条件、资源禀赋和发展优势（比较优势、人力资本、人口素质、思想观念）外，经济地理学者从多方面探讨了信息技术、科技创新、高速交通、制度政策（产业政策、金融政策、投资政策、税收政策等）、全球化、营商环境、生态环境等多方面因素的影响，文化创意产业等新兴产业发展对区域经济的促进作用日益突出，而且这些因素相比于传统因素对区域发展的作用在持续不断地增强。在战略上如何缩小区域经济差异，学者们相继提出了要素投入论、政策调控论、公共服务均等化和区域一体化理论等观点。樊杰（2020）提出以发挥地区比较优势为基点实现区域综合效益均等化的基本取向，设计促进经济和人口同步集聚实现区域协调发展的新机制。

探讨区域差异的目的还在于促进区域更好地发展，区域发展研究是近些年来我国经济地理学领域蓬勃发展的重要方向，2001年，陆大道获批国家自然科学基金重点项目"中国区域发展地学基础的综合研究"，经济地理学者相继关注全国及典型地区的区域发展、区域发展模式及区域发展转型的路径等。覃成林相继获批2个国家自然科学基金项目关注中国区域经济增长趋同及机理问题，赵威和刘迎霞等也都关注中国区域经济增长的时空俱乐部趋同趋势，而欧向军则强调区域经济发展的极化特征。在中观区域尺度上，关注了长三角、珠三角、京津冀、首都经济圈、长江中下游、中西部地区、东北地区、淮海经济区、农牧交错区、边境地区、少数民族地区、延边地区及集中连片特困地区等环境条件、经济发展或社会文化状况具有典型特征的地区的发展基础、经济增长时空格局、经济发展与生态环境的相互关系、发展模式以及转型发展的机理路径问题；尤其是"精准扶贫"战略实施下解决集中连片特困区的脱贫问题是脱贫攻坚的关键，孙久文等（2019）在对全国14个集中连片特困区减贫情况与趋势判断的基础上提出了2020年后缓解相对贫困的路径和建议。在城市尺度上，一些学者强调资源型城市或生态脆弱性城市的转型发展与可持续发展路径，如对东北地区资源型城市资源"诅咒效应"及转型发展的研究、对煤炭能源富集区产业同构及区域均衡发展的研究、对林业资源型城市经济持续发展导控路径的探讨等。此外，欠发达典型农区的社会经济协调发展问题早在2005年就被李小建研究团队关注，并获批国家自然科学基金重点项目"农户与地理环境相互作用下的中部农区社会经济协调发展研究"，其团队成员乔家君、高更和、李二玲、樊新生和罗庆等相继关注了中国典型农区发展、村域经济发展的模式及形成机制，安祥生、龙花楼等也对晋西北地区、山东省等地乡村发展的类型及动力机制进行了研究。满足国家区域发展战略需求仍然是该阶段经济地理研究的导向和动力。中国科学院围绕区域发展状态监测、区域发展战略、区域经济格局演进及要素空间配置等连续编制了《中国区域发展报告》（陆大道等，2001，2003，2007；刘卫东等，2008，2010，2011，2014，2016）和《东北区域发展报告》（邓伟等，2004；付白臣等，2009）；曾刚等（2014，2016，2017，2018，2020）编制了《长江经济带城市协同发展能力指数》等。为适应区域发展需求和科学把握学科发展的国际前沿，中国科学院在大量实践的基础上编制了《2050中国区域发展研究前瞻》（陆大道，2009）和《中国至2050年区域科技发展路线图》（陆大道，2010），成为今后一个时期区域发展研究的纲领性文献。

（二）交通联系与空间相互作用

中国进入高速公路提升发展和高速铁路快速发展的历史时期，高速交通建设最直接的区域效应是缩短地区间的时空距离，提升区域的交通可达性水平。陆玉麒团队提出了交通可达性分析的技术方法为区域交通可达性评价及区域空间结构分析提供了很好的技术手段，获批了多项自然科学基金项目并发表了一系列研究论文，如"点—轴式空间分析方法研究""长江三角洲地区中心地体系的演变过程及机理研究"等。在交通可达性评价及空间格局方面，曹小曙、张莉和吴威等的国家自然科学基金项目关注了穗港走廊地区和长江三角洲地区交通建设的运输效率和对区域可达性格局的影响；蒋海兵等（2015）、吴威等（2006）对全国和长江三角洲等不同空间尺度区域的高铁网络建设、高速公路建设的可达性水平及空间格局演变特征进行了评价和分析。在高速公路和高铁建设对区域经济增长、区域均衡发展和区域空间结构演变与优化的影响研究方面，王伯礼等（2010）分析了新疆交通建设对区域经济增长的贡献，指出后向波及效应、前向波及、消费波及和乘数效应是交通建设促进经济增长的作用机理；王成新、林涛和钟业喜等的国家自然科学基金分别以山东半岛城市群、长江三角洲地区和江西省为案例对高速公路建设对城市群空间结构演变及城镇空间格局演变的影响进行了研究。在交通建设的区域空间网络关联效应方面，冯彰献获批的国家自然科学基金项目研究了东北地区城市中心地体系向城市网络演进的机理；刘华军等（2019）利用引力模型和网络分析考察了中国区域经济增长空间关联网络的结构特征并采用空间网络权重对区域经济增长进行了收敛检验。

空间相互作用与区域经济联系是这一时期经济地理学者关注的热点论题。经济地理学者基于铁路客运班次、公路客运班次或铁路货运量等流量指标并结合位序规模法则和社会网络分析等模型方法测度了区域或城市间的联系总量或作用强度，分析评价了它们间的位置关系、运输联系、供应链、商品流、资本流和信息流等（陆大道，2011），探讨了空间相互作用与区域发展的关系（王士君，2009）。地理信息技术的进步推动经济地理学空间格局和区域联系研究走向空间模拟和可视化，利用数据库和图形库结合空间模拟法分析区域间和城市间的空间相互作用、相互联系以及地理过程和地理格局的相互关系，识别城市经济区、以等值线表达由中心城市出发的空间可达性、客体的空间作用的场强等。还有学者利用网络分析、投入产出分析刻画了区域间有形和无形的"流"联系：沈丽珍、郝丽莎、马海涛和李涛等的自然科学基金项目从资源要素流动、知识流动和交通客流等方面探讨了空间相互作用与城市网络的空间特征及网络化效应等；汪涛等（2011）研究了中国生物技术知识网络；王波等（2012）研究了互联网微博时代城市网络及空间格局；刘卫东等（2012）构建了区域间贸易流量的产业—空间统计模型并利用投入产出表模拟了区域经济联系，引起了较大的反响。

（三）企业生产网络与产业集群

经济地理学对企业生产网络的研究主要关注于企业网络的空间特征及其与区域经济的关系，本土制造业、零售业等多种行业的企业生产网络或中小企业生产网络的形成与升级。马丽等（2004）对全球化背景下地方生产网络演变模式进行了分析，认为地方生产网络是全球性企业和地方性企业战略行为博弈的结果。赵建吉（2011）对全球技术网络作用下上海张江集成电路地方企业网络的发展历程和演化路径进行了深入分析，指出张江 IC 企业网络演化经历了技术引进—技术合作—技术创新的过程，全球技术网络在张江 IC 企业网络演化中发挥了重要作用。此外，对本土企业网络介入全球生产网络的障碍、升级困境与升级演化路径，企业网络与地理集聚，企业的地域网络对经济空间集聚的影响及集群研究，企业网络对区域创新的影响，地方生产系统形成与区域创新环境的营造等方面都有相应研究。

对产业集群的认识首先是识别集群，学者们先后尝试采用区位商法、波特案例分析法、投入产出法等对产业集群进行识别（王发明，2008），但也仅反映了集群产业在区域或跨区域间集聚的结果，未能反映生产主体间是否有密切的联系和互动，而这正恰恰是集群和集聚的根本区别。集群研究除了关注装备制造、卫生器材、电子信息、纺织服装、皮革鞋帽、生物制药等制造业之外，逐步扩及旅游业、科技研发产业、文化创意产业、金融服务业、高新技术产业、物流业、农业等非制造业领域。吴娜琳等（2014）对种植专业化、农区产业集群做了很多有特色的研究，廖志明（2007）、毛广雄等（2015）对高新技术产业集群模式及集群化转移的研究，宓泽锋等（2000）对新兴产业创新集群形成的研究，尤其对长三角产业集群的研究等深入到了国际前沿领域。在产业集群的形成和演化机理上，独特的地理区位和资源优势、产业政策及企业家精神被认为是其发育成长的共性因素（卞芸芸，2008）。此外，罗若愚（2006）认为FDI和建立在供给与需求机制上的跨国公司与当地企业间的产业链融合是天津电子信息产业集群形成的根本动力；胡平波（2011）指出文化生态催生了江西省特色农业产业集群的形成和发展。空间计量、统计分析等方法逐渐渗透到产业集群和产业集聚领域的研究，贺灿飞等（2010）很好地将王缉慈集群研究推向空间计量，并开始关注集聚环境效益。

创新网络和相关机构间的关联被认为是产业集群的两个重要基本特征（宋周莺等，2007）。关于创新网络的国家自然科学基金项目研究主要集中在创新要素、创新环境、创新模式、技术扩散及企业创新系统和创新网络演化特征等方面。不少研究探讨了R&D经费、留学归国人才、知识网络等创新要素对企业技术创新和区域创新的影响，马海涛（2012）、姜海宁（2015）研究了留学归国人才知识网络对企业网络演化的影响及区域创新效应。在创新环境对创新效率、创新模式的影响研究方面，学者关注了全球化、信息技术、区位和环境、地理环境及环境约束等因素，苗长虹（2006）认为全球—地方连接实现技术学习和核心技术升级是传统产业集群从低端走向高端的有效通道，当然集群内部网络学习对集群内企业间的创新绩效具有显著的积极作用。企业自主创新的机制与模式研究主要涉及珠三角地区、西部地区、广西和云南等后发地区、国家高新区和农业科技园等不同地域的工业、电子信息等行业企业的技术演进模式和技术扩散等。

（四）企业区位与产业布局

企业区位、产业集聚与空间布局研究涉及各类企业，而制造业和商业服务区位选择依然是经济地理学者持续不断关注的问题。例如，贺灿飞等（2010）研究了中国制造业区位差异和制造业企业空间动态，袁丰等（2014）探讨了苏州通信企业的选址问题。对商业区位及产业布局的研究开拓了许多新对象，餐饮酒店服务业、物流服务业、金融银行业、知识密集型服务业、创意产业、IT产业、会展业以及其他生产性服务业区位指向问题都有涉及（方远平和闫小培，2008；林耿和周锐波，2008；曹小曙和潘裕娟，2016）。杜德斌（2001）、魏后凯等（2002）和贺灿飞（2005）探讨了跨国公司在华投资的区位选择的模式、区位决策与公共政策。近几年，学者对企业区位和产业布局的研究也出现了新的热点，关注的区域越来越具有典型性，除苏南地区、长三角地区、珠三角地区等经济发达地区或广州、上海等沿海地区的发达城市外，还对东北老工业基地、煤炭资源型地区、农村地区的工业企业区位选择、演变机理及影响进行了研究。在区位选择的影响因子方面开始关注轨道交通、信息技术、区域政策、环境规制、社区环境等新因素对产业区位选择的影响，还有学者对制造业区位布局与环境污染的关联进行了深入研究。

集聚是企业区位选择和产业空间布局的常态化模式。在企业集群方面，王缉慈在长期工业地理学研究的基础上较早地关注了集群理论，21世纪初出版了相关专著（王缉慈等，2001），主持国家自然科学基金重点项目研究，并连续20次举办"产业集群与区域发展"国际学术会议，在社会产生较大影响。贺灿飞团队持续研究了中国制造业地理集中的特征、集聚对企业生产率及出口绩效的影响及其环境效应。除制造业外，还有学者关注了金融、文化、高科技产业及旅游业等行业以及FDI等生产要素集聚的格局、集聚机理和路径优化问题。申玉铭等（2007）研究了广义生产者服务业空间集聚，并对北京生产性服务业与制造业互动关联与空间分布进行了研究。李小建等（2006）、贺灿飞等（2009）等关注了金融地理，集中在区域金融差异、区域金融协调发展和区域金融创新等方面。文化创意产业也成为经济地理学研究的对象（许学强等，2002），朱华晟等（2010）研究了经济发达地区创意产业网络形成的驱动机理，尹贻梅等（2011）以石景山老工业区创意产业为例研究了老工业区创意产业的发展路径和机理，方忠权（2013）研究了广州会展业的集聚空间变化等。金融、文化创意、会展等生产性服务业对于经济增长的质量和效率、区域软环境的改善和竞争力的提升越来越重要，从商业区位、零售业空间到商务中心区、金融、会展、物流等生产性服务业研究，体现了学者不断地从新视角来解决中国区域发展的实践问题。产业转移是产业集聚同枚硬币的另一面，沈正平等、高菠阳等和张建伟等在国家自然科学基金项目支持下探讨了江苏制造业、重庆电子信息产业转移的过程、机理、模式和调控对策以及中部地区承接产业转移与区域创新能力的互动机制和模式，戴艳等（2020）研究了体育用品制造产业的空间转移与转型升级问题。

（五）产业结构与产业空间组织

随着中国工业化进程的加快，沿海发达地区产业升级和老工业基地及中西部地区产业转型是必然趋势。刘逸、刘文新、陈红霞和千庆兰等在国家自然科学基金项目中分别对珠三角地区、老工业基地、京津冀都市圈和广东省等地区的产业升级、产业结构转型及产业竞争力形成机制及培育模式进行了研究。一些学者关注特殊类型地区或特色产业，如对典型农业县、大城市周边县、大都市郊区以及资源型城市，特色产业或有机农业发展模式与发展路径、新产业发展路径与机制等的探索。王岱等（2014）在对北京市都市农业可持续发展能力进行综合评价分析的基础上提出了促进都市农业可持续发展的建议，杨显明等（2015）、焦华富等（2016）分析了煤炭资源型城市淮北市、淮南市产业结构的锁定效应及工业结构演替的过程和机理。还有学者研究了战略性新兴产业支撑条件（如：韩增林等，2014）、战略性新兴产业与传统产业耦合协调发展措施等（如：梁威和刘满凤，2017）。

关于产业空间组织及影响因素的研究，学者们关注了时间成本、全球化、对外贸易、产业生态化、环境规制、跨境次区域经济合作、国际产业转移等因素对区域产业空间组织或产业空间重构的影响。汪明峰、王开泳、刘志高和李诚固等在主持的国家自然科学基金项目中分别探讨了长三角地区、珠三角地区、大都市区和特大城市产业空间演化的过程和动力机制，产业空间组织与城市空间耦合互动过程及调控模式、优化途径等，还有学者关注了中西部地区、农牧交错带、边境口岸城市、空港经济区等特殊类型地区的产业空间演化过程及机理。曹有挥、王成金、梁双波、郭建科和栾维新等在国家自然科学基金项目中关注港口体系空间组织、港城空间关系和物流经济发展，形成了有特色的经济地理学研究领域，包括港口与腹地区域的相互作用、港城互动及其对中国经济地理格局的影响、港口—城镇—产业联动发展的模式等；对物流经济发展的研究主要侧重于物流企业区位选择、空间组织，城市物流空间形成演变、城市物流网络的组织模式等方面，案例上侧重于上海、南京、宁波、合肥、苏州等沿海港口城市以及物流业比较发达的大城市等（曹卫东，2011；梁双波等，2013）。

（六）农户地理与农区发展

农户是支撑农区经济发展最基本的生产主体，农户经济活动和农区发展的关系十分密切。李小建在国家自然科学基金重点项目"农户与地理环境相互作用下的中部农区社会经济协调发展研究"的支撑下，开辟了农户地理研究。首先是农户经济活动的不同区位选择，农户经济活动的区位包括农业生产区位、从事非农业生产活动的务工区位等。李小建等（2008）以农户为主体，以村地块和农户微地块为农业经济活动场所，研究了村级尺度上的农业区位问题；高更和等（2009）对农民工务工区位的分析发现，个人、家庭、社区特征、空间距离对农户打工地有不同程度的影响，但就业机会和收入水平的影响更为重要。其次是农户自主发展能力，农户自主发展能力的区域比较（乔家君等，2008a），农户自主发展能力和家庭劳动投入对农户非农收入的影响，地域通达性对家庭非农收入的影响等（李小建等，2009）。最后是地理环境对农户经济行为的影响，包括农区发展环境对农户收入的影响（樊新生和李小建，2008；李小建等，2008），地理环境对农户投资的影响（焦俊党等，2007）等，处于不同环境下的农村经济活动的边际生产率不同，形成了不同的产业结构，当然不同决策能力和成员素质也影响着农户对自然资源和环境条件的利用程度。

在村域经济研究领域，乔家君自2008年获批国家自然科学基金项目"中国典型农区不同村域经济发展模式与机制研究——以河南省为例"开始，后续的国家自然科学基金项目也都围绕村域经济展开，包括村域经济类型及空间特征、村域经济差异、村域工业化时空过程、村域经济支撑因素（工业化、资源开发、特色种植、产业集聚、资本运作、技术进步）和村域经济发展模式等（乔家君等，2008b，2009a，2009b，2010），出版了《中国乡村地域经济论》（乔家君，2008）。专业村是村域经济的特色形式，对专业村的研究方面学者提出专业村形成发展三定理（李小建，2009，2011）。其研究还包括农业型、服务型、种植型和旅游型等不同类型专业村的形成及发展过程、空间布局及影响因素（乔家君和张羽佳，2014），地理环境对专业村形成和发展的影响（李小建，2010）等方面。

经济地理学对农区发展的研究主要围绕乡村贫困问题展开，关注贫困地区识别、贫困类型划分、致贫因素分析和扶贫路径探索。首先是贫困识别，研究了收入贫困到多维贫困再到空间贫困陷阱识别。学者综合运用信息技术与数理统计方法测度多维贫困、刻画贫困格局（刘艳华和徐勇，2015；周扬等，2018），在地区上关注了武陵山片区、秦巴山区和六盘山区等。其次是在贫困类型区划分上根据省域、县域、村域等不同层面进行划分（文琦等，2018；罗庆等，2016），但研究较多的还是在县域或村域。再次是在贫困因素分析方面也从经济社会因素扩展到自然因素等。罗庆、但文红、梁昊光、徐云等获批了针对不同地区案例的国家自然科学基金项目，探讨了河南、西南石漠化地区、环京津贫困带、川西少数民族地区农户贫困化的形成原因或减贫阻滞机制。最后是减贫机制和扶贫模式研究，旅游扶贫得到了多位学者的关注，并对桂川滇集中连片特困区、南疆四地州、西南民族村寨和武陵山区凤凰县等地的旅游扶贫效益进行了实证跟踪研究，国家自然科学基金对农户生计策略转型、公共支出政策等的减贫效应都给予了立项研究。随着中国乡村发展由脱贫攻坚到乡村振兴转变，经济地理学相应地关注乡村振兴的理论认知、地域类型与振兴模式诊断、典型问题识别与实现路径选择等问题。

（七）区域可持续发展及区域模式

21世纪以来，经济地理学在区域可持续发展上，重点聚焦资源可持续开发利用及产业可持续发展等问题。资源可持续开发包括对旅游资源、土地资源、海洋资源、水资源、渔业资源等可持续开发与利用的研究。产业可持续发展方面涉及农业、旅游业、物流业、生态经济等行业。区域可持续发展评价从资源、环境、社会多种角度就可持续发展的指标体系展开重点研究，提出了绿色GDP（黄跃和李琳，2017）、生态足迹（张可云等，2011）、碳排放（张雷，2003）等一些新指标，石敏俊等（2012）利用2002年、2007年中国各省区间投入产出模型定量测算了中国各省份碳足迹与省份间的碳排放空间转移。研究还注重区域可持续发展的时空数据模型和多维调控路径、沿海地区或资源型城市经济可持续发展的系统研究以及区域可持续发展的支撑条件探讨等。

可持续发展由科学理念付诸实践是21世纪以来区域可持续发展研究的重大转变，经济地理学在服务于区域可持续发展实践方面取得了很大成效。首先是对区域可持续发展模式转型的探讨，主要关注生态环境脆弱的地区，诸如，对矿业城市、生态脆弱性岩溶山区、天山北坡盆地系统、黄淮海平原典型农区、塔里木盆地绿洲地区的可持续发展模式或路径的探索。区域可持续发展研究架起了经济地理学与地理学其他学科融合发展的桥梁，以自然地理学者牛文元为首的研究组每年推出一本《中国可持续发展战略报告》，建立了可持续发展评价指标体系，对全国及省、市、区可持续发展能力进行定量评优。近年来，经济地理学对区域可持续发展的研究更加关注人类经济社会行为对区域生态环境影响的研究，加强基础数据积累和预测预警模型研究，探索经济地理学实验手段，科学评估区域资源环境承载力。樊杰（2004，2018，2019b）开展了自然要素的资源、环境、生态和灾害属性的集成分析，揭示了自然要素对承载力形成的综合作用机制，建立了适应多样性地域功能的差异化承载力评价指标体系，发展了承载对象总量参数控制下的循环优化模型，完善了资源环境承载力评价理论。孙久文和易淑昶（2020）构建了综合承载力评价指标，评价了大运河文化城市综合承载力，分析了综合承载力时空演变特征。

（八）区域空间结构与主体功能区

科学揭示区域空间结构演变的影响因素和作用机理是区域空间结构领域需要研究的重大理论问题。戴特奇、金凤君、孟晓晨等在其所主持的国家自然科学基金项目中相继讨论了竞争性交通方式、高速公路和高速铁路建设对区域空间结构的影响。陆玉麒和张莉在国家自然科学基金项目支持下对长三角地区区域空间结构演化过程进行了系统研究，推演和验证了长三角地区中心地体系的演化过程和机理。王士君、姜博、梅志雄等在国家自然科学基金项目中对东北地区中心地结构的演变过程及动力机制、东北地区城市经济联系、珠三角城市群城市空间集聚的时空特征等论题进行了关注。随着全球化和信息化技术的发展，区域一体化进程的加快，区域空间结构的网络范式逐步得到了推崇，经济地理学者从企业空间组织、交通流、信息流和社会经济关系视角构建全国城市关联网络、区域城市网络关联关系并对其关联结构特征进行探讨，同时指出网络化发展模式对现阶段我国区域与国家经济空间格局的构建具有重要意义（刘卫东等，2013）。在国家自然科学基金项目支持下学者还关注了处于省际边界的淮海经济区、石羊河流域、长白山地区、群岛地区等的空间结构演化过程、驱动机制、生态环境效应和优化调控方向，朱传耿等（2009）对连云港港口—淮海经济区港口腹地关联性进行了测度分析，指出自然条件和区位、基础设施与交通、经济水平与政策、腹地一体化程度是影响连云港港口—淮海经济区关联的主要驱动因素。对乡村聚落空间格局的研究比较广泛，如苏南地区、大城市边缘区、黄淮海地区、欠发达传统农区、农牧交错区、丛峰洼地区、绿洲地区、西南少数民族地区等地区，关注的焦点集中在聚落类型、聚落空间格局、聚落演化机理、聚落演化与地理环境的关系以及优化和重构模式等（李小建，

2019）。

　　主体功能区划是 21 世纪以来中国经济地理学者服务于国家重大战略需求的一个重要贡献。众多经济地理学者参与了全国和省、市、区的主体功能区的规划工作，学者们以综合性的知识，揭示了我国的自然基础、现阶段发展目标和长期高速增长引起的资源环境问题和区域不协调问题，在此基础上确定了未来15~20 年经济社会发展和综合保护、治理的功能区划方案，阐述了各主要功能区的主体功能和发展原则以及促进不同功能区可持续发展的支撑条件（樊杰，2016）。樊杰（2015）构建了地域功能识别指标体系，开发了分布式和集成式算法，完成了我国首部主体功能区划方案，被国家主体功能区规划采纳，为国家主体功能区战略形成和基础制度实施提供了有力支撑，并在其国家自然科学基金重点项目"我国地域功能格局的形成机理与识别方法"支撑下系统建立了主体功能区划的理论基础和技术方法体系，编制了《资源环境承载力和国土空间开发适宜性评价方法指南》（樊杰，2019a）和《主体功能区划技术规程》（樊杰，2019b）。另外，陆玉麒、米文宝等在主持的国家自然科学基金项目中分别以江苏省和宁夏回族自治区为案例关注了省域主体功能区划的理论和关键技术。在区划实践基础上，陆大道和樊杰（2011）、刘卫东等（2012）总结了中国主体功能区划和新时期我国区域空间规划的理论基础和方法论，樊杰（2007）在分析地域功能基本属性的基础上提出了区域发展的空间均衡模型。经济地理学者还受托编制了具有重大影响的地区规划和区域规划，诸如，京津冀都市圈、长江三角洲发展规划、东北地区振兴等规划，全国城镇体系规划以及汶川、玉树地震灾后重建规划等。一些经济地理学者为国务院有关领导、国家发展和改革委员会等部门提供了众多有价值的研究报告，获得了国家领导人和有关部门领导的批示（陆大道，2011），成为中央和地方各级政府的重要思想库。

（九）演化经济地理等新方向

　　演化经济地理学产生于 20 世纪 90 年代中后期。刘志高等（2005）较早地把演化经济地理学的基本主张、基本层面和基本议题引入国内。李小建等（2016）翻译了 Ron Boschma 和 Ron Martin 主编的《演化经济地理学手册》。引入演化经济地理学后，中国学者在一些方面拓展了相关理论，形成了特色成果。贺灿飞（2018）针对中国区域产业演化发表了系列成果，相继回答了中国区域产业演化是受制于技术关联，还是表现出路径依赖或路径创造？什么样的产业更依赖技术关联进行拓展，什么样的产业可以创造路径依赖？什么区域制度激励路径创造以及区域如何突破技术关联的约束等问题。在技术关联与区域产业演化，社会邻近、制度邻近等多维邻近性对企业动态和产业演化的作用，外生力量、政策、制度等对区域产业发展演化的作用等方面拓展了演化经济地理学（贺灿飞，2018）；并相继开展了环境经济地理（贺灿飞和周沂，2016）、转型经济地理（贺灿飞，2017）和贸易经济地理研究（贺灿飞和杨汝岱，2020）。

对互联网、大数据和信息化等现象的关注也是经济地理学的一个新方向，首先是对互联网和信息技术企业的区位取向研究，还关注了区域互联网发展与网络空间的经济地理特征。其次是信息化的区域影响和效应，沈体雁（2001）、甄峰（2003）、刘卫东（2005）和汪明峰（2006）等在国家自然科学基金支持下相继探讨信息技术对区域经济差异、区域城市网络形成、企业空间组织和城市经济空间演化的影响和机制等。针对现代通信技术及互联网大数据的发展，不少学者开始研究互联网、大数据等新要素对经济地理的影响并发展了信息经济地理学。宋周莺等（2009）发展了"时间成本"概念，研究了信息技术对企业空间组织的影响，展示"时间成本"下降下的企业区划和产业布局特点；汪明峰（2015）关注了信息网络对城市发展的影响；以微博为代表的新型网络社区成为当前人们的重要社交网络平台；王波等（2013）将微博用户的网络信息关系与地理关联研究了信息时代空间结构，分析了这一新型网络信息空间的地理特征、表现形式及成因。

（十）区域经济地理与世界经济地理

从重点关注的区域来看，对全国整体研究最多，"中国""我国"是近20年来中国经济地理学研究排在前列的主题词，其次为北京、江苏、河南、长江经济带等地区。在全国层面上，吴传钧（1998）主编的《中国经济地理》从环境、人口、粮食、能源、运输、工业化和城镇化等方面探讨了中国经济发展带有全局意义的重大问题，选择具有典型意义的地区进行不同类型地区的分析，提出了区域的主要矛盾、发展方向和可持续发展战略举措。南京师范大学和中国科学院南京地理与湖泊研究所的研究团队主要关注江苏省经济地理研究，李小建研究团队更多地关注了河南省农户经济、村域经济、产业集群、农区发展等相关问题。以中国人民大学孙久文为总主编的"中国经济地理丛书"作为"十三五"国家重点图书出版规划项目，已出版了《河北经济地理》（张贵等，

2017）、《辽宁经济地理》（吴殿廷等，2017）、《山西经济地理》（安树伟等，
2018）、《东北经济地理》（金凤君等，2018）、《湖北经济地理》（邓宏兵等，
2018）、《云南经济地理》（武友德等，2018）、《四川经济地理》（郑长德等，
2018）、《中国经济地理概论》（孙久文等，2021）、《海南经济地理》（李敏纳
等，2021）《广东经济地理》（覃成林等，2022）、《广西经济地理》（李红等，
2022）、《安徽经济地理》（赵春雨等，2022）、《福建经济地理》（洪世键等，
2022）等。

　　除中国区域经济地理研究外，学者们还从不同角度研究了中国企业对外投
资和对外开展项目涉及的国家和地区的发展问题，杜德斌（2009）、韩增林等
（2017）相继出版了《世界经济地理》和《世界海洋经济地理》。在"一带一
路"倡议下，2012年中国科学院地理科学与资源研究所成立了世界地理与资源
研究中心，开始了对中非、中亚及周边国家的相关研究。近几年，国内地理学
期刊针对"一带一路"沿线国家经济地理发表了不少成果。刘卫东（2021）对
"一带一路"沿线19个国家涵盖铁路、港口、境外经贸合作园区、制造业、矿
山开采及冶炼、清洁能源、物流合作等不同类型的项目案例进行研究，揭示了
制度和文化对"一带一路"建设的影响，探索了"一带一路"建设的理论和实
践问题；李晓丽等（2020）基于国际公路运输链的角度，从公路通行能力和通
行便捷性两个方面分析了"一带一路"区域公路通达性；杨文龙等（2018）对
"一带一路"贸易网络、科研合作网络的拓扑性质、空间结构以及节点的邻近性
进行了研究等。

第三节　主要经济地理思想

　　面向国家区域发展战略转变和区域发展需求，经济地理学者更加关注高速
交通建设、经济全球化、科技创新、信息化和体制创新等新因素对区域发展的
支撑和驱动作用，更加关注城市群和经济区等重点区域对区域发展的引领作用，
更加注重人地关系研究创新，更加关注农户与农区经济发展是本时期经济地理
研究的主要特征。在多元化、多尺度和多方法综合研究中丰富和发展了经济地
理学思想。

一、区域发展战略转型思想

21 世纪以来国家区域发展战略逐步由沿海地区优先发展转向兼顾沿海与内陆，统筹各省份协调发展。前期为兼顾东部、中部、西部三大地带战略（"西部大开发""东北老工业基地振兴""中部地区崛起"），以后逐渐向各省份均衡战略（"中原经济区""山东半岛蓝色经济区""海峡西岸经济区""北部湾经济区""关中—天水经济区""成渝经济区"等）、三大地带融合战略转变（"京津冀协同发展""长江经济带""粤港澳大湾区""黄河流域生态保护和高质量发展"）。经济地理学学者针对区域发展战略转变进行了大量研究，在促进国家战略转变中起到了重要的参考作用，同时围绕国家战略转变的本质和途径提出了相应的思想观点。覃成林（2006）认为，加强区域公平是国家区域发展战略调整的基本点，推进中国区域发展战略转型、促进沿海和内地协调发展的选择是实施多极网络发展战略，在全国形成由国家级增长极、国家级发展轴和经济联系网络构成的多极支撑、轴带衔接、网络关联、极区互动的区域经济发展新格局，多极网络发展战略能够较好地处理效率与公平、区域协调发展以及政府与市场的关系，保持区域经济相对均衡。齐元静等（2016）提出了国家节点战略概念，认为国家节点战略是以某种预设目标为前提，选择某些重要城市或地区，通过倾斜政策干预、制度创新引导和要素主动投入等手段，促进其率先发展，在区域内发挥增长极效用，并最终带动周边区域发展以及整个经济系统演进升级的一种区域发展战略。与不同发展阶段的区域发展重点相适应，国家节点战略应该呈现不同的形式和各不相同的侧重点，既可以是经济区或新区，也可以是城市整体等多尺度嵌套，本质强调的是其对区域的带动作用。国家节点战略是区域发展的"引擎"和重要增长极，其作用的发挥在于通过集聚与扩散形成由"核心"到"外围"，自国家节点战略地区—核心城市—城镇群—广大区域的梯次区域开发模式。在战略转型的空间组织形式上，陈修颖（2003）认为，市场经济导向下，行政型的空间结构体系应该向有序的经济型空间结构体系转变，而不同类型的经济区、经济带等就是这种新的空间重组模式，经济区是市场经济条件下社会生产分工的主要空间表现形式，是市场在更大空间范围内主导资源配置的结果，通过建立服务型政府、加强政府间合作和发挥中心城市的辐射带动作用，有利于实现"行政区经济"向"经济区经济"转型。

二、新要素的区域影响思想

高速交通、科技创新、信息技术、全球化、体制创新以及生态环境等新因素在区域发展中的作用越来越重要（陆大道，2003，2011）。学者提出，高铁建设的直接经济效应表现在高铁投资对地区 GDP 的拉动作用、追加投资的前向和后向波及效应；高铁建设的间接经济效益通过时空压缩带来时间节省、降低经济活动成本和交易费用、促进消费升级而表现出促进经济增长；高铁的区域空间极化效应主要表现在高铁站点的节点极化效应、城市通道与网络极化效应和城市梯度重构效应；高铁通过降低企业的原材料和信息成本、规模经济和规模报酬递增促进产业集聚，相反，也会通过拥挤效应和比价效应推进产业扩散和转移（骆玲和曹洪，2010）。科技创新对区域发展的作用表现为经济发展水平提升和结构优化，通过引入创新型要素和提高生产要素配置效率，使自然资源、劳动力等要素的作用逐渐下降，技术成为经济增长的内生变量推动区域经济发展模式向创新驱动型转变；科技创新有利于提升存量要素配置效率，并依靠知识、创新和人才要素占比上升推动产业结构升级，进而在要素结构和产业结构上实现发展方式向创新驱动型转变（尚勇敏和曾刚，2017）。现代信息技术通过改变原有生产要素的结构对区域经济发生作用，可以推进传统产业升级换代，把贸易和企业拓展到网络空间；信息产业规模的增加带来区域经济总量扩大的同时，还通过前后向联系带动其他产业发展；信息流通过对物流的组织作用、人流的引导作用、资金流的替代作用和技术流的匹配作用贡献于区域发展（孙中伟等，2008）；信息基础设施通过拓展信息通达性来增强原有空间结构而作用于区域发展，尤其是互联网已成为经济增长的新引擎，互联网规模对全国各区域技术效率均具有显著提升作用，东中西部城市均受到互联网规模的正溢出效应，同时东中部地区还受到技术效率的正溢出效应（生延超和李辉，2018）。全球化可以促进国家和地区资本的形成、增加就业、扩大贸易量和平衡国际收支；跨国公司在全球范围内组织生产并在投资地引入先进管理和技术，增加地区资本量，有利于地区整体技术水平进步；跨国公司的前后向联系及外溢效应使投资地的地方企业、供应商和客户受益；地方企业通过与跨国公司合资、合作和学习成为跨国公司的价值链环节并逐步融入全球生产网络（张晓平和刘卫东，2003）。制度创新能够迅速刺激战略所在区域的快速发展，引导国家经济增长中心在国家战略地区高度集聚，随着这些地区经济进入持续稳定增长和结构优化升级阶段，其扩散范围也越来越广，进而带来区域经济增长的内陆化（齐元静等，2016）；制度创新具有改变空间格局的能力，用区域发展总体战略代替向沿海倾斜的战略是空间重塑的主要途径，也是全面实现制度创新的空间安排（孙久文等，2017）。此外，在文化因素对区域发展的影响方面，学者认为，文化旅游、特色商业和文化创意等有利于形成良好的创意产业氛围，促进地区经济发展。关系作为区域发展的因素，不同维度的邻近性对不同发展阶段的创新网络影响不同，亲友圈、朋友圈的关系建立是促进认知邻近发展的有效途径（叶琴等，2017）。

三、重点区域发展思想

随着市场化改革的深入推进和区域一体化进程的加快，城市群经济、都市圈经济、经济区经济和经济带经济等大型区域经济体得以快速发展并逐渐成为国家经济发展的战略核心区和区域增长极。经济地理学在该研究中提出以下观点：城市群经济的本质是集聚经济，城市群经济集聚水平与经济增长之间的关系符合倒"U"形假说，目前集聚程度整体上仍是增加的过程（李佳洺等，2014）。中国城市群经济增长可分为集约型、粗放型和绝对粗放型，经济增长集约型城市群主要位于沿海地区，粗放型城市群位于中部及东北地区，绝对粗放型城市群位于西部地区（王德利和王岩，2017）。城市群投入产出综合效率、纯技术效率和规模效率总体上表现为东部高于中部、中部高于西部的区域发展格局（方创琳和关兴良，2011）。中国城市群经济发展总体上是不均衡的，城市群经济差异存在于城市群内城市之间以及城市群之间，而城市群间的差异是城市群经济发展不均衡的主要来源。城市群、经济区不仅能够促进区域经济协调发展，更能从区域协同创新、区域资源共享、区域要素流通等方面对区域经济社会发展产生积极作用（张燕等，2011）。经济带是相对于城市群、经济区更高一个级别的大区域经济综合体，尤其是长江经济带作为以城市群为主体的新型大区域经济体，其健康发展在我国区域协调发展"三大战略"中显得尤为重要，通过构建经济带、重塑中国区域发展格局，对各地区实现互联互通、协调发展和区域一体化具有重要作用（孙久文，2017）。陆大道（2014）指出，建设经济带是我国经济布局的最佳选择，应该把长江经济带和海岸带两个一级重点经济带构成的"T"形布局作为未来几十年国土开发和经济布局的长期战略和重点区域。

四、农户与农区经济地理思想

家庭联产承包责任制下，农户是农区经济中的最基本组织单元。经济地理学者从农区最基本的微观经济单元农户出发，多视角研究农户经济活动，探索了农户地理研究方向。农户地理是以农户为研究对象，把农区环境作为研究背景，研究农户区位、经济活动空间结构、自主发展能力、农户经济活动与地理环境的关系等问题（李小建，2009）。村域经济发展中专业化、规模化和集聚发展十分重要，专业村的类型、空间分布、集聚特征和形成发展的影响因素是专业村经济的核心研究论题，除资源禀赋、传统习惯、经济基础、地理区位等因素外，具有企业家精神的农户是专业村形成的核心因素，这一点则建立了农户经济与专业村经济的内在逻辑（李小建等，2012）。分工经济、规模经济、模仿创新和社会网络关系是专业村经济形成的内在机制（李小建等，2009）。科学把握专业村发展的趋势，推进乡村生产要素优势向专业村经济优势转变，诸如，工业主导型乡村向工业小镇发展、农业主导型乡村向旅游型乡村发展、城市周边的新型社区向居住型乡村发展等，这是乡村振兴的主要实现路径之一（李小建，2019）。此外，农区发展和农村经济地理还涉及农业农村发展的时空演化规律及发展模式、城乡融合和乡村振兴等全社会都关心的问题。

五、人地关系研究新思想

本阶段经济地理学的人地关系思想，重点体现在主体功能区的理论观点上。地域功能理论认为，生态可占用性、资源环境承载力、经济活动集疏和人口空间集疏是地域功能形成的主要影响因素；生态可占用性和资源环境承载力空间分异是陆地表层功能分化的自然基础，经济活动集疏和人口空间集疏是地域功能形成的直接原因；自然地理环境的地域分异过程，人文利用功能的空间匹配过程和同类利用功能的集聚过程是地域功能形成的基本动力过程；承载一定功能的地域就是功能区（盛科荣和樊杰，2018）。樊杰（2007，2014，2019c）创建了地域功能理论，构建了区域经济、社会和生态综合效益均衡模型，提出了国土空间格局变动稳定态是区域间经济、生态、社会效益综合均衡的学术思想，揭示了自然环境、推动利用、人口集疏、产业区位等因素对地域功能形成的作用机理，提出地域功能空间占比随自然地带性和经济格局有序演变的规律。樊杰（2019c）关于主体功能区的研究成果得到中央高度肯定，开展"开发"与"保护"双维复合型主体功能区划是认识国土空间开发保护格局的重要途径。人地关系调控理论和方法，也是人地关系地域系统理论和方法的有机组成部分，经济发展同人口增长、资源消耗、环境退化间的矛盾根源是人地冲突，其基本出路是推进人地关系地域系统协调共生，在理论上要推进人地活动结构的协同进化、地理环境协调有序利用和区际关系系统的自组织（杨青山，2002）。此外，经济地理学对人地关系的探讨还体现在区域发展对地理环境的影响、资源环境对区域发展的支撑和约束以及人地关系模拟等方面。经济发展初期阶段碳排放变动由能耗更强的第二产业控制，其较高的影响强度促使碳排放抬升；随着经济发展阶段的推进，能耗强度较低的服务业逐步对碳排放产生主导作用，其份额增长带来的较低影响强度将替代第二产业的影响，促使碳排放增速放缓乃至逐步降低（原嫄等，2016）。碳排放的增加阻碍工业经济发展，资源型产业碳排放与工业经济发展互为因果关系（朱俏俏等，2014）。综合集成和量化模拟是科学解析人—地关系复杂巨系统的有效手段，探讨经济社会系统、资源环境系统、认知思维系统等不同子系统间的相互关系，构建人地系统量化方法（乔家君和李小建，2006；杨宇等，2019），揭示人—地关系地域系统演化机制，构建人地关系信息化与地域系统动态模拟平台，把人—地关系相互作用研究推向微观和科学化。

六、新技术方法综合应用

新的计量方法的引入助推经济地理学研究由现象刻画向过程模拟和运行机理分析，这些方法包括空间计量模型、向量自回归方法、向量误差修正模型、脉冲响应函数模型和方差分解模型等。空间计量模型被引入分析区域经济发展的收敛特征，克服了传统参数估计方法的偏差。向量自回归方法用于解释能源效率对产业结构、能源消费结构演变的响应机理（汪行和范中启，2017）。向量误差修正模型、脉冲响应函数模型和方差分解模型用于分析产业全要素能源效率与其影响因素间的关系（史红亮和陈凯，2011）。模拟分析通过简化概括经济地理现象和过程探明其本质和活动规律，复杂适应系统（CAS）理论用于探讨区域空间演化模拟（薛领和杨开忠，2002）；基于多智能体的居住区位选择模型（ABMRL）模拟区位选择过程中的复杂空间决策行为（刘小平等，2010）。中国学者自主研发的地理探测器方法（王劲峰等，2017），被用于分析农村贫困化分异、人口空间集聚模式及变化等方面（刘彦随等，2017；李佳洺等，2017）。社会学、物理学和生态学等学科方法也被引入经济地理学，如社会网络分析被引入企业迁移、快递网络以及城市网络研究（刘清等，2020），生态学时空等价模型运用于区域经济发展机理研究，物理学场强模型用于市场范围研究、系统科学熵值法运用投资环境状态分析。随着 3S 技术的广泛应用和大数据技术的发展，经济地理学方法呈现出更加多元化、综合化和可视化的特征。GIS 对区域经济发展格局（靳诚和陆玉麒，2009）、产业集聚扩散（吴娜琳等，2013）、企业区位与产业空间组织（谢敏等，2017）、交通建设与区域发展的关系（孟德友等，2012）等的量化分析取得了较好的效果。夜间灯光遥感在 GDP 空间化、电力消耗、贫困地理识别等领域的应用日渐深化（韩向娣等，2012；潘竟虎和李俊峰，2016），机器学习方法用于探索经济地理现象分布格局的影响因素（王超等，2019）。大数据对经济地理学的精细研究提供了可能，已在企业区位、生产和消费行为、社会空间和社会网络分析等方面得到了初步应用。电子地图 POI 数据是一类包括名称、类别、经纬度等信息空间大数据，已被广泛应用于餐饮业（涂建军等，2019）、批发零售业（陈蔚珊等，2016）等行业的区位选择、行业空间分布、行业集聚扩散及影响因素等多方面的研究。

参考文献

［1］卞芸芸．产业集群特征探析及形成机理：以中山市沙溪镇为例［J］．经济地理，2008，28（2）：322-326．

［2］曹卫东．城市物流企业区位分布的空间格局及其演化：以苏州市为例［J］．地理研究，2011，30（11）：1997-2007．

［3］曹小曙，潘裕娟．特大城市批发市场的物流空间格局及其形成机制［M］．北京：商务印书馆，2016．

［4］陈培阳，朱喜刚．基于不同尺度的中国区域经济差异［J］．地理学报，2012，67（8）：1085-1097．

［5］陈蔚珊，柳林，梁玉填．基于 POI 数据的广州零售商业中心热点识别与业态集聚特征分析［J］．地理研究，2016，35（4）：703-716．

［6］陈修颖．区域空间结构重组：国际背景与中国意义［J］．经济地理，2005，25（4）：463-466.

［7］戴艳，朱华友．我国体育用品制造业的空间转移与转型升级［M］．北京：经济管理出版社，2020.

［8］邓仲良，张可云．中国经济增长的空间分异为何存在？一个空间经济学的解释［J］．经济研究，2020（4）：20-36.

［9］杜德斌．跨国公司 R&D 全球化的区位模式研究［M］．上海：复旦大学出版社，2001.

［10］樊杰．地理学的综合性与区域发展的集成研究［J］．地理学报，2004，59（增刊）：33-39.

［11］樊杰．我国主体功能区划的科学基础［J］．地理学报，2007，62（4）：339-350.

［12］樊杰．"人地关系地域系统"学术思想与经济地理学［J］．经济地理，2008，28（2）：177-183.

［13］樊杰．人地系统可持续过程、格局的前沿探索［J］．地理学报，2014，69（8）：1060-1068.

［14］樊杰．中国主体功能区划方案［J］．地理学报，2015，70（2）：186-201.

［15］樊杰．广东省国土空间开发保护格局优化配置研究（上、中、下）［M］．北京：科学出版社，2016.

［16］樊杰．"人地关系地域系统"是综合研究地理格局形成与演变规律的理论基石［J］．地理学报，2018，73（4）：597-607.

［17］樊杰．资源环境承载能力和国土空间开发适宜性评价方法指南［M］．北京：科学出版社，2019a.

［18］樊杰．主体功能区划技术规程［M］．北京：科学出版社，2019b.

［19］樊杰．地域功能—结构的空间组织途径：对国土空间规划实施主体功能区战略的讨论［J］．地理研究，2019c，38（10）：2373-2387.

［20］樊杰．我国"十四五"时期高质量发展的国土空间治理与区域经济布局［J］．中国科学院院刊，2020，35（7）：796-805.

［21］樊新生，李小建．欠发达地区农户收入的地理影响分析［J］．中国农村经济，2008（3）：16-23.

［22］方创琳，关兴良．中国城市群投入产出效率的综合测度与空间分异［J］．地理学报，2011，66（8）：1011-1022.

［23］方远平，闫小培．大都市服务业区位理论与实证研究［M］．北京：商务印书

馆，2008.

[24] 方忠权. 广州会展企业空间集聚特征与影响因素 [J]. 地理学报，2013，68（4）：464-476.

[25] 高更和，李小建，乔家君. 论中部农区农户打工区位选择影响因素 [J]. 地理研究，2009，28（6）：1484-1493.

[26] 郭庆宾，骆康，刘承良. 长江经济带城市群要素集聚能力差异的比较研究 [J]. 地理科学进展，2020，39（4）：542-552.

[27] 国家行政学院经济学教研部. 中国经济新方位 [M]. 北京：人民出版社，2017.

[28] 韩向娣，周艺，王世新，等. 夜间灯光遥感数据的GDP空间化处理方法 [J]. 地球信息科学学报，2012，14（1）：128-136.

[29] 韩增林，夏雪，林晓，等. 基于集对分析的中国海洋战略性新兴产业支撑条件评价 [J]. 地理科学进展，2014，33（9）：1167-1176.

[30] 贺灿飞，傅蓉. 外资银行在中国的区位选择 [J]. 地理学报，2009，64（6）：701-712.

[31] 贺灿飞，杨汝岱. 贸易经济地理研究 [M]. 北京：经济科学出版社，2020.

[32] 贺灿飞，周沂. 环境经济地理研究 [M]. 北京：科学出版社，2016.

[33] 贺灿飞，朱晟君，王俊松，等. 中国制造业区位区域差异与产业差异 [M]. 北京：科学出版社，2010.

[34] 贺灿飞. 外商直接投资区位：理论分析与实证研究 [M]. 北京：中国经济出版社，2005.

[35] 贺灿飞. 演化经济地理学研究 [M]. 北京：经济科学出版社，2018.

[36] 贺灿飞. 转型经济地理研究 [M]. 北京：经济科学出版社，2017.

[37] 胡平波. 江西省特色农业产业集群形成与发展的文化生态机理 [J]. 经济地理，2011，31（9）：1534-1538.

[38] 黄跃，李琳. 中国城市群绿色发展水平综合测度与时空演化 [J]. 地理研究，2017，36（7）：1309-1322.

[39] 蒋海兵，张文忠，祁毅，等. 高速铁路与出行成本影响下的全国陆路可达性分析 [J]. 地理研究，2015，34（6）：1015-1028.

[40] 焦华富，杨显明. 煤炭资源型城市产业结构演替与空间形态演变耦合：以安徽省淮南市为例 [J]. 地理学报，2016，71（6）：998-1009.

[41] 焦俊党，乔家君，李小建. 区域环境约束下的农户投资行为：巩义市山地丘陵区100家农户的实例分析 [J]. 经济地理，2007，27（2）：226-230.

［42］靳诚，陆玉麒．基于县域单元的江苏省经济空间格局演变［J］．地理学报，2009，64（6）：713-724.

［43］李佳洺，张文忠，孙铁山，等．中国城市群集聚特征与经济绩效［J］．地理学报，2014，69（4）：474-484.

［44］李卫华．缩小居民收入城乡差距与地区差距的制度创新［J］．经济地理，2019，39（3）：195-200.

［45］李小建，高更和，乔家君．农户收入的农区发展环境影响分析：基于河南省1251家农户的调查［J］．地理研究，2008，27（5）：1037-1047.

［46］李小建，高更和．中国中部平原村庄农业生产区位研究：以河南南阳黄庄为例［J］．地理科学，2008，28（5）：616-623.

［47］李小建，罗庆，樊新生．农区专业村的形成与演化机理研究［J］．中国软科学，2009（2）：71-80.

［48］李小建，周雄飞，乔家君，等．不同环境下农户自主发展能力对收入增长的影响［J］．地理学报，2009，64（6）：643-653.

［49］李小建，周雄飞，卫春江，等．发展中地区银行业空间系统变化：以河南省为例［J］．地理学报，2006，61（4）：414-424.

［50］李小建，周雄飞，郑纯辉，等．欠发达区地理环境对专业村发展的影响研究［J］．地理学报，2012，67（6）：783-792.

［51］李小建，周雄飞，郑纯辉．河南农区经济发展差异地理影响的小尺度分析［J］．地理学报，2008，63（2）：147-155.

［52］李小建．还原论与农户地理研究［J］．地理研究，2010，29（5）：767-777.

［53］李小建．经济地理学的微观研究［J］．经济地理，2011，31（6）：881-887.

［54］李小建．经济地理学研究中的尺度问题［J］．经济地理，2005，25（4）：433-436.

［55］李小建，等．农户地理论［M］．北京：科学出版社，2009.

［56］李小建，等．欠发达区乡村聚落空间演变［M］．北京：科学出版社，2019.

［57］李晓丽，吴威，刘玮辰．基于国际公路运输链的"一带一路"区域公路通达性分析［J］．地理研究，2020，39（11）：2552-2567.

［58］梁双波，曹有挥，吴威．上海大都市区港口物流企业的空间格局演化［J］．地理研究，2013，32（8）：1448-1456.

［59］梁威，刘满凤．我国战略性新兴产业与传统产业耦合协调发展及时空分异［J］．经济地理，2017，37（4）：117-126.

［60］廖志明．高新技术产业集群模式的实证研究——以长株潭城市群为例［J］．经济地理，2007，27（4）：575–578.

［61］林耿，周锐波．大城市商业业态空间研究［M］．北京：商务印书馆，2008.

［62］刘华军，贾文星．中国区域经济增长的空间网络关联及收敛性检验［J］．地理科学，2019，39（5）：726–733.

［63］刘清，杨永春，蒋小荣．全球价值生产的空间组织：以苹果手机供应链为例［J］．地理研究，2020，39（12）：2743–2762.

［64］刘卫东，刘红光，范晓梅，等．地区间贸易流量的产业—空间模型构建与应用［J］．地理学报，2012，67（2）：147–156.

［65］刘卫东．经济地理学思维［M］．北京：科学出版社，2013.

［66］刘卫东，刘志高．“一带一路”建设对策研究［M］．北京：科学出版社，2018.

［67］刘卫东．“一带一路”建设案例研究：包容性全球化的视角［M］．北京：商务印书馆，2021.

［68］刘卫东．新冠肺炎疫情对经济全球化的影响分析［J］．地理研究，2020，39（7）：1439–1449.

［69］刘小平，黎夏，陈逸敏，等．基于多智能体的居住区位空间选择模型［J］．地理学报，2010，65（6）：695–707.

［70］刘彦随，李进涛．中国县域农村贫困化分异机制的地理探测与优化决策［J］．地理学报，2017，72（1）：161–173.

［71］刘彦随，周扬，刘继来．中国农村贫困化地域分异特征及其精准扶贫策略［J］．中国科学院院刊，2016，31（3）：269–278.

［72］刘艳华，徐勇．中国农村多维贫困地理识别及类型划分［J］．地理学报，2015，70（6）：993–1007.

［73］刘志高，尹贻梅．演化经济地理学评介［J］．经济学动态，2005（12）：91–94.

［74］刘琼，张可云．湖南经济发展的空间结构演化：基于县域数据的空间计量研究［J］．经济地理，2014，34（12）：29–34.

［75］陆大道，樊杰．中国地域空间、功能及其发展［M］．北京：中国大地出版社，2011.

［76］陆大道．2050 中国区域发展研究前瞻［M］．北京：科学出版社，2009.

［77］陆大道．建设经济带是经济发展布局的最佳选择：长江经济带经济发展的巨大潜力［J］．地理科学，2014，34（7）：769–772.

［78］陆大道．经济地理学的发展及其战略咨询作用［J］．经济地理，2011，31（4）：

529-535.

[79] 陆大道. 中国区域发展的新因素与新格局 [J]. 地理研究, 2003, 22 (3): 261-271.

[80] 陆大道. 中国至 2050 年区域科技发展路线图 [M]. 北京: 科学出版社, 2010.

[81] 罗若愚. 外商投资与天津电子信息产业群的形成演化研究 [J]. 经济地理, 2006, 26 (2): 261-264.

[82] 骆玲, 曹洪. 高速铁路区域经济效应研究 [M]. 西安: 西安交通大学出版社, 2010.

[83] 马丽, 刘卫东, 刘毅. 经济全球化下地方生产网络模式演变分析: 以中国为例 [J]. 地理研究, 2004, 23 (1): 87-96.

[84] 毛广雄, 廖庆, 刘传明, 等. 高新技术产业集群化转移的空间路径及机理研究 [J]. 经济地理, 2015, 35 (12): 105-112.

[85] 孟德友, 李小建, 陆玉麒, 等. 长江三角洲地区城市经济发展水平空间格局演变 [J]. 经济地理, 2014, 34 (2): 50-57.

[86] 孟德友, 沈惊宏, 陆玉麒. 中原经济区县域交通优势度与区域经济空间耦合 [J]. 经济地理, 2012, 32 (6): 7-14.

[87] 宓泽锋, 周灿, 尚勇敏, 等. 本地知识基础对新兴产业创新集群形成的影响——以中国燃料电池产业为例 [J]. 地理研究, 2020, 39 (7): 1478-1489.

[88] 苗长虹. 全球—地方联结与产业集群的技术学习: 以河南许昌发制品产业为例 [J]. 地理学报, 2006, 61 (4): 425-434.

[89] 潘竟虎, 李俊峰. 基于夜间灯光影响的中国电力消耗量估算及时空动态 [J]. 地理研究, 2016, 35 (4): 627-638.

[90] 彭颖, 陆玉麒. 成渝经济区经济发展差异的时空演变分析 [J]. 经济地理, 2010, 30 (6): 912-917.

[91] 齐元静, 金凤君, 刘涛, 等. 国家节点战略的实施路径及其经济效应评价 [J]. 地理学报, 2016, 71 (12): 2103-2118.

[92] 乔家君, 李小建, 葛真. 基于农户调查的村域商业经济活动空间研究 [J]. 经济地理, 2009a, 29 (5): 817-822.

[93] 乔家君, 李小建. 村域人地系统状态及其变化的定量研究: 以河南省三个不同类型村为例 [J]. 经济地理, 2006, 26 (2): 192-198.

[94] 乔家君, 许家伟, 李小建. 近高校新区型村域商业活动时空演化: 以河南大学金明校区为例 [J]. 地理研究, 2009b, 28 (6): 1537-1549.

［95］乔家君，许家伟．社会物理学视角下中国农村工业时空演变：以河南省芝田村为例［J］．地理研究，2010，29（11）：2045-2058.

［96］乔家君，张羽佳．农业型专业村发展的时空演化：以河南省南阳市专业村为例［J］．经济地理，2014，34（4）：131-138.

［97］乔家君，赵德华，李小建．工业发展对村域经济影响的时空演变：基于巩义市回郭镇21个村的调查分析［J］．经济地理，2008b，28（4）：617-622.

［98］乔家君，赵德华，李小建．农户自主发展能力差异比较研究［J］．农业系统科学与综合研究，2008a，24（3）：350-356.

［99］尚勇敏，曾刚．科技创新推动区域经济发展模式转型：作用和机制［J］．地理研究，2017，36（12）：2279-2290.

［100］申玉铭，邱灵，王茂军，等．中国生产性服务业产业关联效应分析［J］．地理学报，2007，62（8）：821-830.

［101］生延超，李辉．中国互联网规模对技术效率的影响与空间溢出效应［J］．地理科学，2018，38（9）：1402-1411.

［102］盛荣科，樊杰．地域功能的生成机理：基于人地关系地域系统理论的解析［J］．经济地理，2018，38（5）：11-19.

［103］史红亮，陈凯．基于脉冲响应函数的中国钢铁产业能源效率及其影响因素的动态分析［J］．资源科学，2011，33（5）：814-822.

［104］宋周莺，刘卫东，刘毅．产业集群研究进展探讨［J］．经济地理，2007，27（2）：285-290.

［105］宋周莺，丁疆辉，刘卫东，等．信息技术对中国服装企业空间组织的影响［J］．地理学报，2009，64（4）：435-444.

［106］孙久文，张可云，安虎森，等．建立更加有效的区域协调发展新机制笔谈［J］．中国工业经济，2017（11）：26-61.

［107］孙久文，张静，李承璋，等．我国集中连片特困地区的战略判断与发展建议［J］．管理世界，2019，35（10）：150-159.

［108］孙久文，易淑昶．大运河文化带城市综合承载力评价与时空分异［J］．经济地理，2020，40（7）：12-21.

［109］孙中伟，金凤君，王杨．信息化对区域经济发展的组织作用［J］．地理与地理信息科学，2008，24（4）：44-49.

［110］覃成林．国家区域发展战略转型与中部地区经济崛起研究［J］．中州学刊，2006（1）：59-63.

［111］覃成林．黄河流域经济空间分异与开发［M］．北京：科学出版社，2011．

［112］覃成林．中国区域经济增长分异与趋同［M］．北京：科学出版社，2008．

［113］涂建军，唐思琪，张骞，等．山地城市格局对餐饮业区位选择影响的空间异质性［J］．地理学报，2019，74（6）：1163-1177．

［114］汪明峰．互联网时代的城市与区域发展［M］．北京：科学出版社，2015．

［115］汪涛，Stefan H，Ingo L，李丹丹．知识网络空间结构演化及对 NIS 建设的启示：以我国生物技术知识为例［J］．地理研究，2011，30（10）：1861-1872．

［116］汪行，范中启．技术进步、能源结构及能源效率的动态关系研究［J］．干旱区地理，2017，40（3）：700-704．

［117］王波，甄峰，席广亮，等．基于微博用户关系的网络信息地理研究：以新浪微博为例［J］．地理研究，2013，32（2）：380-391．

［118］王伯礼，张小雷．新疆公路交通基础设施建设对经济增长的贡献分析［J］．地理学报，2010，65（12）：1522-1533．

［119］王岱，蔺雪芹，刘旭，等．北京市县域都市农业可持续发展水平动态分异及提升路径［J］．地理研究，2014，32（9）：1706-1715．

［120］王德利，王岩．中国城市群经济增长方式识别及分异特征［J］．经济地理，2017，37（9）：80-86．

［121］王发明．产业集群的识别界定——集群度［J］．经济地理，2008，28（1）：33-37．

［122］王缉慈，等．创新的空间：企业集群与区域发展［M］．北京：北京大学出版社，2001．

［123］王丽，曹有挥，刘可文，等．高铁战区产业空间分布及集聚特征：以沪宁城际高铁南京站为例［J］．地理科学，2012，32（3）：301-307．

［124］王丽．高铁站区产业空间发展机制：基于高铁乘客特征的分析［J］．经济地理，2015，35（3）：94-99．

［125］王士君，廉超，赵梓渝．从中心地到城市网络：中国城镇体系研究的理论转变［J］．地理研究，2019，38（1）：64-74．

［126］王士君．城市相互作用与整合发展［M］．北京：商务印书馆，2009．

［127］魏后凯，贺灿飞，王新．中国外商投资区位决策与公共政策［M］．北京：商务印书馆，2002．

［128］文琦，施琳娜，马彩虹，等．黄土高原村域多维贫困空间异质性研究：以宁夏彭阳县为例［J］．地理学报，2018，73（10）：1850-1864．

［129］吴传钧．中国经济地理［M］．北京：科学出版社，1998.

［130］吴娜琳，李二玲，李小建．特色种植专业村空间扩散及影响因素分析：以河南省柘城县辣椒种植为例［J］．地理研究，2013，32（7）：1303-1315.

［131］吴娜琳，李小建，乔家君．农户行为与专业村形成的关系研究：以河南省柘城县史老八杨木加工专业村为例［J］．地理科学，2014，34（3）：322-331.

［132］吴威，曹有挥，曹卫东，等．长江三角洲公路网络的可达性空间格局及其演化［J］．地理学报，2006，61（10）：1065-1074.

［133］谢敏，赵红岩，朱娜娜，等．宁波市软件产业空间格局演变及其区位选择［J］．经济地理，2017，37（4）：127-134.

［134］许欣，张文忠．中国四大区域板块，增长差异、比较优势和“十四五”发展路径［J］．经济地理，2021，41（7）：1-9.

［135］许学强，王欣，阎小培．技术流的动力机制、渠道与模式：以珠江三角洲为例［J］．地理学报，2002，57（4）：489-496.

［136］薛领，杨开忠．复杂性科学理论与区域空间演化模拟研究［J］．地理研究，2002，21（1）：79-88.

［137］闫小培，周春山，冷勇，等．广州 CBD 的功能特征与空间结构［J］．地理学报，2000，55（4）：475-486.

［138］杨青山．对人地关系地域系统协调发展的概念性认识［J］．经济地理，2002，22（3）：289-292.

［139］杨文龙，杜德斌，马亚华，等．“一带一路”沿线国家贸易网络空间结构与邻近性［J］．地理研究，2018，37（11）：2218-2235.

［140］杨显明，焦华富．煤炭资源型城市产业结构锁定的形成、演化及机理研究：以淮北市为例［J］．地理科学，2015，35（10）：1256-1264.

［141］叶琴，曾刚，陈泓廷．组织与认知邻近对东营市是有装备制造业创新网络演化影响［J］．人文地理，2007（1）：116-122.

［142］尹贻梅，刘志高，刘卫东，等．城市老工业区创意转型路径研究：以北京石景山为例［J］．地理与地理信息科学，2011，27（6）：55-60.

［143］原嫄，席强敏，孙铁山，等．产业结构对区域碳排放的影响：基于多国数据的实证分析［J］．地理研究，2016，35（1）：82-94.

［144］张可云，傅帅雄，张文彬．基于改进生态足迹模型的中国 31 个省级区域生态承载力实证研究［J］．地理科学，2011，31（9）：1084-1089.

［145］张可云，张颖．不同空间尺度下黄河流域区域经济差异的演变［J］．经济地理，

2020，40（7）：1–11.

[146] 张雷．经济发展对碳排放的影响［J］．地理学报，2003，58（4）：629–637.

[147] 张伟丽．区域经济增长俱乐部趋同概念、识别及机制：基于中国案例的分析［M］．北京：经济科学出版社，2014.

[148] 张晓平，刘卫东．全球化、跨国公司投资与地区发展关系研究进展［J］．地理科学进展，2003，22（6）：627–638.

[149] 赵威．中原经济区空间俱乐部趋同研究［M］．北京：经济科学出版社，2018.

[150] 甄峰，王波，陈映雪．基于网络社会空间的中国城市网络特征：以新浪微博为例［J］．地理学报，2012，67（8）：1031–1043.

[151] 郑长德，钟海燕，曹正忠．四川经济地理［M］．北京：经济管理出版社，2018.

[152] 周扬，郭远智，刘彦随．中国县域贫困综合测度及2020年后减贫瞄准［J］．地理学报，2018，73（8）：1478–1493.

[153] 朱传耿，刘波，李志江．港口—腹地关联性测度及驱动要素研究：以连云港港口—淮海经济区为例［J］．地理研究，2009，28（3）：716–725.

[154] 朱俏俏，孙慧，王士轩．中国资源型产业及制造业碳排放与工业经济发展的关系［J］．中国人口·资源与环境，2014，24（11）：112–119.

[155] 朱华晟，吴骏毅，魏佳丽，等．发达地区创意产业网络的驱动机理与创新影响——以上海创意设计业为例［J］．地理学报，2010，65（10）：1241–1252.

[156] Long Hualou, Zou Jian, Pykett J, et al. Analysis of rural transformation development is China since the turn of the new millennium［J］. Applied Geography, 2011, 31（3）：1094–1105.

第七章　中国特色的经济地理思想

本书每章都谈及中国经济地理思想，本章集中论述 20 世纪中期以来 70 多年经济地理发展过程中所形成的独特经济地理思想。下文首先分析与其他国家不同的中国经济地理特殊现象，接着分析其背后的特殊形成机制，在此基础上阐述中国特色的经济地理思想及特殊的经济地理研究队伍。

中国特色的经济地理学不是具有特殊性的中国经济地理。各地的自然环境、自然资源、社会经济条件不同，必然造就不同的经济地理。但如果这些经济地理格局可以用多数国家学者认可的理论框架来解释，特殊的经济地理并不一定形成特殊的经济地理学。进而推理，自然环境的特殊性并不一定带来经济地理格局解释中的特殊性，而社会文化环境的特殊性则在经济地理格局特殊理论形成中起着重要作用。

第一节　经济地理的特殊现象

各国经济地理研究中，都会有一些与其他国家不同的经济地理现象。尤其是少数经济规模很大且发展路径具有特殊制度根植性、形成特殊发展模式的国家，会出现世界上独具特点的经济地理研究现象。中国作为这种类型的国家，在长期农业传统的基础上，近几十年来快速工业化和城市化过程中，产生了一些令人关注的经济地理现象。

一、经济持续快速发展下的区域关系

1949 年中国经济基础极为薄弱，1952 年 GDP 仅为 679 亿元，经过了 26 年

的发展，1978 年 GDP 达到 3679 亿元①，占世界 GDP 的比重为 2.15%（见图 7-1（a））。1978 年以来，中国经济总量占世界比重持续增加，而美国、日本和欧盟地区经济比重在波动中下降（见图 7-1（a））。2010 年，中国成长为世界第二大经济体。中国经济快速增长并取得了巨大成就，被称为世界经济发展的"奇迹"。2020 年中国 GDP 已占世界的 17.38%，与欧盟几乎持平，与美国的差距逐渐缩小。1978～2020 年，中国年均 GDP 增长率为 9.27%，远高于世界均值（2.77%）（见图 7-1（b）），中国经济在世界上的地位逐渐上升。

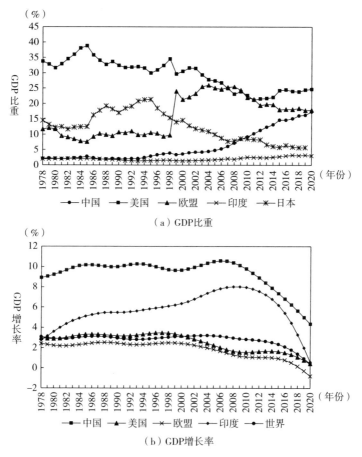

图 7-1　中国经济发展与世界其他国家和地区的对比

注：GDP 增长率为滤波后数据。

资料来源：根据世界银行数据库、历年《中国统计年鉴》数据计算。

---

① 资料来源：国家统计局，https://data.stats.gov.cn/。

伴随着经济的快速发展,中国区域经济差异也发生着重要的变化,中国经济差异整体呈现低水平变化—迅速增加—波动下降的变动趋势。20世纪50年代初期,中国采取区域均衡发展策略,区域发展相对较为均衡(见图7-2),经济差异在波动中相对较低。改革开放之后,区域经济非均衡发展战略,使得东部地区迅速发展起来。1992年后,区域经济差异迅速扩大。随着西部大开发、中部崛起、东北振兴等区域协调发展战略的实施,以及近年来"一带一路"倡议的推行,区域经济差异有所减小。

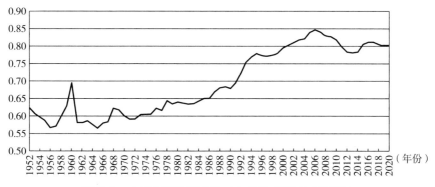

图7-2 中国经济差异变动(各省份 GDP 变异系数)

资料来源:根据历年《中国统计年鉴》数据计算。

由于中国地形、生态环境、地理气候巨大差异,土地资源利用及人口分布也十分独特,导致中国区域经济之间的发展差异与世界其他国家存在很大不同。东部与西部、南方与北方、四大经济区、各个省份之间均表现出较大差异。东部地区经济发展始终处于较高水平,在2008年之后相对有下降趋势。东北地区经济地位在90年代后期逐渐下降,而中部、西部地区经济地位逐渐提升(见图7-3)。原有的差异加上近40年的不同变化,加剧了中国区域经济差异的复杂性和特殊性。

其中,沿海—内陆差异、南北差异的转换很具特殊性。20世纪50年代到改革开放前,沿海与内陆经济比重、南北地区经济比重均相对较为稳定(见图7-4)。改革开放之后,沿海地区经济比重持续提高,到2008年左右开始出现下降,相应地,内陆地区经济地位逐渐提升。南北差异在1992年之后持续拉大,并在2013年之后以更快的速度变大,2020年北方地区经济比重降到35.2%。总体来看,2008年之后,沿海与内陆经济差异有缩小趋势,而南北差异仍在持续拉大。

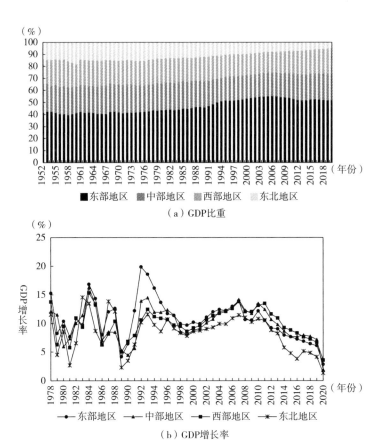

（a）GDP比重

（b）GDP增长率

图7-3 中国四大区域经济发展差异

资料来源：根据历年《中国统计年鉴》数据计算。

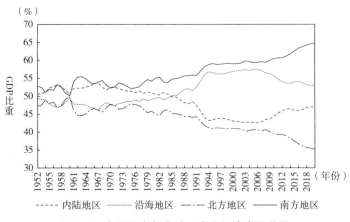

图7-4 中国沿海与内陆、南北经济发展差异

注：沿海与内陆地区的划分参考《中国海洋统计年鉴》。南北方的划分参考许宪春等（2021）的研究。

二、特殊的城镇化与城乡关系

1949 年，中国还是一个经济落后的农业大国。1952 年中国工业劳动者占社会劳动者的比重只有 6%（韩俊，2009），工业比重仅占 17.6%，农业经济比重在 37% 左右（见图 7-5）。改革开放以后，中国工业发展迅速，工业化率持续上升，农业地位持续下降，2020 年农业比重占比减少到 8% 以下。伴随着工业化和城镇化，中国的大城市快速增长并形成城市群、都市连绵带。从经济地理角度看，这些空间经济体成为中国经济格局中十分重要的骨架。

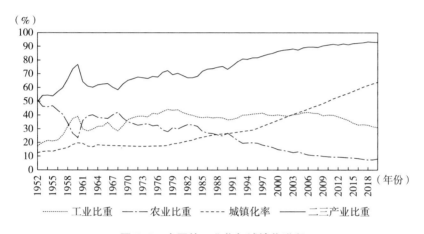

图 7-5 中国的工业化与城镇化进程

资料来源：根据历年《中国统计年鉴》数据计算。

根据钱纳里的经济发展模型测算，中国城市化一直滞后于工业化。[1] 1978 年，中国人均收入为 385 元，城市化率为 17.9%，工业化率为 44.07%。1995 年中国人均收入超过 500 美元，城市化率为 29%，工业化率为 40%，城市化仍然明显滞后于工业化。2001 年，中国人均收入超过 1000 美元，城市化率为 37.6%，工业化率为 39.5%，城市化同样滞后于工业化。这导致城乡关系和工农关系不协调。随着农业比重的下降，农村出现大量剩余劳动力，他们为了寻找就业机会向工业化较为发达的沿海地区流动。2014 年，中国流动人口数量达到

---

[1] 著名经济学家钱纳里的经济发展理论模型测算显示，在人均 GDP 小于 100 美元时，城市化率与工业化率大致持平；当人均 GDP 达到 500 美元左右时，城市化率就会领先工业化率超过 20 个百分点；而当人均 GDP 继续增长至 1000 美元左右时，城市化率就会领先工业化率近 30 个百分点。

高峰（2.53亿人）（见图7-6），之后有所减少，但2019年仍为2.36亿人，全国人户分离的人口高达2.9亿人[①]。中国传统的户籍制度影响了人口流动和城镇化进程，加剧了城乡分化。2020年底中国城镇化率已达到63.89%，但户籍城镇化率为45.4%[②]，2亿多人离乡但没有真正成为城市人口。中国非农化率和城镇化率仍有较大差距（见图7-5）。

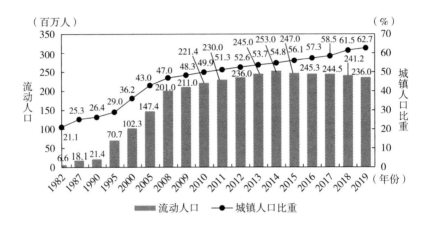

图7-6 中国流动人口的变化

资料来源：根据历年《中国统计年鉴》和对应年份统计公报数据计算。

与此相应地，城乡经济差距也很明显。1978~2020年，中国城乡收入差距从209.8元扩大到26703元，收入比在2.66倍左右，2009年收入比最高时为3.33倍（见图7-7）。城乡分隔的二元体制和城市优先发展战略，促使大量劳动力向城市集聚，造成了超过1亿的失地农民，形成特殊乡村发展格局（Long et al.，2010）。城乡基础设施、人居环境条件及教育、卫生、文化等公共服务配套方面也存在巨大区域差异（刘彦随，2018）。

三、各种类型的开发区

改革开放以来，特别是1992年以来，各级政府批准设立了众多的实行国家

[①] 人户分离的人口是指居住地与户口登记地所在的乡镇街道不一致且离开户口登记地半年及以上的人口。流动人口是指人户分离人口中扣除市辖区内人户分离的人口（统计口径来源于国家统计局）。

[②] 资料来源：国家发展改革委印发的《"十四五"新型城镇化实施方案》。

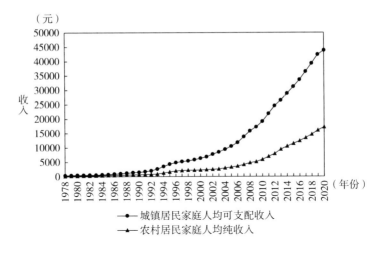

图 7-7　中国城乡收入差异

资料来源：根据历年《中国统计年鉴》数据计算。

特定优惠政策的各类开发区，如经济技术开发区、高新技术产业开发区、出口加工区、保税区、边境经济合作区、试验区等。各种类型的开发区是中国经济快速发展的重要空间载体。根据"中国开发区网"公布的数据[①]。截止到 2022 年 9 月，全国开发区总数为 2781 个，其中国家级开发区 674 个（见图 7-8）。国家级经开区、国家级新区、海关特殊监管区（保税区）共 568 个，占国家级开发区总数的 84.3%。经济技术开发区是在开放城市中划定小块区域，集中力量建设完善的基础设施，创建符合国际水准的投资环境，通过吸收外资，形成以高新技术产业为主的现代工业结构，成为所在城市及周围地区发展对外经济贸易的重点区域。高新技术产业开发区是为了营造高新技术产业的良好环境，通过实施包括减免税等方面优惠政策和完善服务体系，创建吸引和聚集人才、技术、资本等产业环境，加速高新技术成果的产业化。保税区是经国务院批准的开展国际贸易和保税业务的区域，受海关实施特殊监管，类似于国际上的自由贸易区，区内允许外商投资经营国际贸易，发展保税仓储、加工出口等业务，是中国开放度和自由度最大的经济区域，是中国经济与世界经济融合的新型连接点[②]。国家级开发区在各省份均有分布，但数量差异较大（见图 7-9）。长三

① https：//www.cadz.org.cn/index.php/develop/index.html.

② http：//cn.chinagate.cn/zhuanti/zgkfq/node_7107942.htm.

角、珠三角、京津冀是开发区分布相对较多的区域。开发区作为推动中国工业化、城镇化快速发展和对外开放的重要平台，对经济社会发展起到重要的辐射带动作用，走出了一条中国特色园区的发展道路。

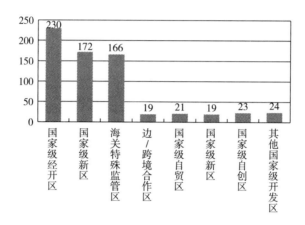

图 7-8 国家级开发区数量和类型

资料来源：中国开发区网，https：//www.cadz.org.cn/index.php/develop/index.html.

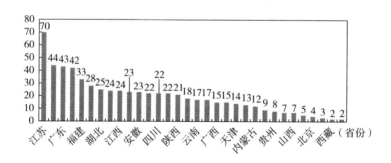

图 7-9 各省份国家级开发区数量

资料来源：中国开发区网，https：//www.cadz.org.cn/index.php/develop/index.html.

很多国家在区域发展中设置开发区。但在欧美发达国家，开发区的发展基本依赖于市场自身的作用，经济导向功能较强，政府干预较少。而中国特区和开发区的建立，不仅是经济发展的实践，更是制度创新的实践。中国开发区不仅数量众多，类型众多，分布区域广泛，超过世界上其他国家（刘现伟和陈守龙，2008），而且政府管理作用也强于其他国家，开发区的管理部门往往都是带有行政级别的政府部门或派出机构（左学金，2008）。

四、迅速发展的基础设施

1949 年以来，中国交通基础设施加速成网，综合运输能力大幅提升。2018年末，中国高速公路总里程已超过 14 万千米，居世界第一位（见表7-1）。截至 2020 年底，全国公路总里程 519.81 万千米，其中高速公路里程 16.1 万千米。高速公路的建设带来了更高的运输效率，缩短了生产资料以及旅客在行程中的时间。伴随着生产要素流通的加快，城镇化进程也随之加快。高速公路的开通，对沿线区域的资源开发、招商引资等起到了积极的促进作用，缩短了区域之间的时空距离，增加了沿线区域的联系。

表 7-1　高速公路里程居世界前 10 位的国家或地区

序号	国家或地区	高速公路（千米）	公路总里程（千米）	高速公路占比（%）	年份
1	中国	160980	5198120	3.10	2020
2	美国	78512	6742320	1.16	2019
3	澳大利亚	51984	877651	5.92	2018
4	西班牙	17164	666739	2.57	2017
5	加拿大	17000	1304100	1.30	2013
6	德国	13141	642826	2.04	2018
7	法国	11671	1103774	1.06	2018
8	墨西哥	10274	328780	3.12	2017
9	日本	8900	1225000	0.73	2018
10	荷兰	7403	185364	3.99	2017

资料来源：根据《中国交通年鉴 2021》数据计算。

铁路在中国经济社会发展中的地位和作用至关重要。高速铁路是中国重要的交通基础设施，在缩短各地空间距离方面起着十分重要的作用。截至 2020 年底，中国铁路营业里程 14.6 万千米，仅次于美国，居世界第二位。高铁运营里程达 3.79 万千米，占世界高铁运营总里程的 69%（2016 年底，超过世界其他国家高铁总里程[①]），稳居世界第一，成为世界上高铁运营里程最长、在建规模最

---

① 资料来源：高铁网，http：//www.gaotie.cn/。

大、高速列车运行数量最多、商业运营速度最高的国家。中国现在拥有世界上最强大的高速铁路网，南北纵横、东西交错的高速铁路网连接所有大中城市群，并在进一步的发展和完善之中。高速铁路作为一种现代化交通运输方式，对沿线地区的产业发展和城镇化进程带来深刻影响，对城市之间的经济联系、沿线产业带和城市现代服务业的培育，以及沿线地区人口流动速度提升和人口聚集，均具有重要的促进作用。

此外，航线网络和机场规模不断拓展。70多年来，中国民航机场设施水平不断提升，航线网络覆盖率大幅提高，航空运输保障能力显著增强。从20世纪90年代开始，中国民航进入高速发展时期。到2018年末，定期航班航线总条数达4945条，是1950年的412.1倍；定期航班航线里程由1950年的1.1万千米增至2018年的838万千米；国内定期航班通航城市由1950年的7个增至2018年的230个；定期航班通航机场数量由1949年的36个增至2018年的233个，初步形成了以国际枢纽机场为中心，区域枢纽机场为骨干，其他干线、支线机场相互配合的格局①。

以上所述的高速公路、高铁、现代航空及网络通信等基础设施的快速发展，为经济地理学的研究提供了难得的研究对象。

第二节 经济地理的特殊形成机制

一、有为政府的重要作用

不同国家的政治制度各不相同，政府在经济活动中所扮演的角色也有所不同。在大多数西方国家，政府在与市场经济力量的长期博弈中逐渐退出经济领域，不再以行政力量直接干预经济活动。而在中国，政府作为最高权力的象征，在国防、经济、司法、教育、科技、文化、卫生、体育等领域始终都具有强大的干预能力。特别是在经济领域，有效市场和有为的政府结合是市场经济中的

---

① 资料来源：交通运输铺就强国枢纽通途 邮电通信助力创新经济航船——新中国成立70周年经济社会发展成就系列报告之十六，http://www.gov.cn/xinwen/2019-08/13/content_5420891.htm。

一个重要特色。

（一）历史上政府的重要作用

中国长期历史中的"大一统"与中央集权制度，使政府对国家经济具有高度控制权，从而形成了政府对经济的强力干预特点。

前秦时期，在商周与春秋战国两个阶段，政府与经济之间的关系虽有所不同，但政府干预都很明显。在商周时期，经济活动是在政府的要求下开展，基本不存在私营工商业。商人以家族经营为基本单位，职业世袭，身份与居住区受到政府的严格管控（杨宽，2019：366-372）。此外，商品种类与服务对象也受到政府的严格限制，商品类别以满足统治阶级需求为主，服务对象主要是政府和奴隶主贵族。这一制度被称为"指定服役制度"和"工商食官"制度（陆德富，2011）。春秋战国时期，随着社会生产力的发展和社会分工的细化，"工商食官"制度逐渐被打破，私营工商业经营扩大，商品经济有了较大的发展。为应对市场经济引发的土地兼并加速、农业人口流失等一系列问题，"重农抑商"的主张成为这一时期经济思想领域的主流（岳强，2018）。这些思想都涉及政府对经济的干预和控制，主要是政府利用商品流通规律，参与商品的生产和流通环节，从而对经济采取全面的管控措施。

秦朝以后中央集权制的确立，加强了政府对经济领域的干预力度，并形成了以"轻重论"和"重农抑商"为标志的国家控制经济的思想体系。西汉武帝时期开始实行盐铁官营、算缗告缗、均输平准政策，通过政府强制性行政力量实现对重要利源的垄断，利用经济手段使政府进入流通领域，调节地区物资供需，平衡地区物价，控制经济市场。唐朝时期，政府通过榷卖制度、常平仓制、公廨本钱制以及和籴宫市等多种形式直接参与经济活动，对商品生产和流通进行干预。宋朝时实施"不立田制""不抑兼并"，提高土地流转速率，降低农民对土地的人身依附性，促进了经济的快速发展。元、明、清时期，中央集权制度不断加强，禁榷制度继续推行，不断加强专卖制度，使得政府控制深入经济活动的方方面面（张克夫和杨会晏，2011；宋娟，2013）。总体而言，在古代"大一统"式中央集权制的政府管理和以自然经济为主导的经济体系下，政府干预主义思想盛行，国家财力高度集中，政府直接参与流通经济，通过控制货币与谷物、利用商品价格波动管理和调控市场、盐铁专卖垄断等政策对国家经济实行全面干预与控制。在地理学思想史研究上，有人把这种主动规划并直接参与经济社会活动的地理机制称为"王朝地理"（唐晓峰，2010：288，291-292）。

（二）计划经济中政府主导及市场经济中有为的政府

1949 年以来，受到外部发展环境、经济制度、发展目标变化的影响，中国政府对经济的主导程度发生了一定程度的改变。具体可以划分为两个不同的阶段——1949~1978 年的计划经济时期和 1978 年改革开放以后的社会主义市场经济时期。政府与经济的关系由原来的计划经济体制下的政府主导经济转变为市场经济改革下的有为政府干预。

计划经济时期，政府在国民经济运行中处于绝对主导地位，中央政府利用行政手段对经济资源和经济生活进行全面控制。具体表现为：①中央政府定期制订各类经济计划，并对计划实施情况进行监督。如国家计划委员会负责拟订五年计划和其他中期经济计划，经济委员会检查年度计划的完成情况。②资源的全面配置。政府通过各项计划指标与行政指令对资源进行配置。如企业所需的物资供给由政府控制，劳动力由劳动管理部门调配，产品由物资部门统一调拨，企业自身的决策权极小。③政府统一制定个人收入分配标准。全国各地职工收入标准基本一致，由政府统一制定，不受企业运行效益影响；农民收入标准则由所在地方集体统一制定。总体而言，该时期经济体制完全以单一的公有制（主要是国有制）为基础，通过全面计划和高度集中的行政指令推动国民经济运行（何金玲，2009）。经济活动主体受到各级行政部门的高度管控，以完成政府任务为第一目标，计划外的市场经济则被完全排斥。

改革开放以后，计划与市场的"社""资"之分被打破，社会主义市场经济体制逐渐建立，"推动有效市场和有为政府更好结合"成为中国政府处理政府与市场关系的重要原则（陈乐一，2021）。它要求充分发挥市场在资源配置中的决定性作用，同时不断完善宏观经济治理，克服和弥补市场经济的不足和缺陷。同时，在中国"公有制为主体，多种所有制并存"的经济制度下，国有经济控制国民经济命脉，政府对经济发展依然发挥着重要作用。这种体制，多方面影响经济活动的区位、空间格局及其与环境的关系，形成与发达市场经济国家不一样的经济地理理论机制。

（三）集中资源建设重大项目的能力

1982 年，邓小平在《前十年为后十年做好准备》的讲话中提到"社会主义同资本主义比较，它的优越性就在于能做到全国一盘棋，集中力量，保证重点"

（中共中央文献研究室，2004：256），它在经济领域的重要体现就是政府集中资源建设重大项目的能力。在中国以"公有制为主体，多种所有制并存"的经济制度下，政府可以通过集中统一领导，科学有效调配各领域各层级的人力、物力、财力等资源力量，节约生产资料使用，提高劳动生产效率，实现重大工程的快速建设（傅慧芳，2020）。在工业方面，20世纪50年代初从苏联引进156项重点工矿业建设项目，建立了国内完整的工业基础体系，为后期经济飞速发展打下坚实的基础；在国防科技方面，通过集中调动各方面力量与资源，以惊人的毅力和速度创造出"两弹一星"的伟大奇迹。改革开放以后，中国在强调市场对资源配置中的决定性作用的同时，不断发挥政府集中资源建设重大项目的能力，推动重大工程项目建设。如三峡水电站、"西电东送"和"北电南送"的能源配置网络、"南水北调"工程、"西气东输"工程等各类重大工程项目的建设，都是政府通过集中调配资源完成的（任晓伟，2021）。此外，超级计算机、北斗卫星导航系统、国产隐身战斗机歼—20、"祝融号"火星探测车、天宫空间站等重大科技创新也走在了国际前沿。这些工程项目的运行自身就反映了中国与其他经济不太富裕国家的不同，这种现象背后的机制就是中国经济地理的形成机制之一。

二、文化与人际关系的影响

经济活动总是在一种特定的社会历史和人文环境中运行，虽然经济规律起着支配和主导的作用，但社会人文传统也是不可忽略的因素，有时甚至成为决定性的因素。社会文化传统是一个国家或地区在长期的社会政治经济实践活动中，逐步形成并被潜移默化因袭传承的一种被普遍遵循的人文精神、价值观念、行为方式以及根深蒂固的习惯势力（吕政，2001）。

1. 特殊的人际关系

人的社会属性决定了人们的经济活动必然受人际关系的影响和束缚。中国的社会历史、文化环境的作用和现实的制度背景的需求，形成了社会交往中非常重视人际关系。根植于几千年的文化传统，人际关系已形成中国社会结构中的一种重要关系。与西方社会相比，中国文化更重视人际关系传统（毛孟凯，2002）。

人情关系是中国的文化基因。中国人情关系的形成受到传统农耕经济、儒释道三家思想的教化以及中央集权统治的影响（刘津，2021）。儒家思想使"家庭伦理亲情的召唤在人心激起的强烈归属感和依赖感"（唐军，1996）。受小农经济生产方式基础上的人文传统的影响，一些人更相信与之具有血缘或裙带关系的家庭成员，更愿意通过人情关系来解决生产生活的各种矛盾（吕政，2001）。

人际关系运作会对资源配置等造成重要影响。比如，在缺少约束时，社会的资源往往会流向那些有强人际关系或关系资源丰富的人、群体或单位（毛孟凯，2002）。职业流动中利用人际关系的现象也很普遍。农民打工区位的选择也具有明显的打工簇现象，传统地缘关系和血缘关系的关系网络在打工簇的形成中具有重要作用（高更和等，2008）。

2. 群体至上的影响

中国社会在价值观念上强调群体至上，"修身、齐家、治国、平天下"包含着深刻的群体思想。中国地域辽阔，地方特色明显，家乡观念较重（胡兆量，1999）。中国传统价值观中的群体本位意识是一种强大的精神凝聚力量，引导人民把群体、社会以及民族利益作为高于一切的东西。中国传统的小农个体经济的生产方式决定重群体的价值取向（李明华，1993）。很多成功的中国企业都是家族式经营。华人企业的兴旺，大都以家庭为纽带，家庭经济是华人经济的特点（胡兆量，1999）。中国社会家族企业之普遍是其他经济体和社会所不及的，企业的控制权掌握在家庭手中（甘德安，2002）。

地域文化深深根植于商人性格之中（邓俏丽和章喜为，2009）。商帮是以地域为中心，以血缘、乡谊为纽带，以"相亲相助"为宗旨的对区域经济产生重大影响的商人群体，是一种基于血缘、地缘和业缘关系的商业活动网络组织形式。商帮的形成受文化、宗族和地缘关系等因素的影响（邓宏图，2011）。在近代中国民族工业中，商帮有极其重要的地位，与民营经济联系紧密。商帮及其企业家精神是区域经济发展的重要支柱（辜胜阻，2007）。现代商帮对区域经济发展也产生重要影响：今天长江三角洲和珠江三角洲地区的繁荣都离不开浙商、沪商、苏商和粤商的重大贡献。以浙商为例，浙江人有深厚的"抱团精神"，通过商会、行业协会等组织，群体合作形成一个无处不在的商业网络，在资金融通抑或是市场开拓方面都对浙商的发展壮大做出了重要的贡献（杨金贵，2010）。

中国的海外华商是世界商团中不可忽视的团体组织。分布于世界各地的华人社团，就是中国商人在海外的商帮组织。改革开放以来，中国吸引的海外投资中的众多项目和资金来自于海外华商，他们在为所在国经济发展做出贡献的同时，也对中国经济和世界经济的发展起到了重要的推动作用（杨金贵，2010）。改革开放之初，由于与内地的"亲缘、情缘"关系，港台和其他海外华商首先来大陆投资，闽粤地区陆续形成了众多的家电城、服装城、鞋城、小商品城，激活了地区经济，为东南沿海地区经济的起飞和发展打下了基础。

三、经济活动中的国家利益至上

"政治集权+经济分权"的治理模式为中国经济的持续高速增长提供了强劲动力，这种"政府主导型"的经济发展模式也让政府力量渗透了经济发展的方方面面，尤其是传统的"官本位"观念又加重了政府在经济活动中的作用。国家利益需求主导经济发展，对经济活动的空间格局也产生重要影响。

（一）政治考虑强于经济原则

在中国特殊的政治制度下，政府对资本、土地等资源要素都具有不同程度的控制权，对资源与资金的流动方向和经济活动的空间布局具有较强的影响力。在面对国家利益需求时，资源要素配置并不完全取决于市场经济，而是要考虑国家政治经济整体利益。特别是涉及国防安全、国家战略等政治需求时，政治力量要完全高于市场经济发展规律，对经济发展具有绝对的支配权力。如1964年开始的三线建设，就是为了应对外部的恶劣国际环境，增强国防工业支持大规模反侵略战争的能力，改变生产力布局不合理状况。改革开放之后的沿海地区快速发展，也是国家支持与市场驱动合力的结果。21世纪以来，国家支持沿海之外地区的发展，是国家出于缩小区域差距的考虑。

（二）国家利益高于区域利益

在经济活动中，西方多数国家的经济空间格局主要由市场决定，政府很少对其进行直接干预。但在中国秦代历史以来的大部分时间里，实行的是中央集权的政治体制（周飞舟和谭明智，2016）。1949年以来，在财政收支和投资项目审批中，中央政府力量一直处于强势地位。经济发展的项目决策中，国家利益始终是经济发展的重要导向。地方利益与国家利益不一致时，以服从国家利益为主。如在经济制度改革过程中，上级政府可以通过先试点再推广的改革模式，总结好的政策进行推广。经济特区、经济技术开发区、高新技术产业开发区、出口加工区、保税区、边境经济合作区、试验区在内各类开放试验区的建设正是如此。政府投资建设的项目，国家主导力量起重要作用。

第三节　经济地理学者的特殊群体

中国经济地理学者大多数来自高等学校。除此之外，还有一部分来自专门的科学研究机构和政府相关的政策研究和咨询机构，这与大多数西方国家有很大不同。这些政府完全资助的学者群体所研究的方向与政府导向有很密切的关系。

一、面向政府服务的专门机构

世界各国很少有类似于中国科学院这样庞大的政府主导型科学研究机构。中国科学院作为中国自然科学最高学术机构、科学技术最高咨询机构、自然科学与高技术综合研究发展中心，为中国科技进步、经济社会发展和国家安全做出了不可替代的重要贡献[①]。苏联科学院是极少数与中国科学院相似的机构。中国地理研究所筹办于 1937 年，1940 年建立。1950 年改为中国科学院地理研究所，建所之初即设立了苏联经济地理研究组（施雅风和杨郁华，1954）。其他国家和地区的国家级科学研究机构，多是民间的非营利性科学组织。

中国科学院地理科学与资源研究所（以下简称"地理资源所"）及中国科学院其他地理学相关研究机构会集了大批的经济地理学者。该研究所以解决关系国家全局和制约长远发展的资源环境领域的重大公益性科技问题为着力点，是服务、引领和支撑中国区域可持续发展的资源环境研究战略的重要科技力量。截至 2019 年底，地理资源所共有全职科研人员近 2000 人，其中中国科学院院士 9 人、中国工程院院士 3 人。具有包括经济地理学在内的地理学科博士授予权，其资源、环境和地理信息学科人才培养中，也有一些与经济地理有关。地理资源所是首批博士、硕士学位授予单位之一。现设有 2 个一级学科博士研究生培

---

① 中国科学院，http://www.cas.cn/。

养点，其中地理学含人文地理学（含经济地理学，下同）、地图学与地理信息系统。有自然地理学、人文地理学、地图学与地理信息系统、自然资源学等7个二级学科硕士研究生培养点，以及农业管理、农业工程信息技术、环境工程等专业硕士培养点。共有在读研究生906人（博士研究生612人、硕士研究生294人，其中外国留学生31人），在站博士后245人。

中国科学院南京地理与湖泊研究所是我国唯一以湖泊—流域系统为主要研究对象的国家综合研究机构，其以湖泊科学和流域地理学为特色学科，针对我国湖泊—流域生态环境与可持续发展中的重大问题，满足国家在"湖泊—流域环境治理与生态修复、区域可持续发展规划与评估"两个应用研究领域的重大需求。截至2020年底，中国科学院南京地理与湖泊研究所共有在职职工269人，包括研究员、副研究员及高级工程技术人员134人。设有自然地理学、人文地理学、地图学与地理信息系统、环境科学等博士、硕士学位授予点。共有在读研究生180余人，在站博士后20余人。①

中国科学院新疆生态与地理研究所（以下简称"新疆生地所"）成立于1998年7月，由新疆生物土壤沙漠研究所（1961年成立）和新疆地理研究所（1965年成立）合并而成。新疆生地所在服务国家战略需求、解决重大科技问题上产出系列成果。截至2020年底，新疆生地所共有在职职工432人。其中科技人员306人，包括中国科学院院士1人、研究员及正高级工程技术人员112人、副研究员及高级工程技术人员109人。现有自然地理学、人文地理学、地图学与地理信息系统等6个二级学科博士点；有自然地理学、人文地理学、地图学与地理信息系统、资源与环境等10个学科硕士点。共有在读研究生440人，在站博士后57人。②

中国科学院东北地理与农业生态研究所于2002年由原中国科学院长春地理研究所和原中国科学院黑龙江农业现代化研究所整合组建而成。该所重点开展农业生态、湿地生态、遥感与地理信息、环境与区域发展等学科领域的研究，旨在为保障国家粮食安全、生态安全和东北老工业基地振兴做出基础性、战略性和前瞻性贡献。截至2018年，该所在岗职工313人。其中中国工程院院士1

---

① 中国科学院南京地理与湖泊研究所，http://www.niglas.cas.cn/。
② 中国科学院新疆生态与地理研究所，http://www.egi.ac.cn/。

人。现有地理学、生态学、环境科学与工程3个一级学科博士培养点，5个博士学位授予专业和8个硕士学位授予专业。在站博士后25人，在读博士生125人、硕士生78人。①

中国科学院下属的其他研究机构如地球环境研究所、地质与地球物理研究所、青藏高原研究所、生态环境研究中心、空天信息研究院、科技战略咨询研究院等汇集了大批的中国经济地理学者，为区域经济的可持续发展提供了重要的研究支持。

除了中国科学院系统外，各省级科学院下属的地理所作为面向政府服务的科研机构，为经济地理、区域经济的发展提供了重要的研究支持。河南省科学院地理研究所成立于1958年，前身为中国科学院河南地理研究所，1978年隶属关系下放地方。根据河南省经济社会发展的需要，1987年经河南省人大常委会批准，河南地理所接受河南省科学院和河南省计划经济委员会（现河南省发展和改革委员会）双重领导。现有在职职工130人，其中研究员16人，副研究员40人。② 广东省科学院广州地理研究所（原广州地理研究所）成立于1958年，前身为中国科学院广州地理研究所，是华南地区唯一的综合性地理科学研究机构。研究所立足广东，面向华南和东南亚，聚焦粤港澳大湾区，瞄准经济社会发展的重大战略需求和科学发展前沿目标，开展具有华南热带亚热带地域特色的地理科学综合研究，成为中国地理科学研究体系的重要组成部分，服务、支撑广东省资源环境与可持续发展战略的重要科技力量。③ 河北省科学院地理科学研究所始建于1958年，是全国成立最早的五大区域地理研究所之一，为华北地区和河北省的地理科学与资源环境科学的发展做出了开拓性的贡献。④ 云南省地理研究所、湖南省经济地理研究所、江西省科学院科技战略研究所等省级科研机构是面向政府服务的科研机构的一部分，同样会集了大批的经济地理学者。

二、学术群体

除了服务于政府的科研学术机构以及政府部门中的咨询机构，中国还存在

① 中国科学院东北地理与农业生态研究所，http：//www.neigae.cas.cn/。
② 河南省科学院地理研究所，http：//www.hagis.cn/。
③ 广东省科学院广州地理研究所，http：//www.gig.gdas.ac.cn/gb2019/。
④ 河北省科学院，http：//www.heb-as.com/templet/def/ShowArticle.jsp？id=1558。

较多的从事经济地理研究的社会学术群体。例如，专门从事经济地理相关研究的社会团体有中国地理学会经济地理专业委员会、全国经济地理研究会等，部分从事相关研究的团体有中国区域经济学会、中国区域科学协会等，以及少部分从事相关研究的团队有中国国土经济学会、中国土地学会等。

中国地理学会经济地理专业委员会是全国最早的经济地理学术组织。它成立于1961年，多年来在学术交流、学术组织等方面发挥了重要的作用。最近20年来，由于经济地理研究范围不断扩充，中国地理学会还成立了其他与经济地理相关的专业委员会或分会，如国土空间规划研究分会、"一带一路"研究分会、长江分会、黄河分会、农业地理与乡村发展专业委员会、城市与区域管理专业委员会等。但经济地理专业委员会聚焦经济地理研究，经济地理学者也参与其他相关委员会。

全国经济地理研究会（原名中国经济地理科学教育研究会）成立于1983年，是挂靠在中国人民大学的全国性经济地理学术组织。现有16个专业委员会、2个工作委员会。学会每年举办多种全国性学术会议，组织编写相关学术专著。全国经济地理研究会年会是经济地理学术群体的学术交流会之一。为了推动经济地理学的学科建设，加强学术交流，推动中国区域经济和经济地理理论与实践创新，全国经济地理研究会已召开了24届学术研讨会，根据每年的学术和社会热点选择会议主题，会议内容涉及多学科、多领域、多层次，在一定程度上反映出经济地理学的新理论、新观点、新方法及国内当前关注的热点。该研究会和中国地理学会经济地理专业委员会是经济地理学研究最重要的两个学术团体，前者以地理背景的人文—经济地理学者为主，后者以经济学出身的区域经济学者为主体，两个群体的思维有所差异，关注的焦点也有所不同。

中国区域经济学会是组织研究区域经济理论和实践问题的全国性学术团体，成立于1990年2月。中国区域经济学会的宗旨是组织区域经济理论与实际工作者，深入实际，开展调查研究、学术交流和战略咨询，为政府和企业决策服务；加强区域经济理论研究，结合中国具体实践，建立具有中国特色的区域经济科学体系。[1] 有一些经济地理学家参与该组织，该组织的研究内容有许多与经济地理相关。

---

① http://www.quyujingji.org/。

中国区域科学协会成立于 1991 年，是挂靠北京大学的全国性学术团体。其宗旨是团结组织中国地理学、经济学、社会学、管理科学、政策科学、信息科学等多学科的学者、专家和实际工作者，开展多学科、多层次的区域综合研究，积极为政府和企业的决策提供科学依据和咨询，发展和繁荣中国区域科学，为社会主义现代化事业服务。该协会设有 23 个专业委员会。[①]

中国国土经济学会原名为中国国土经济学研究会，成立于 1981 年，2006 年经民政部批准更名为中国国土经济学会。其主要围绕国土经济学研究和国土资源的开发、利用与保护开展研究活动。组织会员或联合有关学术团体，从经济的角度研究国土资源的开发、利用与保护，编制国土经济发展规划，组织相关咨询服务。[②] 该学会名称中"国土""经济"组合，与经济地理研究多有交叉。

中国土地学会是土地科技工作者自愿组成并依法登记的，是推动中国土地科学技术事业发展的重要力量。该团体的宗旨是，促进土地科学学科建设，传播土地科学知识，推动土地管理事业发展和土地行业职业发展，提高土地科学理论与实践水平，为中国经济社会可持续发展服务。[③] 中国土地学会的成员不少毕业于农业相关专业和地理专业。经济格局变化与土地利用变化密切关联。该学会也从土地资源方面加强着经济地理研究。

基于学术研究和为社会服务自发形成的学术团体为中国经济社会的发展做出了巨大贡献。专门或部分从事经济地理研究的相关团体推动了中国经济地理学的发展，为中国经济的发展提供了有益的理论支撑和政策建议。

三、政府中的咨询群体

在专职科学研究机构之外，政府机构也有相关人员参与经济地理决策研究。在国家层面，中共中央、国务院设有政策研究室、发展研究中心、国务院研究室等。[④] 中央委员会政策研究室（中共中央政研室）是中国共产党中央委员会直属机构，是专为中共中央研究政治理论、政策及草拟文件的机关。国务院研究

---

① http://www.rsac.org.cn。
② http://www.csote.org.cn/index.html。
③ http://www.clss.org.cn/。
④ 中华人民共和国国务院组织机构，http://www.gov.cn/guowuyuan/zuzhi.htm。

室是承担综合性政策研究和决策咨询任务、为国务院主要领导同志服务的国务院办事机构。国务院发展研究中心，是直属国务院的政策研究和咨询机构。这些机构中设有产业发展、区域发展相关研究部门，或有负责区域发展、经济格局等研究的专门人员。

省级层面有省（市、自治区）委政策研究室、人民政府发展研究中心、人民政府研究室。部分省份将它们合署办公，其主要职责是从事综合性政策研究和决策咨询服务的研究机构。负责组织或参与对该地区改革开放和经济社会发展重大问题进行调研和决策咨询，提出政策建议和咨询意见；收集、分析、整理和报送经济社会发展重要信息、动态，为政府决策提供参考建议等。经济发展、区域发展、产业规划是其工作的重要内容之一。

相应地，各地市以至于县级均设有党委政策研究室和人民政府发展研究中心，负责对经济社会发展动态进行定性和定量研究，分析宏观经济形势，及时发现问题，提出对策，预测前景。政府中的政策研究和经济发展研究机构汇集了大批的经济地理学者，这也是其他国家和地区很少有的现象。

第四节　经济地理的特色思想

在以上的特殊背景和体制下，经济地理思想的中国特色可从以下三个方面做一概括。

一、快速发展阶段的经济地理思想

与后发展且快速发展相关联，中国特色经济地理思想的核心是：在经济格局上，在发展的早期阶段，以地理条件、自然资源充分利用促进经济快速发展为主，先考虑通过优势区域发展带动国家经济增长；当国家经济发展达到一定规模且地区经济差异的加大使落后地区发展诉求上升到较高程度时，再通过国家政策支持，带动落后地区的发展，从而实现区域之间的协调发展。在经济发展与资源环境关系方面，与发达国家相比，中国在较早发展阶段就开始考虑经济增长对资源、环境的负向影响。从政府的角度，不断加强引导资源的可持续利用和环境友好，加大对资源过度利用和环境污染的经济活动的国家干预力度。

（一）不同经济发展阶段的经济地理学

一个国家在不同的发展阶段所处的发展环境不同，面临的经济问题不同，发展的目标不同，形成的经济地理现象也不同。同时，随着经济社会发展和科学进步，还会出现新的因素，从而影响经济地理现象的形成机理。与此相应，经济地理学研究也呈现阶段性特征。

1. 关注焦点不同

在经济发展的早期阶段，经济地理学研究主要关注经济增长，如杜能、韦伯、克里斯泰勒及廖什的古典区位理论，以及佩鲁的增长极理论的出发点就是经济空间格局与资源利用效益。在中国过去的发展中，主要以经济规模的扩大为主要目标，并且重视资源、劳动力等要素投入刺激经济增长。受此影响，经济地理学开展的工业布局、农业区划、区域规划、企业集群等研究的宗旨大都是如何促进经济规模持续扩大。而在后工业化阶段，经济增长的许多外部性显现出来，如区域贫富差距问题、衰退地区问题、环境污染问题、资源枯竭问题等，经济地理学更关注区域之间的协调以及经济发展与人口、资源、环境的协调。在这方面，中国的特殊性在于这种阶段和焦点的转变在较短时间内发生，从而其对经济地理思想的影响出现快速转换特点。

2. 考虑因素不同

早期阶段，经济地理学所研究的影响因素比较简单。随着经济发展，解释经济地理现象发生的影响因素逐步增多，并且由硬到软、由单纯的地理或经济因素到社会、文化、制度等因素。如新产业区理论、集群理论、区域创新系统理论更加强调行为主体之间的互动以及技术、社会文化和制度因素对经济空间系统的影响（王缉慈，2001：88）。相比于发达国家，由于资本、技术等生产要素的约束作用，中国经济地理学比较重视资源条件和物质因素对经济地理现象形成的作用。如在区域发展研究中，尤其是在实践中，资本、技术投入对经济增长的作用备受重视，社会、文化的作用则一度被忽略。而像中国这样，在工业化和城镇化发展到一定阶段后，制度和社会文化因素对竞争力的形成显得更为重要。

3. 思维方式不同

在不同的经济发展阶段，经济发展的技术和生产方式、组织方式不同，与此相对应地，人们研究问题的视野范围和思维方式也不同。反映在经济地理学中，可表现为研究方法、观察手段、分析逻辑等发生变化。如在工业化的早期阶段，为追求生产率提高，标准化大批量的福特制生产组织方式占主导，相应地企业逐渐变大；在后工业化阶段，为满足消费者的个性化消费需求，使弹性专业化、后福特制生产模式更有竞争力。在后工业化阶段，随着互联网和通信技术的快速变革，人们对经济空间现象的关注方式发生改变，全球价值链理论及地方专业化理论成为经济地理学研究的重要理论。在这样的背景下，规范、实证思维、结构主义理论等均可用于经济地理研究。而在过去的发展历史上，不同阶段曾强调相应的研究思维。

（二）相同发展阶段的不同经济地理学

与历史时期同一阶段的发达国家相比，当前处于该阶段发展中国家的经济地理学，会面临一些不同的发展条件。如在经历经济工业化中期阶段时，中国的经济地理学发展的条件与特点，就明显不同于当时处于该阶段的发达国家。

1. 后发优势的影响

与发达国家的相同发展阶段相比，发展中国家在经过发达国家已经走过的相同工业化阶段时，就拥有了一些特殊有利的条件，即后发优势（格申克龙，2009；列维，1990）。这种后发优势作用于经济地理现象，形成独特的经济地理形成机理。发展中国家可以通过技术的模仿、引进或创新，最终实现技术和经济水平的赶超（Barro and Sara，1997）。因此，同样在工业化阶段，发展中国家的经济地理学特别重视来自发达国家跨国公司对区域发展的影响研究，注重全球化与地方关系的研究。

2. 资源环境条件的影响

发达国家在先期工业化的过程中由于追求经济增长从而带来了很多外部性问题，如能源消耗、环境污染等，走的是"先污染、后治理"的道路。发展中国家在发展中面临发达国家在相同发展阶段很少考虑的资源环境问题，必须实现经济增长与环境保护相协调。也就是说当发展中国家实现工业化时，人们对资源环境的意识已完全不同于发达国家同一阶段。世界不断增强的环境意识，使发展中国家的工业发展受到国内人民关注的同时，也受到了有话语权的发达国家的特别"关注"（见图7-10）。在图7-10（a）中，不同时期的工业化国家在工业化的过程中，都会带来一定的资源利用变化。一般来说，随着工业化资源利用逐渐增加，到一定时期后会逐渐减少。但是，世界上对于资源过度利用和环境污染的关切程度在不断增长。虽然国家间多少有所差别，但总趋势是一致的（见图7-10（b））。由此带来的结果，不同时段工业化国家带来的资源环境影响都会逐渐减少（见图7-10（c）），或者是迫于人类的压力，或者是技术进步的影响，或者两者兼而有之。也就是说，这些国家对资源环境的利用空间都在缩小。

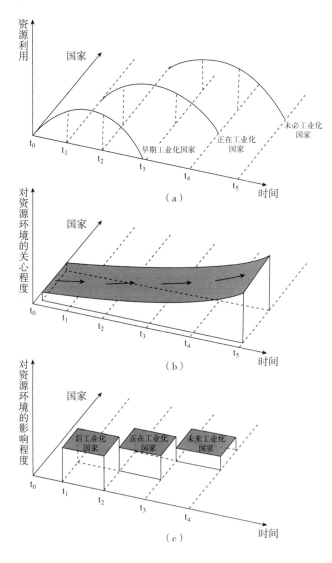

图7-10　不同阶段对资源环境的关注程度及其影响程度

3. 世界格局变化的影响

发展中国家与发达国家在发展同一阶段处于不同的世界地位，可利用的资源、市场等也有很大不同。如英美工业化时，在世界上处于领先格局，可充分利用各地廉价的资源和广阔的市场，获取超额利润。然而，中国在进入工业化阶段时，与发达国家在多方面有较大差距，同时许多发展中国家也处于工业化大发展阶段，市场竞争更加激烈。在全球产业整合的过程中，发达国家凭借其技术优势和资金优势占据价值链的高端，发展服务经济，而发展中国家只能以价值链的低端环节进入全球生产网络，沦为"世界工厂"。并且发达国家利用其强大的综合实力，构建并维持有利于它们的国际经济、政治秩序，致使许多后发展国家在发展过程中缺乏稳定的发展环境，如贸易壁垒与不平等、技术封锁，甚至地区冲突等。

（三）快速发展中的中国经济地理思想

1949 年以来的经济发展实践为经济地理学研究提供了宏大的舞台，如计划经济向市场经济转型，快速经济增长中的资源环境问题、社会问题，融入全球经济合作与竞争中，等等。更值得关注的是，中国改革开放以来经济快速发展实现了发展阶段的赶超。赶超过程中出现了许多独特的经济地理现象，同时，也累积了发达国家几百年里逐渐出现的问题，中国地理学家做了很多实际工作，也有一些在这些实际工作之上的理论思考。总体来看，经济发展是中国经济地理学研究的主题，但后发展与快速发展的时空叠加，造就了中国经济地理学的一些独特研究特征。

1. 区域增长与可持续发展兼顾

20 世纪 90 年代提出的可持续发展思想在一定程度上是对发达国家"先经济增长，后环境治理"工业化道路的事后反思，却在未完全实现工业化的中国深入人心。原因在于中国是后发展的大国，经济快速增长对全球环境的影响"举世瞩目"，再加上国人及全世界环境意识的不断增强，使中国经济地理学者较早考虑经济增长与环境保护的双赢。因此，从 20 世纪 90 年代开始中国学者就开始探讨区域可持续发展问题（如：陆大道，1994；胡序威等，1995；秦耀辰和徐铭杰，1998），21 世纪中国学者从区域承载力（如：毛汉英和余丹林，2001）、生态经济（如：戴全厚等，2005）、碳排放（如：张雷，2003）方面深入地研究可持续发展问题，形成了发展中国家快速发展中研究可持续发展的典范。

2. 全球化与区域发展兼顾

20世纪80年代以来，全球化力量对中国区域发展及其空间过程产生了深刻的影响，甚至有学者认为全球化在一定程度上重塑了中国经济空间结构。但是，与发达国家工业化时期不同，中国在较长一段时间内，是外资汇集和角逐的空间，而不是流出资本控制世界资源和市场。这就意味着中国在接受全球化"好处"的同时，必须忍受和克服其带来的"坏处"。相关研究在关注全球力量对中国经济地理影响的同时（如：李小建，1999；贺灿飞和肖晓俊，2011），也逐渐研究地方生产网络与全球的建构和有机联结，发展学习型产业区等（如：苗长虹，2006；曾刚和文嫣，2004）。

3. 效率与区域关怀兼顾

中国在发展经济的同时，一直在关注空间上效率与公平之间的关系。改革开放以来，一直强调效率优先，资源在少数条件好的地区集中，促使这些地区获得快速增长。但很快导致区域之间社会经济差异不断扩大、矛盾日益显现，这不仅影响资源整合，也影响经济持续增长的潜力。随着中国政府日益关注区域问题，中国学者提出了区域关怀思想，如李小建（2009）认为经济地理学研究应该关注区域发展阶段的差异，关注区域优势的发挥，关注落后地区发展，关注特殊问题地区的发展。做到以各地的自然资源、人文资源和制度资源的最有效利用为基础，使区域特点得到发挥，区域优势得以体现，同时区域的发展不应该以牺牲其他区域的发展为代价。为此，经济地理学研究应该转变研究的立足点和研究思维。转变研究中的工业、城市和核心区域、强势个体、大型企业、能人偏向，重视农业、农区和弱势群体。

二、特殊学科背景下的思想特点

西方主要国家的经济地理学的社会科学特性明显，中国的经济地理学则强调自然科学特性。这不但体现在中国经济地理学的学科定位上，还体现在其知识背景、研究内容和实践方面。这是中国特殊的国情条件下现代科学发展的产物，也满足了中国资源的不均衡分布、人口与资源环境的矛盾等的需要，也是中国经济地理学者对经济地理学科的特殊贡献。

（一）西方经济地理学的社会科学特性

1. 学科的社会科学定位

西方经济地理学在100余年的发展过程中，自区位论开始就带有典型的社会科学传统。农业区位论、工业区位论和市场区位论等主要源于经济学家的贡献，增长极理论、核心边缘理论也都是由经济学家提出。20世纪80年代经济地理学的制度、文化、关系、尺度等多维转向，尤其是新经济地理学的提出，更强化了其社会科学特性。不仅许多人文地理学家认为自己属于社会科学，甚至一些地理学家也把自己看作社会科学家（Holloway et al.，2003）。借助人文社会科学的方法论，西方经济地理学强调经济的社会和文化特点，并引用相关人文社会学科的理论来分析经济空间问题的影响等，如劳动地域分工借用马克思主义生产关系理论，新产业空间借用经济学中的柔性生产概念，网络研究中借用社会学家的社会根植性等概念等。

2. 研究成果的社会科学归属

在欧美一些国家，地理学系多数设在人文或社会科学学院，经济地理学毕业生可授予文学学士（B. A.）、文学硕士（M. A.）和哲学博士（Ph. D.）。经济地理学家可评选社会科学院院士。在研究成果的学科归属方面，美国地理学家协会年刊（Annuals of the American Association of Geographers）和职业地理学家（The Professional Geographers），英国地理学家协会会刊（Transaction of the Institute of British Geographers）和澳大利亚地理学家协会会刊（Geographical Research）等均为SSCI源期刊。在这些综合刊物中，自然地理文章所占份额在逐步减少（Gregory et al.，2009：292，727）。

（二）中国经济地理学的自然科学特性

1. 学科的自然科学定位

经济地理学是自然、技术、经济三者之间的边缘学科。在学科分类中，地理学长期被认为属于自然科学，经济地理学作为地理学的分支学科当然也属于自然科学。在国家级项目资助方面，多数经济地理学方面的研究来自于自然科学基金。在研究对象上，注重研究地球表层人类经济活动与其他地理圈层的关系。在研究范式上遵循地理学范式，侧重综合思维方式（姚士谋等，2001）。

2. 成果的自然科学属性

中国地理学的主要专业刊物包括《地理学报》《地理研究》《地理科学》

《地理科学进展》等刊登经济地理学和人文地理学文章，但其自然科学倾向十分明显，尤其是《地理学报》及其英文版 *Journal of Chinese Geography* 以入选 SCI 源期刊为发展目标。经济地理学成果也力争通过鉴定，申报自然科学类奖项。

3. 学者的自然科学背景

国内经济地理学者多数为地理学专业背景，大多受到系统的地理学训练，自然科学知识比较坚实（而欧美一些经济地理学家的经济学和社会学知识较强）。中国经济地理学者的自然科学背景，使他们在研究中比较注重经济地理活动与自然环境圈层要素间的相互关系，甚至一些地质学家也涉猎经济地理学研究，并有独特建树，如叶大年等（2001）提出经济地理现象的对称分布理论。

4. 研究内容具有地理属性

西方经济地理学虽然相继经历了古典区位论、经济空间分析、新经济地理学，乃至文化转向、制度转向、关系转向和演化转向，研究的核心还是关注区域经济的发展变化、空间组织及其相互作用，强调经济活动或区域之间的空间关系。经济活动的空间性是经济地理研究的核心。这从一方面可以解释为什么英美主流经济学家把其经济空间集聚的研究称为"新经济地理学"。而中国经济地理学非常重视研究经济活动与其他地理现象或地理圈层的关系，包括经济活动与自然地理圈层间的关系以及经济活动与人文社会圈层间的关系，进而研究经济圈层内各亚圈层（工业、农业、运输业等）关系及经济圈层内各经济活动主体之间的关系（见图 7-11）。

（三）中国经济地理学强调地理性

尽管西方地理学者曾从不同角度探索人地关系，且先后提出了"地理环境决定论""或然论""调整论"和"文化景观论"等观点，但中国从古代文化中就强调人地和谐。现代经济地理学科的自然科学侧重，又进一步加强了经济活动与生态环境的持续研究，并取得了不少独特的成果。

1. 人地关系地域系统思想

吴传钧（1991）提出"人地关系地域系统"是地理学的研究核心，同时指出涉及研究人地关系的学科不仅仅限于地理学，但唯有地理学以地域为单元，着重研究人地关系地域系统。人地关系地域系统是以地球表层一定地域为基础的人地关系系统，是人与地在特定的地域系统中相互联系、相互作用形成的一种动态结构。人地关系地域系统研究的总目标是为了探究系统各要素相互作用及系统的整体行为与调控机理，从空间结构、时间过程、组织序变、整体效应、协同互补等方面去认识和寻求全球的、全国的和区域的人地关系系统的整体优化、综合平衡及有效调控的机理。

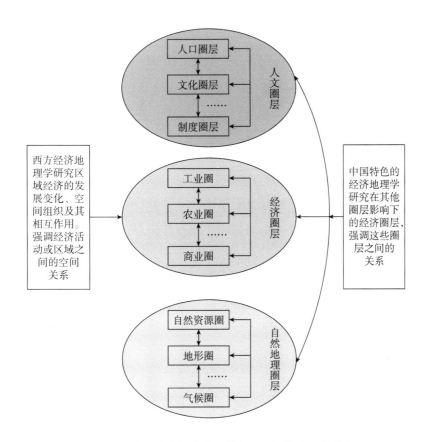

图 7-11 中国特色经济地理学与西方经济地理学对比

2. 生态环境与可持续思想

陆大道（1994）曾指出可持续发展研究是新时期经济地理学的一个主要方向，要从发展与环境的关系研究区域社会经济发展，通过不同类型区域经济增长和生态环境演变的系统分析和过程模拟，在数量上揭示经济增长与生态环境质量的相互关系，提出不同发展阶段、不同空间尺度区域的经济发展与生态环境协调的途径和可供选择的模式。中国经济地理学者对生态环境与可持续发展问题的研究的贡献较西方尤为突出，其核心问题是理顺人类经济活动与自然的关系，推进人口、资源、环境协调发展，这一点与西方经济地理学有很大的区别。

3. 资源要素综合开发思想

中华人民共和国成立以来，中国经济地理学者围绕国土开发开展了大规模的资源调查和区划工作研究，包括农业地理调查、流域规划、农业区划等。从关注对土地、气候、草场等农业资源以及铁、金属、煤、石油和天然气资源的调查和评价转向对区域发展决策方案的研究等。主体功能区划可以算得上是 21 世纪前 10 年中国经济地理学为各地资源环境综合利用做出的重要成果。樊杰（2007）提出基于地域功能的属性，科学识别主体功能区，特别强调区域资源和环境基础上的每个功能区的空间均衡，区域发展状态的人均水平值大体相等。

4. 经济活动基本单元空间思想

一些学者借鉴自然科学研究中的还原论原理进行经济地理学研究，把复杂的经济地理现象还原为经济活动的基本单元及其组合；指出在以工商业为主的区域企业是基本组织单元，在不发达的农村地区农户是基本的生产单元，并带领其团队相继展开了公司地理和农户地理研究，从空间角度探索了聚落作为农村地区经济地理学的基本单元，从地块角度研究了聚落人地关系，从点位角度研究了区域可持续发展（李小建，2016）。

三、政治文化影响下的经济地理思想

世界各国的政治制度不同，政府与经济活动的关系也不同。大致上，西方国家的人民把政府权力看作民主制度的一种表现，中国大众则把政府作为权力的象征。欧洲历史上，教会权力、贵族权力以及商会权力等都曾挑战政府的权威，而中国传统上除了改朝换代之外，官权没有强大的制衡势力。由此延续，西方多数国家的政府很少直接干预经济活动，经济空间格局主要由市场决定。在计划经济体制下，我国政府是经济活动的主体参与者；改革开放后，我国逐步进行了市场化改革，建立了社会主义市场经济体制。但是，中国政府仍然是世界上独特的有为政府，还在许多方面参与经济活动，政府调动、配置资源的能力很强。使得政府对经济空间格局的形成具有较大的主导作用。在地方政府与中央政府的关系上，多以服从为主。在经济空间格局形成中，国家全局性利益起其主导作用。

（一）中国特殊政治制度的影响

中国特殊政治制度主要从两个方面对经济空间格局产生影响，进而使中国经济地理学具有特殊的运行机理。

1. 国家对经济空间格局的主导思想

中国政府具有较大的资源分配权，可以影响很多经济活动空间布局。在考虑政府导向的前提下，具体经济区位选定时也注重效益原则，由此形成政府主导为主、市场原则为辅的空间格局思想。一方面，政府通过控制国有企业以及建设项目的审批，影响着资源和资金的流向以及经济活动的空间分布。例如："一五"时期国家的156项重点工矿业建设项目，均由中央政府选择其区位；20世纪60年代，按照三线建设思想，一大批重点项目布局于中西部的山区和偏远地区；西部大开发过程中，中央政府引导国有企业参与西部地区交通、能源和水利等基础设施建设。另一方面，政府通过确定经济目标和制定经济政策，影响经济活动空间格局。例如，中华人民共和国成立以来，为了促进工业和城市的快速增长，国家实行"以农补工"的政策，财政支出结构具有明显的"城市偏向"特征，导致城乡发展差异逐步扩大。1949年以来，中国区域经济的发展明显受制于相关的区域政策。这在世界各国中十分罕见。此外，在政策实施上，下级政府对上级政府负责，形成强大的自上而下的执行力，使决策快速高效落实；在经济制度改革过程中，上级政府可以先试点再推广的改革模式，可以总结好的政策加以推广。这进一步加强了政府对经济活动的执行力。

2. 地方政府竞争影响经济格局

中国由中央到乡村（居委会），各级政府对资本、土地等企业所需的重要资源都有不同程度的控制权。鉴于此，各级政府官员会竭尽全力运用所控制的各种重要资源，引导相关企业投资，促进区域经济发展。譬如，郑州富士康的建立展示了政府的重要作用。从协议签订、审批、海关备案、厂房建设到投产，政府都设立专门的工作小组快速高效地处理。河南省政府在全省进行富士康的专项招聘工作。企业除享受"企业所得税两免三减半"的税收优惠，还可得到每美元0.01元、0.02元、0.04元的出口补贴。这使得富士康在郑州航空港的生产项目在三年时间达到30万人的规模（娄帆等，2016）。此外，各级地方政府组织管理能力和协调能力的差异也会在一定程度上影响经济活动的空间格局。比如，上级政府需要进行项目布局时，在多个候选区位中选择哪一个，在很大程度上取决于地方政府争取资源的能力。

（二）中国特殊文化的影响

1. 民众对政府的崇拜和依赖

中国民众把政府看作父母官、一家之主、家中长者，这种观念以不同的方式深入社会，形成一种新型的思维模式。企业在与政府的关系处理中以服从政府为主。由此影响了经济活动决策主体的决策自主性，使得不少生产要素随政府的政策导向而流动。尽管近年来政府不断减少对经济的直接干预，但是民众对政府依赖的传统仍根植于社会各种活动之中。譬如，为了配合国家西部大开发的需要，沿海地区企业纷纷加大与西部地区企业和政府的经贸往来，参与到西部地区的道路、水利、电网等基础设施建设中，甚至到西部地区投资建厂。

2. 家族网络的特殊作用

家庭在中国社会经济组织中起着十分重要的作用。正如梁漱溟（1996）所言，"……中国人除了家庭，没有社会。就农业而言，一个农业经营是一个家庭。就商业而言，外面是商店，里面就是家庭。就工业而言，一个家庭里安了几部织机，便是工厂。……"中国家族网络深入经济活动之中，影响区域经济发展，如一些产业集群的形成主要靠家族关系扩散（Li and Li，2007）。

（三）文化对经济地理学研究思维的影响

在思维方式上，马克思主义、毛泽东思想和邓小平理论主导着中国社会科学的研究方向。毛泽东关于实践与认识的关系论述，邓小平基于中国国情对发展理论的独到凝练方式，习近平的新发展理念和"绿水青山就是金山银山"思想，对经济地理学家的研究思路和思维方式均产生了重要启迪。同时，儒家思想在中国科学研究中仍潜移默化地产生着影响（潘家铮，2002）。例如，儒家思想强调社会和谐，主张全面、辩证地分析问题。天人合一观念是包括儒家思想在内的中华传统文化的理论核心。由此演变而来的人与自然和谐的观点，必然影响以人地关系为研究对象的地理学研究。此外，也应该注意在中国传统文化中，儒家的宇宙、天地、社会等观点（天不变道亦不变），反对竞争、反对探索和冒险观点（天地君亲师），以及几十年来相关的思想体系、教育模式的熏陶和约束，限制了人们的创新能力。这同样也会在经济地理学的研究中反映出来。

第五节　结语与讨论

根据以上讨论，反映发展中大国快速发展的经济地理特殊事实并给出不同于西方发达国家的理论解释，基于地理科学的研究框架并吸纳经济学的相关理论，强调中国特殊的政治制度和文化传统对经济地理现象的重要影响，可作为中国特色经济地理学构建的三个重要基点。沿着这三个方面拓展的中国经济地理学具有与西方经济地理学不同的思维方式和理论解释框架（见图7-12）。

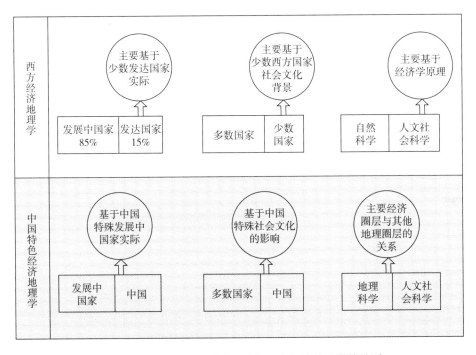

图7-12　中国特色经济地理学与西方经济地理学的差别

在思维方面，与西方经济地理学多依据规范思维模式不同，中国传统文化更强调传统价值的延续性、对家族网络的依赖性、对政府的敬畏，这些在很大程度上制约着个体的空间经济行为，制约着区域发展。在经济行为形成机理方面，自然地理现象与经济地理活动的相互作用影响经济空间格局，政府对经济区位和区域发展起着十分重要的作用。社会文化力量对经济活动区位及区域格局也有重要影响。

如果说西方经济地理学侧重于经济活动的空间分析的研究，那么中国特色的经济地理学在该空间分析之外，重视政府和传统文化在经济地理中的重要作用，重视国家需求导向；重视自然地理因素的影响，重视经济地理学的地理学属性；重视经济发展和区域协调（见图7-13）。

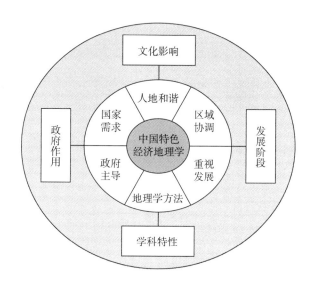

图7-13　中国特色经济地理学解释框架

在中国特色的经济地理学研究中，要注重研究的模式创新。在总结过去"引进理论—结合中国实际研究—理论总结"的基础上，尝试采用另一种模式，即从实际出发，不带认可框框，锁定在世界有特殊意义的中国特殊经济地理学研究问题，在深入剖析的基础上，提出解释这种现象的特有理论，然后与国际相关理论比较，凝练理论创新（李小建，2004）。

中国特色经济地理学可以从多方面切入，以上三个方面的考虑只是一种探索。中国经济地理研究有许多独特问题，这些研究都会对国际经济地理学发展有所贡献。我们希望在中国进行经济地理学研究中，通过中国特色的思维方式和中国特色的经济地理现象形成机理的凝练，建设中国特色经济地理学。

参考文献

［1］边燕杰，张文宏．经济体制、社会网络与职业流动［J］．中国社会科学，2001（2）：77-89.

［2］曾刚，文嫮．上海浦东信息产业集群的建设［J］．地理学报，2004，59（S）：59-66.

［3］陈乐一．推动有效市场和有为政府更好结合［N］．人民日报，2021-08-04（009）.

［4］戴全厚，刘国彬，刘明义，等．小流域生态经济系统可持续发展评价——以东北低山丘陵区黑牛河小流域为例［J］．地理学报，2005，60（2）：209-218.

［5］邓宏图．组织与制度：基于历史主义经济学的逻辑解释［M］．北京：经济科学出版社，2011.

［6］邓俏丽，章喜为．中国商帮文化特征综述［J］．中国集体经济，2009（10）：140-142.

［7］翟学伟．人情、面子与权力的再生产：情理社会中的社会交换方式［J］．社会学研究，2004（5）：48-57.

［8］樊杰．我国主体功能区划的科学基础［J］．地理学报，2007，62（4）：339-350.

［9］傅慧芳，苏贵斌．集中力量办大事制度优势转化为公共危机治理效能的内在机理及实现机制［J］．福建师范大学学报（哲学社会科学版），2020（3）：9-15.

［10］甘德安，等．中国家族企业研究［M］．北京：中国社会科学出版社，2002.

［11］高更和，陈淑兰，李小建．中部农区农户打工簇研究——以河南省三个样本村为例［J］．经济地理，2008，28（2）：313-317.

［12］辜胜阻．区域经济发展要高度重视商帮的作用——从福建与浙江商帮的比较看闽商的新辉煌［J］．中国乡镇企业，2007（5）：72-73.

［13］韩俊．中国城乡关系演变60年：回顾与展望［J］．改革，2009（11）：5-14.

［14］贺灿飞，肖晓俊．跨国公司功能区位实证研究［J］．地理学报，2011，64（12）：1669-1381.

［15］何金玲．中国地方政府主导下的经济发展研究［D］．吉林大学博士学位论文，2009.

［16］胡森林，曾刚，刘海猛，等．中国省级以上开发区产业集聚的多尺度分析［J］．地理科学，2021，41（3）：407-415.

［17］胡序威，毛汉英，陆大道．中国沿海地区持续发展问题与对策［J］．地理学报，

1995，50（1）：1-12.

[18] 胡兆量.中国区域发展导论［M］.北京：北京大学出版社，1999.

[19] 李明华.群体本位的价值观与中华民族凝聚力［J］.现代哲学，1993（1）：68-71.

[20] 李小建.国际背景与中国特色经济地理学［J］.人文地理，2004，19（1）：27-31.

[21] 李小建.经济地理学的审视与新构思［J］.地理研究，2013，32（10）：1865-1877.

[22] 李小建.区域经济学研究中的区域关怀［J］.经济经纬，2009（3）：43-46+54.

[23] 李小建.外国直接投资对中国沿海地区经济发展的影响［J］.地理学报，1999，54（5）：420-430.

[24] 李小建.中国特色经济地理学探索［M］.北京：科学出版社，2016.

[25] 梁漱溟.中国人：社会与人生［M］.北京：中国文联出版社，1996.

[26] 刘津.腐败、人情关系及其治理探寻［J］.中共宁波市委党校学报，2021，43（2）：79-89.

[27] 刘现伟，陈守龙.中国开发区的区域分布差异分析［J］.统计与决策，2008（4）：101-103.

[28] 刘彦随.中国新时代城乡融合与乡村振兴［J］.地理学报，2018，73（4）：637-650.

[29] 娄帆，李小建，陈晓燕.大型劳动密集型企业快速扩张的区位分析［J］.经济地理，2016，36（2）：102-108.

[30] 陆大道.地理科学的价值与地理学者的情怀［J］.地理学报，2015，70（10）：1539-1551.

[31] 陆大道.经济地理学与持续发展研究［J］.地理学报，1994，49（S1）：723-728.

[32] 陆德富.战国时代官私手工业的经营形态［D］.复旦大学博士学位论文，2011.

[33] 吕政.论另一只无形的手——社会文化传统对经济发展的影响［J］.经济管理，2001（2）：6-9.

[34] 麦力安·J.列维.现代化的后来者与幸存者［M］.吴荫，译.北京：北京知识出版社，1990.

[35] 毛汉英，余丹林.环渤海地区区域承载力研究［J］.地理学报，2001，56（3）：363-371.

[36] 毛孟凯.人际关系的经济分析［J］.浙江社会科学，2002（5）：12-18.

［37］苗长虹．全球—地方联结与产业集群的技术学习——以河南许昌发制品产业为例［J］．地理学报，2006，61（4）：425-434.

［38］潘家铮．正视儒家思想对科技发展的负作用［N］．光明日报，2002-05-17（B1）.

［39］普雷斯顿・詹姆斯，杰弗雷・马丁．地理学思想史［M］．李旭旦，译．北京：商务印书馆，1982.

［40］秦耀辰，徐铭杰．区域持续发展的指标研究［J］．地理学报，1998，53（2）：149-156.

［41］任晓伟，赵娜．推动有效市场和有为政府更好结合研究［J］．中国高校社会科学，2021（3）：91-98+159.

［42］施雅风，杨郁华．苏联科学院地理研究所介绍［J］．地理学报，1954，20（2）：118-119.

［43］宋娟．唐代政府对商品经济的干预研究［D］．南京师范大学博士学位论文，2013.

［44］唐承丽，吴艳，周国华．城市群、产业集群与开发区互动发展研究——以长株潭城市群为例［J］．地理研究，2018，37（2）：292-306.

［45］唐军．当代中国农村家族复兴的背景［J］．社会学研究，1996（2）：24-28.

［46］唐晓峰．从混沌到秩序：中国上古地理思想史述论［M］．北京：中华书局，2010.

［47］王缉慈．创新的空间［M］．北京：北京大学出版社，2001.

［48］吴传钧．论地理学的研究核心［J］．经济地理，1991，11（3）：1-6.

［49］吴传钧．人地关系与经济布局［M］．北京：学苑出版社，1998.

［50］许宪春，雷泽坤，窦园园，等．中国南北平衡发展差距研究——基于"中国平衡发展指数"的综合分析［J］．中国工业经济，2021（2）：5-22.

［51］亚历山大・格申克龙．经济落后的历史透视［M］．张凤林，译．北京：商务印书馆，2009.

［52］杨金贵．商帮文化的发扬光大是中国经济发展的需要［J］．中小企业管理与科技（中旬刊），2010（5）：36-37.

［53］杨宽．西周史［M］．上海：上海人民出版社，2019.

［54］姚士谋，管驰明，范宇．经济地理学新的思维范畴［J］．地球科学进展，2001，16（4）：473-477.

［55］叶大年，赫伟，徐文东，等．中国城市的对称分布［J］．中国科学（D辑），

2001，31（7）：608-616.

［56］岳强.中国传统产业政策思想的发展图景——兼谈重农抑商思想的成因与流变［J］.经济问题，2018（8）：6-11.

［57］张克夫，杨会晏.管仲的货币轻重论对我国古代社会经济管理的推动［J］.社会科学战线，2011（7）：261-262.

［58］张雷.经济发展对碳排放的影响［J］.地理学报，2003，58（4）：629-637.

［59］张晓峰.传统文化的路径依赖特征及对经济发展的影响因素分析［J］.中国城市经济，2004（2）：24-28.

［60］中共中央文献研究室.邓小平年谱（1975-1997）（下）［M］.北京：中央文献出版社，2004.

［61］左学金.国内外开发区模式比较及经验：典型案例研究［J］.社会科学，2008（9）：4-12+187.

［62］周飞舟，谭明智.当代中国的中央地方关系［M］.北京：中国社会科学出版社，2016.

［63］Barro R J，Sara - I - Martia X. Technological diffusion，convergence，and growth ［J］. Journal of Economic Growth，1997，2（1）：1-26.

［64］Gregory D，Johnston R，Pratt G，Watts M J，Whatmore S. The dictionary of human geography（5th Ed）［M］. Chichester：Wiley-Blackwell，2009.

［65］Holloway S L，Rice S P，Valentine G. Key concepts in geography［M］. London：SAGE Publications，2003.

［66］Li Xiaojian，Li Erling. Competitive advantages and rural industrial clustering：The case of steel measuring tape production in a Chinese village［J］. China Review，2007，7（1）：27-52.

［67］Long Hualou，Liu Yansui，Li Xiubin. Building new countryside in China：A geographical perspective［J］. Land Use Policy，2010，27（2）：457-470.

［68］Sheppard E，Barnes T J. A companion to economic geography［M］. Oxford：Blackwell，2003.

第八章　中国经济地理思想前瞻

基于中国经济地理思想发展脉络，本章分析未来中国经济地理思想变化的重要背景和趋势，前瞻其聚焦思想变化的重要方面，以期对未来中国经济地理的研究有所参考。

第一节　中国经济地理思想未来发展的背景

一、国际环境

2019 年底开始的新冠肺炎疫情已蔓延至全球 200 多个国家和地区，不仅导致大量人群患病和死亡，而且在某种程度上改变着人们的行为，产生了不可忽视的社会影响（刘卫东，2020）。同时，新冠肺炎疫情将对全球经济产生持续性的深层次影响。它影响经济的逻辑是通过直接不确定性对供给与需求同时产生双重破坏，并进一步通过间接不确定性对整个要素、贸易、资本市场等经济层面产生巨大冲击。从微观层面来看，新冠肺炎疫情导致了全球金融市场不稳定性加剧、全球经济链条断裂、国际贸易陷入低迷、全球服务产业遭受重挫；在宏观层面，新冠肺炎疫情加快了"慢全球化"时代的到来、产业链重构与全球经济极化效应、催生数字经济爆发增长（何枭吟等，2020）。

随着保护主义、单边主义浪潮的持续以及新冠肺炎疫情的影响，未来一段时间，经济全球化将呈现一定程度的波动并持续处于低速发展阶段。从新冠肺炎疫情的空间影响看，美国、日本、德国等政府已表示支持本国企业回迁产业链或加强本国产业保护，势必给全球产业链稳定带来新的影响。以"买本国货、雇本国人""制造业回流"为代表的保护主义有可能会损害国际分工与全球价值链的基础（李向阳，2018）。但从整体趋势来看，经济全球化仍是时代大潮，深入发展的大势不可逆转，技术进步、产业变革和跨国资本流动仍推动着全球化进程的进一步深化。从全球化的表现形式来看，越来越多的国家寻求通过区域经济一体化来应对来自保护主义的威胁，开放的区域主义将会成为推动经济全球化的中坚力量。全球化将在"区块化"的基础上进行重组，形成新时代新的全球化。"区块化"是区域性的经济网络，在区块内部，由于其地理因素的相关性、文化传统的相近性以及经济利益的相关性，区块内各经济体彼此合作、互通有无的意愿更为强烈。多个区块同时并存和互联，从而结成全球网络，引领新型全球化的互动（钱乘旦，2021）。

二、国家背景

（一）资源环境的空间差异将长期存在

中国具有超大型的体量特征，其国土面积相当于欧洲，人口数量占全球比重高达 18.58%。同时，中国是典型的陆海复合型大国，地貌类型丰富，气候类型多样，自然景观的空间差异极为明显。从资源分布来看，自然资源总量大、种类齐全，但人均资源占有量较小，资源的可开发性差异显著，合理利用的压力较大。

气候变化是驱动局部地区资源环境变化的重要因素。《中国气候变化蓝皮书（2021）》指出，气候系统的综合观测和多项关键指标表明，气候系统变暖仍在持续，极端天气气候事件风险进一步加剧。气象观测资料显示，20 世纪 80 年代以来，西北地区气温逐步上升，以黄河为界的西部区域，降水开始呈现逐渐波动增加趋势（人民日报社，2019）。未来，西北地区气温仍将持续升高，降水、径流和土壤湿度也将会增加，整体向暖湿化转变（李明等，2021）。根据施雅风院士（2003）的预测，2050 年西北各省份平均气温将上升 1.9℃，降水将增加4%~34%。尽管气候上的变化持续发生，但在宏观尺度上，我国长期以来形成的资源环境空间差异仍将继续存在。

（二）技术革新的空间效应将不断加强

未来一段时间，新一轮科技革命将加速推进，技术革新背景下区域之间的要素关联结构发生重大变化。新科技革命的核心是数字化、网络化和智能化，在此基础上不同要素的空间流动性、配置路径和组织模式将不断变革。"流动的空间"将更加普遍，商业活动在空间上所呈现出的"时空压缩"效应将更加明显，距离、交通、劳动力、市场等因素对经济活动区位的影响将进一步改变。在此背景下，技术革新将重构不同地区的经济驱动力和经济结构，改变区域竞争态势，重构经济地理格局。技术革新的空间效应将不断加强，一方面，高度发达的信息网络技术大幅降低了跨区域流动的成本和空间聚集的成本，并且不同要素通过功能的连接实现了在不同地理空间上的虚拟性组合，为后发地区克服经济区位劣势和增加共享发展机会提供了条件；另一方面，技术变革导致要素空间的集聚规模效应增强，先发地区早期发展积累的资本优势转化为更强大的要素聚集能力，更容易吸引高质量的发展要素（孙志燕和侯永志，2019）。

（三）生态文明建设将不断深入

生态环境是人类生存和发展的根基，生态环境变化直接影响文明兴衰演替。从人类文明发展视角来看，生态文明是对传统文明类型（原始文明、农业文明、工业文明）的超越，是基于客观规律的社会发展趋势。生态文明建设已成为我国发展的重要方向、重大领域和重大任务，是破解我国面临的生态环境难题，实现高质量发展的关键。同时，2030 年前实现碳达峰、2060 年前实现碳中和是中国做出的重大战略决策，也是推动构建人类命运共同体的必然选择。未来一段时间，国家和地方各经济主体将围绕"美丽中国""双碳"目标等具体任务，寻找新的发展道路，摆脱以往的高碳发展模式，从根本上转变增长方式和生产、生活方式，实现从工业文明到生态文明转换，重塑人与自然的关系（胡文娟等，2021）。短期内，中国人口众多、人均资源匮乏、生态环境承载力超载的现实难以彻底扭转。因此，要在有限的环境容量和整体生态系统脆弱的前提下实现生态文明目标，人地关系的演变和调控将更加受到重视，生命共同体的科学理念将进一步得以实践。从发展层面来看，未来各区域将探索依托自身地理条件和生态资源禀赋，在不断提高居民生活水平的同时，因地制宜、因地施策，与自然和谐共处。

第二节　中国经济地理思想变化

在以上新的背景下，中国经济地理学的研究将进入快速发展的新阶段。除了研究内容的丰富和创新之外，中国经济地理也将在研究思路、研究方法、特色思想等多方面呈现新的特征。

一、研究思路变化

从中国经济地理研究思路来看，古代对经济地理现象的记录和总结主要来自历史书籍、地方志以及相关人士的旅行记述，在经济思想演化上形成了独特的史志脉络和游记脉络。近代之后，西方的经济地理研究范式、研究方法逐步被引入，并对中国现代经济地理体系的构建产生了较大影响。在此过程中，经济地理研究在路径上表现出明显的技术方法侧重性。同时，结合中国特殊的国情和实践创新，相关学者进行了大量的应用研究，取得了较大的研究进展。在新的发展阶段，中国的经济地理研究将基于本学科的发展规律，适应科学发展趋势和社会进步走向，不断优化研究思路，取得更多的研究成果和思想贡献。

技术性和思想性将逐步更好地结合。经济地理学以经济活动为研究对象，研究经济活动的空间规律，但同时作为地理学的分支，以诸多地理学理论与技术方法作为研究支撑。因此，中国的经济地理学表现出显著的人文社会科学与自然科学交叉的特性。当前经济地理研究的技术性和思想性均有待加强，未来一段时间，将更加注重技术性分析与思想性的更好结合，既注重对前沿技术方法的探索，又注重减少对定量化技术分析的过分依赖。一方面，研究方法和手段等技术层面的创新将更好支撑经济地理研究的过程，研究结果的科学性、准确性将会不断提升，研究的技术性将日益凸显；另一方面，经济地理研究的目标在于通过探索经济活动的空间特征与规律来提升人们对经济地理现象的理解，因而具有明显的思想性要求。在未来的经济地理研究过程中，逐步注重以技术性更好地促进专业思想的挖掘，不断突出思想创新，不断提炼经济活动的空间规律。在该趋势下，中国的经济地理研究将更加重视从现实中寻找科学问题，并制定合理的技术路线和方法，从而不断地推动专业研究的开展。

基础理论与应用研究将进一步受到重视。经济地理学具有学术研究与决策应用耦合互动的属性，是服务国土空间格局优化配置和城乡区域发展战略政策最直接的一门科学（樊杰，2012；陆大道，2017）。经济地理学探讨经济活动同资源、环境、生态和灾害等自然地理环境相互作用关系的同时，还必须注重与意识形态、体制机制、社会文化、行为心理等人文环境的因果关系，在此基础上对未来经济地理过程和格局给出合理的模拟、预判、调控和优化。未来一段时间，中国经济地理学的发展将过渡到基础理论建设与现实社会需求"二元拉动"的发展阶段。一方面，将更加重视理论发展，通过对经济地理事象的长时间序列考察，不断提出经济地理过程的新科学命题并凝练新的科学理论，实现中国本土经济地理理论研究的标志性跨越；另一方面，新的国家战略的深入实施为决策服务提供了重大机遇和广阔空间，这将引导经济地理学在服务社会重大需求的过程中不断促进本学科的发展（樊杰，2019）。具体来看，未来一个阶段将逐步加强具体的实验性研究，不断推进规范的实证研究，不断聚焦特定区域的经济地理问题。同时，宏观层面研究力度将逐步加大，一定条件下的经济地理规律性将得到探索和挖掘，从而不断提炼理论和思想性成果。

二、研究方法变化

随着社会经济的发展，经济地理的格局、内部结构、演化动力等将会日益多元化、复杂化，以往所忽略的诸多微观因素、关联知识将被不断揭示。中国经济地理研究本身在研究方法体系上也将逐步走向多学科的融合和集成创新。一方面，交叉研究创新将与经典路径进一步融合。经济地理学者将加强对自然地理和资源环境科学、GIS 和数理化方法、经济学、社会学规律等知识的掌握，进一步提升经济地理学综合分析能力。同时，经济地理学者将持续加强空间区位等传统经典知识规律的掌握和应用。另一方面，经济地理学研究将更加注重计算机方法与实验方法。在大数据的支持下，采用计算机现代技术手段，基于多空间尺度过程观测和多元数据采集网络，通过空间分析评价、机制规律研究、模型构建与应用、情景效果可视化表达等，将为发现和掌握规律提供优越的技术手段和研究平台。在实验方法的推进方面，将从样本点的研究拓展到对样带的研究，进而拓展到对网络的系统研究，从而把单一地理现象逐渐集成为经济地理形成与演变的规律（樊杰，2019）。

三、特色思想逐渐突出

近代以来的中国经济地理思想演进受到了西方国家的深刻影响。究其根源，近代以来，欧美国家在科学与文化方面确立了稳固的强势地位，源自欧美的资本、市场、组织、企业模式、环境干预等一系列与现代性相关的概念往往成为全世界知识界感知、解释和评价世界的基本出发点（刘新成等，2019）。在此背景下，经济地理研究领域形成了以欧美为中心的全球格局，欧美国家确立的现代经济地理知识体系被全世界接受，并成为建构近现代中国经济地理思想的重要支撑。在新的发展阶段，在持续推进国际化接轨与融合发展的同时，提炼和发展自身特色思想的重要性不断提升，也更加迫切。

中国的特殊国情造就了经济地理学发展的特殊机理，进而不断形成了具有中国特色的经济地理思想。中国的经济规模巨大，其影响是世界性的，其联系是世界范围的；国家内部差异巨大，这种差异体现在自然、经济、文化、社会、政治与生态等多个方面；中国的经济发展面对的是发达的欧美国家的竞争与合作，既是机遇也是挑战；特殊的政治经济体制在政治上强调高度统一，在经济上允许分权，形成了差异化的中央—地方关系；经济发展的行为主体多元化，包括众多国有企业积极参与塑造经济地理格局；市场经济非常强调国家调控和规划的角色，强调"有效市场，有为政府"；等等。这意味着中国经济地理思想演进的背后拥有完整的动力体系和自身特色。在全球经济地理思想演进的牵引下，判别长期影响经济地理领域研究的"中国特色"思想，对于审视未来的发展趋势十分关键。因此，未来一段时间，中国学者将逐步扎根国内，利用一系列理论建构的条件，推进中国特色的经济地理学发展（贺灿飞，2017）。

第三节　中国经济地理思想发展的关键方面

长期以来，尤其是古代时期大量的区域考察和记述，奠定了中国经济地理的研究基础。中国经济地理思想在长期的发展演化中，表现为史志、游记、国外引进三大脉络，逐步形成了独特的经济地理思维方式和经济空间活动驱动机理。在独特的地理环境、文化传统、政治制度等方面的相互作用下，中国的经济地理思想形成了注重人地关系、区域关系、城乡关系、央地关系等研究特色。在新的发展阶段，传统的经济地理思想将得到进一步传承和发展。同时，将在以下几个关键方面着力推动研究进展和思想创新：①在建设生态文明、实现"双碳"目标等现实发展背景下，进一步聚焦经济活动和地理环境之间的复杂作用关系，探索人地关系研究的科学化；②在深入实施新发展理念和实现共同富裕战略目标下，更加关注区域之间的资源环境与经济差异，深入提炼区域协调发展的思想，着力探索区域协调发展本土理论；③在"我国经济发展的空间结构正在发生深刻变化，中心城市和城市群正在成为承载发展要素的主要空间形式"的背景下，深入探索城市经济体之间的相互作用关系，不断深化城市经济体空间网络思想。

一、经济活动与地理环境的关系

从趋势来看，经济活动对地理环境的影响范围不断增大，影响强度不断加深。与此同时，局部地理环境在人类经济活动的塑造下发生了一定程度的变化。面向未来，经济活力与地理环境关系重点逐步从关系认知、演进规律，到复杂性模拟人地系统可持续性评价与决策支持，人地关系地域系统理论在学科建设和国家重大发展战略制定中将发挥更加重要的支撑作用（刘彦随，2020）。同时，从经济地理学视角研判，经济活动与地理环境的关系研究将进一步走向科学化。

（一）研究思路的变化

科学认知和有效协调经济活动与地理环境关系，亟须深入探究人地系统耦合格局与机理，探明人地关系地域系统类型、结构及其动力机制。人地系统科学或人地科学是研究人地系统耦合机理、演变过程及其复杂交互效应的新型交叉学科，是现代地理科学与地球系统科学的深度交叉和聚焦，以现代人地圈系统为对象，致力于探究人类活动改造和影响地表环境系统的状态、人地系统交互作用与耦合规律以及人地协同体形成机理与演化过程（刘彦随，2020）。在人地系统科学的研究框架下，经济活动与地理环境的复杂作用关系将得以更加科学的测度和评价。新的发展阶段，经济地理视角下的人地关系研究将侧重以下三个方面：①人类经济活动如何影响地理环境，即经济活动对地理环境的影响机制与深层次特征；②地理环境的变化反过来如何影响经济活动，即经济活动带来的反馈作用；③在什么样的经济活动状况下对应形成较好的人地关系状态，即如何科学精准化布局经济活动。以上三个方面的研究，将是经济活动与地理环境关系研究的重要突破口。

（二）研究方法的变化

在未来一段时间，经济活动与地理环境研究范式的构建，将基于系统论思想和跨学科复杂性思想，包含复杂系统软计算范式、系统模拟范式、尺度转换或尺度推绎范式和隐喻思维范式等（李双成等，2010）。同时，以格局、过程、尺度与功能为框架的研究（傅伯杰，2017）。同时，中国未来经济活动与地理环境的关系研究将更加注重空间视角，聚焦地理过程、系统之间及其内部要素间的相互作用，以及多尺度的空间格局复合界面过程，尤其是多尺度的自然—人文要素复合而成的综合界面过程研究将进一步加强。

从经济活动与地理环境关系研究方法的多学科交叉角度看，自然科学和人文科学研究的隔离将逐步突破。综合多方视角，将地理学、生态学、工程学、规划学、经济学、管理学等相结合，融贯各方技术，借助历史数据、即时流数据等多源数据以及多智能体模型、系统动力学模型、生态学模型等技术方法，突破倚重个人经验和定性描述的传统研究范式，进行经济活动与地理环境关系演化过程重建、模拟与预估（汪芳等，2020）。同时，逐步发展自然要素和人文要素耦合的综合集成研究方法，加强新技术手段和新研究方法的运用，完善资源环境基础和资源环境承载力等综合研究的理论体系（李扬和汤青，2018）。

从具体的研究方法看，定量化高精度的综合评价将逐步受到重视（杨宇等，2019）。受益于技术手段的革新，数据的获取和研究精度的提升将推动人地关系研究向数据密集型科学方向推进。随着物联网、大数据、云计算和人工智能等新技术的不断涌现，为区域性、综合性和复杂性研究提供了良好的机遇（程昌秀等，2018）。一方面，借助越来越先进的技术可对复杂地理环境演化进行模拟、验证和进行空间分析；另一方面，互联网与实体经济的快速深度融合，大数据逐步渗透到经济活动的全业务全流程，为经济活动的数据化分析提供了便利。基于人地系统的相关海量数据，围绕复杂人地系统耦合模拟与预测，将模拟分析经济地理视角下不同地域人地系统要素耦合、过程耦合的交互作用过程，揭示人地系统耦合的复杂性与动态性，探明经济活动对地理环境的作用机制与反馈路径。

（三）关注点的变化

首先，经济活动的资源环境约束条件正在发生变化。随着新能源、新材料等技术的不断升级，在一定程度上改变了区域环境条件的约束。人类的生产行为、生活行为弱化了区域性约束，传统经济地理学研究中的空间资源约束和空间距离可达性面临着前所未有的挑战（宋长青等，2020）。在此背景下，经济活动与地理环境之间的相互作用方式和外部特征均将发生较大变化，传统的人地关系模式被打破，一些突破常规的典型案例将不断涌现。部分区域缺乏自然资源但在经济方面取得了较好发展，而部分地区自然资源禀赋优越却出现人地关系紧张的态势（李小建等，2020）。

其次，经济活动的主体作用正在趋向复杂化。从中国的社会发展阶段来看，在全球化、信息化、城镇化的影响下，中国的社会转型因素繁多，主体作用机制复杂。经济活力与地理环境耦合研究将进一步转向动态、系统性的研究视角，在开放、动态、多元化的社会互动中探讨二者耦合关系的转变（汪芳等，2019）。同时，地方的客观特征随外界环境的改变发生相应的动态演化（宦震丹和王艳平，2015），针对历史进程中新因素介入导致的地方性变化，探寻地方性要素间的相互作用，以及城乡建成环境的响应、演变及其机理，将是关系研究持续推进的重要方向。当前，数量众多的资源枯竭型城市和东北地区等"铁锈地带"正在经济转型中全力探索高质量发展道路，这些都将为经济地理学视角下的人地关系研究提供重要的实践场景。

二、区域协调理论

区域协调发展是中国长期坚持的基本发展思路。在新的发展阶段，区域协调发展的内涵将进一步拓展，区域协调发展的思想将持续完善，区域协调发展的理论支撑有望逐步深化。在此基础上，中国特色的区域协调理论体系将不断构建。

（一）区域协调的内涵将进一步拓展

经过长期的实践探索，中国区域协调发展的内涵正呈现明显的拓展趋势。第一，在区域协调的内容上，从以经济协调为主转向经济、社会、生态等方面的全面协调，并且越来越注重生态环境维度的协调。第二，在区域协调的对策上，从单一提升经济水平与缩小地区间经济差距向因地制宜、合理发挥区域比较优势转变。第三，在区域协调手段上，从区域政策、国家与区域发展战略为主导手段逐步向更加注重区域间经济联系和空间组织规律的市场机制转变。

从区域协调发展的目标体系来看（见图8-1），新发展阶段，围绕中国区域协调发展的实证研究趋势主要体现在以下四个方面：①从区域协调发展的实施环境看，在区域协调中如何做到"有效市场"和"有为政府"的高效结合将成为重要关注点。②现阶段区域协调发展的重要目标为实现基本公共服务均等化，构建比较均衡的基础设施通达能力，推动人民生活水平大体相当。对以上目标的量化研究将有助于对区域协调实施效果进行精确评价。③在显著的区域差异和生态文明建设背景下，中国的区域协调发展还拥有两方面内在目标，即实现各地区比较优势的有效发挥和绿色低碳协同发展。如何结合区域实际发挥比较优势将是区域协调研究中需重点探讨的问题。同时，在"双碳"目标下，区域之间如何转换经济发展路径并实现低碳协同发展，将成为新的研究焦点。④区域协调发展最终将达到两方面总体成效：一是区域之间经济、社会等方面的较大差距得到有效控制；二是人地关系得到优化调控，达到整体协调状态，实现各区以及区域之间的绿色发展。因此，从成效层面来看，区域协调发展将达到效率、公平和环境友好的有效统一。在充分关注区域内部、区域之间、地带之间等尺度特征以及区域生态、经济、社会等功能综合发挥的基础上，如何准确评价与挖掘效率、公平和环境的协调水平与耦合机制，将是未来一段时间的重要议题。

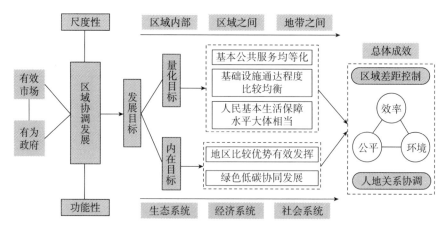

图8-1 新发展阶段区域协调发展的目标体系

（二）区域协调发展思想将持续完善

中国在推进区域协调发展的过程中，已探索形成了一系列协调发展思想，并取得了显著的实践成果。未来一段时间，中国特色的区域协调发展思想将得到持续完善。

1. 区域政策差别化思想

在区域协调发展的实践中，中国通过实行分类管理差别化的空间政策，针对不同的行政区、经济区、流域地区、主体功能区和特殊类型区，实行区别对待、分类指导的原则，取得了较好的实施效果。在未来一段时间，区域政策差别化思想将在三个方面持续应用于实践。①特殊经济功能区的优惠政策方案将进一步优化设计。在明确功能定位的基础上，经济特区、自贸区、自贸港、保税区、保税港区、综合保税区、出口加工区、跨境工业区等将被赋予更多的优惠政策。②主体功能区的精确调控将逐步深入。对于不同类型的主体功能区，基于其主体功能定位和发展导向，注重在财政、投资、人口、环境等方面实行分类管理的区域政策，进一步完善各有侧重的差别化绩效考核评价办法，推动形成人口、经济、资源环境相协调的国土空间开发格局（魏后凯，2018）。③特殊类型区的援助政策将进一步调整和优化。"老少边穷"地区和"问题区域"将进一步获得支持，区域之间的援助体制机制也将不断创新，着重增强特殊地区的自我发展能力和可持续发展能力。

2. 空间单元进一步精细化

在梯度发展、纵向布局的发展思路下，我国实施了三大经济地带和"四大板块"地区的发展战略，又在关键地区实施了京津冀协同发展、长江经济带建设、粤港澳大湾区建设、推进海南全面深化改革开放、长三角一体化发展、黄河流域生态保护与高质量发展、成渝地区双城经济圈建设等国家重大战略。此外，国家还实施了省域重点地区发展（如"两型社会试验区"、关中—天水经济区、鄱阳湖生态经济区、黄河金三角示范区等）、革命老区（陕甘宁、赣南等原中央苏区、大别山等）、少数民族地区等区域性战略。区域协调发展政策的空间单元由大区域、大地带逐步向具体的流域、片区聚焦。在新的发展阶段，国家在区域协调发展战略实施过程中，空间单元将进一步走向精细化，针对性地探索和解决特定区域的协调发展问题。

3. 协调过程的空间组织规律

长期以来，政府通过制定区域政策、实施空间战略等有力地引导了区域之间的协调发展，充分体现了"有为政府"的强大作用。在新的发展阶段，更加科学地探索和利用空间组织规律，将是进一步发挥"有效市场"作用的关键，也是区域协调思想重要的发展趋势。从中国的地理环境和发展阶段来看，将大江大河流域和增长极及其外围地区作为跨行政区地域，具有典型的区域天然联系和空间组织规律，二者提供了区域协调发展研究的良好地理场景，也是未来一段时间区域协调发展研究的聚焦点和挖掘区域协调发展规律的重要突破口。

从流域协调发展内在规律的研究视角来看，流域作为由自然要素与人文要素组成的"自然—社会"复合系统，是一种特殊的地理空间单元，其协调发展可充分尊重和借助自然规律。依托流域的天然联系，流域内部往往形成不同流域尺度的社会经济系统。在新的发展阶段，流域协调发展思想将在三个方面研究的基础上逐步提炼。①对于跨经济板块（地带）的大江大河流域，研究将逐步聚焦如何充分借助流域内的地理关联性及流域资源环境的联动性，促进生产要素的自由流动，着力推进上下游之间、左右岸之间、干支流之间的发展协调性，促进各片区发挥比较优势，推动流域一体化发展。②对于不同的江河流域，研究将逐步聚焦在重视各流域特殊自然环境条件和经济发展利益诉求基础上的流域之间深入合作，通过构建互联互通大通道和开放合作平台，加强流域经济协作并不断完善合作机制，不断缩小流域经济社会发展上的差距。③研究将逐步聚焦在生态文明导向下，如何加强流域毗邻地带的生态保护和河流安全保障力度，从而共同推动流域间的统筹治理。

从增长极与外围地区协调发展的研究视角来看，如何探索和借助区域空间组织规律以达到区域协调目标，将是未来一段时间研究关注的焦点。随着国家发展进入新的阶段，数量众多不同层级的增长极对周边地区的带动作用不断提升，成为区域协调发展的关键力量。但是，随着资源与经济要素的高度集中，应警惕过度虹吸效应带来的负作用，慎重应对增长极与外围地区过度差距带来的新的区域不平衡（李小建等，2020）。从不同空间尺度来看，增长极与外围地区的差距主要表现在两个方面：①中心城市（往往是大城市、特大城市、超大城市）作为核心增长极与周边地区的显著差距；②城镇和周边乡村地区之间的较大发展差距。对此，未来的研究，一方面关注增长极内部的功能和结构的提升，尤其要探讨增长极如何成为高质量发展的动力源以更高效地带动外围地区发展。主要研究内容包括增长极与周边地区的公共服务均等化以及区域一体化进程、中心城市与周边中小城市的职能分工和协作、生产要素跨区域流动与空间经济网络构建等。另一方面推动城乡之间要素双向流动，构建新型工农、城乡关系，加快乡村振兴与推动高质量城乡一体化发展等，都是城镇增长极与周边乡村地区协调发展研究的焦点。

（三）区域协调发展理论的不断深化

西方学者对区域经济增长机制、区域经济增长阶段、区域间经济发展关系、区域分工、区域经济差异、空间相互作用等方面进行了大量研究，提出了均衡发展、非均衡、区域分工与贸易等不同类别的理论（郝寿义和倪鹏飞，2020；肖金成，2021），直接或间接地为中国区域协调研究提供了经济学理论支撑。整体来看，当前中国区域协调研究仍存在以下问题：①当前大多研究以时间为主线对中华人民共和国成立以来的区域经济发展战略、区域政策、政府作用等方面进行了阶段划分和详细梳理，并且多数研究聚焦特殊国情下的实践创新，对区域协调发展的理论探索则有待加强；②理论基础以国外理论为主，本土理论仍较为匮乏。经过长期探索，中国学者在区域协调发展相关联的区域空间结构、地域功能研究等领域取得了一定的理论进展，如"点—轴系统"理论、双核结构理论、枢纽—网络结构理论、主体功能区理论等（陆大道，1995；陆玉麒，1998；刘筱等，2013；王铮等，2014；朱艳硕等，2019；樊杰，2021），但针对中国社会经济环境下区域协调发展的本土理论研究仍需加强。

基于既有的研究进展和存在的问题，在新的发展阶段，中国区域协调发展相关理论的深化研究主要表现出三个方面的特征：第一，随着多学科交叉融合，除经济学者外，地理学、城乡规划学、生态学、管理学等专业学者在研究中发挥的作用越来越重要，相关学科有望为区域协调发展带来新的理论支撑和创新。第二，中国的区域发展环境和欧美国家差异较大，引进的区域协调理论在中国的实践中有望出现一定程度的"本土化"和再创新。第三，经济社会的转型将进一步推动中国区域协调的实践创新，从而驱动产生新的本土区域协调理论。同时，中国特色的区域协调发展理论的深化将聚焦于两个方面：第一，在区域协调过程中，需要正确处理中央与地方的关系，达到全局与局部利益的有效结合。二者的关系实质是国家的全局性利益与地方的局部性利益，国家的全局性问题与地方的区域性问题之间的关系。既要体现全局和整体的利益，又要在统一指导下兼顾局部利益，有利于解决区域性问题；既要强调国家集中调控，又要注重赋予地方必要的自主权，发挥地方的积极性。第二，在区域协调发展的机制层面上，需要深入探讨"有为政府"与"有效市场"如何有机结合，既尊重区域发展与空间组织的规律，又充分发挥政府的引导作用，最终对区域间的协同共生发展产生作用。

三、城市经济体空间网络思想

随着城镇化的进一步推进，城市经济在我国区域经济发展中的主导作用将更加显著。由于区域的经济活动取决于与其他地方的联系性，而这种联系性被理解为社会经济过程的原因（巴恩斯等，2007）。从理论层面来看，城市可以作为经济体，其空间联系与关系结构是经济地理特征的重要维度，也是认识城市与区域发展的重要视角。Taylor（2004）把城市之间的关系问题称为"城市的第二本质"，认为城市之间应该是动态的、相互关联的，并且侧重的是合作与网络互补关系。因此，城市经济体的高度网络化不仅是经济地理演变的重要趋势，城市经济体空间网络思想更是经济地理格局与机理研究的重要视角。

国家统计局发布的《中华人民共和国 2021 年国民经济和社会发展统计公报》显示，2021 年，中国城镇化率已达 64.72%，中国已进入"城市群时代""都市圈时代""中心城市时代""强省会时代"等以城市为主导的发展阶段。在未来一段时间内，中国内部极大的空间差异使不同城市间存在要素互补的先天需求，而超大的国家体量决定了其内部城市间的要素流动规模巨大。在技术革新的推动下，新型的经济要素不断涌现并构建多元化的组合形式，城市间交流所面临的"空间阻力"急速缩小，城市之间的联系越来越密切，关系复杂性不断增强。伴随着经济的转型发展和生态文明的建设，高质量的经济要素在城市网络中将发挥越来越重要的主体作用。同时，基于传统经济要素层面的网络联系将难以与社会的转型发展相匹配，城市经济体网络的构建将更加注重生态层面、特定空间（如都市圈、城市群区域）、管理层面的综合支撑作用。因此，在新的发展阶段，城市经济体空间网络相关理论研究将进一步推进，城市经济体网络思想也将在多个方向上不断深化。

（一）城市经济体空间网络相关理论及发展趋势

受经济发展历史进程和国情的影响，中国的城市经济体空间网络研究起步较晚，是近年来较新的领域，也是未来一段时间持续的研究热点。当前，中国该领域研究的主要特征和问题表现在以下几个方面：第一，当前的城市经济体网络研究主要借鉴西方学者理论，并在大量的本土研究中发挥了重要作用，中国学者基于城市网络理论对城市之间的交通与物流网络、经济联系网络、合作网络、城市体系结构网络、人口流动网络、企业网络等方面进行了大量研究。第二，中国关于城市经济体空间网络研究的理论成果存在数量不多、创新不足、建构迟缓等问题（林涛，2019）。国内大部分研究是对西方城市网络理论相关论点的探讨以及具体的实证研究（沈丽珍和顾朝林，2009；程遥和王理，2017）。第三，少数学者基于国内研究提出了新的论点，其代表为王铮等（2013，2014，2019）基于理论分析和对中国装备制造业的研究提出了枢纽—网络结构（兼具区域空间结构和城市经济网络结构两种性质），覃成林和陈丹（2019）基于新型基础设施建设和城市间空间相互作用的强化，认为中国将形成以不同等级城市为节点的多极网络空间格局。

未来一段时间，城市经济体空间网络的理论研究主要集中在以下几个方面：第一，在全球化波动与中国逐步构建以国内大循环为主体、国内国际双循环相互促进的新发展格局的背景下，城市经济要素流动规律及空间相互作用、城市经济活动的空间集聚与分散趋势、产业集群与空间组织效率等机制变化方面均有待深入研究（樊杰，2021）。第二，在生态文明导向下，城市是优化区域人地关系的重要载体和关键环节，城市经济的发展越来越注重自然要素的影响和作用。自然要素在新阶段城市经济体网络构建中的作用机制、产业生态化和生态产业化下的区域治理模式创新均需重点关注。第三，随着技术变革的深入推进，互联网、物联网、高速交通等进一步迭代升级。同时，中国将逐步建设成大规模的新型基础设施网络。在此背景下，大规模的设施网络对城市经济活动的区位选择、城市经济空间格局的形成将产生重大影响。基于中国城市经济发展的特殊环境，以上问题理论层面的研究将形成一些独具特色的研究体系，有望发展出城市经济体空间网络相关的若干本土理论。

（二）城市经济体网络思想的深化方向

卢曼在《社会的社会》中关于复杂性的阐述，对经济活动的发生与作用机制具有启发性。卢曼在最抽象的层面将复杂性理解成诸要素之间的关系（连接）可能性。最复杂的状态是毫无秩序的混沌状态：存在着无数的和各种不同类型的要素，其中任一要素都与其他要素之间存在着连接的可能性（泮伟江，2019）。借助于卢曼的理论框架来观察中国的发展问题可以发现，传统中国是一个规模巨大但低复杂度的社会，而当下中国则是一个超大规模的复杂社会。自然要素的流动形成自然网络，以交通、电信为代表的基础设施互联互通构成设施网络，经济要素的流动形成经济网络，行政等要素形成社会治理网络，各类型网络相互依存、相互作用，共同推动城市经济社会和城市网络的发展（马向明，2020）。在此背景下，反映中国特质的城市经济体空间网络思想将进一步深化，为大量涌现的城市经济联系实证研究提供思想支撑。

1. 更加重视自然要素的基础影响

自然生态系统各个部分存在物质循环和能量转化，不同生态要素一起耦合作用构建了完整的生态网络。从经济社会发展的影响看，自然要素影响了聚落分布格局、经济活动的区位选择、产业的诞生与发展，并塑造了地域文化特色（马向明，2020）。随着城市经济活动的不断扩张，产业、人口正呈大规模快速集聚之势，引致河流形态改变、水质恶化、资源超载及陆域生态系统受损等生态问题。自然要素的恶化将对城市经济产生负面反馈效应，不利于整个城市经济体网络的可持续发展。而长期以来，城市之间资源、劳动力、企业、产业等经济要素的联系受到较多关注，对自然本底要素的重视仍然不足。在新的发展阶段，生态文明建设开始引领经济社会的全面转型，生态环境要素的重要作用再次得到强调，自然要素对城市网络形成、演化的基础影响将被重新认识，其研究的重要性将不断凸显。

2. 逐步聚焦设施要素的连接作用

各种新型基础设施的大量涌现和迅速普及，是中国社会迈向超大规模复杂社会的重要条件和诱因（泮伟江，2019）。从经济活动的视角来看，要素之间发生联系将导致要素被"赋能"，并将进一步激励更多仍未被连接的要素寻求接入网络。越来越多的人口、资源等生产力要素的更好连接，将推动形成全国性、多层次、高强度互相作用的城市经济网络，城市经济体的发展潜力将进一步释放。随着新一轮基础设施建设的加速推进，尤其是快速交通和5G通信网络的高密度建设，将促使设施要素在城市网络中的连接作用不断增强，并成为城市经济体空间网络的研究焦点。

3. 不断凸显高质量经济要素的核心地位

传统的城市经济网络随着贸易线路而扩展，促进区域经济由孤立到连接。现代经济网络则以"流空间"为支撑，伴随信息化浪潮的推进，多个网络节点参与生产分工，逐渐形成"流空间"形态的不同空间尺度生产网络。构建开放、广阔、紧密的经济网络对地区的发展至关重要。尤其是在全球化环境下，对"流"的"捕获"能力将极大地影响城市的节点价值，各城市以节点支配"流"要素，进而支配区域发展（马向明，2020）。对于城市而言，一方面将注重网络嵌入性，深度嵌入更大空间尺度的生产网络；另一方面将重视地域嵌入性，增强对特定地域资源、市场与政策的依赖。网络嵌入与地域嵌入对特定地域的经济和社会发展前景影响巨大（王缉慈，2019）。在未来新的发展环境下，各城市将更加注重对优质经济要素的吸纳和转化，进一步强调其在城市发展中的核心地位，逐步形成高质量的城市经济网络，并深度嵌入全球生产网络，逐步占领全球价值链的中高端。

4. 进一步强调各类型要素的综合作用

城市经济体的网络化发展还应充分考虑和重视行政因素的作用。长期以来，中国形成了以行政区为单元的经济体系。行政区以行政目标为导向，行政区之间利益难以共享，阻碍了城市网络的构建和区域一体化的发展进程，不利于全国统一大市场的形成和跨行政区都市圈、城市群的高质量发展。在新的发展阶段，区域协同治理将采用新型模式，在治理认知、整体目标、重要内容、治理逻辑、治理机制等方面进行逐步转换和提升（见表8-1）。在新型治理模式构建过程中，区域之间将更注重克服竞争关系的影响，在重视经济效益的基础上更加侧重生态环境、人才交流、科技创新、公共服务、府际平等协商等方面的合作。区域治理也将以工业化逻辑为重心转变为以人本主义与生态文明逻辑为主导，更加重视服务导向、要素流动、人文关怀和人地协调。随着都市圈、城市群时代的到来和新型区域协同治理模式的推进，要素的自由流动逐步实现，行政区域的经济边界将趋向模糊，内聚外合、内外一体化的城市网络将逐步建立（张颢瀚，2018）。

表 8-1   区域协同治理模式演进趋势

	治理认知	整体目标	重要内容	治理逻辑	治理机制
传统治理模式	①竞争大于合作，协同积极性有待提升②经济层面和社会事务层面协作是协同治理的核心	①实现各区域经济高速增长②保障各区域社会、治安等方面的稳定	①基础设施建设②产业分工协作③商品、劳动力、资本等要素流动④社会问题	工业化逻辑：①治理重心在区域、城市、产业、社会等层面②城市等级体系和产业分工体系决定治理角色与模式③协作个体重视自身利益，对其他主体的关注不够	①参照行政治理体系，以科层关系为基础的纵向传导机制②以行政手段进行资源调控③城市行政等级对治理机制影响较大
新型治理模式	①重视区域的开放性和协同共生性②在竞争之上更加侧重全方位合作与协同治理③聚焦各区域不同的发展阶段及其面临的问题	①实现各区域效率、公平、环境等方面的平衡发展②打破行政区壁垒③实现区域之间的高质量协同发展	在传统基础上更加重视：①生态环境共治②人才要素流动③科技创新与合作④公共服务市场化⑤府际平等协商	人本主义逻辑：①以服务为导向，提供多元个性化服务选择②强调人的自由流动和发展③提升群体自我调适能力生态文明逻辑：①强调和谐共生，追求人地关系协调②创造宜居宜业环境	①构建横向协商型治理网络②淡化区域、城市之间的行政等级差异③建立"平级竞合、级差分工、共治共享"的区域合作制度

综上所述，自然、经济、行政等各类型要素的共同作用造就了当前中国超大规模的城市经济体空间网络，并在全球经济竞争中形成比较优势并塑造了中国经济奇迹。在新的发展阶段，各类型要素及其综合作用将继续支撑城市经济体网络的构建和演化，并成为城市经济体空间网络思想研究的重要方向。

参考文献

［1］［加］特雷弗·J. 巴恩斯，［美］杰米·佩克，［美］埃里克·谢泼德，等. 经济地理学读本［M］. 童昕，梅丽霞，林涛，等译. 北京：商务印书馆，2007.

［2］［美］Ullman E L. American commodity flow［M］. Seattle：University of Washington Press, 1957：60-73.

［3］［英］彼得·J. 泰勒，本·德鲁德. 世界城市网络［M］. 刘行健，李凌月，译. 南京：江苏凤凰教育出版社，2018.

［4］程昌秀，史培军，宋长青，等. 地理大数据为地理复杂性研究提供新机遇［J］. 地

理学报，2018，73（8）：1397-1406.

　　［5］程遥，王理.流动空间语境下的中心地理论再思考——以山东省域城市网络为例
［J］.经济地理，2017（12）：25-33.

　　［6］中国科学技术协会.地理学学科发展报告（人文—经济地理）［M］.北京：中国科
学技术出版社，2012.

　　［7］樊杰，赵艳楠.面向现代化的中国区域发展格局：科学内涵与战略重点［J］.经济
地理，2021，41（1）：1-9.

　　［8］樊杰，赵鹏军，周尚意，等.人文地理学学科体系与发展战略要点［J］.地理学
报，2021，76（9）：2083-2093.

　　［9］樊杰.中国人文地理学70年创新发展与学术特色［J］.中国科学（地球科学），
2019，49（11）：1697-1719.

　　［10］傅伯杰.地理学：从知识、科学到决策［J］.地理学报，2017，72（11）：
1923-1932.

　　［11］郭伟峰，王武科.关中平原人地关系地域系统结构耦合的关联分析［J］.水土保
持研究，2009，16（5）：110-115.

　　［12］郝寿义，倪鹏飞.区域协调发展战略［M］.广州：广东经济出版社，2020.

　　［13］贺灿飞.转型经济地理研究［M］.北京：经济科学出版社，2017.

　　［14］何枭吟，王晗，焦成焕.新冠肺炎疫情对全球经济的影响及中国对策［J］.重庆
三峡学院学报，2020，36（6）：65-72.

　　［15］侯永志，张永生，刘培林，等.新时代关于区域协调发展的再思考［M］.北京：
中国发展出版社，2019.

　　［16］胡文娟，于志宏.专访邹骥：迈向碳中和的文明之变与世界之变［J］.可持续发
展经济导刊，2021（8）：12-15.

　　［17］宦震丹，王艳平.地方感与地方性的异同及其相互转化［J］.旅游研究，2015，7
（2）：64-68.

　　［18］李洪波.数字经济将重构全球创新版图［N］.中国经济时报，2019-08-20
（004）.

　　［19］李明，孙洪泉，苏志诚.中国西北气候干湿变化研究进展［J］.地理研究，2021，
40（4）：1180-1194.

　　［20］李双成，王羊，蔡运龙.复杂性科学视角下的地理学研究范式转型［J］.地理学
报，2010，65（11）：1315-1324.

　　［21］李向阳.经济全球化的发展方向［J］.求是，2018（21）：61-63.

［22］李小建，李国平，曾刚，等．经济地理学（第三版）［M］．北京：高等教育出版社，2018．

［23］李小建，文玉钊，李元征，等．黄河流域高质量发展：人地协调与空间协调［J］．经济地理，2020，40（4）：1-10．

［24］李扬，汤青．中国人地关系及人地关系地域系统研究方法述评［J］．地理研究，2018，37（8）：1655-1670．

［25］林涛．城市网络：中国城市地理研究的前沿和热点领域［J］．科学，2019，71（4）：25-29+4．

［26］刘卫东．新冠肺炎疫情对经济全球化的影响分析［J］．地理研究，2020，39（7）：1439-1449．

［27］刘筱，王铮．论研发枢纽城市［J］．中国软科学，2013（1）：93-102．

［28］刘新成，李建军，陈志坚，等．论题：什么是全球史［J］．历史教学问题，2007（2）：31-37．

［29］刘彦随．现代人地关系与人地系统科学［J］．地理科学，2020，40（8）：1221-1234．

［30］刘毅．西北缘何呈现"暖湿化"趋势［N］．人民日报，2019-11-13（015）．

［31］陆大道．变化发展中的中国人文与经济地理学［J］．地理科学，2017，37（5）：641-650．

［32］陆大道．区域发展及其空间结构［M］．北京：科学出版社，1995．

［33］陆玉麒．区域发展中的空间结构［M］．南京：南京师范大学出版社，2000．

［34］马向明．健康视角下的大都市圈结构［EB/OL］．https：//mp．weixin．qq．com/s/cIFVQT-jaHlW3wJDhbSjGg，2020-11-11．

［35］泮伟江．如何理解中国的超大规模性［J］．读书，2019（5）：3-11．

［36］钱乘旦．全球化、反全球化和"区块化"［J］．当代中国与世界，2021（1）：8-11+125．

［37］沈丽珍，顾朝林．区域流动空间整合与全球城市网络构建［J］．地理科学，2009，29（6）：787-793．

［38］施雅风．中国西北气候由暖干向暖湿转型问题评估［M］．北京：气象出版社，2003．

［39］宋长青，张国友，程昌秀，等．论地理学的特性与基本问题［J］．地理科学，2020，40（1）：6-11．

［40］孙久文．论新时代区域协调发展战略的发展与创新［J］．国家行政学院学报，

2018 (4)：109-114+151.

[41] 孙久文. 区域经济前沿——区域协调发展的理论与实践［M］. 北京：中国人民大学出版社，2020.

[42] 孙志燕，侯永志. 对我国区域不平衡发展的多视角观察和政策应对［J］. 管理世界，2019，35 (8)：1-8.

[43] 覃成林，陈丹. 高速铁路与我国多极增长格局［J］. 开发研究，2019 (1)：71-78.

[44] 谈敏，丛树海. 大辞海·经济卷［M］. 上海：上海辞书出版社，2015.

[45] 汪芳，安黎哲，党安荣，等. 黄河流域人地耦合与可持续人居环境［J］. 地理研究，2020，39 (8)：1707-1724.

[46] 王缉慈，等. 创新的空间：产业集群与区域发展（修订版）［M］. 北京：科学出版社，2019.

[47] 王铮，孙翊，顾春香. 枢纽：网络结构：区域发展的新组织模式［J］. 中国科学院院刊，2014，29 (3)：376-382.

[48] 魏后凯. 走中国特色区域协调发展道路［N］. 经济日报，2018-10-11 (014).

[49] 肖金成. 中国区域发展：理论、战略与布局［M］. 北京：光明日报出版社，2021.

[50] 杨宇，李小云，董雯，等. 中国人地关系综合评价的理论模型与实证［J］. 地理学报，2019，74 (6)：1063-1078.

[51] 张颢瀚. 长三角须从行政区经济转变为城市群经济［N］. 第一财经日报，2018-02-06（A11）.

[52] 张洁，李同昇，王武科. 渭河流域人地关系地域系统耦合状态分析［J］. 地理科学进展，2010，29 (6)：733-739.

[53] 朱艳硕，王铮，程文露. 中国装备制造业的空间枢纽：网络结构［J］. 地理学报，2019，74 (8)：1525-1533.

附录一 《经济地理》期刊 40 年发展

1981 年，中国地理学会和湖南省经济地理研究所联合创办《经济地理》期刊，现为月刊，主管单位为中国科学技术协会。40 年来，《经济地理》始终以"倡导和谐人地关系、服务社会经济建设"为宗旨，兼容地理学和经济学优势，坚持"专家办刊"方针，认真抓好学术质量，促进经济地理学科的发展，培育和壮大了经济地理专业人才队伍，为中国社会经济建设做出了贡献。四十载风雨兼程，四十载精心培育，经过几代地理学者和编者的心血浇灌，已经成为具有一定国际影响力的著名学术期刊。

一、期刊发展历程

1. 创刊背景

1978 年，中国各大专院校的地理学科恢复了经济地理专业或课程，许多地理所也建立健全了经济地理研究室，经济地理学开始了复兴。根据全国地理学科总体布局，1978 年湖南省委省政府批准成立"湖南省经济地理研究所"（湘编〔1978〕1 号、湘编〔1978〕18 号），1978 年 5 月湖南省经济地理研究所正式成立，成为全国唯一的以"经济地理"命名的地理类研究所，隶属于湖南省科学技术委员会。1978 年 12 月，湖南省经济地理所与中国地理学会经济地理专业委员会联合在长沙组织召开了"全国经济地理学术会议"，会议决定创办《经济地理》刊物，以开辟经济地理学术园地。编辑部设在湖南省经济地理所内，办刊经费由湖南省经济地理所自筹解决。

经过两年的筹备，经过中国科学技术协会和新闻出版等有关部门的批准，中国地理学会经济地理专业委员会和湖南省经济地理研究所合办，1981 年 7 月出版了第 1 期《经济地理》，中国地理学会经济地理专业委员会曹廷藩主任专门撰写了发刊词。第一任主编（1981～1990 年）为宋家泰先生，第二任主编（1991～1996 年）为胡序威先生，第三任主编（1997～2008 年）为陆大道院士（现为名誉主编）；现任主编（2009 年至今）为中国科学院地理科学与资源研究所樊杰研究员，历届编委均为地理学界知名专家学者。

2. 刊号与开本

1981 年《经济地理》创刊时为季刊，刊号为"湖南省报刊登记第 61 号"（后有变动）。1982 年获得国内邮发代号为"42-47"；1984 年获得国外邮发代号为"Q680"。1988 年实行国内刊号标准化改革，国内统一刊号为"CN43-1126/K"，连续出版物刊号为"ISSN 1000-8462"，使用至今。1981～2000 年均为小 16 开本，2001 年改为大 16 开本，2017 年改为 A4 开本。

3. 栏目设置

创刊之初，《经济地理》的主要栏目有农业地理、工业地理、城市与人口地理、国外地学介绍与译文、报刊文摘与经济地理学小资料（或科普类文献）、学术动态报道；封二、封三均有图片（照片）报道。

20 世纪 90 年代，主要栏目有区域研究与开发、农业地理、工业地理、城镇地理、旅游地理、地理教学、国外借鉴、学术动态等，每期根据主编组稿的侧重点与文章的不同而有所微调。

经过多年的发展，主要栏目已基本稳定为学科理论与方法探索、区域经济与区域管理、城市与城市群、产业经济、"三农"、土地与生态、旅游经济与管理等。

4. 载文量与影响因子

1981 年创刊至今，出版 286 期，共计刊发 8300 多篇文章。1981～1989 年每期出版 80 页，平均每期刊载论文约 15 篇；1991～1994 年每期出版 96 页，平均每期刊载论文约 20 篇；1995～1997 年每期出版 112 页，平均每期刊载论文约 21 篇；1998～2003 年每期出版 128 页，平均每期刊载论文约 27 篇；2004～2005 年每期出版 144 页，平均每期刊载论文约 35 篇；2006～2011 年每期出版 176 页，其中 2006～2008 年平均每期刊载论文约 38 篇（字号较小），2009～2011 年平均每期刊载论文约 30 篇；2012～2018 年每期出版 224 页，平均每期刊载论文约 27 篇；自 2019 年以来，由于文章篇幅越来越大，每期出版 240 页，每期刊文 25 篇左右（见附图 1-1）。近年来，期刊年发文量稳定在 300 篇左右，影响因子逐年攀升，2021 年达 6.428（见附图 1-2）。

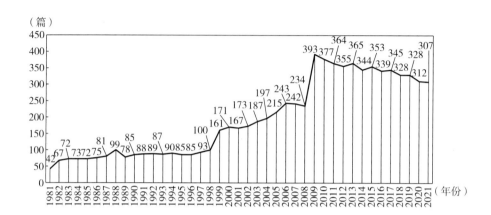

附图 1-1　1981~2021 年《经济地理》年发文量变化

近年来各项学术指标名列前茅，影响因子等各项指标连年上升，其中 2021 年复合影响因子 6.428，5 年影响因子 6.823（见附图 1-2），基金论文比为 98%，引用半衰期为 6.0 年，年下载率 655%，年下载量 91.46 万次。纸质版在 10 多个国家和地区发行，电子版在 30 多个国家和地区发行。

附图 1-2　2002~2021 年《经济地理》影响因子与年度发文量

5. 刊期变更与编审流程变迁

《经济地理》创刊之初是季刊，一年办四期，那时都是作者将论文撰写在稿纸上，邮寄过来，编辑部收到后，进行整理初审；然后按专业归类分送给编委外审，最后由责任主编组稿、审核决定要刊载的文章。整个过程依靠邮局信件往来，周期比较长。根据作者要求和经济地理学科大力发展的需要，《经济地理》在 1999 年由季刊变更为双月刊，2009 年变更为月刊，发文量逐年增长，发文周期缩短，实现稳定发展。

随着互联网的发展，《经济地理》由纸质版投稿改为电子邮件投稿，2010年起注册了网址（www.jjdl.com.cn），并使用玛格泰克公司的网络采编平台系统，鼓励作者在采编平台投稿。2009 年改为月刊后，为适应月刊出刊要求，期刊对编审流程进行改革优化，基本以网络投稿、收稿，网络审稿、电子双盲审，做到"三审三校一通读"，提高了编审的质量、速度与效率。

6. 纸质发行与网络传播

《经济地理》的主要读者群为地理学者、大专院校师生、专业政府宏观决策研究人员、大型企业高管等，纸质发行量连年增高，是地理类期刊中发行量最大的期刊之一。编辑部原主任熊绍华回忆说，《经济地理》曾是我国地理界发行量最快突破万册大关的期刊，其中 1984 年第 2 期发行量达到 11763 册。

1999 年《经济地理》被中国学术期刊（光盘版）全文收录，并将创刊以来的全部文献数据转录于数据库，通过中国知网（CNKI）电子文件向国内外出版发行，成为较早进入网络出版的期刊之一。2010 年首批成为"数字优先出版期刊"之一，提高优质稿件的出版时效；首批使用学术不端系统检测；2015 年首批与中国知网合作开展国际双语出版的期刊之一。

7. 国际引证情况

《经济地理》期刊自 2012 年起连续被评为"中国最具国际影响力学术期刊（TOP5%）"，位次不断前移。为了纠正 JCR 报告对中国期刊影响力评价的偏差，在统一统计源后，中国知网从 2018 年开始发布《世界学术期刊影响力评价报告》，中国与国际期刊同台比较，并进行了分类分区；《经济地理》被列为人文经济地理类的 Q2 区。

8. "经济地理杂志"融媒体平台工作

为拓展学术交流传播广度与深度，发挥融媒体聚合传播优势，不断扩大期刊的传播力和影响力，探索网络传播新方式、新渠道，2019 年 7 月开通了"经济地理杂志"微信公众号，创造了"辣妹子"编辑的虚拟形象。微信公众号主要以期刊发表文章延伸解读、时事热点、经济地理人物榜、文章影响力数据、专栏征集等为内容制作推文。"经济地理杂志"微信公众号现在拥有"期刊频道"和"学习频道"两个版块。"期刊频道"深度挖掘期刊内容价值，定期就所发表的论文进行延伸解读，并开设了"光阴读客""佳文赏析""经济地理人物榜"等专栏。"学习频道"则为广大作者和科研人员提供网络培训课程，主要是论文写作、研究方法运用、学术热点解析等。据中国人文社会科学综合评价研究院数据，"经济地理杂志"微信公众号 2021 年多篇推文影响力位居人文经济地理类期刊前列。截至 2021 年 12 月，平台关注用户达 15000 余人，已发送推文 120 期，总阅读量超过 50 万人次，受到了广大科研人员尤其是青年学者的欢迎与好评，"辣妹子"编辑的虚拟形象在地理学界广为人知。

二、《经济地理》期刊被数据库收录情况与有关荣誉

1. 期刊被国内重要数据库收录情况

1992 年入选首批北京大学研制《中文核心期刊要览》的地理类核心期刊；

1995 年入选中国科技核心期刊（CSCI）首批核心期刊名录，又称"中国科技论文统计源期刊"（CSTPCD）；

1998 年入选南京大学研制的 CSSCI 来源期刊目录的首批人文经济地理类核心期刊；

1999 年《经济地理》被中国学术期刊（光盘版）全文收录；

2009 年首批使用中国知网学术不端系统检测；

2010 年首批成为中国知网"数字优先出版期刊"；

2012 年获评"中国最具国际影响力学术期刊（TOP5%）"，且一直连续入选 TOP5%；

2012 年起入选"中国人民大学复印报刊资料"重要转载来源期刊；

2014 年获得"国际 DOI 中国注册与服务中心（学术期刊）会员证"，DOI 号前缀为：10.15957/j.cnki.jjdl，每篇文章都有唯一国际通行身份证号；

2015 年入选中国科学院文献数据库（CSCD）核心期刊；

2015 年首批与中国知网合作开展国际双语出版的期刊之一；

2015 年起，连续获评 RCCSE 中国权威学术期刊（A+）。

2. 《经济地理》期刊与编辑人员获得的各项荣誉

2001 年荣获 "《CAJ-CD 规范》执行优秀奖";

2004 年被中国地理学会评为 "第三届全国优秀地理期刊";

2010 年荣获首届湖湘优秀出版物（期刊）二等奖;

2012 年魏晓获评湖南省新闻出版局的 "湖南省新闻出版领军人才";

2013 年魏晓获评新闻出版总署的 "全国新闻出版领军人才";

2015 年被中国自然资源学会评为 "全国优秀资源期刊";

2015 年、2018 年入选 "2018 年期刊数字影响力中国 100 强（学术期刊）"
榜单;

2018 年被 Google 学术评为 "中国学术期刊 100 强";

2019 年入选 "庆祝中华人民共和国成立 70 周年精品期刊展";

2020 年被中国地理学会评为 "第四届优秀地理期刊";

2021 年被列为 "湖南十大优秀社科期刊"，被湖南卫视、《湖南日报》、红
网等媒体宣传报道;

苏昌贵、沈向昕、黄宇萍、段宜嘉等先后被评为全国优秀地理编辑;

《经济地理》期刊是少有的、同时被列为自然科学和社会科学的学术期刊
（"双核心期刊"）; 也是《新华文摘》、人大复印报刊资料重要转载来源期刊。
2020 年在中国高质量期刊分级目录中，被列入人文地理领域 T1 级、自然资源领
域 T1 级、FMS 管理科学领域 T2 级。

附录二　中国经济地理学大学教材建设的历史回顾

　　教材对于人才培养有着十分重要的作用。经济地理学教材中的思想是经济地理思想的重要组成部分。本文回顾经济地理学在中国大学课堂出现以后，其相关教材的发展变化。着重分析其总体框架、思维模式、理论主导、内容重点等方面的阶段特征，梳理其变化趋势。

一、经济地理学教材的历史概况

　　1926 年，王庸编著了第一本《经济地理学原理》教材，首次在中文中提出了经济地理学的概念、影响因素及主要产业部门与地理关系。虽然是否作为教材无法考证，但从史料中记载，1921 年竺可桢在东南大学创办中国第一个地学系（包括地质、地理、气象）（刘盛佳，1990：258），该书起码可以作为地理学学生的教学参考书。之后的近百年时间，中国出版有诸多经济地理学教材及参考书。据统计，1926~2021 年，中国正式出版的经济地理学教材及参考书（仅统计书名中包含"经济地理学"及个别虽不含该字段但经阅读证实为教材的书），其年度分布差异很大（见附图 2-1）。最多的 2006 年有 4 本出版，而有 64年没有教材正式出版。其中，1950~1956 年高等教育在恢复转换之中，20 世纪60 年代"文化大革命"中高等教育遭遇重大挫折，较长一段时间没有出版经济地理学教材。1979 年改革开放之后，高等教育进入正常发展状态。1982 年之后，经济地理学教材建设稳步发展。以下根据中国历史发展的阶段划分现状，将 1949 年前后划分为两个阶段，再根据后一阶段高等教育发展和经济地理思想的特点，将其分为计划经济时期、20 世纪后期和 21 世纪以来三个时期，分别分析四个时期经济地理学教材特点。

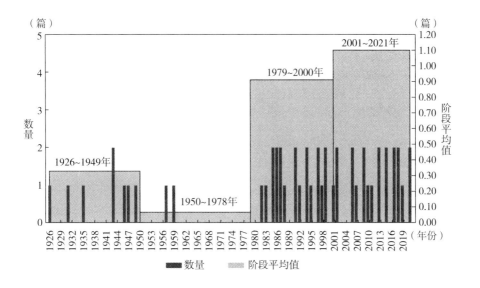

附图 2-1 1926~2021 年经济地理学教材年份分布及阶段差异

二、经济地理学教材的阶段特征

1. 近代时期（1926~1949 年）

据不完全统计，1926~1949 年共出版了 8 本经济地理学教材及参考书，其中 1926~1940 年 3 本，1941~1949 年 5 本。这些书名除了包含"经济地理学"外，还有些分别加上"原理""大纲""概况""导论""体系"等，以明确其特色（见附表 2-1）。需要说明的是，这一阶段时间国内形势急剧动荡，前辈学者们能做出这些成果实属不易，值得我们好好学习。

附表 2-1 1926~1949 年出版的经济地理学教材及参考书

年份	作者	书名	出版社
1926	王庸	《经济地理学原理》	商务印书馆
1931	冯达夫、夏承法	《经济地理学大纲》	开明书店
1935	蔡源明	《经济地理学概论》	商务印书馆
1943	王炳勋	《经济地理学总论》	国立华北编译馆
1943	归鉴明	《经济地理学（上下册）》	经济评论社
1946	任美锷	《建设地理新论》	商务印书馆

年份	作者	书名	出版社
1947	张丕介	《经济地理学导论》	商务印书馆
1949	鲍文熙	《经济地理学》	世界书局

资料来源：笔者收集整理。

这些教材及参考书具有以下特点：

（1）作者多是学术大家。他们可站在一定高度，综合不同学科的中外学术思想。其中，任美锷院士（1913—2008）曾留学英国，获格拉斯哥大学博士学位。除了在自然地理学诸领域的卓越建树外，早期他曾从事经济地理研究，1954年还兼任南京大学地理系经济地理教研室主任。王庸先生（1900—1956）系胡焕庸、张其昀南京高等师范学校史地部同学，后曾在浙江大学、国立西南联合大学、江南大学、河南大学教书，为中国地理学史专家。归鉴明先生（1908—1953）于日本早稻田大学毕业后，历任四川大学、上海财经学院、厦门大学教授。张丕介先生（1905—1970）在德国福莱堡大学获经济学博士学位，回国后任贵州大学农学院院长等职，后居中国香港与钱穆等创办了香港中文大学的前身之一的新亚书院。这些作者坚实的地理学或经济学背景以及对当时发达国家相关学科发展的通晓，使他们能够快速把握和引入先进学术思想。从以上学者的经历可以看出一些共同之处：这些作者多为相关学科的通才，经济地理学并不是他们唯一的专长领域；另一个值得注意的现象是，他们在这个时期对经济地理学做出了重要贡献，但在之后的阶段中多不再继续该领域的研究。

（2）主要观点以引入为主。1911年辛亥革命后，中国的先进知识分子从多方面向西方学习。作为一个新兴的研究领域，经济地理学的引入得到了地理学者和经济学者的关注。这8本教材及参考书，具有以下特点：一是以参考英国、日本、德国的原著为主。作者序言或书后列出的参考文献均来自这三个国家。德国是经理地理学科创立最早的国家，英国是早期研究的主要国家，日本又是对这些文献引入最快的国家。二是以翻译和编写为主。如冯达夫等（1931）在序中写明"依据日文的《经济地理学概论》编译"。王炳勋（1943）在文后列出了88个日文文献和英文文献，张丕介（1947）则主要参考德文的《普遍经济地理学导论》。这些学者在引入和写作时，认真把握外文原意及对应中文表述，但由于不少是中文第一次出现的概念，现在读来有些话语感觉明显生涩。三是为了加深对新概念的理解，一些书中还加入了中国的例子。如王庸（1926）在解释产业分布时，冯达夫等（1931）在分析商品转移、商品交换及交通地理时，都用了许多中国的实例。对比这些书籍的出版时间和引用文献的时间，很为他们对他国文献的快速反应感到惊叹。如鲍文熙（1949）出书时，引用了1947年出版的英文文献；王炳勋（1943）出版著作时引用了1942年出版的日本文献和当时已出版的经济地理学的主要英文著作。

（3）内容结构分三大类。一是主要围绕着经济地理学原理（或基础理论）、影响经济分布差异的地理要素以及主要经济部门的分布框架展开。如王庸（1926）从经济地理学定义及其要素，论及经济地理学理论，从渔业、牧业、农业、林业、矿业、工业、商业等经济部门论及其分布特点。归鉴明（1943）的《经济地理学（上下册）》，在分析经济地理学理论之后，讲述了世界资源与交通，以及世界主要国家的经济概况。二是侧重于地理环境与经济活动作用的分析。蔡源明（1935）在简单介绍了经济地理学的概念、发展历史、研究领域之后，接着分析地球大气圈、陆地圈和水圈与经济关系，以及文化与经济层次、经济形态的关系，然后用一半以上篇幅讨论世界经济地带的划分，强调地理环境的重要影响。王炳勋（1943）进一步认为经济地理学是研究"经济的地理学""研究地表上经济现象相互关系之科学"（任美锷，1946：8）。其中，作为地理学单位的"地域"，应做"本质上之研究"（任美锷，1946：16），故该教科书重点介绍陆圈、水圈与经济地域，气候、生物与经济地域，经济、文化与经济地域，产业、交通与经济地域，资源与经济地域。三是侧重于经济学框架。冯达夫等（1931）认为生产、交通、市场是其分析的三大中心。在生产中阐述地理条件与原料及加工品的关系，交通中展示地理条件与交通的关系，市场部分阐明地理条件与商业都市、市场交换的关系，并解释商业地域和贸易联系的形成和发展。张丕介（1947）的《经济地理学导论》关注了经济学的教学需求，在经济地理学基础部分论述空间与区位、经济的自然条件，在经济的地理分布部分讲述了人力与经济、生产（农、牧、林、矿等）、工艺与工业、商业、地理与财富、经济与移民等内容。

（4）呈现了一定的创新和责任意识。任美锷的《建设地理新论》集12篇在中央大学、浙江大学和复旦大学讲授经济地理学的心得和发表的论文，把别国学者的观点与中国实际研究相结合，有许多创新思考：1946 年，在早期教科书认为经济地理学是研究自然环境与人类经济活动关系的基础上（王庸，1926），提出了经济地理学研究经济现象区域特色并推求其分布原理（任美锷，1946：15）；地理分布仅是经济地理学的初步工作，关键要探究其所以然的原因，研究经济分布差异的道理，并通过综合比较得出其一般原理（任美锷，1946：17）。为此，他专门介绍了杜能农业区位论和韦伯工业区位论思想。关于经济活动与自然环境的关系，他在介绍环境决定论和或然论观点的基础上，提出用动态观点来认识两者的关系（任美锷，1946：25）。冯达夫等（1931）在《经济地理学大纲》序言中写道，"列强国'囊括世界的原理，探索世界的市场……。我们要打倒他们，必须从实际上研究……利用我们所有的优点，发展自国的经济，以裕民生'"。

总的来说，当时国难当头，经济地理学者们用自己的努力在教材及参考书建设上，递交了十分优异的答卷。这个时期，全世界的经济地理学都处于早期发展阶段，中国的这些教科书在引进先行国家理论时所滞后的时差很小。所以，从国际坐标系来看，中国的经济地理学教材及参考书水平要超过当时国家在世界的地位。

2. 计划经济时期（1950~1978 年）

该时期是中国历史上计划经济起主导作用的唯一时期，又是高等教育史上非常特殊的时期：1949~1957 年实行苏联模式的高等教育体制；1958~1965 年高等教育大调整；1966 年"文化大革命"开始，学校停课；1970 年开始招收工农兵大学生；1977 年恢复高考。在这样的高等教育背景下，该时期内正式出版的经济地理学教材很少。我们查到的中国学者编写并正式出版的教科书和参考书只有两本，还有一本翻译苏联学者的教科书，而且集中于 1957 年和 1959 年两个年份。

1957 年东北师范大学张文奎出版了《经济地理学概论》。该书根据作者过去讲述经济地理学绪论的讲稿，又加入 1955 年在北京师范大学进修时听取苏联经济地理学家 C. H. 拉柯夫斯基的收获，修改出版。书中首先论述了经济地理学产生发展、研究对象和方法、与相邻学科关系、生产配置规律。之后，分别阐述了工业、农业、运输业、人口、城市在经济地理学中的意义。该书带有深刻的时代背景，苏联教材的观点也深深影响着该教材的基本内容。另一本书的作者为曾担任中国人民大学经济地理教研室主任的孙敬之先生。中国人民大学曾主办由苏联专家授课的经济地理学研究生班，参加学习的学员为全国各主要高校的经济地理教师，该研究生班对这一个阶段中国经济地理学的发展具有重要影响。苏联的经济地理学思想在孙敬之（1959）的《论经济地理学的科学性质》一书中有充分体现。该书总结了 1956 年中国地理学会关于经济地理学科讨论的部分观点，对该学科教学研究提供了参考。

张文奎先生的《经济地理学概论》印数 8000 册，有一定的受众范围。孙敬之先生的《论经济地理学的科学性质》论题较窄，印数 800 册。根据我们对这一阶段相关专业的在校学生和授课教师的访问①，大多数学校经济地理学（或经济地理学导论、经济地理学概论等）授课时没有公开出版的教材。有些是本校老师的油印讲义，有些没有讲义，主要依据老师自己撰写的讲稿授课。中国人民大学孙敬之等的讲义影响较大，1950 年曾印刷并在一定范围内使用②。据南京大学经济地理专业 1956 年和 1964 年毕业的崔功豪先生和虞孝感先生回忆，20世纪 50 年代中期任美锷先生讲授经济地理学概论，用的是自己的讲稿；60 年代初张同铸先生讲授此课时，也没有用正式出版的教材。据北京大学经济地理专业 1960 届毕业生季任钧、1961 届毕业生董黎明、1963 届毕业生陆大道等先生回忆，当时仇为之先生讲经济地理学时没有教材，参考书为苏联翻译过来的。仇为之先生之后胡兆量先生讲授此课，用自己编写的内部印刷讲义。据中山大学经济地理专业 1963 届毕业生许学强先生回忆，当时曹廷藩先生讲授经济地理原理课。曹廷藩先生为老一代经济地理学家，20 世纪 40 年代任湖南大学经济地理系主任，60 年代任中国地理学会经济地理学专业委员会首任主任，一生从事经济地理学研究教学。他在授课过程中，组织南京大学的张同铸和华东师范大学的杨万钟编写讲义，但直到 1991 年才正式出版。这是 20 世纪 50 年代开办了经济地理专业的三所大学情况，其他高校地理专业中经济地理学教材建设情况也大致类似。

---

① 受访人包括 1956 年开始在北京大学工作的胡兆量，北京大学毕业生陆大道（1958～1963 年在校）、季任钧（1955～1960 年在校）、董黎明（1956～1961 年在校）、王缉慈（1963～1968 年在校）、南京大学毕业生崔功豪（1952～1956 年在校）、虞孝感（1959～1964 年在校）、中山大学毕业生许学强（1958～1963 年在校）等，受访时间为 2022 年 1 月。

② 国家图书馆文津搜索数据库，可检索到孙敬之等的《经济地理学》6 册讲义。含经济地理学的任务与方法、经济地理学的发展过程、各主要工业部门和中国主要工业基地的介绍等。

在照搬苏联高等教育模式的背景下，20世纪50年代苏联的教科书对我国教科书编写具有较大影响。以萨乌什金（或译萨乌式金）（1957，1960）《经济地理学导论》为例，其1955年的讲稿，于1957年被三联书店分两册作为内部读物翻译出版。1958年其教材在莫斯科大学出版之后，1960年商务印书馆很快就翻译出版了该版本。并且原作者在1958年就写了中文版序言。该教科书在论述经济地理学的地位及发展的主要阶段的基础上，阐述了地理环境与生产的相互作用，自然资源、地形、气候、陆地水等与经济的关系。全书共500页，对问题分析具有一定深度。

计划经济时期的30年，经济地理学者在服务国家经济建设需求上做了很多实际工作。在高等教育教材建设上，适应方向调整和思路转换的背景，也做了许多探索。但从正式出版的教材角度，数量很少，思想也有较大局限。

3. 20世纪后期（1979~2000年）

1979年改革开放带来了高等教育的繁荣，也促进了学科健康发展。1979~2000年，有18本经济地理学教材出版（或重新修订出版），22年的分布大致均衡。其中7个版本教材为《经济地理学导论》，包括初版后修订3版的华东师范大学等编的该书，其他为"经济地理学"及其"基础"或"原理"等。除了教科书数量迅速增长外，该阶段教材建设还具有以下特征：

（1）教材建设多样化。一是教育部全国地理教材编辑委员会对教材编写给予指导，并委托一些单位的专家共同编写教材。1982年华东师范大学等出版的《经济地理学导论》就是如此。同时，陕西师范大学、山西大学、东北师范大学、中山大学、北京大学、武汉大学、中国人民大学等高校研究经济地理学的教师，也先后编写出版了不同侧重点的教材（肖志斌等，1983；张维邦，1985；张文奎，1985；曹廷藩，1986；陈才，1987；胡兆量等，1987；陈才，1988；曹廷藩等，1991；陈才等，1991；刘艳芳，1992）。二是国外不同思想均有引入。在计划经济阶段引入苏联经济地理学思想的基础上，不少教材都引入了欧美经济地理学理论。三是除了对经济地理学理论和方法阐述外，一些学者在长期研究的基础上，专门聚焦区域经济地理学理论问题编写教材（陈才，1987；陈才等，1991）。

（2）框架结构多以部门为主线，但有突破。华东师范大学等（1982）的四版教材围绕产业结构和产业布局的演变规律，在介绍产业布局条件之后，分别介绍第一、第二、第三产业和城市布局、经济区划和区域发展，肖志斌等（1983）、张维邦（1985）、张文奎（1985）、曹廷藩等（1991）编著的教材与此相似。这些教材有较大的使用范围，代表了大多数学校该时期的经济地理学教学内容。与此有所不同，刘再兴等（1994）出版的《经济地理学：理论与方法》注重经济活动区位和空间组织，突出经济地域系统、区域经济分析和区域开发理论。1997 年以后出版的教材，开始以讲授经济地理学理论为主线。吴传钧等（1997）的《现代经济地理学》以经济地理学发展变化、经济地理学研究的基础、经济地理学的基本原理、社会主义生产布局原理、区位理论和区域经济发展理论为重点。李小建等（1999）出版的《经济地理学》以经济活动的基本单元（企业）作为切入点，首先研究企业（单区位、多区位、跨国企业）区位；其次跳出企业，研究区域内的企业空间结构及其联系；再次跳出一个区域，研究区域间的经济空间关系；最后跳出国家，研究经济活动全球化。

（3）理论层次明显提高。杨吾扬等（1997）的《高等经济地理学》面向研究生教育，侧重一定深度的经济地理学理论。包括从一些地理学理论推演到经济地理学，建立经济地理学与空间经济学、区域科学的联系；阐述区位论原理，并把区位论与空间相互作用理论、交通网络理论关联起来；从经济地理学角度论述城市空间结构和中心地理论；最后讨论这些理论与区域经济发展实践联系。陆卓明（1995）的《世界经济地理结构》的核心内容是作者 20 世纪 50 年代初以来，在北京大学教授经济地理时逐渐形成的"地理空间观"。该理论的要点是：现代经济分布（原文为"工业布局"）的突出特点是集中，经济集聚区（经济重心）之间由全球交通网络形成的通道系统连接，经济分布格局及通道发展又与地球表面水热资源与地理特点所限定的"非障区"与"自然障区"密切关联。辛晓晖（1998）的《经济地理学的科学思维》是近几十年经济地理学理论研究中值得关注的著作之一。全书把经济思维和地理思维作为经济地理学的根本思维，注重它们通过科学想象、形象思维和抽象思维形成的创造性思维。将创造性思维展开，作者分析经济地理学的哲学思维、数学思维和现代科学思维。尽管书中的一些分析多停留在思维层面，但对后续研究具有重要的开创意义。

改革开放后的这 20 余年，伴随中国经济社会的快速发展，经济地理学教材出现了良好的成长势头。中国出版的经济地理学教材根据经济社会发展和学科发展新趋势，不断优化内容，所反映的理论水平也不断提高。除了很好地满足国内人才培养的需求外，从学科建设角度，与国际发达国家相比的差距也大幅缩小。

4. 21 世纪以来（2001~2021 年）

21 世纪以来这 21 年经济地理学教材建设继续健康发展。随着高等学校数量的增加和地理学专业的增加，以及经济学等相邻专业需求的增加，经济地理学教材市场需求量大幅上升。同时，其需求的多样化也在增加。这 21 年来，出版教材（包括修订再版）共 23 种，平均不到一年推出一种新教材；印数及发行量方面，仅高等教育出版社的《经济地理学》的销售量就达 50 万册。这些教材具有以下特点：

（1）教材建设逐渐走向需求导向。一是教育行政部门除了对政治方向把握之外，不再具体参与教材编写决策，具体教材编写主要由相关老师决定。教育行政部门和出版单位非常注重教材建设，给予了一定的激励。二是地理类、经济类、管理类以及不同层次人才培养（如职业教育类、高职高专类）对教材提出了不同的需求。与此相关，除地理类专业外，经济管理类专业（丁萍萍等，2002；耿莉萍等，2006）、测绘类工科专业（刘艳芳等，2006）均编写出版了相应的教材。三是教材使用逐渐走向市场，各高校教师和学生可以在一定范围内选择所偏好的教材。有些教材持续保持一定的使用量，不断修订再版；有些教材的使用量逐步下降，在竞争中被市场淘汰。这 21 年的教材建设的多样化表现与前 21 年不同。主要表现为教材类别多样化，同一种类别教材有走向集中的趋势。如大多数地理类本科高校，以及部分财经类本科高校在使用高等教育出版社的教材（李小建，2018）。

（2）教材结构多以理论逻辑为主。与前 21 年相比，该时段的主体教材多聚焦经济地理学的基本理论，采用不同逻辑思路来阐述。该时期使用量最大的是李小建 2006 年主编的《经济地理学》的框架结构前已介绍。刘艳芳等（2006）的《经济地理学：原理、方法与应用》在武汉大学等高校使用，其主体结构从经济活动区位条件、区位选择原理、多部门企业区位到区域经济活动地理空间的逻辑主线，与以上教材差别不大。只是在该理论介绍之后，加入一篇单独阐述经济地理学理论应用与区域经济发展决策，以满足测绘专业不开设区域规划等课程而又需对区域发展有所了解的学生需求。肖玲（2019）主编的《经济地理学》是另一本主要面向地理类专业的教材，该书的主要框架为"经济活动内容—经济活动区位—经济活动空间组织—经济活动与地理环境的关系"。其中，经济活动区位和空间组织部门与李小建等（2006）的教材相似，经济活动与地理环境关系部分主要论及区域经济增长及差异等内容。与理工类专业不同，经济管理类的经济地理学教材侧重经济空间分析，但也强调理论逻辑。比如耿莉萍等（2006）的《经济地理学》以"区位条件—区位理论—区域经济增长—区域差异—国际分工—经济全球化"为逻辑主线。袁华斌等2017年主编的《经济地理学》的框架为"经济活动区位及影响因素—经济活动区位选择—多部门企业区位—跨国公司区位—区域经济发展—区域空间结构及区域经济差异"。这些与地理类专业的主体教材差别不很明显。

这一阶段，有三本介绍新经济地理学的教材，其框架也以理论逻辑为主。苗长虹等2011年的《新经济地理学》侧重于从西方经济地理学的制度和文化转向角度，介绍地理学家的新经济地理学。该书综合了经济地理学的理论转型和多维转向，并与产业集群、区域创新下的城市—区域发展联系起来。安虎森等2009年的《新经济地理学原理》，侧重于从经济学角度阐述克鲁格曼等的空间经济学。该书有67万字，较为详细地梳理了把空间纳入传统经济分析框架后的发展变化，突出解释了经济活动空间分布的原因与机制的目的。彭飞（2007）的《新经济地理学论纲：原理、方法及应用》，与前两本"新经济地理学"概念不同，主要是从不同角度看待经济地理学，即试图从经济地理学的世界观、经济地理学的基础理论、经济地理学的空间演进规律、区位分析及产业布局等方面，提出一些"新"的看法，其方向值得肯定。此外，还有一本题目无"新"字，却介绍了经济地理学研究的一个新领域"信息经济地理学"（路紫，2006），信息通信技术引起经济地理新变化，该书有重要参考价值。

（3）尽量挖掘中国特色。在相关教材中，在介绍一般理论的基础上，尽量突出与中国实际结合的理论，挖掘中国贡献的理论。在高等教育出版社2018年出版的《经济地理学》中突出了中国学者陆大道的点—轴空间结构理论及国土开发的"T"形格局，陆玉麒的双核结构模式、覃成林等的网络格局思想、叶大年的区域经济地理对称分布理论（李小建，2018）。陈才（2010）在《区域经济地理学》中，基于马克思主义经典作家劳动地域分工理论的观点，定义经济地域的基本内涵，提出经济地域运动理论。演化经济地理学是经济地理学的新兴研究方向之一，贺灿飞（2018）在《演化经济地理研究》中，提出中国转型时期特殊的市场经济条件下，区域产业发展特殊的路径依赖方式。贺灿飞等（2016）的《环境经济地理研究》分析了环境规制对产业演化影响，充实了经济地理学与环境关系研究。王铮（2021）在《理论经济地理学》（第三版）中，除了继续以"微观"和"宏观"两个模块梳理经济地理学理论之外，还把演化（原书中用"进化"）经济地理学理论与区域发展相结合，提出区域进化学说。学者们对经济地理学与中国经济地理学发展路径不同的反思，也体现在相关的教科书（或教学参考书）中。如刘卫东等（2013）在后记中写道，经济地理学的特别之处在于其整体性思维。在这方面，西方经济地理学向着"圣殿"的"游牧"与中国经济地理学面向需求的"忙碌"之间，可以取长补短。

在教材建设方面，承继杨吾扬等1999年著述的《高等经济地理学》的北京大学传统，贺灿飞（2021）推出了《高级经济地理学》。该书突出"高级"，以清晰的逻辑介绍经济地理学当今的最新成果，兼顾一定的深度和广度，注意体现中国学者的代表性成果，为当今研究生教育的首选教材。

总体来说，21世纪的前21年，经济地理学在教材建设方面成绩斐然，在数量上和质量上均达到了新的高度。这也为以后的进一步提高奠定了良好的基础。

三、经济地理学教材的变化趋势

从附图2-1可以看出，经济地理学教材建设的总体向好趋势。如果不考虑1950~1978年的特殊阶段，第一阶段年平均出版教材的平均值是0.33，第三、第四阶段分别达到了0.91和1.1。此外，以上阶段的特征分析，尤其是在第三和第四阶段分析中，已经部分论及发展趋势。以下把时间尺度延长至1926年，这96年经济地理学教材变化，大致具有从以介绍经济活动的空间格局为主到以经济地理学原理统领，从引入为主到逐步增加中国特色研究成果，从不同知识汇集为主转向构建科学理论框架的趋势特征。

（1）经济地理学的内涵在不断变化。第一阶段的教科书中经济地理学主要研究经济活动分布及其原因，其他自然环境、资源、交通、人口、民族等主要作为影响因素（王庸，1926；王炳勋，1943；张丕介，1947）。第二阶段的教科书把人口地理也作为经济地理学的研究内容（张文奎，1957），作为重要教学参考的萨乌什金的书中也同样如此（萨乌什金，1957，1960）。第三阶段的一些教科书中，仍然把人口分布列为研究内容（张维邦，1985；张文奎，1985）；另一些教科书中把城镇体系（曹廷藩等，1991）、城市布局（华东师范大学等，1982）、城镇发展（刘再兴，1994）和城市规划（肖志斌等，1983）作为经济地理学研究内容之一。第四阶段，除了特殊的专业需要把区域旅游规划、区域城镇体系规划、区域环境规划列入之外（刘艳芳等，2006），大多数教材书对经济地理学所研究的经济活动之概念界定比较一致。只是随着科技进步和经济发展，经济活动出现了一些新的产业部门，如金融业、创意产业、电子商务、物流业等，有的教材已经有所考虑。

（2）中国特色内容逐步增多。第一阶段以引进欧美（一些日文著作也多源于欧美）学者著作为主，有些书中适当添加了一些中国的案例（冯达夫等，1931），少数教科书用西方理论对中国实际进行研究，阐述其研究结果（任美锷，1946）。第二阶段以照搬苏联著作为主，中国的学术观点是对其相应的再现。第三阶段，国外观点综合引进，与中国快速发展的实际相结合，强调经济增长空间格局相关理论（吴传钧等，1997；李小建，1999；杨吾扬等，1997）。第四阶段的教科书反映了对国外理论的思考，以及中国特色理论的探索（李小建，2018），除增加对中国特殊现象解释的相关理论外，还有一些对中国经济地理学如何取长补短、走向世界并逐步走向前列的思考（刘卫东等，2013）。96年的路程是一个引进、消化、改进、创新到输出交流的进步过程。

（3）研究框架逐步明晰。经济地理学是一门专门的学术领域。早期人们翻译时，由于英文中的 Economic Geography 可译为经济地理，也可译作经济地理学，为了突出其理论特征，与具体的经济地理学现象区别开来，出现了经济地理学"导论""原理""概论""大纲""基础"等表述方法。逐渐地，人们习惯接受不加任何修饰的 Economic Geography 为经济地理学，教科书的名称也不用多此一举了。英文如此，中文也如此。与此相关，在教科书框架上，从早期的多样化阐述基本理论后再介绍世界状况（张丕介，1947；归鉴明，1943），到一段时间知识点汇集并以介绍经济部门布局一般规律为主，直到近几十年，以不同逻辑思路阐述经济地理学关键理论构建（吴传钧等，1997；李小建，2006）。其中，从经济活动基本单元（企业）入手，阐述不同尺度的经济地理相关理论，与国际同类教材相比，具有一定的新意。

参考文献

［1］［苏］Ю. Г. 萨乌什金. 经济地理学导论［M］. 杨郁华，等译. 北京：生活·读书·新知三联书店，1957.

［2］［苏］Ю. Г. 萨乌什金. 经济地理学导论［M］. 谭稼禾，等译. 北京：商务印书馆，1960.

［3］安虎森，等. 新经济地理学原理［M］. 北京：经济科学出版社，2009.

［4］鲍文熙. 经济地理学［M］. 上海：世界书局，1949.

［5］蔡源明. 经济地理学概论［M］. 上海：商务印书馆，1935.

［6］曹廷藩，张同铸，杨万钟，等. 经济地理学原理［M］. 北京：科学出版社，1991.

［7］曹廷藩. 经济地理学主要理论问题研究［M］. 广州：中山大学出版社，1986.

［8］陈才. 区域经济地理学［M］. 北京：科学出版社，2009.

［9］陈才. 区域经济地理学（第二版）［M］. 北京：科学出版社，2010.

［10］陈才. 区域经济地理学基本理论问题研究［M］. 长春：东北师范大学出版社，1987.

［11］陈才，等. 区域经济地理学原理［M］. 北京：中国科学技术出版社，1991.

［12］陈才. 经济地理学基础［M］. 北京：高等教育出版社，1988.

［13］丁萍萍，程玉申. 经济地理学［M］. 北京：中国物资出版社，2002.

［14］冯达夫，夏承法. 经济地理学大纲［M］. 上海：开明书店，1931.

［15］耿莉萍，陈念平. 经济地理学［M］. 北京：机械工业出版社，2006.

［16］归鉴明. 经济地理学（上下册）［M］. 武汉：民国经济评论社，1943.

［17］贺灿飞，周沂. 环境经济地理研究［M］. 北京：科学出版社，2016.

［18］贺灿飞. 高级经济地理学［M］. 北京：商务印书馆，2021.

［19］贺灿飞. 演化经济地理研究［M］. 北京：经济科学出版社，2018.

［20］胡兆量，郭振准，李慕贞. 经济地理学导论［M］. 北京：商务印书馆，1987.

［21］华东师范大学，等. 经济地理学导论［M］. 上海：华东师范大学出版社，一版 1982.

［22］华东师范大学，等. 经济地理学导论［M］. 上海：华东师范大学出版社，二版 1986.

［23］华东师范大学，等. 经济地理学导论［M］. 上海：华东师范大学出版社，三版 1994.

［24］华东师范大学，等. 经济地理学导论［M］. 上海：华东师范大学出版社，四版 1999.

［25］李小建，等. 经济地理学［M］. 北京：高等教育出版社，1999.

［26］李小建，等. 经济地理学（第二版）［M］. 北京：高等教育出版社，2006.

［27］李小建，等. 经济地理学（第三版）［M］. 北京：高等教育出版社，2018.

［28］刘盛佳．地理学思想史［M］．武汉：华中师范大学出版社，1990．

［29］刘卫东，等．经济地理学思维［M］．北京：科学出版社，2013．

［30］刘艳芳．经济地理学［M］．武汉：华中师范大学出版社，1992．

［31］刘艳芳，等．经济地理学：原理、方法与应用［M］．北京：科学出版社，2006．

［32］刘再兴．经济地理学：理论与方法［M］．北京：中国物价出版社，1994．

［33］陆卓明．世界经济地理结构［M］．北京：中国物价出版社，1995．

［34］陆卓明．经济地理学［M］．北京：北京大学出版社，2010．

［35］路紫．信息经济地理学导论［M］．北京：科学出版社，2006．

［36］苗长虹，魏也华，吕拉昌．新经济地理学［M］．北京：科学出版社，2011．

［37］彭飞．新经济地理学论纲：原理、方法及应用［M］．北京：中国言实出版社，2007．

［38］任美锷．建设地理新论［M］．上海：商务印书馆，1946．

［39］任美锷．建设地理新论（第二版）［M］．上海：商务印书馆，1947．

［40］孙敬之．论经济地理学的科学性质［M］．北京：商务印书馆，1959．

［41］王炳勋．经济地理学总论［M］．北京：国立华北编译馆，1943．

［42］王庸．经济地理学原理［M］．上海：商务印书馆，1926．

［43］王铮等．理论经济地理学［M］．北京：商务印书馆，2021．

［44］吴传钧，刘建一，甘国辉．现代经济地理学［M］．南京：江苏教育出版社，1997．

［45］肖玲．经济地理学［M］．北京：科学出版社，2019．

［46］肖志斌，刘甲金．经济地理学导论［M］．乌鲁木齐：新疆人民出版社，1983．

［47］辛晓晖．经济地理学的科学思维［M］．长春：长春出版社，1998．

［48］杨吾扬，梁进社．高等经济地理学［M］．北京：北京大学出版社，1997．

［49］袁华斌，岑国璋．经济地理学［M］．成都：电子科技大学出版社，2017．

［50］张丕介．经济地理学导论［M］．上海：商务印书馆，1947．

［51］张维邦．经济地理学导论［M］．太原：山西人民出版社，1985．

［52］张文奎．经济地理学概论［M］．上海：新知识出版社，1957．

［53］张文奎．经济地理基础［M］．济南：山东科学技术出版社，1985．

（根据《经济地理》2022 年第 3 期刊载的李小建《中国经济地理学大学教材建设历史回顾及发展思考》删改。）

附录三 1926~2020 年出版的
中文经济地理著作[*]

1926~1949 年

[1] 王庸. 经济地理学原理 [M]. 上海：商务印书馆，1926.

[2] 张其昀. 本国地理（上册）[M]. 上海：商务印书馆，1926.

[3] 韩亮仙. 经济地理与国际问题 [M]. 上海：民智书局，1928.

[4] 樊仲云. 世界经济地理 [M]. 上海：南强书局，1929.

[5] 刘穆. 世界经济地理概要 [M]. 上海：远东图书公司，1929.

[6] 苏继顾. 世界经济地理 [M]. 上海：商务印书馆，1930.

[7] 王金绂. 中国经济地理 [M]. 北平：文化学社，1930.

[8] 张其昀. 中国经济地理 [M]. 上海：商务印书馆，1930.

[9] 盛叙功. 农业地理 [M]. 上海：商务印书馆，1931.

[10] 夏承法，冯达夫. 经济地理学大纲 [M]. 上海：开明书店，1931.

[11] 张其昀. 稻米之地理环境 [M]. 上海：商务印书馆，1932.

[12] 张其昀. 东北失地之经济概况 [M]. 南京：钟山书局，1933.

[13] 方显廷. 中国之棉纺织业 [M]. 上海：商务印书馆，1934.

　　* 著作遴选程序：通过读秀学术搜索（网址：https：//www.duxiu.com/），选择"图书—全部字段"，根据经济地理研究领域的关键词"经济地理""农业地理""工业（产业）地理""公司（企业）地理""区域发展""区域经济""经济区位""区域差异""空间经济""区域差异"等进行检索，并根据所研究内容是否与经济地理研究相关进行取舍。同时根据经济地理学家名字（"图书—作者"）进行补充检索。1949 年前的书籍通过"中国历史文献总库"中"民国图书数据库"，在"历史、地理"分类中搜索"经济地理"，对所选中的书目逐一鉴别，得到所选本选图书。虽然尽了努力，但仍会有遗漏，将根据反馈修正。

［14］韩亮仙．经济地理与中国问题［M］．南京：国民印务局，1934.

［15］雷荣甲．广西矿产之分布与矿业之状况［M］．南宁：广西矿物局，1934.

［16］蔡源明．经济地理学概论［M］．上海：商务印书馆，1935.

［17］陈湜．日本经济地理［M］．上海：商务印书馆，1935.

［18］王云五，蔡元培．中国经济地理［M］．上海：商务印书馆，1935.

［19］思慕．世界经济地理讲话［M］．上海：生活书店，1936.

［20］王庸．中国地理学史［M］．北京：商务印书馆，1938.

［21］胡焕庸．世界经济地理［M］．重庆：青年书店，1939.

［22］陆高谊．生活地理［M］．上海：世界书局，1939.

［23］王文萱．苏联的农工和交通［M］．上海：商务印书馆，1939.

［24］胡焕庸．苏联经济地理［M］．重庆：青年书店，1940.

［25］胡焕庸．美国经济地理［M］．南京：正中书局，1941.

［26］胡焕庸．中国经济地理［M］．北京：青年出版社，1941.

［27］陆象贤．新中国经济地理教程［M］．上海：一般书店，1941.

［28］张先辰．广西经济地理［M］．上海：文化供应社，1941.

［29］蔡文星．中南半岛经济地理［M］．重庆：国民图书出版社，1943.

［30］归鉴明．经济地理学（上下册）［M］．武汉：经济评论社，1943.

［31］蒋君章．西南经济地理纲要［M］．南京：正中书局，1943.

［32］任美锷，张其昀，卢温甫．西北问题［M］．桂林：科学书店，1943.

［33］王炳勋．经济地理学总论［M］．北京：国立华北编译馆，1943.

［34］徐天胎等．福建战时经济地理［M］．福州：福建人文出版社，1943.

［35］严青萍．南洋经济地理［M］．南京：正中书局，1943.

［36］张印堂．滇西经济地理［M］．昆明：云南大学西南文化研究室，1943.

［37］傅角今．世界经济地理［M］．上海：商务印书馆，1944.

［38］胡焕庸．经济地理［M］．重庆：京华印书馆，1944.

［39］吴传钧．中国粮食地理［M］．上海：商务印书馆，1945.

［40］丁道谦．贵州经济地理［M］．上海：商务印书馆，1946.

［41］蒋君章．西南经济地理［M］．上海：商务印书馆，1946.

［42］陈正祥．西部亚洲地理［M］．南京：正中书局，1947.

［43］冯光武．国际经济地理［M］．广州：蔚兴印刷厂，1947.

［44］任美锷．建设地理新论［M］．重庆：商务印书馆，1946.

［45］严德一．中印公路之经济地理［M］．上海：商务印书馆，1947.

［46］张丕介．经济地理学导论［M］．上海：商务印书馆，1947.

［47］陈述彭．东北经济地理简编［M］．南京：正中书局，1948.

［48］胡焕庸．经济地理［M］．南京：正中书局，1948.

［49］鲍文熙．经济地理学［M］．上海：世界书局，1949.

［50］胡明．世界经济地理讲座（上下）［M］．上海：光华出版社，1949.

［51］盛叙功．世界经济地理［M］．上海：中华书局，1949.

1950~1978 年

［1］葛绥成．中国经济地理［M］．上海：中华书局，1950.

［2］颜乃卿，周光岐．外国经济地理［M］．北京：人民教育出版社，1953.

［3］中国人民大学经济地理教研室．中国经济地理（上下）［M］．北京：人民教育出版社，1953.

［4］李旭旦．苏联经济地理概论［M］．上海：新知识出版社，1955.

［5］刘世锜．中国农业地理［M］．上海：新知识出版社，1955.

［6］聂树人．陕西自然经济地理概况［M］．西安：陕西人民出版社，1955.

［7］胡兆量．湖南省经济地理［M］．长沙：湖南人民出版社，1956.

［8］胡兆量．略论我国经济地理学界意见的分歧［M］．上海：新知识出版社，1956.

［9］梁仁彩．广东经济地理［M］．北京：科学出版社，1956.

［10］吴传钧，孙承烈，邓静中，等．黄河中游西部地区经济地理［M］．北京：科学出版社，1956.

［11］李振泉．延边朝鲜族自治州经济地理［M］．上海：新知识出版社，1957.

［12］孙本文．统计学与统计图表在经济地理学方面的应用［M］．上海：

新知识出版社，1957.

［13］吴传钧，郭来喜，谢香方．黑龙江省黑龙江及乌苏里江地区经济地理［M］．北京：科学出版社，1957.

［14］吴行．我国的重工业地理［M］．北京：科学普及出版社，1957.

［15］张文奎．经济地理学概论［M］．上海：新知识出版社，1957.

［16］张雨天．河北省自然经济地理简述［M］．石家庄：河北人民出版社，1957.

［17］祝卓．我国的农业地理［M］．北京：科学技术普及出版社，1957.

［18］陆心贤．印度农业地理［M］．北京：商务印书馆，1958.

［19］马裕祥．乌克兰农业地理［M］．北京：商务印书馆，1958.

［20］孙敬之．华中地区经济地理：上海、江苏、安徽、浙江［M］．北京：科学出版社，1958.

［21］孙盘寿，李文彦，李慕贞．华中地区经济地理［M］．北京：科学出版社，1958.

［22］张务栋，陆伯辉．中东石油工业地理［M］．北京：商务印书馆，1958.

［23］赵松乔，黄勉，过铿懋．内蒙古自治区农牧业生产配置问题的初步研究［M］．北京：科学出版社，1958.

［24］孙敬之．论经济地理学的科学性质［M］．北京：商务印书馆，1959.

［25］孙敬之，等．华南地区经济地理：广东、广西、福建［M］．北京：科学出版社，1959.

［26］魏心镇，朱云成．唐山经济地理［M］．北京：商务印书馆，1959.

［27］吴传钧，等．东北地区经济地理：辽宁、吉林、黑龙江［M］．北京：科学出版社，1959.

［28］邓静中，等．中国农业区划方法论研究［M］．北京：科学出版社，1960.

［29］孙敬之．西南地区经济地理［M］．北京：科学出版社，1960.

［30］中国地理学会经济地理专业委员会．中国地理学会1961年经济地理学术讨论会文集［M］．北京：科学出版社，1962.

［31］中科院新疆综合考察队．新疆综合考察报告汇编（1958年）：经济地

理部分［M］．北京：科学出版社，1962．

［32］中国地理学会经济地理专业委员会．资本主义国家经济地理学的研究动向［M］．北京：商务印书馆，1964．

［33］张国伍．中国经济地理总论：运输地理［M］．北京：科学出版社，1965．

［34］中国地理学会经济地理专业委员会．中国地理学会1965年经济地理学术讨论会文集［M］．北京：科学出版社，1965．

［35］中科院西部地区南水北调综合考察队．川西滇北地区农业地理［M］．北京：科学出版社，1966．

［36］周简文．西非农业地理［M］．北京：中华书局，1971．

［37］季任钧．新西兰经济地理［M］．天津：天津人民出版社，1978．

［38］《江苏农业地理》编写组．江苏农业地理［M］．南京：江苏科学技术出版社，1979．

1979~1989年

［1］吴传钧，邓静中，等．农业地理译丛［M］．北京：农业出版社，1980．

［2］中国地理学会经济地理专业委员会．中国地理学会一九七八年经济地理专业学术会议论文选集（经济地理学的理论与方法）［M］．北京：商务印书馆，1980．

［3］中国科学院地理研究所经济地理研究室．中国农业地理总论［M］．北京：科学出版社，1980．

［4］陈汉欣，孙盘寿，等．苏联钢铁工业地理［M］．北京：冶金工业出版社，1981．

［5］湖南师范学院地理系．湖南农业地理［M］．长沙：湖南科学技术出版社，1981．

［6］刘再兴．中国工业布局学［M］．北京：中国人民大学出版社，1981．

［7］全国农业区划委员会编制．中国综合农业区划［M］．北京：农业出版社，1981．

［8］张文奎，方文，等．日本钢铁工业地理［M］．北京：冶金工业出版

社, 1981.

［9］中国地理学会经济地理专业委员会. 工业布局与城市规划［M］. 北京：科学出版社, 1981.

［10］中国科学院成都地理研究所. 四川农业地理［M］. 成都：四川人民出版社, 1981.

［11］《江西农业地理》编写组. 江西农业地理［M］. 南昌：江西人民出版社, 1982.

［12］《内蒙古农业地理》编辑委员会. 内蒙古农业地理［M］. 呼和浩特：内蒙古人民出版社, 1982.

［13］陈振汉, 厉以宁. 工业区位理论［M］. 北京：人民出版社, 1982.

［14］河南省科学院地理研究所本书编写组. 河南农业地理［M］. 郑州：河南科学技术出版社, 1982.

［15］胡谷岳. 世界林业经济地理［M］. 北京：中国林业出版社, 1982.

［16］华东师范大学, 等. 经济地理学导论［M］. 上海：华东师范大学出版社, 1982.

［17］魏心镇. 工业地理学［M］. 北京：北京大学出版社, 1982.

［18］中国地理学会经济地理专业委员会. 农业布局与农业区划［M］. 北京：科学出版社, 1982.

［19］《中国经济地理学》编写组. 中国经济地理学［M］. 北京：中国商业出版社, 1983.

［20］陈敦义, 胡积善. 中国经济地理［M］. 北京：中国展望出版社, 1983.

［21］孙敬之. 中国经济地理概论［M］. 北京：商务印书馆, 1983.

［22］吴传钧, 邓静中, 等. 农业地理译丛 2［M］. 北京：农业出版社, 1983.

［23］肖志斌, 刘甲金. 经济地理学导论［M］. 乌鲁木齐：新疆人民出版社, 1983.

［24］中国科学院地理研究所, 东北师范大学. 苏联经济地理［M］. 北京：科学出版社, 1983-1987.

［25］钟功甫, 许自策. 中国经济特区地理研究［M］. 广州：广东人民出

版社，1983.

　　［26］曾尊固，文云朝，庄仁兴，等. 非洲农业地理［M］. 北京：商务印书馆，1984.

　　［27］程潞，陆心贤. 中国农业地理［M］. 北京：农业出版社，1984.

　　［28］东北师范大学地理系. 世界经济地理［M］. 北京：北京师范大学出版社，1984.

　　［29］李振泉，佟素贤. 中国甜菜地理［M］. 北京：农业出版社，1984.

　　［30］满颖之. 日本经济地理［M］. 北京：科学出版社，1984.

　　［31］毛汉英，裘新生. 苏联农业地理［M］. 北京：商务印书馆，1984.

　　［32］中国科学院青藏高原综合科学考察队. 西藏农业地理［M］. 北京：科学出版社，1984.

　　［33］中国科学院自然科学史研究所地学史组. 中国古代地理学史［M］. 北京：科学出版社，1984.

　　［34］陈及霖. 福建经济地理［M］. 福州：福建科学技术出版社，1985.

　　［35］钢格尔. 内蒙古自治区经济地理［M］. 北京：新华出版社，1985.

　　［36］黄公勉，杨金森. 中国历史海洋经济地理［M］. 北京：海洋出版社，1985.

　　［37］黄梦平，罗会明. 闽南区域经济研究［M］. 福州：福建科学技术出版社，1985.

　　［38］李家泉. 台湾省经济地理［M］. 北京：新华出版社，1985.

　　［39］李旭旦. 人文地理学概说［M］. 北京：科学出版社，1985.

　　［40］刘秉泰. 大庆经济地理［M］. 哈尔滨：黑龙江科学技术出版社，1985.

　　［41］南京大学地理系经济地理教研室，宋家泰. 中国经济地理［M］. 北京：中央广播电视大学出版社，1985.

　　［42］许一友，史旺成. 太原经济地理［M］. 太原：山西人民出版社，1985.

　　［43］于涤，等. 中国经济地理［M］. 北京：北京经济学院出版社，1985.

　　［44］张维邦. 经济地理学导论［M］. 太原：山西人民出版社，1985.

　　［45］张文奎. 经济地理基础［M］. 济南：山东科学技术出版社，1985.

［46］钟功甫，陈铭勋，罗国枫．海南岛农业地理［M］．北京：农业出版社，1985.

［47］曹明晓，路延捷．中国经济地理［M］．北京：知识出版社，1986.

［48］曹廷藩．经济地理学主要理论问题研究［M］．广州：中山大学出版社，1986.

［49］宫有生，等．中国经济地理［M］．北京：中国物资出版社，1986.

［50］姜德华．黄淮海平原地区农业地理［M］．北京：农业出版社，1986.

［51］王德荣．中国运输布局［M］．北京：科学出版社，1986.

［52］王国雄．黑龙江省经济地理［M］．哈尔滨：黑龙江教育出版社，1986.

［53］吴郁文．广东省经济地理［M］．北京：新华出版社，1986.

［54］吴郁文，林钟达．中国经济地理［M］．广州：广东教育出版社，1986.

［55］鲜肖威，陈莉君．西北干旱地区农业地理［M］．北京：农业出版社，1986.

［56］杨吾扬，张国伍，等．交通运输地理学［M］．北京：商务印书馆，1986.

［57］杨兆椿，等．中国经济地理［M］．广州：广东高等教育出版社，1986.

［58］中国地理学会经济地理专业委员会．国土规划与经济区划［M］．上海：华东师范大学出版社，1986.

［59］陈才．区域经济地理学基本理论问题研究［M］．长春：东北师范大学出版社，1987.

［60］胡兆量，郭振淮，李慕贞．经济地理学导论［M］．北京：商务印书馆，1987.

［61］鞠继武．中国地理学发展史［M］．南京：江苏教育出版社，1987.

［62］李润田．河南省经济地理［M］．北京：新华出版社，1987.

［63］刘隆华．重庆市经济地理［M］．重庆：重庆出版社，1987.

［64］刘哲明．三江平原农业地理［M］．北京：农业出版社，1987.

［65］吴郁文，等．区域经济地理概论［M］．海口：海南人民出版

社，1987.

[66] 徐培秀，梅方权. 中国棉花地理 ［M］. 北京：农业出版社，1987.

[67] 杨吾扬，张靖宜，崔家立，等. 商业地理学 ［M］. 兰州：甘肃人民出版社，1987.

[68] 张德生，高本华. 安徽省经济地理 ［M］. 北京：新华出版社，1987.

[69] 张维邦，陈敦义. 山西省经济地理 ［M］. 北京：新华出版社，1987.

[70] 张文奎，丛淑媛，孟春舫，等. 日本农业地理 ［M］. 北京：商务印书馆，1987.

[71] 郑宝喜. 甘肃省经济地理 ［M］. 北京：新华出版社，1987.

[72] 中国自然资源研究会. 国土资源开发和区域发展研究 ［M］. 北京：人民教育出版社，1987.

[73] 艾力农. 中国农业经济地理 ［M］. 北京：农村读物出版社，1988.

[74] 曹祥深. 中国经济地理 ［M］. 上海：百家出版社，1988.

[75] 陈才. 经济地理学基础 ［M］. 北京：高等教育出版社，1988.

[76] 陈栋生. 经济布局的理论与实践 ［M］. 沈阳：辽宁大学出版社，1988.

[77] 陈树生. 天津市经济地理 ［M］. 北京：新华出版社，1988.

[78] 陈维达，肖笛，丁任重，等. 区域经济社会发展战略 ［M］. 成都：西南财经大学出版社，1988.

[79] 程潞. 上海市经济地理 ［M］. 北京：新华出版社，1988.

[80] 翟忠义. 中国经济地理 ［M］. 天津：天津人民出版社，1988.

[81] 顾松年，钟永一，薛欲达，等. 开放型区域经济中心：无锡 ［M］. 上海：上海社会科学院出版社，1988.

[82] 胡光. 山东沿黄区域经济发展研究 ［M］. 济南：山东人民出版社，1988.

[83] 李庆泽. 河北省经济地理 ［M］. 北京：新华出版社，1988.

[84] 李润田，商幸丰，李小建. 中国烟草地理 ［M］. 北京：农业出版社，1988.

[85] 李振泉，石庆武. 东北经济区经济地理总论 ［M］. 长春：东北师范大学出版社，1988.

[86] 陆大道. 区位论及区域研究方法 [M]. 北京：科学出版社，1988.

[87] 罗望林. 湖南省经济地理 [M]. 北京：新华出版社，1988.

[88] 史克明. 青海省经济地理 [M]. 北京：新华出版社，1988.

[89] 唐海彬. 陕西省经济地理 [M]. 北京：新华出版社，1988.

[90] 陶承德. 中国经济地理 [M]. 北京：中共中央党校出版社，1988.

[91] 王民. 区域经济发展战略探索 [M]. 太原：山西人民出版社，1988.

[92] 邬翊光. 北京市经济地理 [M]. 北京：新华出版社，1988.

[93] 吴传钧. 经济大辞典：国土经济·经济地理卷 [M]. 上海：上海辞书出版社，1988.

[94] 张迪祥. 中国经济地理 [M]. 成都：电子科技大学出版社，1988.

[95] 张怀渝. 云南省经济地理 [M]. 北京：新华出版社，1988.

[96] 张蕴岭，顾俊礼. 西欧的区域发展 [M]. 北京：中国展望出版社，1988.

[97] 中国科学院地理研究所经济地理部. 京津唐区域经济地理 [M]. 天津：天津人民出版社，1988.

[98] 中国科学院经济地理研究所. 京津冀区域经济地理 [M]. 天津：天津人民出版社，1988.

[99] 周兆锐. 湖北省经济地理 [M]. 北京：新华出版社，1988.

[100] 周之桐，蔡太源，黄威义. 法国农业地理 [M]. 北京：商务印书馆，1988.

[101] 安成谋. 中国经济地理学 [M]. 兰州：甘肃人民出版社，1989.

[102] 陈宗兴，等. 经济活动的空间分析 [M]. 西安：陕西人民出版社，1989.

[103] 程必定，等. 区域经济学关于理论和政策问题的探讨 [M]. 合肥：安徽人民出版社，1989.

[104] 贾凤和，唐杰，雷鸣山. 区域经济理论与模型 [M]. 天津：南开大学出版社，1989.

[105] 李冬玉，阎扶中. 外国经济地理 [M]. 西安：陕西人民出版社，1989.

[106] 李秀英. 新编中国经济地理 [M]. 北京：高等教育出版社，1989.

［107］李云明，谭汉林. 中国经济地理［M］. 徐州：中国矿业大学出版社，1989.

［108］李长风. 粮食经济地理［M］. 北京：中国商业出版社，1989.

［109］刘国永. 中国经济地理［M］. 哈尔滨：黑龙江科学技术出版社，1989.

［110］沈长江. 中国畜牧地理［M］. 北京：农业出版社，1989.

［111］陶忠信. 黑龙江省经济地理［M］. 北京：新华出版社，1989.

［112］向民，刘荣汉，梁有海. 广西经济地理［M］. 南宁：广西教育出版社，1989.

［113］谢之雄. 广西壮族自治区经济地理［M］. 北京：新华出版社，1989.

［114］徐成龙. 世界经济地理［M］. 北京：人民出版社，1989.

［115］许维新. 苏联区域经济［M］. 南昌：江西人民出版社，1989.

［116］杨海田. 优化生存空间的艺术：区域经济学［M］. 北京：经济管理出版社，1989.

［117］杨开忠. 中国区域发展研究［M］. 北京：海洋出版社，1989.

［118］杨吾扬. 地理学思想简史［M］. 北京：高等教育出版社，1989.

［119］杨吾扬. 区位论原理：产业、城市和区域的区位经济分析［M］. 兰州：甘肃人民出版社，1989.

［120］中国科学院地理研究所. 世界钢铁工业地理［M］. 北京：冶金工业出版社，1989.

［121］周邦华，等. 区域经济研究［M］. 北京：中国计划出版社，1989.

［122］周起业，刘再兴，祝诚，等. 区域经济学［M］. 北京：中国人民大学出版社，1989.

1990~1994 年

［1］曾尊固，陆诚，庄仁兴. 英国农业地理［M］. 北京：商务印书馆，1990.

［2］陈栋生. 经济布局与区域经济研究［M］. 大连：东北财经大学出版社，1990.

［3］郭文卿．闽台外向区位型经济前景［M］．北京：北京出版社，1990.

［4］国家海洋局规划政策研究室，全国海岸带和海涂资源综合调查领导小组办公室．海洋和海岸带区域经济研究［M］．北京：海洋出版社，1990.

［5］蒋清海．中国区域经济分析［M］．重庆：重庆出版社，1990.

［6］蓝玉璞．宁夏回族自治区经济地理［M］．北京：新华出版社，1990.

［7］李润田，商幸丰，王皓年．中国交通运输地理［M］．广州：广东教育出版社，1990.

［8］李文彦．中国工业地理［M］．北京：科学出版社，1990.

［9］梁喜新．辽宁省经济地理［M］．北京：新华出版社，1990.

［10］刘盛佳．地理学思想史［M］．武汉：华中师范大学出版社，1990.

［11］陆大道，等．中国工业布局的理论与实践［M］．北京：科学出版社，1990.

［12］陆心贤．中国经济地理［M］．北京：高等教育出版社，1990.

［13］荣学林．新编中国经济地理［M］．北京：中国商业出版社，1990.

［14］施学光．国土整治与区域经济理论、政策、实践［M］．南京：南京大学出版社，1990.

［15］石庆武．吉林省经济地理［M］．北京：新华出版社，1990.

［16］孙浩．区域经济理论：布局、结构与发展［M］．西安：陕西人民教育出版社，1990.

［17］滕荣祥，等．山东省经济地理［M］．北京：中国商业出版社，1990.

［18］王民．农村小区域经济［M］．北京：东方出版社，1990.

［19］吴传钧．1∶100 万中国土地利用图［M］．北京：科学出版社，1990.

［20］吴郁文．香港·澳门地区经济地理［M］．北京：新华出版社，1990.

［21］姚士谋，等．闽南区域经济发展与空间布局［M］．合肥：中国科学技术大学出版社，1990.

［22］叶裕惠．中国经济地理概论［M］．北京：中国经济出版社，1990.

［23］俞坤一．中国经济地理学［M］．北京：中国商业出版社，1990.

［24］张树彬．区域经济探索［M］．太原：山西经济出版社，1990.

［25］中国科学院南方山区综合科学考察队第一分队．鄂北桐柏大别丘陵山区自然资源与区域发展［M］．郑州：河南科学技术出版社，1990.

［26］周积智. 区域经济对策研究［M］. 北京：中国商业出版社，1990.

［27］曹廷藩，张同铸，杨万钟，等. 经济地理学原理［M］. 北京：科学出版社，1991.

［28］陈才等. 区域经济地理学原理［M］. 北京：中国科学技术出版社，1991.

［29］陈栋生. 区域经济研究的新起点［M］. 北京：经济管理出版社，1991.

［30］陈佳源. 福建省经济地理［M］. 北京：新华出版社，1991.

［31］大庆区域发展战略研究课题组. 大庆区域发展战略研究［M］. 北京：中国社会科学出版社，1991.

［32］冯君，陈友慧. 金融经济地理［M］. 南京：东南大学出版社，1991.

［33］郭焕成. 黄淮海地区乡村地理［M］. 石家庄：河北科学技术出版社，1991.

［34］李润田，等. 中国经济地理［M］. 开封：河南大学出版社，1991.

［35］李文潮. 民族区域经济开发规划和管理纲要［M］. 北京：中央民族学院出版社，1991.

［36］李小建. 工业变化与公司活动的空间分析：以澳大利亚为例［M］. 北京：科学出版社，1991.

［37］刘振亚，张振西. 中国区域经济研究［M］. 北京：中国经济出版社，1991.

［38］钱大同. 中国经济地理［M］. 北京：高等教育出版社，1991.

［39］沙全一，李彦和. 宁夏区域经济概论［M］. 银川：宁夏人民出版社，1991.

［40］史敏，高连福. 东北亚区域经济合作探讨［M］. 哈尔滨：哈尔滨出版社，1991.

［41］谢香方. 新疆维吾尔自治区经济地理［M］. 北京：新华出版社，1991.

［42］杨展. 粮食经济地理［M］. 北京：中国商业出版社，1991.

［43］中国科学院黄土高原综合科学考察队. 黄土高原地区工业发展与城市工矿区的合理布局［M］. 北京：科学出版社，1991.

［44］朱明春．区域经济理论与政策［M］．长沙：湖南科学技术出版社，1991.

［45］安成谋，王希来．中国经济地理［M］．北京：中国财政经济出版社，1992.

［46］白云谷．中国经济地理［M］．成都：西南交通大学出版社，1992.

［47］程必定，等．区域经济运行调控关于省政府调控行为探讨［M］．合肥：安徽人民出版社，1992.

［48］范慕韩．农业地理与政策［M］．北京：科学普及出版社，1992.

［49］费孝通，钱伟长．区域发展战略研究·总论［M］．北京：人民出版社，1992.

［50］金锋，雷必舫，刘虹，等．区域经济与政策分析［M］．北京：中国环境科学出版社，1992.

［51］李炳东．双向开放的区域经济：桂东南的开放与开发研究［M］．南宁：广西人民出版社，1992.

［52］林国铮．浙江省经济地理［M］．北京：新华出版社，1992.

［53］刘艳芳．经济地理学［M］．武汉：华中师范大学出版社，1992.

［54］刘云峰．区域经济学与区域发展［M］．武汉：湖北科学技术出版社，1992.

［55］乔士贤．长治经济地理［M］．太原：山西经济出版社，1992.

［56］苏明武，刘正嘉，梁奎．中国经济地理新编［M］．成都：成都科技大学出版社，1992.

［57］孙敬之．孙敬之文集：经济地理学与人口学［M］．北京：中国财政经济出版社，1992.

［58］杨万钟．上海经济区区域经济研究［M］．上海：华东师范大学出版社，1992.

［59］杨之安．中国经济地理［M］．长沙：湖南科学技术出版社，1992.

［60］张文尝，金凤君．空间运输联系［M］．北京：中国铁道出版社，1992.

［61］赵令勋．中国环渤海地区产业发展与布局［M］．北京：科学出版社，1992.

［62］包国宪，陈兴鹏，武伟．区域发展战略案例分析［M］．西安：西北大学出版社，1993．

［63］陈栋生．区域经济的实证研究［M］．海拉尔：内蒙古文化出版社，1993．

［64］陈栋生．区域经济学［M］．郑州：河南人民出版社，1993．

［65］陈航，张文尝，金凤君．中国交通运输地理［M］．北京：科学出版社，1993．

［66］陈烈，等．南海市社会经济发展研究与规划区域发展与规划研究［M］．广州：广东省地图出版社，1993．

［67］陈永孝．贵州省经济地理［M］．北京：新华出版社，1993．

［68］翟中齐，印嘉祐，杜锦田．中国林业经济地理［M］．北京：中国林业出版社，1993．

［69］费孝通，钱伟长．区域发展战略研究·黄河三角洲：东营篇［M］．北京：群言出版社，1993．

［70］郭声波．四川历史农业地理［M］．成都：四川人民出版社，1993．

［71］韩枫，柳杰．黑龙江省区域经济发展对策论［M］．北京：中国商业出版社，1993．

［72］韩茂莉．宋代农业地理［M］．太原：山西古籍出版社，1993．

［73］华东师范大学西欧北美地理研究所，华东师范大学城市和区域开发研究中心．区域经济和城市发展研究［M］．杭州：浙江教育出版社，1993．

［74］黄嘉敏，陈晓伟，等．欧共体的历程区域经济一体化之路［M］．北京：对外贸易教育出版社，1993．

［75］孔德涌．环黄渤海区域经济发展研究中韩经济展望［M］．北京：中国科学技术出版社，1993．

［76］李国平，王宏波．西安产业协调发展及结构调整研究［M］．西安：西北大学出版社，1993．

［77］李润田．河南区域经济开发研究［M］．南京：南京大学出版社，1993．

［78］李小建．河南农村工业发展环境研究［M］．北京：中国科学技术出版社，1993．

［79］刘再兴，等．九十年代中国区域经济研究［M］．北京：专利文献出版社，1993.

［80］刘再兴．中国区域经济：数量分析与对比研究［M］．北京：中国物价出版社，1993.

［81］楼辉映．新疆钢铁经济地理［M］．乌鲁木齐：新疆大学出版社，1993.

［82］彭汝锦，李燕龙．中国经济地理［M］．成都：西南财经大学出版社，1993.

［83］孙曰瑶，白卫星．区域发展理论与实践［M］．银川：宁夏人民出版社，1993.

［84］王劲峰．区域经济分析的模型方法［M］．北京：科学出版社，1993.

［85］王淑琴，韩增林．大连工业地理［M］．大连：大连理工大学出版社，1993.

［86］魏心镇，王缉慈，等．新的产业空间：高技术产业开发区的发展与布局［M］．北京：北京大学出版社，1993.

［87］吴传钧，蔡清泉．中国海岸带土地利用［M］．北京：海洋出版社，1993.

［88］吴关琦，徐成龙，严崇潮，等．东南亚农业地理［M］．北京：商务印书馆，1993.

［89］熊文焕，张晓华．中国经济地理概论［M］．郑州：河南人民出版社，1993.

［90］许越先．地理学与农业持续发展［M］．北京：气象出版社，1993.

［91］杨开忠．迈向空间一体化：中国市场经济与区域发展战略［M］．成都：四川人民出版社，1993.

［92］张同铸，等．江苏省经济地理［M］．北京：新华出版社，1993.

［93］郑魁浩．西北区域经济研究［M］．西安：陕西人民出版社，1993.

［94］中国农业科学院农业自然资源和农业区划研究所．中国农产品专业化生产和区域发展研究［M］．北京：中国农业科技出版社，1993.

［95］钟兴麒．区域发展的认识与表述：方志观念新释［M］．乌鲁木齐：新疆大学出版社，1993.

［96］周红兵．赣南经济地理［M］．北京：中国社会出版社，1993.

［97］周立三．中国农业区划的理论与实践［M］．合肥：中国科学技术大学出版社，1993.

［98］陈共炎．中国区域经济发展比较研究：东部·中部·西部［M］．北京：北京工业大学出版社，1994.

［99］董锁成．经济地域运动论：区域经济发展的时空规律研究［M］．北京：科学出版社，1994.

［100］方磊．跨世纪中国区域经济发展问题［M］．北京：中国计划出版社，1994.

［101］费孝通，钱伟长．区域发展战略研究·淄博篇［M］．北京：群言出版社，1994.

［102］傅梅冰．国际区域经济合作［M］．北京：人民出版社，1994.

［103］广州市社会科学院发展研究所．走向战略时代区域经济社会发展战略［M］．广州：广州出版社，1994.

［104］贺同新．走向开放的区域经济［M］．北京：红旗出版社，1994.

［105］黄月华．国际经济贸易地理［M］．重庆：重庆大学出版社，1994.

［106］李润田．河南人口·资源·环境与经济的协调发展［M］．开封：河南教育出版社，1994.

［107］李树琮．中国区域经济研究［M］．北京：中国商业出版社，1994.

［108］刘厚房，等．中国经济地理［M］．太原：山西人民出版社，1994.

［109］刘树成，李强，薛天栋．中国地区经济发展研究［M］．北京：中国统计出版社，1994.

［110］刘思峰，杨岭．区域经济评估·预警·调控［M］．郑州：河南人民出版社，1994.

［111］刘晓路．中国经济地理［M］．北京：人民出版社，1994.

［112］刘再兴．经济地理学：理论与方法［M］．北京：中国物价出版社，1994.

［113］沈圣英．东北亚区域经济合作背景、现状和战略模式［M］．北京：中国对外经济贸易出版社，1994.

［114］盛宇华．区域经济论［M］．北京：中国商业出版社，1994.

［115］孙颔，等．中国农业自然资源与区域发展［M］．南京：江苏科学技术出版社，1994.

［116］孙尚志．西藏自治区经济地理［M］．北京：新华出版社，1994.

［117］滕纪丰，朱坚真．广西区域经济政策与地区发展方略［M］．南宁：广西人民出版社，1994.

［118］王缉慈．现代工业地理学［M］．北京：中国科学技术出版社，1994.

［119］王维琪．中国经济地理（上）［M］．北京：中国商业出版社，1994.

［120］王钰筱．中国经济地理［M］．北京：中国物资出版社，1994.

［121］温炜麟．中国经济地理［M］．北京：石油工业出版社，1994.

［122］吴传钧，郭焕成．中国土地利用［M］．北京：科学出版社，1994.

［123］熊筱红，江桂清．中国经济地理［M］．开封：河南大学出版社，1994.

［124］叶裕民，高华军，覃成林．世界经济地理［M］．北京：人民出版社，1994.

［125］张来友．郑州地理环境与经济发展［M］．北京：农村读物出版社，1994.

［126］张文合，张弘芬．区域经济［M］．北京：人民出版社，1994.

1995～1999 年

［1］柴岳．区域经济发展战略研究［M］．北京：北京交通大学出版社，1995.

［2］大庆区域经济调整规划项目组．大庆区域经济调整规划研究［M］．北京：中国社会科学出版社，1995.

［3］费孝通，钱伟长．区域发展战略研究·沧州篇［M］．北京：群言出版社，1995.

［4］傅江．农村区域经济规划［M］．北京：北京农业大学出版社，1995.

［5］高玉芳．区域经济发展与我国社会主义市场经济［M］．武汉：湖北教育出版社，1995.

［6］郭来喜，谢香方，过鉴懋．呼伦贝尔盟经济地理［M］．北京：科学出

版社，1995.

[7] 胡鞍钢，王绍光，康晓光. 中国地区差距报告 [M]. 沈阳：辽宁人民出版社，1995.

[8] 胡平. 中国区域经济发展战略选 [M]. 北京：改革出版社，1995.

[9] 季任钧. 澳大利亚和新西兰农业地理 [M]. 北京：商务印书馆，1995.

[10] 林凌. 区域经济论丛 [M]. 北京：人民出版社，1995.

[11] 刘秀丽，潘华. 中国经济地理 [M]. 银川：宁夏人民出版社，1995.

[12] 陆大道. 区域发展及其空间结构 [M]. 北京：科学出版社，1995.

[13] 陆大道. 中国环渤海地区持续发展战略研究 [M]. 北京：科学出版社，1995.

[14] 陆卓明. 世界经济地理结构 [M]. 北京：中国物价出版社，1995.

[15] 毛汉英. 人地系统与区域持续发展研究 [M]. 北京：中国科学技术出版社，1995.

[16] 覃志豪. 地区差异与均衡发展：中国区域农村经济问题剖析 [M]. 北京：中国农业科技出版社，1995.

[17] 韦伟. 中国经济发展中的区域差异与区域协调 [M]. 合肥：安徽人民出版社，1995.

[18] 魏后凯. 区域经济发展的新格局 [M]. 昆明：云南人民出版社，1995.

[19] 吴浙，等. 倾斜的国土：中国区域经济不平衡发展的现实与趋势 [M]. 北京：中国经济出版社，1995.

[20] 严金城. 新编中国经济地理 [M]. 北京：中国财政经济出版社，1995.

[21] 阳国新. 农业区域经济发展研究 [M]. 成都：西南财经大学出版社，1995.

[22] 杨浩，张秀媛，赵鹏. 综合运输与区域经济 [M]. 北京：中国铁道出版社，1995.

[23] 余国扬. 广州农业土特产地理 [M]. 广州：广东高等教育出版社，1995.

［24］张忠任，周继庭．资金流向与区域经济梯度整合［M］．北京：北京人民出版社，1995.

［25］朱传耿，等．区域经济理论分析［M］．呼和浩特：内蒙古大学出版社，1995.

［26］安虎森．区域发展理论研究［M］．延吉：东北朝鲜民族教育出版社，1996.

［27］安江林，王银定，曹光中．工业成长与区域发展：庆阳地区经济发展战略决策研究［M］．兰州：甘肃人民出版社，1996.

［28］曾菊新．空间经济：系统与结构［M］．武汉：武汉出版社，1996.

［29］陈德明，等．中国区域发展中的江苏经济［M］．南京：南京大学出版社，1996.

［30］陈桥驿．印度农业地理［M］．北京：商务印书馆，1996.

［31］龚胜生．清代两湖农业地理［M］．武汉：华中师范大学出版社，1996.

［32］郭焕成，康晓光，李荣生，等．社会主义市场经济体制下中国农业持续发展战略研究［M］．北京：中国环境科学出版社，1996.

［33］韩淑珍．中国经济地理［M］．成都：西南财经大学出版社，1996.

［34］贺少华．区域发展学［M］．西安：西安地图出版社，1996.

［35］胡军．华南区域经济一体化［M］．广州：暨南大学出版社，1996.

［36］李华杰，等．跨世纪的粤港澳区域经济［M］．广州：广东高等教育出版社，1996.

［37］李剑林，董力三．史汉经济与地理著作研究［M］．长沙：湖南地图出版社，1996.

［38］李世华，孙钱章．中国区域经济的现状与前瞻［M］．北京：光明日报出版社，1996.

［39］刘再兴．区域经济理论与方法［M］．北京：中国物价出版社，1996.

［40］陆大道，高连庆．闽西南、粤东、赣东南经济协作区域规划研究［M］．北京：中国经济出版社，1996.

［41］马骏，洪华喜．中国区域经济运行·模式·比较［M］．昆明：云南大学出版社，1996.

[42] 邱志忠．区域经济发展概论［M］．长沙：中南工业大学出版社，1996.

[43] 孙曰瑶，宋宪华．区域经济持续发展理论与应用［M］．济南：山东大学出版社，1996.

[44] 覃成林，金学良，冯天才，等．区域经济空间组织原理［M］．武汉：湖北教育出版社，1996.

[45] 王嗣均．中国城市化区域发展问题研究［M］．北京：高等教育出版社，1996.

[46] 谢光辉，周国华．国土开发与整治［M］．长沙：中南工业大学出版社，1996.

[47] 谢勇，尹继东，何玉长．论中国浅内陆省区域经济的发展：江西跨世纪区域经济发展研究［M］．北京：人民出版社，1996.

[48] 杨载田，李秀霞．现代中国经济地理［M］．延吉：延边大学出版社，1996.

[49] 姚建华，王礼茂．重点资源开发与区域经济发展：晋陕蒙接壤地区发展研究［M］．北京：中国科学技术出版社，1996.

[50] 张海如．中国经济地理［M］．大连：东北财经大学出版社，1996.

[51] 张致良．中国运输经济地理［M］．大连：大连海事大学出版社，1996.

[52] 赵荣．城市资源环境与区域发展研究［M］．西安：陕西科学技术出版社，1996.

[53] 周世德．区域经济理论与黄河三角洲开发［M］．北京：中共中央党校出版社，1996.

[54] 朱小丹．迈向现代化的战略抉择：广州与"珠三角"区域经济的整合与发展探讨［M］．广州：广东人民出版社，1996.

[55] 陈德敏，戴为梁，曾国平．区域经济［M］．重庆：重庆大学出版社，1997.

[56] 崔龙鹤，朴承宪．东北亚区域经济［M］．延吉：延边大学出版社，1997.

[57] 丁萍萍，程玉申．经济地理［M］．北京：高等教育出版社，1997.

［58］胡桐元．区位·资源·潜力：云南经济运行若干问题研究［M］．昆明：云南大学出版社，1997.

［59］胡兆量，王恩涌，韩茂莉．中国区域经济差异及其对策［M］．北京：清华大学出版社，1997.

［60］金元欢，王建宇．区域经济学［M］．杭州：浙江大学出版社，1997.

［61］李树桂．中国区域经济新论［M］．成都：四川科学技术出版社，1997.

［62］刘清泉．四川省经济地理［M］．北京：新华出版社，1997.

［63］刘再兴．工业地理学［M］．北京：商务印书馆，1997.

［64］陆大道．中国沿海地区 21 世纪持续发展［M］．武汉：湖北科学技术出版社，1997.

［65］陆大道，薛风旋，等．1997 中国区域发展报告［M］．北京：商务印书馆，1997.

［66］马金栋，等．山东区域经济协作的实践与思考［M］．济南：山东人民出版社，1997.

［67］茆训诚．东北亚区域经济合作的现实性框架［M］．上海：立信会计出版社，1997.

［68］苗长虹．中国农村工业化的若干理论问题：兼述欠发达地区的发展［M］．北京：中国经济出版社，1997.

［69］秦耀辰，李小建．区域可持续发展理论、方法与应用研究［M］．开封：河南大学出版社，1997.

［70］全国农业资源区划办公室，中国农业资源与区划学会．中国农业资源开发与区域发展战略［M］．北京：气象出版社，1997.

［71］覃成林．中国区域经济差异研究［M］．北京：中国经济出版社，1997.

［72］王桂新．中国人口分布与区域经济发展：一项人口分布经济学的探索研究［M］．上海：华东师范大学出版社，1997.

［73］魏后凯，刘楷，周民良，等．中国地区发展：经济增长、制度变迁与地区差异［M］．北京：经济管理出版社，1997.

［74］吴传钧，刘建一，甘国辉．现代经济地理学［M］．南京：江苏教育

出版社，1997．

　　［75］吴宏岐．元代农业地理［M］．西安：西安地图出版社，1997．

　　［76］吴郁文．区域经济协调与发展［M］．北京：中国环境科学出版社，1997．

　　［77］杨吾扬，梁进社．高等经济地理学［M］．北京：北京大学出版社，1997．

　　［78］张雷．中国矿产资源开发与区域发展［M］．北京：海洋出版社，1997．

　　［79］张沛．城市发展的空间经济分析［M］．西安：陕西师范大学出版社，1997．

　　［80］朱象贤．区域经济改革与发展论［M］．上海：上海交通大学出版社，1997．

　　［81］左停，陈利君．不发达区域经济学［M］．昆明：云南大学出版社，1997．

　　［82］包纪祥，苗长川．区域经济规划［M］．西安：陕西人民出版社，1998．

　　［83］曾坤生．动态协调发展：迈向21世纪的中国区域经济［M］．北京：中国建材工业出版社，1998．

　　［84］曾坤生，等．区域经济论市场经济与中国区域经济发展［M］．长沙：湖南人民出版社，1998．

　　［85］陈鸿宇．区域经济学新论［M］．广州：广东经济出版社，1998．

　　［86］陈庆春．区域经济研究［M］．福州：福建人民出版社，1998．

　　［87］程必定．区域经济空间秩序：兼对长江中下游省区的实证研究［M］．合肥：安徽人民出版社，1998．

　　［88］戴娟萍．中国经济地理［M］．北京：中国物资出版社，1998．

　　［89］戴振韬．区域经济研究：兼论温州经济崛起的奥秘［M］．北京：中国计划出版社，1998．

　　［90］房文杰，许美杰．坚持融合战略发展区域经济［M］．乌鲁木齐：新疆人民出版社，1998．

　　［91］费洪平．中国区域经济发展［M］．北京：科学出版社，1998．

［92］蒋仁斌．中国区域经济协调发展政策研究［M］．徐州：中国矿业大学出版社，1998.

［93］金祥荣，张金山，郑勇军，等．组织创新与区域经济发展［M］．杭州：杭州大学出版社，1998.

［94］金载映．区域经济一体化与经济合作：理论与实践［M］．上海：复旦大学，1998.

［95］李承民，马桂春．中国经济地理［M］．北京：中国商业出版社，1998.

［96］廖荣华．可持续发展的理论与实践［M］．长沙：湖南师范大学出版社，1998.

［97］刘明明．现实与抉择：宏观经济与区域经济探索［M］．南宁：广西人民出版社，1998.

［98］刘世栋，等．中国经济地理［M］．北京：高等教育出版社，1998.

［99］陆玉麒．区域发展中的空间结构研究［M］．南京：南京师范大学出版社，1998.

［100］丘杉，周维平．粤港澳区域经济概论［M］．珠海：珠海出版社，1998.

［101］任建兰．区域可持续发展理论与方法［M］．济南：山东省地图出版社，1998.

［102］宋魁．东北亚区域经济合作概论［M］．哈尔滨：哈尔滨出版社，1998.

［103］孙久文．中国资源开发利用与可持续发展［M］．北京：九州图书出版社，1998.

［104］孙久文，黎雨，张可云．中国区域经济与地区投资实务（上中下）［M］．北京：人民日报出版社，1998.

［105］王建．区域与发展［M］．杭州：浙江人民出版社，1998.

［106］王黎明．区域可持续发展：基于人地关系地域系统的视角［M］．北京：中国经济出版社，1998.

［107］王一鸣．中国区域经济政策研究［M］．北京：中国计划出版社，1998.

［108］魏后凯．区位决策［M］．广州：广东经济出版社，1998.

［109］魏世恩，石川佑三．经济转轨与区域发展：福建经济发展研究［M］．厦门：厦门大学出版社，1998.

［110］吴传钧．人地关系与经济布局［M］．北京：学苑出版社，1998.

［111］吴传钧．中国经济地理［M］．北京：科学出版社，1998.

［112］萧正洪．环境与技术选择：清代中国西部地区农业技术地理研究［M］．北京：中国社会科学出版社，1998.

［113］辛晓晖．经济地理学的科学思维［M］．长春：长春出版社，1998.

［114］晏世经，朱欣民．西南大陆桥建设与区域经济发展［M］．成都：四川大学出版社，1998.

［115］仰协，张旭．凉山经济地理［M］．成都：四川科学技术出版社，1998.

［116］张敦富．区域经济开发研究［M］．北京：中国轻工业出版社，1998.

［117］张培林．运输经济地理［M］．北京：中国建材工业出版社，1998.

［118］周宏伟．清代两广农业地理［M］．长沙：湖南教育出版社，1998.

［119］朱登兴，高红岩，吴湘玲，等．区域经济开发导论：企业·政府·区域经济［M］．西安：西安地图出版社，1998.

［120］朱美荣．人口、资源、环境与区域发展探索［M］．福州：福建教育出版社，1998.

［121］陈铁军．云南区域经济协调发展论［M］．昆明：云南人民出版社，1999.

［122］董锁成．21世纪中国可持续发展新论［M］．西安：陕西人民出版社，1999.

［123］甘霖．变局：前11世纪以来至21世纪中国区域发展与社会变迁［M］．上海：上海人民出版社，1999.

［124］葛洪升．论区域经济［M］．北京：新华出版社，1999.

［125］韩茂莉．辽金农业地理［M］．北京：社会科学文献出版社，1999.

［126］河南大学环境与规划学院．区域发展新透视［M］．开封：河南大学出版社，1999.

［127］胡兆量. 中国区域发展导论［M］. 北京：北京大学出版社，1999.

［128］金元欢，等. 中韩区域经济发展研究［M］. 北京：学苑出版社，1999.

［129］李京文. 走向 21 世纪的中国区域经济［M］. 南宁：广西人民出版社，1999.

［130］李润田. 河南农业的可持续发展［M］. 郑州：大象出版社，1999.

［131］李文彦. 地区开发与工业布局［M］. 北京：科学出版社，1999.

［132］李小建. 公司地理论［M］. 北京：科学出版社，1999.

［133］李小建. 经济地理学［M］. 北京：高等教育出版社，1999.

［134］李振泉，杨万钟，陆心贤. 中国经济地理（修订 4 版）［M］. 上海：华东师范大学出版社，1999.

［135］刘家贵. 云南区域经济的增长与发展［M］. 昆明：云南科学技术出版社，1999.

［136］刘彦随. 区域土地利用优化配置［M］. 北京：学苑出版社，1999.

［137］鲁峰，等. 中国经济地理［M］. 北京：企业管理出版社，1999.

［138］马俊亚. 规模经济与区域发展：近代江南地区企业经营现代化研究［M］. 南京：南京大学出版社，1999.

［139］全国农业资源区划办公室，中国科学院地理研究所. 中国农村经济区划：中国农村经济区域发展研究［M］. 北京：科学出版社，1999.

［140］孙久文. 中国区域经济实证研究：结构转变与发展战略［M］. 北京：中国轻工业出版社，1999.

［141］唐华俊. 农业资源可持续利用与区域发展研究［M］. 北京：中国农业科技出版社，1999.

［142］王海涛，雷军. 区域经济发展对策研究［M］. 武汉：湖北人民出版社，1999.

［143］王晶，唐丽敏. 海运经济地理［M］. 大连：大连海事大学出版社，1999.

［144］王社教. 苏皖浙赣地区明代农业地理研究［M］. 西安：陕西师范大学出版社，1999.

［145］吴传钧，施雅风，等. 中国地理学发展 90 年回忆录［M］. 北京：

学苑出版社，1999.

［146］吴延涪．知识经济与区域发展——首都经济探讨［M］．北京：中国经济出版社，1999.

［147］薛克．山东省区域发展战略研究［M］．济南：山东科学技术出版社，1999.

［148］杨秋宝．区域经济与发展战略［M］．北京：党建读物出版社，1999.

［149］杨万钟．经济地理学导论（4 版）［M］．上海：华东师范大学出版社，1999.

［150］云南财贸学院经济研究所．当代中国后进区域的发展［M］．北京：中国科学技术出版社，1999.

［151］张敦富．区域经济学原理［M］．北京：中国轻工业出版社，1999.

［152］张小林．乡村空间系统及其演变研究：以苏南为例［M］．南京：南京师范大学出版社，1999.

［153］张耀辉，等．区域经济理论与地区经济发展［M］．北京：中国计划出版社，1999.

［154］中国区域经济学会，陈栋生．跨世纪的中国区域发展［M］．北京：经济管理出版社，1999.

2000 年

［1］陈阿江．制度创新与区域发展：吴江经济社会系统的调查与分析［M］．北京：中国言实出版社，2000.

［2］陈德敏．区域经济增长与可持续发展：人口、资源、环境经济学探索［M］．重庆：重庆大学出版社，2000.

［3］陈进．博弈论与区域经济［M］．成都：天地出版社，2000.

［4］陈仲伯．农垦区域经济发展理论与实践［M］．北京：中国环境科学出版社，2000.

［5］仇保兴．人才·体制·环境：区域经济转型与对策选择［M］．杭州：浙江人民出版社，2000.

［6］戴先杰，等．江苏省生产力布局研究［M］．徐州：中国矿业大学出版

社, 2000.

[7] 方创琳. 区域发展规划论 [M]. 北京: 科学出版社, 2000.

[8] 费孝通. 费孝通论西部开发与区域经济 [M]. 北京: 群言出版社, 2000.

[9] 冯贵欣, 陈钊. 区域经济理论与实践 [M]. 成都: 四川人民出版社, 2000.

[10] 耿明斋, 等. 区域经济与企业发展研究 [M]. 北京: 中国经济出版社, 2000.

[11] 宫占奎, 陈建国, 等. 区域经济组织研究: 欧盟、北美自由贸易区、亚太经合组织 [M]. 北京: 经济科学出版社, 2000.

[12] 胡序威, 周一星, 顾朝林, 等. 中国沿海城镇密集地区空间集聚与扩散研究 [M]. 北京: 科学出版社, 2000.

[13] 李京文. 中国区域经济教程 [M]. 南宁: 广西人民出版社, 2000.

[14] 李克. 适度差距与系统优化中国现代化进程中的区域经济 [M]. 北京: 中国社会科学出版社, 2000.

[15] 李梦梅, 等. 区域经济前沿 [M]. 北京: 经济管理出版社, 2000.

[16] 厉以宁. 区域发展新思路: 中国社会发展不平衡对现代化进程的影响与对策 [M]. 北京: 经济日报出版社, 2000.

[17] 林智钦. 区域发展新论 [M]. 北京: 中国经济出版社, 2000.

[18] 陆大道, 等. 1999 中国区域发展报告 [M]. 北京: 商务印书馆, 2000.

[19] 毛志锋. 区域可持续发展的理论与对策 [M]. 武汉: 湖北科学技术出版社, 2000.

[20] 彭希哲, 梁鸿, 等. 区域发展、乡镇企业与社会保障 [M]. 上海: 百家出版社, 2000.

[21] 司正家, 等. 区域经济差距与协调发展 [M]. 乌鲁木齐: 新疆人民出版社, 2000.

[22] 宋栋. 中国区域经济转型发展的实证研究: 以珠江三角洲为例 [M]. 北京: 经济科学出版社, 2000.

[23] 苏明武, 等. 四川省区域经济发展 [M]. 成都: 天地出版社, 2000.

［24］唐任伍，楼世洲．区域经济与社会发展［M］．北京：石油工业出版社，2000．

［25］王美今，等．外商投资与中国区域经济发展［M］．厦门：鹭江出版社，2000．

［26］魏后凯．中西部工业与城市发展［M］．北京：经济管理出版社，2000．

［27］徐毅．区域发展优势：江西省广丰县经济发展轨迹探寻及其启示［M］．南昌：江西高校出版社，2000．

［28］杨继刚，夏淦．高速公路建设运营与区域经济社会发展［M］．北京：人民交通出版社，2000．

［29］杨开忠，李国平，等．持续首都：北京新世纪发展战略［M］．广州：广东教育出版社，2000．

［30］衣保中，富燕妮，赵儒煜，等．中国东北区域经济［M］．长春：吉林大学出版社，2000．

［31］张敦富，等．知识经济与区域经济［M］．北京：中国轻工业出版社，2000．

［32］张同铸．世界农业地理总论［M］．北京：商务印书馆，2000．

［33］张文忠．经济区位论［M］．北京：科学出版社，2000．

［34］赵颂尧，关连吉．西部大开发与甘肃区域经济研究［M］．兰州：兰州大学出版社，2000．

［35］郑洁华．中国经济地理（上）（修订本）［M］．北京：中国商业出版社，2000．

［36］周立三．中国农业地理［M］．北京：科学出版社，2000．

［37］卓勇良．空间集中化战略：产业集聚、人口集中与城市化发展战略研究［M］．北京：社会科学文献出版社，2000．

2001 年

［1］曾涤．国际竞争与区域经济对策［M］．北京：中国数字化出版社，2001．

［2］陈才．区域经济地理学［M］．北京：科学出版社，2001．

［3］陈红儿，等．农村城市化背景下的区域发展研究［M］．北京：中国致公出版社，2001.

　　［4］陈鸿宇．区域经济梯度推移发展新探索：广东区域经济梯度发展和地区差距研究［M］．北京：中国言实出版社，2001.

　　［5］陈计旺．地域分工与区域经济协调发展［M］．北京：经济管理出版社，2001.

　　［6］陈仲伯，杜平，薛忠勇．湘鄂渝黔桂省际边境区域经济发展战略［M］．长沙：湖南科学技术出版社，2001.

　　［7］丁斗．东亚地区的次区域经济合作［M］．北京：北京大学出版社，2001.

　　［8］董锁成，周述实，丑洁明．西北比较优势与特色区域经济发展［M］．兰州：甘肃人民出版社，2001.

　　［9］杜德斌．跨国公司 R&D 全球化的区位模式研究［M］．上海：复旦大学出版社，2001.

　　［10］樊杰，陆大道，等．中国地区经济协调发展与区域经济合作研究［M］．北京：中国友谊出版公司，2001.

　　［11］樊杰，陆大道，等．中国沿海发达地区现代化带动战略研究［M］．北京：中国友谊出版公司，2001.

　　［12］广西壮族自治区发展计划委员会．新世纪的广西区域经济发展战略［M］．南宁：广西人民出版社，2001.

　　［13］黄纯斌．区域经济与深圳城区商业［M］．广州：花城出版社，2001.

　　［14］黄速建，魏后凯．西部大开发与东中部地区发展［M］．北京：经济管理出版社，2001.

　　［15］李昌来．理性的选择：贵州区域经济发展方略探讨［M］．贵阳：贵州人民出版社，2001.

　　［16］李大伦．造富一方：区域经济发展研究［M］．北京：人民出版社，2001.

　　［17］李明德，宋晓平．一体化西半球区域经济合作［M］．北京：世界知识出版社，2001.

　　［18］李青，等．政府职能转变过程中的区域经济管理模式［M］．北京：

经济管理出版社，2001.

　　[19] 李玉潭. 东北亚区域经济概论 [M]. 长春：吉林大学出版社，2001.

　　[20] 林万雄. 中国经济地理 [M]. 杭州：杭州出版社，2001.

　　[21] 刘金钟. 区域经济问题 [M]. 北京：学苑出版社，2001.

　　[22] 陆大道，等. 2000 中国区域发展报告——西部开发的基础、政策与态势分析 [M]. 北京：商务印书馆，2001.

　　[23] 陆军. 城市外部空间运动与区域经济 [M]. 北京：中国城市出版社，2001.

　　[24] 孟建国. 区域发展探索 [M]. 西安：陕西人民出版社，2001.

　　[25] 莫一心. 边缘区域经济发展分析 [M]. 长沙：湖南人民出版社，2001.

　　[26] 祁茗田，陈立旭，等. 文化与浙江区域经济发展 [M]. 杭州：浙江人民出版社，2001.

　　[27] 宋晓平，陈芝芸，徐宝华，等. 西半球区域经济一体化研究 [M]. 北京：世界知识出版社，2001.

　　[28] 宋璇涛. 寻求区域经济非均衡协调发展：中部经济结构替代与经济起飞 [M]. 北京：中共中央党校出版社，2001.

　　[29] 汤正仁. 扶贫项目与区域经济发展 [M]. 贵阳：贵州人民出版社，2001.

　　[30] 王成勇，吴解生. 区域经济学导论 [M]. 兰州：甘肃人民出版社，2001.

　　[31] 王缉慈，等. 创新的空间：企业集群与区域发展 [M]. 北京：北京大学出版社，2001.

　　[32] 翁俊雄. 唐代区域经济研究 [M]. 北京：首都师范大学出版社，2001.

　　[33] 吴殿廷，等. 区域经济发展研究理论·方法·实践 [M]. 长春：吉林科学技术出版社，2001.

　　[34] 吴郁文. 21 世纪中国区域经济发展 [M]. 北京：中国轻工业出版社，2001.

　　[35] 谢光辉，熊小兰. 中国经济地理（第 3 版）[M]. 北京：中国财政

经济出版社，2001.

　　［36］徐传珍.开放型思维与区域经济发展研究［M］.杭州：浙江大学出版社，2001.

　　［37］杨大涛.农村区域经济开发与改革［M］.太原：书海出版社，2001.

　　［38］杨云彦.区域经济的结构与变迁［M］.郑州：河南人民出版社，2001.

　　［39］张伯伟.APEC 贸易自由化及其影响：兼析开发的区域经济组织［M］.北京：经济科学出版社，2001.

　　［40］张敦富，覃成林.中国区域经济差异与协调发展［M］.北京：中国轻工业出版社，2001.

　　［41］张帆.区域经济发展问题研究［M］.北京：经济日报出版社，2001.

　　［42］张可云.区域大战与区域经济关系［M］.北京：民主与建设出版社，2001.

　　［43］张可云.区域经济政策：理论基础与欧盟国家实践［M］.北京：中国轻工业出版社，2001.

　　［44］钟昌标.国际贸易与区域发展［M］.北京：经济管理出版社，2001.

　　［45］周海乐，陈红霞，等."苏南模式"的新发展区域发展个案反馈的前沿信息［M］.北京：人民出版社，2001.

　　［46］朱丽萌，刘镇.区域经济理论与战略［M］.南昌：江西人民出版社，2001.

　　［47］朱舜.县域经济学通论：中国行政区域经济研究［M］.北京：人民出版社，2001.

2002 年

　　［1］蔡昉，等.制度、趋同与人文发展区域发展和西部开发战略思考［M］.北京：中国人民大学出版社，2002.

　　［2］陈广汉，郑宇硕，等.区域经济整合模式、策略与可持续发展［M］.广州：中山大学出版社，2002.

　　［3］陈乔之.东亚区域经济合作研究［M］.北京：中国社会科学出版社，2002.

［4］陈自芳，熊国和．区域经济学概论［M］．杭州：浙江人民出版社，2002.

［5］丛林．技术进步与区域经济发展［M］．成都：西南财经大学出版社，2002.

［6］邓辉．土家族区域经济发展史［M］．北京：中央民族大学出版社，2002.

［7］丁萍萍，程玉申．经济地理学［M］．北京：中国物资出版社，2002.

［8］樊杰．经济全球化与区域发展［M］．北京：人民教育出版社，2002.

［9］方创琳．区域发展战略论［M］．北京：科学出版社，2002.

［10］方旋．科技创新与区域经济发展：对广东科技创新的理论与实践研究［M］．广州：广东经济出版社，2002.

［11］冯之浚，等．区域经济发展战略研究［M］．北京：经济科学出版社，2002.

［12］盖文启．创新网络区域经济发展新思维［M］．北京：北京大学出版社，2002.

［13］高新才．区域经济与区域发展：对甘肃区域经济的实证研究［M］．北京：人民出版社，2002.

［14］郭鸿懋，等．城市空间经济学［M］．北京：经济科学出版社，2002.

［15］郭焕成，高新法，张义文．农村产业结构调整与农村城镇化研究［M］．西安：西安地图出版社，2002.

［16］郭晓合，等．中国—东盟双边贸易次区域经济合作问题研究［M］．北京：中国时代经济出版社，2002.

［17］黄本笑．科技进步与区域发展［M］．武汉：武汉大学出版社，2002.

［18］黄晓林，李志明．区域经济发展理论与实践：江油市国土综合开发规划［M］．成都：四川科学技术出版社，2002.

［19］康桂芬，张国强，刘娟．结构调整与区域经济优势培育［M］．北京：中共中央党校出版社，2002.

［20］李明波．区域经济发展研究［M］．武汉：湖北人民出版社，2002.

［21］李小建．公司地理论（修订版）［M］．北京：科学出版社，2002.

［22］李欣广．可持续区域经济发展论［M］．北京：中国环境科学出版

社，2002.

[23] 梁吉义. 区域经济与可持续发展 [M]. 太原：山西经济出版社，2002.

[24] 梁山，赵金龙. 区域经济学 [M]. 北京：中国物价出版社，2002.

[25] 廖瑾. 中国西部旅游产业空间布局和发展 [M]. 成都：西南财经大学出版社，2002.

[26] 刘吉荣. 区域经济管理概论 [M]. 武汉：中国地质大学出版社，2002.

[27] 刘宇. 中国电信业区域不平衡发展及其与区域经济关系研究 [M]. 徐州：中国矿业大学出版社，2002.

[28] 刘作舟. 区域发展战略与产业结构 [M]. 太原：山西人民出版社，2002.

[29] 鲁勇. 行政区域经济 [M]. 北京：人民出版社，2002.

[30] 陆立军，等. 区域经济发展与欠发达地区现代化 [M]. 北京：中国经济出版社，2002.

[31] 栾贵勤，何操. 区域经济概论 [M]. 上海：百家出版社，2002.

[32] 施金炎. 洞庭史鉴：洞庭湖区域发展研究 [M]. 长沙：湖南人民出版社，2002.

[33] 宋健坤，吴金明. 区域经济发展的龙形战略：十六大之后的中国经济发展蓝图规划 [M]. 北京：中国财政经济出版社，2002.

[34] 孙玉琴，等. 世界旅游经济地理 [M]. 广州：华南理工大学出版社，2002.

[35] 王连刚. 区域经济学 [M]. 西安：陕西人民出版社，2002.

[36] 王林忠，等. 滇桂区域经济合作研究 [M]. 南宁：广西人民出版社，2002.

[37] 王双怀. 明代华南农业地理研究 [M]. 北京：中华书局，2002.

[38] 王振锁，李钢哲. 东亚区域经济合作：中国与日本 [M]. 天津：天津人民出版社，2002.

[39] 王铮，等. 理论经济地理学 [M]. 北京：科学出版社，2002.

[40] 魏后凯，贺灿飞，王新. 中国外商投资区位决策与公共政策 [M].

北京：商务印书馆, 2002.

　　［41］吴传钧. 20 世纪中国学术大典·地理学［M］. 福州：福建教育出版社, 2002.

　　［42］吴一丁, 毛克贞. 新疆区域经济实证研究［M］. 北京：中国财政经济出版社, 2002.

　　［43］徐浩. 农民经济的历史变迁：中英乡村社会区域发展比较［M］. 北京：社会科学文献出版社, 2002.

　　［44］徐加明. 中国经济地理［M］. 济南：济南出版社, 2002.

　　［45］徐宪平. 跨世纪的湖南区域经济［M］. 长沙：湖南人民出版社, 2002.

　　［46］薛玉森. 区域经济与地区发展［M］. 北京：经济科学出版社, 2002.

　　［47］杨天宏. 口岸开放与社会变革：近代中国自开商埠研究［M］. 北京：中华书局, 2002.

　　［48］叶依广. 区域经济学原理［M］. 南京：江苏教育出版社, 2002.

　　［49］张海如. 区域经济教程［M］. 北京：经济科学出版社, 2002.

2003 年

　　［1］曾宪培, 陈鹏. 物流经济地理［M］. 北京：机械工业出版社, 2003.

　　［2］陈贵辉. 刘家峡区域经济开发［M］. 兰州：甘肃人民出版社, 2003.

　　［3］陈家海. 中国区域经济政策的转变［M］. 上海：上海财经大学出版社, 2003.

　　［4］陈明森, 伍长南. 产业竞争力构建区域经济优势选择［M］. 长春：吉林人民出版社, 2003.

　　［5］陈秀山, 张可云. 区域经济理论［M］. 北京：商务印书馆, 2003.

　　［6］程立顺. 区域经济发展要素与战略探讨［M］. 福州：福建教育出版社, 2003.

　　［7］储东涛. 区域经济学通论［M］. 北京：人民出版社, 2003.

　　［8］丁四保, 王荣成, 李秀敏, 等. 区域经济学［M］. 北京：高等教育出版社, 2003.

　　［9］符朝康. 我的区域经济发展观：来自区域经济前沿的实践与思

考［M］．海口：南海出版公司，2003.

［10］高志刚，等．新疆区域经济差异与预警系统研究［M］．乌鲁木齐：新疆人民出版社，2003.

［11］关连吉，等．西部大开发与甘肃民族区域经济研究［M］．兰州：甘肃人民出版社，2003.

［12］郭凤典，杨树旺，肖建忠．区域经济理论与实践［M］．武汉：湖北人民出版社，2003.

［13］郭上沂，孙超英．城镇化与区域经济发展［M］．成都：电子科技大学出版社，2003.

［14］郭文轩，郭军，师求恩，等．区域经济协调与竞争［M］．北京：红旗出版社，2003.

［15］韩进峥．中国经济地理［M］．北京：高等教育出版社，2003.

［16］何百根，梁文宇．拉丁美洲农业地理［M］．北京：商务印书馆，2003.

［17］何绵山．福建区域经济［M］．厦门：厦门大学出版社，2003.

［18］江世银．区域经济发展宏观调控论［M］．成都：四川人民出版社，2003.

［19］黎鹏．区域经济协同发展研究［M］．北京：经济管理出版社，2003.

［20］李国峰．投资与区域经济发展［M］．北京：经济日报出版社，2003.

［21］李航星．区域差异论［M］．成都：四川大学出版社，2003.

［22］李润田．中国资源地理［M］．北京：科学出版社，2003.

［23］刘拴明，等．东平湖水库移民与区域发展［M］．郑州：黄河水利出版社，2003.

［24］鲁昕，闫伟．转轨时期辽宁老工业基地区域经济发展问题研究［M］．北京：经济科学出版社，2003.

［25］陆大道，等．中国区域发展的理论与实践［M］．北京：科学出版社，2003.

［26］陆大道，樊杰，刘毅，等．2002中国区域发展报告——战略性结构调整与区域发展新格局［M］．北京：商务印书馆，2003.

［27］孟庆红．区域经济学概论［M］．北京：经济科学出版社，2003.

[28] 孟庆红，张伟．区域经济合作研究［M］．成都：西南交通大学出版社，2003．

[29] 闵师林，韩可胜．新世纪攻坚对城市建设和区域发展的新思考［M］．上海：上海大学出版社，2003．

[30] 欧晓明，王京安，汪凤桂．区域发展与企业行为研究［M］．广州：广东人民出版社，2003．

[31] 潘学标．经济地理与区域发展［M］．北京：气象出版社，2003．

[32] 陶良虎．区域经济管理学［M］．武汉：武汉理工大学出版社，2003．

[33] 韦恒．一个区域的工业化之路：苏南区域发展研究［M］．苏州：苏州大学出版社，2003．

[34] 魏后凯．市场竞争、经济绩效与产业集中：对中国制造业集中与市场结构的实证研究［M］．北京：经济管理出版社，2003．

[35] 吴声功．苏州区域经济的整体效应［M］．苏州：苏州大学出版社，2003．

[36] 徐桂兰，周万生．欧美区域经济政策与四川跨越式发展［M］．成都：电子科技大学出版社，2003．

[37] 徐长乐．共饮一江水：长江三角洲区域经济发展研究［M］．上海：上海人民出版社，2003．

[38] 闫二旺．区域经济发展的微观机理［M］．北京：经济科学出版社，2003．

[39] 杨洪波，等．区域发展新论：四川城镇化发展与资源要素优化配置战略及途径［M］．北京：中国经济出版社，2003．

[40] 杨继元．税收政策与西部区域经济开发研究［M］．兰州：甘肃人民出版社，2003．

[41] 姚恭荣，陈田贵．重点地带开发与区域经济发展：西陇海兰新线经济带甘肃段建设研究［M］．兰州：甘肃人民出版社，2003．

[42] 余荣华．浙江区域经济中长期发展研究［M］．杭州：浙江大学出版社，2003．

[43] 俞坤一．国际经济贸易地理［M］．北京：对外经济贸易大学出版社，2003．

［44］袁绍荣，等．中国旅游经济地理［M］．广州：华南理工大学出版社，2003.

［45］张帆．中国区域经济非均衡发展论［M］．广州：广东科技出版社，2003.

［46］张帆，王雷震，李春光，等．旅游对区域经济发展贡献度研究：以秦皇岛为例［M］．北京：经济科学出版社，2003.

［47］赵苑达．城市化与区域经济协调发展［M］．北京：中国社会科学出版社，2003.

［48］朱有志，蓝万炼，等．农业产业空间转移论［M］．长沙：湖南人民出版社，2003.

2004 年

［1］安虎森．区域经济学通论［M］．北京：经济科学出版社，2004.

［2］白国强，付尔林．区域经济学［M］．广州：广东人民出版社，2004.

［3］白永秀．区域经济基本问题研究［M］．北京：经济科学出版社，2004.

［4］白永秀，王正斌．统筹城乡和区域经济发展专题研究［M］．北京：经济科学出版社，2004.

［5］曹元坤，等．科学发展观与区域经济发展［M］．南昌：江西人民出版社，2004.

［6］陈德昌．乡村发展和区域经济研究［M］．上海：汉语大词典出版社，2004.

［7］陈栋生．中国区域经济新论［M］．北京：经济科学出版社，2004.

［8］陈新力，蒋勇，李小华．区域经济环境研究：基于重庆直辖的分析［M］．北京：经济日报出版社，2004.

［9］杜肯堂，戴士根．区域经济管理学［M］．北京：高等教育出版社，2004.

［10］樊杰．中小企业技术创新与区域经济发展［M］．北京：中国科学技术出版社，2004.

［11］高伯文．中国共产党区域经济思想研究［M］．北京：中共党史出版

社，2004.

　　[12] 高汝熹，张建华．论大上海都市圈长江三角洲区域经济发展研究 [M]．上海：上海社会科学院出版社，2004.

　　[13] 郭燕青．技术转移与区域经济发展 [M]．北京：经济管理出版社，2004.

　　[14] 侯景新，尹卫红．区域经济分析方法 [M]．北京：商务印书馆，2004.

　　[15] 侯蕊玲．城市化与区域发展 [M]．昆明：云南大学出版社，2004.

　　[16] 李靖宇．造就东北亚区域经济合作关系：从中国到东北对外开放的战略依托 [M]．北京：人民出版社，2004.

　　[17] 李仁君．海南区域经济发展研究 [M]．北京：中国文史出版社，2004.

　　[18] 李志强．中西部区域经济综合评价研究 [M]．北京：中国物资出版社，2004.

　　[19] 李宗植，段进东，吕立志．再造区域经济增长极：江苏区域经济发展的理论与实践 [M]．南京：江苏人民出版社，2004.

　　[20] 梁吉义．区域发展规划实证 [M]．太原：山西人民出版社，2004.

　　[21] 刘巍．中国南方九省区宏观经济模型：泛珠三角区域经济协作基础研究 [M]．广州：中山大学出版社，2004.

　　[22] 母爱英．区域经济政策新视角研究 [M]．北京：经济科学出版社，2004.

　　[23] 聂佃忠，殷晓莉．中国西部区域经济热点问题研究 [M]．兰州：甘肃人民出版社，2004.

　　[24] 任保平．区域经济理论方法与政策 [M]．北京：经济科学出版社，2004.

　　[25] 盛世豪，郑燕伟．"浙江现象"产业集群与区域经济发展 [M]．北京：清华大学出版社，2004.

　　[26] 宋林飞．区域经济增长的探索 [M]．南京：河海大学出版社，2004.

　　[27] 孙久文．区域经济规划 [M]．北京：商务印书馆，2004.

　　[28] 汤碧．两种区域经济一体化发展趋势比较研究 [M]．北京：中国财

政经济出版社，2004.

［29］唐宇文．区域经济互动发展论［M］．长沙：湖南人民出版社，2004.

［30］王必达．后发优势与区域发展［M］．上海：复旦大学出版社，2004.

［31］王朝全，俞培果．制度、技术与区域发展［M］．成都：西南交通大学出版社，2004.

［32］王海霞，叶进．西部区域经济非均衡发展战略研究［M］．兰州：甘肃人民出版社，2004.

［33］王珺．集群成长与区域发展［M］．北京：经济科学出版社，2004.

［34］王玉珍．区域经济的协调发展［M］．北京：中国物资出版社，2004.

［35］王志，等．次区域开发与合作中国云南促进澜沧江—湄公河次区域经济合作发展研究［M］．昆明：云南民族出版社，2004.

［36］韦国忠．区域经济探索与实践［M］．昆明：云南民族出版社，2004.

［37］魏云乔．区域经济的实践与思考［M］．珠海：珠海出版社，2004.

［38］武友德，潘玉君，等．区域经济学导论［M］．北京：中国社会科学出版社，2004.

［39］徐倩，何风隽．区域经济学与中国区域经济［M］．银川：宁夏人民出版社，2004.

［40］严正．福建省区域经济发展分工与协作［M］．福州：海风出版社，2004.

［41］杨龙．中国区域经济发展的政治分析［M］．哈尔滨：黑龙江人民出版社，2004.

［42］杨云彦．区域经济学［M］．北京：中国财政经济出版社，2004.

［43］易大东．科学发展观视域下党的区域经济战略思想［M］．北京：新华出版社，2004.

［44］余明勤．区域经济利益分析［M］．北京：经济管理出版社，2004.

［45］张贡升，马保平．中国经济热点区域经济、城镇经济与资本市场［M］．北京：社会科学文献出版社，2004.

［46］张生．印度农业地理概览［M］．北京：学苑音像出版社，2004.

［47］张蕴岭．东北亚区域经济合作进展、成效和未来［M］．北京：世界知识出版社，2004.

［48］甄峰．信息时代的区域空间结构［M］．北京：商务印书馆，2004.

［49］郑京淑．现代跨国公司的区位体系与世界经济［M］．广州：中山大学出版社，2004.

［50］朱厚伦．中国区域经济发展战略［M］．北京：社会科学文献出版社，2004.

［51］朱英明．城市群经济空间分析［M］．北京：科学出版社，2004.

2005 年

［1］安虎森．空间经济学原理［M］．北京：经济科学出版社，2005.

［2］陈霜华．21 世纪的 10+3 区域经济合作［M］．上海：上海财经大学出版社，2005.

［3］陈先勇．中国区域金融发展与区域经济增长［M］．武汉：武汉大学出版社，2005.

［4］陈秀山．中国区域经济问题研究［M］．北京：商务印书馆，2005.

［5］陈正良．"软实力"与区域发展：以浙江省为例［M］．北京：中央文献出版社，2005.

［6］豆建民．区域经济协调发展［M］．北京：中国文史出版社，2005.

［7］樊杰，白光润．城市经济与微区位的研究［M］．北京：中华地图学社，2005.

［8］范晓屏．工业园区与区域经济发展：基于根植性、网络化与社会资本的研究［M］．北京：航空工业出版社，2005.

［9］范跃进，郑峰，李平，等．经济全球化与区域经济发展［M］．济南：山东人民出版社，2005.

［10］郝家龙．公司融资条件与区域经济发展［M］．北京：新华出版社，2005.

［11］何爱平．区域经济可持续发展导论［M］．北京：经济科学出版社，2005.

［12］何一民．20 世纪中国西部中等城市与区域发展［M］．成都：巴蜀书社，2005.

［13］贺灿飞．经济地理与中国外商直接投资［M］．北京：中国经济出版

社, 2005.

［14］贺灿飞. 外商直接投资区位：理论分析与实证研究［M］. 北京：中国经济出版社, 2005.

［15］洪名勇. 所有制结构调整与区域经济非均衡增长研究［M］. 北京：知识产权出版社, 2005.

［16］黄公勉. 福建历史经济地理通论［M］. 福州：福建科学技术出版社, 2005.

［17］江世银, 等. 西部大开发与区域经济协调发展研究：兼论区域经济发展的宏观调控［M］. 成都：电子科技大学出版社, 2005.

［18］金祥荣, 叶建亮. 民营经济与区域发展（第 5 辑）［M］. 北京：经济科学出版社, 2005.

［19］金钟范. 韩国区域发展政策［M］. 上海：上海财经大学出版社, 2005.

［20］靳铭, 赵嵩正. 区域经济制约机理研究与实证分析［M］. 西安：陕西师范大学出版社, 2005.

［21］李明生. 城市与区域经济研究［M］. 西安：陕西科学技术出版社, 2005.

［22］李铁立. 边界效应与跨边界次区域经济合作研究［M］. 北京：中国金融出版社, 2005.

［23］廉晓梅. APEC 区域经济合作模式与发展前景研究［M］. 北京：中国社会科学出版社, 2005.

［24］刘从政. 成都区域经济社会发展考察与研究［M］. 成都：四川科学技术出版社, 2005.

［25］刘东勋, 宋丙涛, 耿明斋. 新区域经济学论纲［M］. 北京：社会科学文献出版社, 2005.

［26］刘进军. 区域经济发展难点问题研究［M］. 兰州：甘肃人民出版社, 2005.

［27］刘孟达. 区域经济发展新空间：基于绍兴产业簇群及其竞争力的实证研究［M］. 杭州：浙江大学出版社, 2005.

［28］刘乃全. 劳动力流动对区域经济发展的影响分析［M］. 上海：上海

财经大学出版社，2005.

［29］刘小鹏．区域经济分析与规划研究［M］．银川：宁夏人民出版社，2005.

［30］刘用明．对外贸易与区域经济发展［M］．成都：电子科技大学出版社，2005.

［31］罗勇．区域经济可持续发展［M］．北京：化学工业出版社，2005.

［32］彭朝晖，杨开忠．人力资本与中国区域经济差异［M］．北京：新华出版社，2005.

［33］钱亦扬．苏南与苏北区域经济协调发展研究［M］．徐州：中国矿业大学出版社，2005.

［34］乔家君．典型农区村域人地系统定量研究：河南省三个不同类型村的实证分析［M］．北京：科学出版社，2005.

［35］司正家．新疆区域经济增长机制研究［M］．乌鲁木齐：新疆人民出版社，2005.

［36］宋宇．建设西部强省的战略研究：兼论区域发展中的企业家精神与高科技集群［M］．北京：经济科学出版社，2005.

［37］汤正仁，等．9+2合作与中国区域经济新版图［M］．贵阳：贵州人民出版社，2005.

［38］王国发，刘旭友．区域经济学［M］．贵阳：贵州人民出版社，2005.

［39］王国正．区域经济结构优化与发展战略［M］．北京：经济科学出版社，2005.

［40］王兴平．中国城市新产业空间：发展机制与空间组织［M］．北京：科学出版社，2005.

［41］吴克烈．区域经济学［M］．杭州：浙江人民出版社，2005.

［42］吴玉鸣．中国经济增长与收入分配差异的空间计量经济分析［M］．北京：经济科学出版社，2005.

［43］肖万春，吴焕新．新编区域经济学［M］．长沙：湖南人民出版社，2005.

［44］谢燮，杨开忠．劳动力流动与区域经济差异新经济地理学透视［M］．北京：新华出版社，2005.

［45］辛晓梅．区域发展战略与规划［M］．合肥：中国科学技术大学出版社，2005.

［46］严汉平．制度创新与区域经济发展：西部经济发展中制度创新主体角色定位及转换［M］．北京：经济科学出版社，2005.

［47］杨家栋．区域经济与可持续发展探索［M］．北京：社会科学文献出版社，2005.

［48］叶恩发．福建省农业资源利用与区域发展规划研究 2002-2004［M］．北京：中国农业出版社，2005.

［49］张加春．困境与出路：从黔南看少数民族地区区域经济的发展［M］．贵阳：贵州人民出版社，2005.

［50］张可云．区域经济政策［M］．北京：商务印书馆，2005.

［51］张平军．西北水资源与区域经济的可持续发展研究［M］．北京：中国经济出版社，2005.

［52］张小平，李利军．京石高速公路区域经济影响研究［M］．北京：中国文史出版社，2005.

［53］张秀生，卫鹏鹏．区域经济理论［M］．武汉：武汉大学出版社，2005.

［54］张一力．人力资本与区域经济增长：温州与苏州比较实证研究［M］．杭州：浙江大学出版社，2005.

［55］赵伟，等．中国区域经济开放：模式与趋势［M］．北京：经济科学出版社，2005.

［56］赵曦．中国西藏区域经济发展研究［M］．北京：中国社会科学出版社，2005.

［57］赵雪雁．西北地区城市化与区域发展［M］．北京：经济管理出版社，2005.

［58］郑胜华，潘海颖．世界经济地理［M］．杭州：浙江大学出版社，2005.

［59］朱华友．空间集聚与产业区位的形成：理论研究与应用分析［M］．北京：中国科学技术出版社，2005.

［60］庄乾坤．农村小区域经济研究［M］．北京：社会科学文献出版

社，2005.

［61］邹凤羽．粮食经济地理［M］．北京：中国物资出版社，2005.

2006 年

［1］安虎森．空间经济学教程［M］．北京：经济科学出版社，2006.

［2］曹亮．区域经济一体化的政治经济学分析［M］．北京：中国财政经济出版社，2006.

［3］茶洪旺．区域经济管理概论［M］．北京：中国人民大学出版社，2006.

［4］陈广汉，袁持平．全球化和区域经济一体化中的香港经济［M］．广州：中山大学出版社，2006.

［5］陈漓高，郑昭阳，齐俊妍，等．全球化条件下的区域经济一体化［M］．北京：中国财政经济出版社，2006.

［6］陈新华．横看成岭侧成峰：江西经济走势与区域发展变迁研究［M］．南昌：江西科学技术出版社，2006.

［7］陈志恒．东北亚区域经济一体化研究：以交易费用理论为视角［M］．长春：吉林人民出版社，2006.

［8］范海燕，赵勤，汪中华．区域经济热点问题研究［M］．哈尔滨：黑龙江人民出版社，2006.

［9］范旭．大型工程与区域发展的互动作用及其政策研究［M］．北京：中国经济出版社，2006.

［10］符宇忠．中国特色区域经济思想研究［M］．西宁：青海人民出版社，2006.

［11］耿莉萍，陈念平．经济地理学［M］．北京：机械工业出版社，2006.

［12］郭利平．产业群落的空间演化模式研究［M］．北京：经济管理出版社，2006.

［13］胡亮．金融深化与区域发展［M］．北京：经济科学出版社，2006.

［14］胡伊．中国新疆与中亚区域经济贸易［M］．乌鲁木齐：新疆人民出版社，2006.

［15］纪凯奇．大图们江区域经济合作研究［M］．长春：吉林人民出版

社，2006.

[16] 纪晓岚. 长江三角洲区域发展战略研究 [M]. 上海：华东理工大学出版社，2006.

[17] 贾若祥，刘毅，马丽. 企业合作与区域发展 [M]. 北京：科学出版社，2006.

[18] 江激宇. 产业集聚与区域经济增长 [M]. 北京：经济科学出版社，2006.

[19] 江行舟. 连云港区域经济跨越发展研究 [M]. 北京：海洋出版社，2006.

[20] 金明玉. 东亚区域经济合作 [M]. 沈阳：白山出版社，2006.

[21] 金相郁. 中国区域经济结构演变及其规律研究 [M]. 北京：商务印书馆，2006.

[22] 冷志明. 区域经济协同发展研究：对湘鄂渝黔边区的实证分析 [M]. 长沙：中南大学出版社，2006.

[23] 李克强. 区域经济规划理论与方法 [M]. 北京：中央民族大学出版社，2006.

[24] 李岚. 京津冀北区域经济发展和资源环境保护研究 [M]. 石家庄：河北人民出版社，2006.

[25] 李小建. 经济地理学（第 2 版）[M]. 北京：高等教育出版社，2006.

[26] 李玉潭，陈志恒，殷立春. 东北亚区域经济发展与合作机制创新研究 [M]. 长春：吉林人民出版社，2006.

[27] 梁积江. 趋同与融合：民族地区区域经济一体化问题思考 [M]. 北京：中国经济出版社，2006.

[28] 林凌. 中国经济的区域发展 [M]. 成都：四川人民出版社，2006.

[29] 刘彦随. 中国土地资源战略与区域协调发展研究 [M]. 北京：气象出版社，2006.

[30] 刘艳芳，等. 经济地理学：原理、方法与应用 [M]. 北京：科学出版社，2006.

[31] 刘勇. 区域经济发展与地区主导产业 [M]. 北京：商务印书馆，

2006.

[32] 刘治彦. 城市区域经济运行分析 ［M］. 北京：航空工业出版社，2006.

[33] 鲁开垠. 增长的新空间：产业集群核心能力研究 ［M］. 北京：经济科学出版社，2006.

[34] 陆铭，陈钊. 中国区域经济发展中的市场整合与工业集聚 ［M］. 上海：上海三联书店，上海人民出版社，2006.

[35] 路紫. 信息经济地理学导论 ［M］. 北京：科学出版社，2006.

[36] 罗其友，陶陶，李建平，等. 农业区域发展论 ［M］. 北京：气象出版社，2006.

[37] 马洪，盐谷隆英. 东亚区域经济整合地区发展的新机遇 ［M］. 北京：中国经济出版社，2006.

[38] 莫莎. 贸易、投资与环境协调发展基于区域经济合作的视角 ［M］. 北京：中国经济出版社，2006.

[39] 聂华林，王成勇. 区域经济学通论 ［M］. 北京：中国社会科学出版社，2006.

[40] 聂华林，高新才. 区域发展战略学 ［M］. 北京：中国社会科学出版社，2006.

[41] 聂元贞. 发展中国家区域经济一体化研究 ［M］. 北京：北京邮电大学出版社，2006.

[42] 牛竹梅. 区域经济学 ［M］. 北京：经济科学出版社，2006.

[43] 欧向军. 区域经济发展差异理论、方法与实证：以江苏省为例 ［M］. 北京：经济科学出版社，2006.

[44] 蒲春玲. 新疆土地资源优化配置与区域经济可持续发展研究 ［M］. 北京：中国大地出版社，2006.

[45] 朴承宪，等. 东北振兴与东北亚区域经济合作 ［M］. 延吉：延边大学出版社，2006.

[46] 钱方明. 开放与区域经济发展：兼对江浙模式的应用分析 ［M］. 北京：人民出版社，2006.

[47] 饶美蛟，李思名，施岳群. 区域经济合作：CEPA 与珠三角及长三

角［M］．北京：商务印书馆，2006.

［48］施用海，高耀松，章昌裕．世界都市圈与中国区域经济发展［M］．北京：中国商务出版社，2006.

［49］孙翠兰．区域经济与新时期经济空间发展战略［M］．北京：中国经济出版社，2006.

［50］王朝才，傅志华．山东省区域经济协调发展战略研究［M］．北京：经济科学出版社，2006.

［51］王飞．区域经济学［M］．太原：山西人民出版社，2006.

［52］王维平．经济政策创新与区域经济发展［M］．北京：中国社会科学出版社，2006.

［53］王章留，习谏，等．区域经济协调发展论［M］．郑州：河南人民出版社，2006.

［54］魏旭．区域经济发展中的集群式创新网络研究［M］．长春：吉林人民出版社，2006.

［55］吴柏均，钱世超，等．政府主导下的区域经济发展［M］．上海：华东理工大学出版社，2006.

［56］吴传清．马克思主义区域经济理论研究［M］．北京：经济科学出版社，2006.

［57］吴强．政府行为与区域经济协调发展［M］．北京：经济科学出版社，2006.

［58］夏智伦．区域经济竞争力研究［M］．长沙：湖南大学出版社，2006.

［59］徐承红．产业集群与西部区域经济竞争力提升战略研究［M］．成都：西南财经大学出版社，2006.

［60］徐国弟．长江经济带区域经济发展战略研究［M］．北京：长江出版社，2006.

［61］徐玲玲．物流经济地理［M］．北京：中国物资出版社，2006.

［62］徐琼．区域技术效率论：基于技术效率的区域经济竞争力提升研究［M］．北京：中国经济出版社，2006.

［63］徐勇，潘梨，候玲，等．振兴中的吉林区域经济［M］．长春：吉林人民出版社，2006.

[64] 姚先国，等．人才战略与区域经济发展［M］．杭州：浙江大学出版社，2006.

[65] 叶依广．区域经济学［M］．北京：中国农业出版社，2006.

[66] 于刃刚，等．京津冀区域经济协作与发展：基于河北视角的研究［M］．北京：中国市场出版社，2006.

[67] 张鸿．区域经济一体化与东亚经济合作［M］．北京：人民出版社，2006.

[68] 张继彤．小企业产业分布与空间拓展：小企业产业分布规律与集群化发展研究［M］．北京：社会科学文献出版社，2006.

[69] 张建一．中国长江三峡区域经济开发研究［M］．武汉：武汉大学出版社，2006.

[70] 张杰．东北亚区域经济问题研究：以中韩日产业结构比较为主题［M］．延吉：延边大学出版社，2006.

[71] 张雷，刘毅，等．中国区域发展的资源环境基础［M］．北京：科学出版社，2006.

[72] 张丽君．区域经济政策［M］．北京：中央民族大学出版社，2006.

[73] 张明龙，等．中国区域经济前沿研究［M］．北京：中国经济出版社，2006.

[74] 张兆安．大都市圈与区域经济一体化：兼论长江三角洲区域经济一体化［M］．上海：上海财经大学出版社，2006.

[75] 张照东．宋元山东区域经济研究［M］．济南：齐鲁书社，2006.

[76] 赵福厚．FDI 区域差异及其经济增长效应［M］．北京：中国商务出版社，2006.

[77] 赵国岭．京津冀区域经济合作问题研究［M］．北京：中国经济出版社，2006.

[78] 赵红英．中国区域经济发展观察：浙中城市群的崛起［M］．北京：中国经济出版社，2006.

[79] 周兵，蒲勇健．产业集群与区域经济增长理论与实证研究［M］．北京：科学技术文献出版社，2006.

[80] 主悔．区域经济发展动力与机制［M］．武汉：湖北人民出版社，2006.

2007 年

［1］蔡宁，吴结兵．产业集群与区域经济发展：基于"资源-结构"观的分析［M］．北京：科学出版社，2007.

［2］柴瑜，陆建人，杨先明．大湄公河次区域经济合作研究［M］．北京：社会科学文献出版社，2007.

［3］陈伯君，陈家泽，陈永正，等．西部大开发与区域经济公平增长：继续推进西部大开发战略对策研究［M］．北京：中国社会科学出版社，2007.

［4］陈修颖，章旭健．演化与重组：长江三角洲经济空间结构研究［M］．南京：东南大学出版社，2007.

［5］陈宣庆，张可云．统筹区域发展的战略问题与政策研究［M］．北京：中国市场出版社，2007.

［6］陈月英．中国滨海地带区域经济分异研究［M］．长春：东北师范大学出版社，2007.

［7］崔颖．上海合作组织区域经济合作共同发展的新实践［M］．北京：经济科学出版社，2007.

［8］丁任重．西部大开发与区域经济协调发展问题研究［M］．成都：西南财经大学出版社，2007.

［9］董千里．高速路网与区域经济一体化发展研究［M］．北京：人民交通出版社，2007.

［10］杜莉．欧盟区域经济政策［M］．长春：吉林大学出版社，2007.

［11］杜一宁．新区域资源发展规划管理应对经济一体化与区域发展战略整合与创新管理模式典范（共 4 卷）［M］．北京：中国城市出版社，2007.

［12］樊新生．区域经济空间结构演变的多尺度研究：以河南省为例［M］．北京：科学出版社，2007.

［13］冯年华．区域发展与空间结构［M］．南京：江苏人民出版社，2007.

［14］付晓东．循环经济与区域经济［M］．北京：经济日报出版社，2007.

［15］高进田．区位的经济学分析［M］．上海：上海人民出版社，2007.

［16］高雪莲．超大城市产业空间形态的生成与发展研究［M］．北京：经济科学出版社，2007.

［17］胡健，等．油气资源开发与西部区域经济协调发展战略研究［M］．北京：科学出版社，2007.

［18］华晓红．国际区域经济合作理论与实践［M］．北京：对外经济贸易大学出版社，2007.

［19］黄俊．区域经济的现代化［M］．乌鲁木齐：新疆人民出版社，2007.

［20］蒋年云．区域经济的制度分析［M］．北京：中央编译出版社，2007.

［21］金相郁．中国区域经济不平衡与协调发展［M］．上海：上海人民出版社，2007.

［22］李灿光，潘玉君，胡利人，等．区域发展研究：发展条件与空间结构［M］．北京：科学出版社，2007.

［23］李靖宇，等．东北老工业基地振兴论：国家战略推进中的区域经济与城市经济开发研究［M］．北京：中国和平出版社，2007.

［24］李明龙．实用经济地理［M］．广州：广州出版社，2007.

［25］李学习．新疆区域经济发展统筹与协调［M］．乌鲁木齐：新疆人民出版社，2007.

［26］李旸，罗维燕．物流经济地理［M］．北京：北京理工大学出版社，2007.

［27］李振唐．中西部区域经济发展问题新探［M］．南宁：广西人民出版社，2007.

［28］梁峰．东北亚区域经济发展与合作［M］．北京：中国财政经济出版社，2007.

［29］刘秉镰，韩晶，等．区域经济与社会发展规划的理论与方法研究［M］．北京：经济科学出版社，2007.

［30］刘芳．区位决定成败：城市住区空间区位决策与选择［M］．北京：中国电力出版社，2007.

［31］刘嗣明，李月华．区域经济战略［M］．北京：经济管理出版社，2007.

［32］陆大道，姚士谋，刘慧，等．2006 中国区域发展报告——城镇化过程及空间扩张［M］．北京：商务印书馆，2007.

［33］罗贞礼．边缘区域经济发展研究［M］．长沙：湖南人民出版社，

2007.

［34］罗正英，韩坚．区域经济：双圈联动发展战略分析兼论江苏省区域经济发展［M］．上海：上海交通大学出版社，2007.

［35］吕向生．物流经济地理［M］．北京：中国财政经济出版社，2007.

［36］莫建备，徐之顺，曾骅，等．区域一体化发展：拓展和深化长江三角洲区域经济社会协调发展研究［M］．上海：上海人民出版社，2007.

［37］潘玉君，李灿光，武友德，等．区域发展研究：发展阶段与约束条件［M］．北京：科学出版社，2007.

［38］庞敦之．区域经济发展环境指标体系及优化方案设计：以山东省为例［M］．北京：中国财政经济出版社，2007.

［39］彭飞．新经济地理学论纲：原理、方法及应用［M］．北京：中国言实出版社，2007.

［40］权衡，徐珲，陶希东．中国区域经济：统筹协调发展［M］．上海：上海人民出版社，2007.

［41］施伟青，徐泓．闽南区域发展史［M］．福州：福建人民出版社，2007.

［42］施祖麟．区域经济发展理论与实证［M］．北京：社会科学文献出版社，2007.

［43］孙斌栋．制度变迁与区域经济增长［M］．北京：科学出版社，2007.

［44］孙红玲．中国横向区域经济协调发展［M］．北京：经济科学出版社，2007.

［45］孙鸿烈．中国自然资源综合科学考察与研究［M］．北京：商务印书馆，2007.

［46］孙淑生．基于区域发展战略的区域物流发展模式研究［M］．武汉：武汉大学出版社，2007.

［47］汤定娜．零售企业空间扩张：竞争优势的转移与创新［M］．北京：中国财政经济出版社，2007.

［48］王建廷．区域经济发展动力与动力机制［M］．上海：上海人民出版社，2007.

［49］王立军．创新集聚与区域发展［M］．北京：中国经济出版社，2007.

［50］王于渐，陆雄文，陶志刚，等．重返经济舞台中心长三角区域经济的融合转型［M］．上海：上海人民出版社，2007.

［51］王智利．物流经济地理［M］．北京：电子工业出版社，2007.

［52］吴朝阳．区域经济一体化的组织经济学分析［M］．北京：经济管理出版社，2007.

［53］吴敬华，祝尔娟，臧学英，等．中国区域经济发展趋势与总体战略［M］．天津：天津人民出版社，2007.

［54］武安．经济全球化条件下的东北亚区域经济合作研究［M］．哈尔滨：黑龙江人民出版社，2007.

［55］肖良武．制度变迁与贵州区域经济变化研究［M］．北京：中国时代经济出版社，2007.

［56］徐涛．大企业与区域经济发展［M］．武汉：武汉大学出版社，2007.

［57］宣烨．区域经济一体化与 FDI 流入理论与实证研究［M］．合肥：合肥工业大学出版社，2007.

［58］杨炳忻，邓伟根．中国区域经济发展大略"西江产业带"的启示［M］．北京：红旗出版社，2007.

［59］杨先明，等．能力结构与东西部区域经济合作［M］．北京：中国社会科学出版社，2007.

［60］杨筠．生态建设与区域经济发展研究［M］．成都：西南财经大学出版社，2007.

［61］张建平，李红梅，田东霞，等．区域经济理论与实践［M］．北京：中央民族大学出版社，2007.

［62］张建平，赵海云．东西部区域经济合作问题研究［M］．北京：中央民族大学出版社，2007.

［63］张琦．中国区域经济发展比较研究［M］．北京：经济日报出版社，2007.

［64］张小蒂．区域经济开放与发展评论（共 3 辑）［M］．杭州：浙江大学出版社，2007/2008/2009.

［65］张秀生．区域经济学［M］．武汉：武汉大学出版社，2007.

［66］张佑林．区域文化与区域经济发展［M］．北京：社会科学文献出版

社，2007.

[67] 赵光华 . 陕西区域经济增长研究 [M] . 西安：陕西人民出版社，2007.

[68] 赵水根 . 区域经济学概论（第 2 版）[M] . 北京：中国财政经济出版社，2007.

[69] 郑雪平 . 上海合作组织与区域经济合作研究 [M] . 沈阳：东北财经大学出版社，2007.

[70] 周运源 . 区域经济概论 [M] . 广州：花城出版社，2007.

[71] 朱传耿，沈山，仇方道 . 区域经济学 [M] . 北京：中国社会科学出版社，2007.

[72] 朱国传 . 区域经济发展理论、策略、管理与创新 [M] . 北京：人民出版社，2007.

[73] 朱美光 . 空间知识溢出与中国区域经济协调发展 [M] . 郑州：郑州大学出版社，2007.

[74] 朱舜，高丽娜 . 泛长三角经济区空间结构研究 [M] . 成都：西南财经大学出版社，2007.

[75] 朱自安 . 区域经济转型理论与典型研究 [M] . 乌鲁木齐：新疆人民出版社，2007.

2008 年

[1][加] 梁鹤年 . 经济·土地·城市：研究思路与方法 [M] . 北京：商务印书馆，2008.

[2] 包惠 . 美国产业研发的空间结构与科技政策研究 [M] . 北京：经济科学出版社，2008.

[3] 鲍宏礼 . 经济全球化与我国欠发达地区农村区域经济发展研究 [M] . 武汉：湖北人民出版社，2008.

[4] 蔡运龙 . 中国地理科学新进展：21 世纪展望 [M] . 北京：商务印书馆，2008.

[5] 曾骅，莫建备，徐之顺，等 . 科学发展·和谐发展·率先发展：长江三角洲区域经济社会协调发展研究 [M] . 上海：上海人民出版社，2008.

［6］茶洪旺．区域经济理论新探与中国西部大开发［M］．北京：经济科学出版社，2008．

［7］陈斐．区域空间经济关联模式分析：理论与实证研究［M］．北京：中国社会科学出版社，2008．

［8］陈广汉，等．港澳珠三角区域经济整合与制度创新［M］．北京：社会科学文献出版社，2008．

［9］陈广汉，袁持平．中国区域经济发展与泛珠三角区域合作［M］．广州：中山大学出版社，2008．

［10］陈鸿宇，等．空间视角下的产业结构优化机制：粤港区域产业战略性调整优化研究［M］．广州：广东人民出版社，2008．

［11］陈剑峰．长江三角洲区域经济发展史研究［M］．北京：中国社会科学出版社，2008．

［12］陈铁军．区域经济系统演化的机制和规律［M］．昆明：云南大学出版社，2008．

［13］陈雯．空间均衡的经济学分析［M］．北京：商务印书馆，2008．

［14］陈秀山．中国都市圈：发展与区域经济发展方式转型研究［M］．北京：经济科学出版社，2008．

［15］陈绪凯，刘习飞．调查与思考：关于区域发展的经济分析［M］．成都：四川科学技术出版社，2008．

［16］陈益升．高科技产业创新的空间：科学工业园区研究［M］．北京：中国经济出版社，2008．

［17］程工．中原城市群区域经济一体化研究［M］．北京：知识产权出版社，2008．

［18］程勇健．求索：区域经济发展之路［M］．杭州：浙江大学出版社，2008．

［19］慈福义．循环经济与区域发展的理论与实证［M］．北京：经济科学出版社，2008．

［20］崔万田，等．东北老工业基地振兴与区域经济创新［M］．北京：经济管理出版社，2008．

［21］戴旻．湖南区域经济发展研究［M］．北京：经济日报出版社，2008．

［22］邓宏兵．区域经济学［M］．北京：科学出版社，2008．

［23］窦玲．制度供给差异对区域经济差异的影响［M］．北京：中国财政经济出版社，2008．

［24］杜家毫．区域发展的思考与实践［M］．上海：上海人民出版社，2008．

［25］方远平，闫小培．大都市服务业区位理论与实证研究［M］．北京：商务印书馆，2008．

［26］冯贵盛．辽宁生产力布局与区域发展研究［M］．沈阳：辽宁大学出版社，2008．

［27］冯薇．产业集聚、循环经济与区域经济发展［M］．北京：经济科学出版社，2008．

［28］高国力．区域经济不平衡发展论［M］．北京：经济科学出版社，2008．

［29］高鸿鹰．城市化进程与城市空间结构演进的经济学分析［M］．北京：对外经济贸易大学出版社，2008．

［30］高新才．中国经济改革 30 年·区域经济卷［M］．重庆：重庆大学出版社，2008．

［31］戈银庆．中国西部区域经济整合与区域经济发展问题研究［M］．北京：人民出版社，2008．

［32］葛立成，等．区域发展看浙江［M］．杭州：浙江人民出版社，2008．

［33］顾颖，董联党，等．欧洲一体化进程中的区域经济发展［M］．北京：中国社会科学出版社，2008．

［34］郭华巍．区域发展的实践与理论探索［M］．北京：中国社会科学出版社，2008．

［35］郭岚．中国区域差异与区域经济协调发展研究［M］．成都：巴蜀书社，2008．

［36］何频．现代区域经济发展中的文化生产力［M］．成都：西南财经大学出版社，2008．

［37］胡泽君．公共管理与区域发展［M］．北京：中央编译出版社，2008．

［38］惠凯．港口规划与区域经济［M］．北京：中国建筑工业出版

社，2008.

［39］惠宁. 产业集群的区域经济效应研究［M］. 北京：中国经济出版社，2008.

［40］姜运仓. 东亚区域经济合作研究——国际政治经济学视角［M］. 北京：中共中央党校出版社，2008.

［41］景秀艳. 生产网络、网络权力与企业空间行为［M］. 北京：中国经济出版社，2008.

［42］靖学青. 经济增长、结构变动与区域差异：长三角地区实证研究［M］. 上海：学林出版社，2008.

［43］李国峰. 中国区域经济发展中的地方政府投资行为分析［M］. 北京：企业管理出版社，2008.

［44］李国平，薛领，等. 产业与空间：北京市产业用地分析、评价与集约利用研究［M］. 北京：中国经济出版社，2008.

［45］李仁君. 海南特区区域经济合作研究［M］. 海口：海南出版社，南方出版社，2008.

［46］李瑞琴. 区域经济一体化对世界多边自由贸易进程的影响［M］. 北京：中国财政经济出版社，2008.

［47］李文彦. 经济地理研究拾零与经历回顾［M］. 北京：气象出版社，2008.

［48］李欣广，等. 区域经济一体化之下的经济互动与产业对接［M］. 成都：四川大学出版社，2008.

［49］李玉举. 发展中国家参与区域经济一体化［M］. 北京：中国市场出版社，2008.

［50］梁积江. 趋同与融合：民族地区区域经济一体化研究［M］. 北京：中央民族大学出版社，2008.

［51］梁建人. 企业管理对策与区域经济发展研究［M］. 郑州：河南人民出版社，2008.

［52］林耿，周锐波. 大城市商业业态空间研究［M］. 北京：商务印书馆，2008.

［53］刘卫东，等. 2007 中国区域发展报告——中部地区发展的基础、态势

与战略方向［M］. 北京：商务印书馆，2008.

　　［54］刘玉，冯健. 中国经济地理变化中的区域格局［M］. 北京：首都经济贸易大学出版社，2008.

　　［55］楼洪豪. 区域经济协调发展：理论·方法与实证［M］. 北京：中央文献出版社，2008.

　　［56］陆志远. 三亚区域发展思考与实践［M］. 北京：中共中央党校出版社，2008.

　　［57］栾贵勤，等. 区域经济学［M］. 北京：清华大学出版社，2008.

　　［58］毛汉英. 区域发展与区域规划：理论·方法·实践［M］. 北京：商务印书馆，2008.

　　［59］宁军明. 知识溢出与区域经济增长［M］. 北京：经济科学出版社，2008.

　　［60］牛树海. 高速公路建设对区域发展影响研究［M］. 北京：经济科学出版社，2008.

　　［61］乔家君. 中国村域经济区际差异与发展型式［M］. 北京：科学出版社，2008.

　　［62］乔家君. 中国乡村地域经济论［M］. 北京：科学出版社，2008.

　　［63］宋春梅. 区域经济发展中的产业集聚与升级［M］. 哈尔滨：黑龙江教育出版社，2008.

　　［64］孙林. 中国与东盟区域经济合作：贸易关系、潜力及合作模式选择农产品贸易视角［M］. 北京：中国农业出版社，2008.

　　［65］孙秋菊. 物流经济地理［M］. 上海：上海交通大学出版社，2008.

　　［66］谈毅. 国际区域经济合作［M］. 西安：西安交通大学出版社，2008.

　　［67］覃成林. 中国区域经济增长分异与趋同［M］. 北京：科学出版社，2008.

　　［68］覃成林. 区域经济发展的轨迹：河南区域经济发展实证研究［M］. 北京：科学出版社，2008.

　　［69］覃柳琴. 结构与空间的效率：广西区域工业的产业政策核心分析［M］. 南宁：广西科学技术出版社，2008.

　　［70］唐华俊，罗其友，等. 农业区域发展学导论［M］. 北京：科学出版

社，2008.

[71] 汪碧瀛. 当代中国区域经济政策研究 [M]. 西安：西北工业大学出版社，2008.

[72] 王宏强. 高新技术产业与区域经济发展 [M]. 武汉：华中科技大学出版社，2008.

[73] 王立平. 知识溢出及其对我国区域经济增长作用的实证研究 [M]. 合肥：合肥工业大学出版社，2008.

[74] 王振宇. 地方财政与区域经济问题研究 [M]. 北京：经济科学出版社，2008.

[75] 吴传钧. 发展中的中国现代人文地理学：吴传钧院士学术报告选辑 [M]. 北京：商务印书馆，2008.

[76] 吴传清. 区域经济学原理 [M]. 武汉：武汉大学出版社，2008.

[77] 吴传清，孙智君. 区域经济规划案例 [M]. 武汉：中国地质大学出版社，2008.

[78] 吴德礼. 基于转型经济区域发展理论研究与规划实务 [M]. 北京：中国财政经济出版社，2008.

[79] 吴殿廷，乔家君，曹康，等. 区域分析与规划教程 [M]. 北京：北京师范大学出版社，2008.

[80] 吴晓军. 区域经济发展的理论与实践：进入 21 世纪的贵州区域经济发展研究 [M]. 成都：西南交通大学出版社，2008.

[81] 修耀华，杨政银. 民族文化与区域经济研究 [M]. 贵阳：贵州民族出版社，2008.

[82] 许文波. 区域经济规划指导全书（第 4 卷）[M]. 北京：中国经济出版社，2008.

[83] 阎羡功，陈军. 经济地理 [M]. 北京：科学出版社，2008.

[84] 阎兆万，刘庆林，马卫刚，等. 多区港联动：基于开放的区域发展新模式研究 [M]. 济南：山东人民出版社，2008.

[85] 杨宏翔. 制度创新与绍兴区域经济发展研究 [M]. 北京：经济日报出版社，2008.

[86] 杨云彦，敖荣军，朱金生，等. 全球化、劳动力流动与经济空间重

构［M］．北京：中国财政经济出版社，2008.

　　［87］殷君伯，刘志迎．泛长三角区域发展分工与合作［M］．合肥：安徽人民出版社，2008.

　　［88］游新彩．区域经济发展研究：对湘西地区的实证分析［M］．长沙：中南大学出版社，2008.

　　［89］张海珍，牛丽姜．物流经济地理［M］．北京：人民交通出版社，2008.

　　［90］张军扩，侯永志．协调区域发展：30 年区域政策与发展回顾［M］．北京：中国发展出版社，2008.

　　［91］张明龙，等．产业集群与区域发展研究［M］．北京：中国经济出版社，2008.

　　［92］周茂非，倪国锋．首都西南区域经济发展研究［M］．北京：中国经济出版社，2008.

　　［93］周肇光．区域经济学概论［M］．合肥：安徽大学出版社，2008.

2009 年

　　［1］安虎森，等．新经济地理学原理［M］．北京：经济科学出版社，2009.

　　［2］包健．区域经济协调发展中的政府作用［M］．北京：经济科学出版社，2009.

　　［3］保建云．区域发展微观机制研究：一个经济学的理论解释、模型及实证检验［M］．北京：经济科学出版社，2009.

　　［4］曹克瑜．区域经济理论与实践［M］．西安：陕西人民出版社，2009.

　　［5］曾鹏，阙菲菲，韦正委．广西城市经济地理——结构演进与空间布局［M］．南昌：江西人民出版社，2009.

　　［6］陈才．区域经济地理学（第 2 版）［M］．北京：科学出版社，2009.

　　［7］陈继东．中印缅孟区域经济合作研究［M］．成都：巴蜀书社，2009.

　　［8］陈建军．要素流动、产业转移和区域经济一体化［M］．杭州：浙江大学出版社，2009.

　　［9］陈凯．区域经济比较［M］．上海：上海人民出版社，2009.

［10］陈其钢. 中国新疆与哈萨克斯坦区域经济合作战略研究［M］. 北京：中国大地出版社，2009.

［11］陈晓文. 区域经济一体化贸易与环境［M］. 北京：人民出版社，2009.

［12］陈玉清. 地域品牌与产业集群：基于浙江区域经济发展的实证研究［M］. 北京：化学工业出版社，2009.

［13］成建三. 广东区域经济发展研究［M］. 广州：广东经济出版社，2009.

［14］邓正琦，李碧宏. 区域经济联动与整合研究［M］. 北京：中国社会科学出版社，2009.

［15］豆建民. 区域经济发展战略分析［M］. 上海：上海人民出版社，2009.

［16］杜德斌，冯春萍，李同升，等. 世界经济地理［M］. 北京：高等教育出版社，2009.

［17］段立宏. 山东省区域经济发展研究［M］. 济南：山东大学出版社，2009.

［18］郭宏. 全球市场国内政治与东盟区域经济一体化［M］. 北京：中国经济出版社，2009.

［19］何雄浪，李国平. 产业集群演进机理与区域发展研究［M］. 北京：中国经济出版社，2009.

［20］贺灿飞. 中国制造业地理集中与集聚［M］. 北京：科学出版社，2009.

［21］贺定光. 高速公路对区域经济社会的影响研究［M］. 北京：中央文献出版社，2009.

［22］户思社，刘越莲，李九全. 当代中国人文地理学研究［M］. 北京：商务印书馆，2009.

［23］黄俊. 中国新疆区域经济的现代化［M］. 乌鲁木齐：新疆人民出版社，2009.

［24］黄卫平，等. 中国加入区域经济一体化研究［M］. 北京：经济科学出版社，2009.

［25］黄雪琴．全球化背景下区域经济差异及其宏观调控：以江苏省为例［M］．北京：经济科学出版社，2009.

［26］李本和，等．促进中部崛起与区域经济协调发展［M］．北京：人民出版社，2009.

［27］李成勋．区域经济发展战略学［M］．北京：社会科学文献出版社，2009.

［28］李春方，等．区域经济发展理论与实践：辽宁区域经济发展新思路及典型剖析［M］．北京：中国社会科学出版社，2009.

［29］李荣．资本市场与江苏区域经济发展互动研究［M］．哈尔滨：黑龙江人民出版社，2009.

［30］李瑞林．区域经济一体化研究［M］．北京：人民出版社，2009.

［31］李少游，袁泽．广西区域经济发展研究［M］．北京：中国林业出版社，2009.

［32］李小建，等．农户地理论［M］．北京：科学出版社，2009.

［33］李晓蕙．中国区域经济协调发展研究［M］．北京：知识产权出版社，2009.

［34］李笑光．农业产业区域发展战略谋划与项目设计［M］．北京：农业出版社，2009.

［35］李新安．区域发展路径的经济系统分析：中部崛起实现机理研究［M］．北京：经济日报出版社，2009.

［36］李玉潭，庞德良．经济全球化与东北亚区域经济合作［M］．长春：吉林人民出版社，2009.

［37］梁吉义．区域经济系统论［M］．北京：科学出版社，2009.

［38］梁双陆．边疆经济学：国际区域经济一体化与中国边疆经济发展［M］．北京：人民出版社，2009.

［39］林婉如．中国经济地理［M］．大连：东北财经大学出版社，2009.

［40］刘晨阳，于晓燕．亚太区域经济一体化问题研究［M］．天津：南开大学出版社，2009.

［41］刘海波．我国产业集聚水平及其对区域差异的影响研究［M］．北京：经济科学出版社，2009.

［42］刘金山．多样与互动数据背后的区域经济差异［M］．北京：经济科学出版社，2009．

［43］刘丽琴．跨国公司本地化与区域经济发展［M］．长春：吉林人民出版社，2009．

［44］刘晓文，安慧玉，毛颖．中西区域经济思想演进比较研究［M］．哈尔滨：黑龙江人民出版社，2009．

［45］刘稚．大湄公河次区域经济走廊建设研究［M］．昆明：云南大学出版社，2009．

［46］陆大道，樊杰．2050中国区域发展研究前瞻［M］．北京：科学出版社，2009．

［47］栾贵勤．新世纪中国区域经济协调发展研究［M］．长春：吉林人民出版社，2009．

［48］罗润东，刘文．区域发展与人力资本关系研究［M］．北京：经济科学出版社，2009．

［49］马静，郑晶．FDI、区域经济一体化与区域经济增长［M］．北京：中国经济出版社，2009．

［50］毛新雅．长三角地区外商直接投资的区位选择及经济效应［M］．上海：上海社会科学院，2009．

［51］米娟．中国区域经济增长的差异性与要素集聚［M］．北京：中国统计出版社，2009．

［52］聂华林，鲁地，李泉．现代区域经济学通论［M］．北京：中国社会科学出版社，2009．

［53］聂华林，马红翰．中国区域经济格局与发展战略［M］．北京：中国社会科学出版社，2009．

［54］彭连清．我国区域经济增长溢出效应研究：一个理解区域经济差距的新视角［M］．北京：经济科学出版社，2009．

［55］彭宗平．区域文化与现代区域经济发展［M］．哈尔滨：黑龙江教育出版社，2009．

［56］沈玉芳，等．产业结构升级与城镇空间模式协同性研究：以长江三角洲地区为例［M］．北京：科学出版社，2009．

［57］沈玉芳．区域经济协调发展的理论与实践：以上海和长江流域地区为例［M］．北京：科学出版社，2009.

［58］司正家．区域经济理论与新疆区域经济发展［M］．北京：中国经济出版社，2009.

［59］孙力，蒋瑛．通向大国之路的中国区域发展战略［M］．北京：人民日报出版社，2009.

［60］谭成文．经济增长与集聚新经济增长和新经济地理的理论探索［M］．北京：商务印书馆，2009.

［61］唐德祥，皮星．科技创新与区域经济的非均衡增长：基于我国东、中、西部地区的实证研究［M］．北京：中国物资出版社，2009.

［62］陶良虎．中国区域经济：理论·实务·案例［M］．北京：研究出版社，2009.

［63］陶应虎．农村居民收入区域差异及其影响因素研究：以江苏省为例［M］．北京：清华大学出版社，2009.

［64］王德忠．区域经济一体化的理论与实践：以川渝新型工业化道路为例［M］．北京：科学出版社，2009.

［65］王建军，曲波．资源型企业与区域经济可持续发展研究：以青海省为例［M］．北京：民族出版社，2009.

［66］王士君．城市相互作用与整合发展［M］．北京：商务印书馆，2009.

［67］王世豪．区域经济空间结构的机制与模式［M］．北京：科学出版社，2009.

［68］王淑英．产业集群演化与区域经济发展研究："合作伙伴关系"的视角［M］．北京：光明日报出版社，2009.

［69］王行伟，薛巍．区域经济视角下的辽宁老工业基地振兴［M］．北京：中国社会科学出版社，2009.

［70］王怡云，等．制度创新与区域发展：台州路桥创业创新实证分析［M］．杭州：浙江人民出版社，2009.

［71］王志凯．中国民营经济区域发展研究江苏、浙江实证分析［M］．杭州：浙江大学出版社，2009.

［72］王志民，熊李力，乔旋，等．东亚区域经济合作的政治因素及中国的

对策 [M]．北京：世界知识出版社，2009.

[73] 卫鹏鹏．中国区域经济协调发展机制研究 [M]．武汉：中国地质大学出版社，2009.

[74] 吴国玺．河南省城市化与区域发展 [M]．西安：西安地图出版社，2009.

[75] 吴一丁，毛克贞．新疆区域经济特征跟踪研究 [M]．乌鲁木齐：新疆大学出版社，2009.

[76] 伍长南，马晓红，黄继炜，等．海峡西岸经济区区域经济发展研究 [M]．北京：中国经济出版社，2009.

[77] 肖德．上海合作组织区域经济合作问题研究 [M]．北京：人民出版社，2009.

[78] 徐大丰．人力资本、趋同假说与经济增长的区域差异 [M]．北京：法律出版社，2009.

[79] 徐之顺，等．互补·协调·联动：长江三角洲区域经济社会协调发展研究 [M]．南京：江苏人民出版社，2009.

[80] 许青云．人才资本与区域经济发展战略研究 [M]．西安：西安地图出版社，2009.

[81] 闫小培．转型期珠江三角洲金融服务业空间格局变动 [M]．北京：商务印书馆，2009.

[82] 杨光．区域经济与中原城市群发展 [M]．郑州：河南人民出版社，2009.

[83] 杨丽红．物流经济地理 [M]．北京：机械工业出版社，2009.

[84] 杨柳．产业空间集聚与区域经济发展：基于白酒产业的分析 [M]．成都：四川人民出版社，2009.

[85] 杨明基．中国区域经济与金融发展探索（上下册） [M]．北京：中国金融出版社，2009.

[86] 杨上广．中国大城市经济空间的演化 [M]．上海：上海人民出版社，2009.

[87] 叶依广，葛海蛟，王启仿，等．区域经济发展研究 [M]．长春：吉林大学出版社，2009.

［88］尹继东，等．中部地区区域经济协调发展研究［M］．北京：科学出版社，2009.

［89］张佰瑞．北京市旅游产业的区域经济效应研究［M］．北京：北京燕山出版社，2009.

［90］张金锁，康凯．区域经济学（第 3 版）［M］．天津：天津大学出版社，2009.

［91］张清华．人力资本与区域经济发展的相关性研究［M］．北京：光明日报出版社，2009.

［92］张维邦．地理科学与国土整治及区域发展研究［M］．北京：中国社会出版社，2009.

［93］张秀生，张平．中国区域经济发展［M］．武汉：中国地质大学出版社，2009.

［94］张学良．交通基础设施、空间溢出与区域经济增长［M］．南京：南京大学出版社，2009.

［95］赵保佑．区域文化与区域发展［M］．郑州：河南人民出版社，2009.

［96］赵喜仓．江苏区域经济发展研究［M］．南京：江苏人民出版社，2009.

［97］赵怡本．三都澳海岸带区域经济发展研究［M］．杭州：浙江大学出版社，2009.

［98］周玉翠．区域经济差异及其空间结构新视角［M］．长沙：中南大学出版社，2009.

2010 年

［1］才国伟．中国区域经济增长决定因素分析［M］．北京：科学出版社，2010.

［2］曾令锋，吴良林，吕曼秋，等．桂西区域发展模式及生态经济建设［M］．北京：地质出版社，2010.

［3］陈才．区域经济地理学的学科理论与实践［M］．北京：科学出版社，2010.

［4］陈金祥．中国经济区：经济区空间演化机理及持续发展路径研究［M］．

北京：科学出版社，2010.

　　[5] 程艳. 中国区域经济整合泛一体化视野的分析 [M]. 杭州：浙江大学出版社，2010.

　　[6] 崔日明，包艳，张楠. 东北亚区域经济合作与辽宁老工业基地振兴互动研究 [M]. 北京：经济科学出版社，2010.

　　[7] 翟同宪. 区域经济发展理论与实践：生态张掖的现实基础与前瞻性分析 [M]. 兰州：甘肃人民出版社，2010.

　　[8] 董亚娟. 基于人力资本视角的浙江区域经济差异统计研究 [M]. 杭州：浙江工商大学出版社，2010.

　　[9] 方立明，奚从清. 互动管理与区域发展：温州模式研究的几个问题 [M]. 北京：生活·读书·新知三联书店，2010.

　　[10] 高志刚，等. 构建和谐新疆背景下的区域经济协调发展 [M]. 乌鲁木齐：新疆人民出版社，2010.

　　[11] 郭念东，等. 融合的力量：信息化与区域经济社会融合发展研究 [M]. 成都：四川科学技术出版社，2010.

　　[12] 国家发展和改革委员会学术委员会办公室. "十二五"时期我国区域发展思路研究 [M]. 北京：中国计划出版社，2010.

　　[13] 何广顺，王晓惠，等. 沿海区域经济和产业布局研究 [M]. 北京：海洋出版社，2010.

　　[14] 何蓉. 参与区域经济一体化对发展中国家 FDI 流入效应的研究 [M]. 北京：外语教学与研究出版社，2010.

　　[15] 贺灿飞，朱晟君，王俊松，等. 中国制造业区位区域差异与产业差异 [M]. 北京：科学出版社，2010.

　　[16] 胡欣. 中国经济地理：经济体成因与地缘架构 [M]. 上海：立信会计出版社，2010.

　　[17] 巨拴科. 我国欠发达与发达区域经济合作研究：以安康市—西安市经济合作为例 [M]. 西安：陕西人民出版社，2010.

　　[18] 劳承玉. 自然资源开发与区域经济发展 [M]. 北京：中国经济出版社，2010.

　　[19] 黎翠梅. 中国农村资金供给的区域差异 [M]. 北京：经济科学出版

社，2010.

[20] 李敏纳．黄河流域经济空间分异研究［M］．北京：中国经济出版社，2010.

[21] 李娜．产业空间分工研究：以江苏沿江地区为例［M］．上海：上海社会科学院出版社，2010.

[22] 李芹芳，任召霞．经济地理学［M］．武汉：武汉大学出版社，2010.

[23] 李全胜，等．新疆区域经济发展中少数民族人力资源开发研究［M］．北京：中国经济出版社，2010.

[24] 李文石．区域经济增长点培育及技术发展模式选择与评价［M］．长春：吉林出版集团有限责任公司，2010.

[25] 李小建，等．中国中部农区发展研究［M］．北京：科学出版社，2010.

[26] 李星洲，袭燕，史会斌，等．区域经济社会发展的科技支撑战略研究：以山东省为例［M］．武汉：华中科技大学出版社，2010.

[27] 李兴江，陈开军，张学鹏．中国区域经济差距与协调发展：理论·实证与政策［M］．北京：中国社会科学出版社，2010.

[28] 李学清．新区域经济时空观的原理及其应用［M］．北京：人民出版社，2010.

[29] 李豫新，王海燕．中国新疆与周边国家区域经济合作发展研究［M］．乌鲁木齐：新疆人民出版社，2010.

[30] 林先扬．全球化下汽车制造业区位选择与区域发展：以广州汽车制造业发展为例［M］．广州：广东人民出版社，2010.

[31] 凌起．经济发展布局的地理透视［M］．北京：中国环境科学出版社，2010.

[32] 刘静，郑颖，康月敏．区域经济社会发展问题探析：基于河北省的调查研究［M］．石家庄：河北科学技术出版社，2010.

[33] 刘淼．招商政策与区域经济［M］．北京：中国财政经济出版社，2010.

[34] 刘卫东，刘毅，秦玉才，等．2009 中国区域发展报告——西部开发的走向［M］．北京：商务印书馆，2010.

［35］刘晓鹰，刘兴全，朴燮，等．中韩区域经济发展与农村城镇化研究［M］．北京：民族出版社，2010.

［36］刘学敏，敖华．榆林市区域经济跨越式发展研究［M］．北京：北京师范大学出版社，2010.

［37］刘彦随，杨子生，赵乔贵．中国山区土地资源开发利用与人地协调发展研究［M］．北京：中国科学技术出版社，2010.

［38］刘志彪，等．长三角区域经济一体化［M］．北京：中国人民大学出版社，2010.

［39］刘志忠．基于新经济地理学的外资区位选择及变迁研究［M］．长沙：湖南人民出版社，2010.

［40］路紫．中国经济地理［M］．北京：高等教育出版社，2010.

［41］骆玲，曹洪．高速铁路的区域经济效应研究［M］．成都：西南交通大学出版社，2010.

［42］梅艺华，张康潜，涂瑛辉．物流经济地理［M］．北京：北京理工大学出版社，2010.

［43］苗淼，田艳芬．基于地方政府支出的区域经济增长研究［M］．长春：吉林大学出版社，2010.

［44］苗长虹．河南区域经济发展战略研究［M］．郑州：河南人民出版社，2010.

［45］祁明德．西藏区域经济发展战略评价研究［M］．拉萨：西藏人民出版社，2010.

［46］钱陈，史晋川．民营经济与区域发展［M］．杭州：浙江大学出版社，2010.

［47］秦放鸣，等．中国与中亚国家区域经济合作研究［M］．北京：科学出版社，2010.

［48］秦庆武，郑奋明，章寿荣，等．金融危机背景下的区域发展［M］．哈尔滨：黑龙江人民出版社，2010.

［49］荣跃明，徐之顺，谢利根．转方式·调结构·促增长：长江三角洲区域经济社会协调发展研究［M］．上海：上海人民出版社，2010.

［50］荣兆梓，胡艳．泛长三角区域经济发展研究［M］．合肥：安徽大学

出版社，2010.

［51］上海社会科学院经济法律社会咨询中心．长三角区域发展与合作实证研究［M］．上海：上海社会科学院出版社，2010.

［52］史桂芬．政府间财政能力配置与区域经济协调发展研究［M］．北京：经济科学出版社，2010.

［53］史晋川，何嗣江，严谷军，等．金融与发展区域经济视角的研究［M］．杭州：浙江大学出版社，2010.

［54］宋伟．企业空间演变：基于传统农区工业化的微观分析［M］．北京：社会科学文献出版社，2010.

［55］孙京．中国区域经济增长差异研究［M］．沈阳：辽宁大学出版社，2010.

［56］孙久文，叶裕民．区域经济学教程（第2版）［M］．北京：中国人民大学出版社，2010.

［57］唐庆增．中国经济思想史［M］．北京：商务印书馆，2010.

［58］王必达．区际贸易与区域发展［M］．北京：经济科学出版社，2010.

［59］王海峰，宋圭武．区域经济发展理论与实践［M］．兰州：甘肃人民出版社，2010.

［60］王缉慈，等．超越集群：中国产业集群的理论探索［M］．北京：科学出版社，2010.

［61］王洁，杨武．新编中国经济地理［M］．北京：中央民族大学出版社，2010.

［62］王凯．国家空间规划论［M］．北京：中国建筑工业出版社，2010.

［63］王立人．吴文化与区域发展［M］．南京：凤凰出版社，2010.

［64］王启仿．区域经济差异及其影响因素研究［M］．北京：经济科学出版社，2010.

［65］王智利．物流经济地理［M］．北京：首都经济贸易大学出版社，2010.

［66］魏后凯，白玫，王业强，等．中国区域经济的微观透析——企业迁移的视角［M］．北京：经济管理出版社，2010.

［67］吴殿廷，宋金平，姜晔．区域发展战略规划理论、方法与实践［M］.

北京：中国农业大学出版社，2010.

[68] 吴福象．中国区域经济交互关系评价与协调研究［M］．南京：南京大学出版社，2010.

[69] 肖晓军．江西区域经济与对外开放问题研究［M］．南昌：江西高校出版社，2010.

[70] 邢早忠．上海国际金融中心建设与区域经济发展的实践和探索［M］．上海：上海人民出版社，2010.

[71] 须同凯．上海合作组织区域经济合作发展历程与前景展望［M］．北京：人民出版社，2010.

[72] 许振成．中国典型区域经济状况与环境污染特征分析研究［M］．北京：中国环境科学出版社，2010.

[73] 杨开忠．改革开放以来中国区域发展的理论与实践［M］．北京：科学出版社，2010.

[74] 阎柏．民族自治地方政府能力与区域经济社会发展［M］．昆明：云南人民出版社，2010.

[75] 尹元元．品牌企业与区域经济发展研究［M］．北京：中国物资出版社，2010.

[76] 于敏，李燕．区域经济发展与管理创新研究［M］．武汉：武汉大学出版社，2010.

[77] 张彬，等．国际区域经济一体化比较研究［M］．北京：人民出版社，2010.

[78] 张建军．中国西部区域发展路径层级增长极网络化发展模式［M］．北京：科学出版社，2010.

[79] 张建民．中国区域技术创新能力差异研究［M］．昆明：云南大学出版社，2010.

[80] 张军扩，侯永志，等．中国区域政策与区域发展［M］．北京：中国发展出版社，2010.

[81] 张明龙．区域发展与创新［M］．北京：中国经济出版社，2010.

[82] 张同林，胡建一．东北地区发展研究（2003—2009 年）：基于区域发展战略实施情况评估的观察与思考［M］．上海：上海社会科学院出版

社，2010.

　　［83］张秀芬．区域经济理论与区域振兴实践探析［M］．呼和浩特：内蒙古人民出版社，2010.

　　［84］张永安．区域经济一体化理论与实践［M］．上海：格致出版社，2010.

　　［85］张玉明．知识溢出、空间依赖与中国省际区域经济增长问题研究［M］．沈阳：辽宁大学出版社，2010.

　　［86］章帆，刘建萍．分工网络、产业集群与区域经济发展［M］．北京：科学出版社，2010.

　　［87］中国科学院区域发展领域战略研究组．中国至 2050 年区域科技发展路线图［M］．北京：科学出版社，2010.

　　［88］周长林，孟颖，安童鹤，等．京津滨产业带空间布局及发展对策研究［M］．北京：中国建筑工业出版社，2010.

　　［89］周肇光．长三角区域经济一体化政府协调与服务研究［M］．合肥：安徽大学出版社，2010.

2011 年

　　［1］安树伟．十二五时期的中国区域经济［M］．北京：经济科学出版社，2011.

　　［2］蔡运龙，［美］Bill Wyckoff. 地理学思想经典解读［M］．北京：商务印书馆，2011.

　　［3］陈龙桂．区域发展评价方法研究［M］．北京：中国市场出版社，2011.

　　［4］陈新海．青海地区历史经济地理研究［M］．成都：四川大学出版社，2011.

　　［5］陈月英，王永兴．世界海运经济地理［M］．北京：科学出版社，2011.

　　［6］陈自芳．区域经济学新论［M］．北京：中国财政经济出版社，2011.

　　［7］崔光莲，郑石桥，李宇立，等．新疆上市公司与区域经济发展［M］．大连：东北财经大学出版社，2011.

［8］崔日明, 等. 东北老工业基地振兴与东北亚区域经济合作互动研究［M］. 北京: 经济科学出版社, 2011.

［9］符海青, 劳健. 物流经济地理［M］. 北京: 北京师范大学出版社, 2011.

［10］付百臣, 丁晓燕, 林秀梅. 转变发展方式与区域经济增长研究［M］. 长春: 吉林人民出版社, 2011.

［11］高国力, 等. 金昌—武威区域经济一体化发展规划研究［M］. 北京: 中国建筑工业出版社, 2011.

［12］郭乃硕. 区域经济增长模式研究: 以东北地区为例［M］. 长春: 吉林人民出版社, 2011.

［13］郭强, 李伟, 管育鹰. 知识产权与区域经济发展［M］. 北京: 知识产权出版社, 2011.

［14］加藤弘之, 吴柏均. 城市化与区域经济发展研究［M］. 上海: 华东理工大学出版社, 2011.

［15］贾乃新, 晏明, 季维春. 吉林省农业区域经济发展研究［M］. 长春: 吉林人民出版社, 2011.

［16］姜忠辉. 区域经济发展环境作用的评价与实证研究［M］. 北京: 经济管理出版社, 2011.

［17］金江军, 刘古权, 杨汉东. 信息化与区域经济发展: 推进地方信息化与工业化深度融合［M］. 北京: 经济管理出版社, 2011.

［18］景普秋, 等. 基于可耗竭资源开发的区域经济发展模式研究［M］. 北京: 经济科学出版社, 2011.

［19］康琪雪. 区位特性对城市居住空间结构的影响分析［M］. 北京: 首都经济贸易大学出版社, 2011.

［20］李超. 区域发展文集: 广东发展前沿问题［M］. 深圳: 海天出版社, 2011.

［21］李东. 区域经济发展论: 以粤北地区为例［M］. 上海: 上海交通大学出版社, 2011.

［22］李二玲. 中部农区产业集群与中小企业网络［M］. 北京: 科学出版社, 2011.

［23］李繁荣，张小梅，杨朝继．中国区域经济的比较与协调发展研究［M］．北京：中国商务出版社，2011.

［24］李光辉．东北亚区域经济一体化战略研究：基于东亚区域经济合作框架下的思考［M］．北京：中国商务出版社，2011.

［25］李华，吴勇．服务外包产业与区域经济发展［M］．南京：河海大学出版社，2011.

［26］李平，陈耀，郝寿义．中国区域经济学前沿 2010/2011："十二五"区域规划与政策研究［M］．北京：经济管理出版社，2011.

［27］李清泉．区域经济学［M］．北京：北京理工大学出版社，2011.

［28］梁蓓．区域经济规划与投资环境分析［M］．北京：对外经济贸易大学出版社，2011.

［29］林民书，等．资源配置能力与区域经济发展［M］．北京：经济科学出版社，2011.

［30］刘荣增，等．区域经济系统论纲［M］．北京：科学出版社，2011.

［31］刘卫东，金凤君，刘彦随，等．2011 中国区域发展报告——金融危机背景下的区域发展态势［M］．北京：商务印书馆，2011.

［32］刘燕丽．农村区域发展规划［M］．北京：中国农业大学出版社，2011.

［33］龙裕伟．广西区域经济合作研究［M］．北京：中国书籍出版社，2011.

［34］陆大道，樊杰，刘卫东，等．中国地域空间、功能及其发展［M］．北京：大地出版社，2011.

［35］陆根尧，等．企业家创业、结构演进与区域经济可持续增长［M］．北京：经济科学出版社，2011.

［36］陆铭，陈钊，朱希伟，等．中国区域经济发展回顾与展望［M］．上海：格致出版社，2011.

［37］栾贵勤．中国区域经济发展大事典［M］．长春：吉林人民出版社，2011.

［38］苗长虹．空间集聚、关系建构与区域发展［M］．北京：中华书局，2011.

[39] 苗长虹，魏也华，吕拉昌. 新经济地理学 [M]. 北京：科学出版社，2011.

[40] 宁越敏，武前波. 企业空间组织与城市——区域发展 [M]. 北京：科学出版社，2011.

[41] 牛国元. 宁夏区域经济发展战略研究 [M]. 银川：宁夏人民教育出版社，2011.

[42] 欧阳峣，王良健，等. 区域经济学的演变、体系及前沿问题 [M]. 北京：经济科学出版社，2011.

[43] 潘广云. 独联体框架内次区域经济一体化问题研究 [M]. 北京：北京师范大学出版社，2011.

[44] 裴成荣. 区域发展与产业培育 [M]. 西安：陕西人民出版社，2011.

[45] 漆先望. 四川区域经济协调发展战略研究 [M]. 成都：西南财经大学出版社，2011.

[46] 乔家君. 中国乡村社区空间论 [M]. 北京：科学出版社，2011.

[47] 任维德，丛志杰，张力均，等. 地方政府竞争视野下的区域发展研究 [M]. 呼和浩特：内蒙古大学出版社，2011.

[48] 邵晖. 城市产业空间结构演变机理：基于分工视角的研究 [M]. 北京：北京师范大学出版社，2011.

[49] 宋林飞. 区域发展理论与政策 [M]. 北京：社会科学文献出版社，2011.

[50] 苏娜. 高技术产业与区域经济协调发展研究 [M]. 北京：经济科学出版社，2011.

[51] 孙海鸣，张学良. 区域经济学 [M]. 上海：上海人民出版社，2011.

[52] 覃成林. 黄河流域经济空间分异与开发 [M]. 北京：科学出版社，2011.

[53] 唐文睿. 中国区域经济战略的政治分析 [M]. 北京：社会科学文献出版社，2011.

[54] 弯海川，崔光莲，童疆明，等. 地方财政收入优化与区域经济发展：理论与新疆的经验数据 [M]. 大连：东北财经大学出版社，2011.

[55] 汪浩. 林业产业集聚与区域经济增长：苏北地区的调查 [M]. 北京：

中国林业出版社，2011.

　　[56] 汪伟全. 区域经济圈内地方利益冲突与协调：以长三角地区为例 [M].
上海：上海人民出版社，2011.

　　[57] 汪玉奇，高平，麻智辉. 创新区域发展路径 [M]. 北京：中国社会
科学出版社，2011.

　　[58] 王朝良. 宁夏区域经济 [M]. 北京：中央广播电视大学出版
社，2011.

　　[59] 王成勇. 基于产业集群的区域经济发展战略 [M]. 北京：中国社会
科学出版社，2011.

　　[60] 王德强（绒巴扎西），廖乐焕. 香格里拉区域经济发展方式转变研
究 [M]. 北京：人民出版社，2011.

　　[61] 王鸿浩. 市场经济与区域发展 [M]. 北京：中国书籍出版社，2011.

　　[62] 王会萍，任朝霞. 经济地理与区域规划 [M]. 西安：西北大学出版
社，2011.

　　[63] 王圣云. 福祉地理学中国区域发展不平衡研究 [M]. 北京：经济科
学出版社，2011.

　　[64] 王文博. 西北区域经济与石化产业发展 [M]. 北京：石油工业出版
社，2011.

　　[65] 王文长. 区域经济问题研究 [M]. 北京：中国社会科学出版
社，2011.

　　[66] 王学定. 区域经济一体化发展研究——基于酒嘉地区的实证研究 [M].
北京：科学出版社，2011.

　　[67] 王玉主. 东盟40年：区域经济合作的动力机制（1967～2007）[M]. 北
京：社会科学文献出版社，2011.

　　[68] 王子齐. 农村区域经济发展研究 [M]. 福州：福建科学技术出版
社，2011.

　　[69] 卫龙宝. 产业集群升级、区域经济转型与中小企业成长：基于浙江特
色产业集群案例的研究 [M]. 杭州：浙江大学出版社，2011.

　　[70] 魏达志. 递进中的崛起：中国区域经济发展考察（1979～2009）[M].
上海：东方出版中心，2011.

[71] 魏后凯. 现代区域经济学 [M]. 北京：经济管理出版社, 2011.

[72] 魏家雨, 等. 美国区域经济研究 [M]. 上海：上海科学技术文献出版社, 2011.

[73] 肖万春. "两型"区域经济发展新论 [M]. 长沙：湖南人民出版社, 2011.

[74] 邢小军. 区域发展中的能源约束问题研究 [M]. 北京：经济科学出版社, 2011.

[75] 熊义杰. 区域经济学 [M]. 北京：对外经济贸易大学出版社, 2011.

[76] 杨上广. 长三角经济空间组织的演化 [M]. 上海：上海人民出版社, 2011.

[77] 杨勇. 国际区域经济一体化与中国对外贸易：基于贸易效应与生产效应的研究 [M]. 北京：人民出版社, 2011.

[78] 殷存毅. 区域发展与政策 [M]. 北京：社会科学文献出版社, 2011.

[79] 殷广卫. 新经济地理学视角下的产业集聚机制研究：兼论近十多年我国区域经济差异的成因 [M]. 上海：上海人民出版社, 2011.

[80] 张保见. 民国时期青藏高原经济地理研究 [M]. 成都：四川大学出版社, 2011.

[81] 张冬梅, 舒燕飞. 区域经济分析方法 [M]. 北京：中国社会科学出版社, 2011.

[82] 张敢明. 区域经济发展教程 [M]. 北京：中央广播电视大学出版社, 2011.

[83] 张国忠, 吕斌. 区域经济与规划概论 [M]. 北京：兵器工业出版社, 2011.

[84] 张珈瑞, 王怀术. 物流经济地理 [M]. 北京：北京师范大学出版社, 2011.

[85] 张赛飞. 区域经济综合评价实证研究 [M]. 北京：中央编译出版社, 2011.

[86] 张晔. 上海合作组织框架下跨国界次区域经济合作的模式及路径研究 [M]. 乌鲁木齐：新疆人民出版社, 2011.

[87] 张长春. 稳定与增长：原理、政策及其应用 [M]. 北京：商务印书

馆, 2011.

[88] 赵家章. 社会资本与中国区域经济差异研究 [M]. 北京: 首都经济贸易大学出版社, 2011.

[89] 赵伟. 中国区域经济开放制度转型与经济增长效应 [M]. 北京: 经济科学出版社, 2011.

[90] 周晓津. 劳动力流动视角下的中国区域经济增长研究 [M]. 北京: 经济科学出版社, 2011.

[91] 周运源. 粤港澳区域经济合作发展研究 [M]. 广州: 中山大学出版社, 2011.

[92] 邹璇. 要素流动、产业转移与经济增长: 空间经济学框架下的理论探索 [M]. 北京: 经济科学出版社, 2011.

2012 年

[1] 白雪艳. 要素配置、经济功能区与区域经济发展: 基于中国经验的理论与实践分析 [M]. 北京: 中国财富出版社, 2012.

[2] 包玉香. 人口老龄化对区域经济发展的影响研究 [M]. 北京: 中国社会科学出版社, 2012.

[3] 曾刚, 张云逸, 张云伟, 等. 技术权力与企业创新网络空间演化的理论与应用 [M]. 北京: 经济科学出版社, 2012.

[4] 陈菁泉. 东北亚区域经济制度性合作研究 [M]. 大连: 东北财经大学出版社, 2012.

[5] 陈祖华. 金融中介空间溢出与区域经济增长 [M]. 北京: 经济科学出版社, 2012.

[6] 邓炜. 区域经济一体化的产业区位效应分析 [M]. 北京: 知识产权出版社, 2012.

[7] 丁生喜. 区域经济学 [M]. 西宁: 青海人民出版社, 2012.

[8] 冯贵盛. 辽宁区域经济发展论 [M]. 沈阳: 辽宁人民出版社, 2012.

[9] 冯健. 乡村重构: 模式与创新 [M]. 北京: 商务印书馆, 2012.

[10] 冯俊新. 经济发展与空间布局: 城市化、经济集聚和地区差距 [M]. 北京: 中国人民大学出版社, 2012.

［11］高敏芳，杨培源，等．晋陕豫黄河金三角区域经济整合与发展问题研究［M］．咸阳：西北农林科技大学出版社，2012.

［12］关德章．沈阳区域经济［M］．北京：中央广播电视大学出版社，2012.

［13］郭朝先，张其仔，白玫，等．经济发展方式转变：产业升级与空间布局［M］．北京：社会科学文献出版社，2012.

［14］郭荣朝．区域发展前沿理论与水源区经济社会可持续发展［M］．北京：社会科学文献出版社，2012.

［15］郭长风．文化基因论地域文化对区域经济的影响［M］．北京：中国经济出版社，2012.

［16］郝寿义，吴敬华，曹达宝．滨海新区开发开放与区域发展［M］．天津：南开大学出版社，2012.

［17］何添锦．地理与区域经济［M］．杭州：浙江工商大学出版社，2012.

［18］贺灿飞，等．经济转型与服务业跨国公司区位战略［M］．北京：科学出版社，2012.

［19］黄正林．社会变迁与区域经济史研究以近代黄河流域为中心［M］．天津：天津古籍出版社，2012.

［20］蒋有绪．大敦煌生态保护与区域发展战略研究［M］．北京：中国林业出版社，2012.

［21］金凤君．东北地区发展的重大问题研究［M］．北京：商务印书馆，2012.

［22］雷鹏．工业园区与区域发展研究［M］．上海：上海交通大学出版社，2012.

［23］李恒．外资与产业集群作用下的区域经济协调发展［M］．北京：科学出版社，2012.

［24］李靖．新型产业分工重塑区域发展格局［M］．北京：社会科学文献出版社，2012.

［25］李君．农户居住空间演变及区位选择研究［M］．北京：科学出版社，2012.

［26］李平，陈耀．中国区域经济学前沿2011～2012：资源型城市转型与区

域协调发展［M］. 北京：经济管理出版社，2012.

　　［27］李晓西，郑贵斌. 区域经济创新发展研究［M］. 济南：山东人民出版社，2012.

　　［28］李宇. 企业成长、创新空间与产业升级："熊彼特假设"的理论延伸与中国证据［M］. 北京：中国社会科学出版社，2012.

　　［29］李玉珍. 区域经济一体化研究［M］. 延吉：延边大学出版社，2012.

　　［30］李中东. 区域经济学［M］. 北京：经济管理出版社，2012.

　　［31］刘冰. 人力资本与区域经济增长［M］. 北京：经济科学出版社，2012.

　　［32］刘俊杰，秦敬云. 区域经济学［M］. 兰州：甘肃人民出版社，2012.

　　［33］刘青海. 国际技术扩散与区域经济增长［M］. 天津：天津教育出版社，2012.

　　［34］卢启程. 基于知识的中国省级区域经济竞争力形成机理研究：以云南省为例［M］. 北京：经济科学出版社，2012.

　　［35］卢正惠. 区域经济发展战略理论与模式［M］. 北京：经济科学出版社，2012.

　　［36］骆玲，曹洪. 高速铁路的区域经济效应［M］. 成都：西南交通大学出版社，2012.

　　［37］莽景石，张玉来. 东亚模式区域发展与一体化进程世界金融危机下的再思考［M］. 天津：天津人民出版社，2012.

　　［38］毛生武. 区域成长理论与实践民族地方城镇化及区域发展探索［M］. 北京：中国经济出版社，2012.

　　［39］牛勤. 区域经济增长论：达州打造成渝经济区增长极研究［M］. 北京：光明日报出版社，2012.

　　［40］彭荣胜. 区域经济协调发展的内涵、机制与评价研究［M］. 北京：经济科学出版社，2012.

　　［41］蒲开夫. 中亚区域经济发展研究［M］. 乌鲁木齐：新疆大学出版社，2012.

　　［42］朴银哲. 延龙图区域经济一体化研究［M］. 北京：中国经济出版社，2012.

［43］乔旭宁，常春勤，陈小素，等．资源与区域发展［M］．北京：煤炭工业出版社，2012．

［44］秦波．企业区位选择与城市空间重构：以上海为例［M］．北京：中国建筑工业出版社，2012．

［45］冉光学，郭华，王有鸿．中国区域经济分析及其协调发展研究［M］．北京：中国商务出版社，2012．

［46］荣宏庆．辽宁区域经济发展专题研究［M］．呼和浩特：内蒙古人民出版社，2012．

［47］盛垒．跨国公司在华R&D空间集聚及知识溢出研究［M］．上海：华东师范大学出版社，2012．

［48］石敏俊，张卓颖，等．中国省区间投入产出模型与区际经济联系［M］．北京：科学出版社，2012．

［49］时钰．中国区域经济差异测度研究［M］．徐州：中国矿业大学出版社，2012．

［50］孙卫东．经济发展阶段视角下区域经济可持续发展研究：基于江苏省的实证分析［M］．南京：东南大学出版社，2012．

［51］唐志鹏，刘红光，刘志高，等．经济地理学中的数量方法［M］．北京：气象出版社，2012．

［52］陶良虎．区域经济学［M］．北京：国家行政学院出版社，2012．

［53］王锦云．川渝区域经济发展概论［M］．北京：中央广播电视大学出版社，2012．

［54］王俊松．中国制造业空间格局与企业生产率研究［M］．上海：华东师范大学出版社，2012．

［55］王珺，等．产业集聚与区域经济协调发展研究［M］．北京：经济科学出版社，2012．

［56］王立军．改革与创新浙江区域经济转型研究［M］．北京：企业管理出版社，2012．

［57］王婷，叶军．金融发展差异与中国区域经济增长非均衡性研究［M］．天津：南开大学出版社，2012．

［58］王小迪．我国汽车电子产业空间分布研究：基于技术创新扩散的视

角［M］．北京：人民出版社，2012.

［59］韦伟．江浙皖赣四省城市化与区域发展比较研究［M］．合肥：安徽大学出版社，2012.

［60］魏后凯，等．中国区域协调发展研究［M］．北京：中国社会科学出版社，2012.

［61］吴光芸．社会资本与区域经济发展［M］．天津：天津人民出版社，2012.

［62］徐印州，王先庆．粤商成长与区域经济［M］．北京：中国社会科学出版社，2012.

［63］许高峰．论民营经济在区域经济发展中的作用：以浙江省舟山市为例［M］．北京：经济科学出版社，2012.

［64］闫彦明．金融区位导论：金融经济学的视角［M］．北京：上海社会科学院出版社，2012.

［65］严剑锋．上海经济增长的新引擎：基于产业集群创新的视角［M］．上海：上海财经大学出版社，2012.

［66］杨贺．中原经济区经济空间结构特征、演变及其调控研究［M］．徐州：中国矿业大学出版社，2012.

［67］杨林，秦宏．现代农业视域下农村区域经济发展的路径选择［M］．青岛：中国海洋大学出版社，2012.

［68］杨鹏．通道经济区域经济发展的新兴模式［M］．北京：中国经济出版社，2012.

［69］杨向辉，张岩峰，王建中．科技资源配置、技术转移与区域经济协调发展研究［M］．北京：中国质检出版社，2012.

［70］于淑艳．产业结构调整与区域经济发展研究：以辽宁为例［M］．北京：经济科学出版社，2012.

［71］张令玉．论创新区域经济大发展模式之实操战略［M］．北京：中国经济出版社，2012.

［72］张强，彭文英．从聚集到扩散新时期：北京城乡区域发展格局研究［M］．北京：经济科学出版社，2012.

［73］张泰城，等．地方政府的空间经济行为与区域经济发展［M］．南昌：

江西人民出版社，2012.

　　［74］张文彬．中国区域经济周期的经验研究［M］．北京：商务印书馆，2012.

　　［75］张颖．区域经济学基础及应用［M］．北京：中国经济出版社，2012.

　　［76］张振旭．地方税收与区域经济［M］．保定：河北大学出版社，2012.

　　［77］赵光华．区域经济空间结构优化研究［M］．西安：陕西人民出版社，2012.

　　［78］赵琼．区域经济协调发展基于我国 FDI 利用质量的评估与比较［M］．北京：经济科学出版社，2012.

　　［79］中国地理学会．地理学学科发展报告（人文—经济地理学）（2011—2012）［M］．北京：中国科学技术出版社，2012.

　　［80］周学勤．知识溢出在中国城市模式发展中的效应分析：基于新经济地理学扩展模型的研究［M］．北京：经济科学出版社，2012.

　　［81］朱英明．产业集聚、资源环境与区域发展研究［M］．北京：经济管理出版社，2012.

　　［82］左停，齐顾波．农村区域经济发展问题研究［M］．北京：中国农业大学出版社，2012.

　　［83］《中国小城镇及区域发展规划回顾》课题组．中国小城镇及区域发展规划回顾［M］．北京：中国发展出版社，2013.

2013 年

　　［1］卞显红．旅游产业集群空间演化、竞争优势获取与创新升级研究：以杭州国际旅游综合体为例［M］．北京：中国财富出版社，2013.

　　［2］曹荣光．基于国家实践的区域发展政策研究［M］．北京：中国书籍出版社，2013.

　　［3］陈栋生．经济布局与区域经济［M］．北京：中国社会科学出版社，2013.

　　［4］陈加林．旅游业与区域发展关系研究：四川的实践与探索［M］．北京：中国旅游出版社，2013.

　　［5］陈利民．物流产业集聚及其区域经济效应研究：基于省级面板数据的

实证分析 [M]．北京：企业管理出版社，2013.

　　[6] 陈艳春，韩伯棠．绿色技术溢出与中国区域经济增长 [M]．北京：科学出版社，2013.

　　[7] 陈伊里，屈冬玉．马铃薯产业与农村区域发展 [M]．哈尔滨：哈尔滨地图出版社，2013.

　　[8] 丁艺．金融集聚与区域经济增长 [M]．北京：国家行政学院出版社，2013.

　　[9] 段樵，伍凤仪．中国引资与区域经济成长香港的角色及都会经济发展 [M]．北京：中华书局，2013.

　　[10] 范剑勇．产业集聚与区域经济协调发展 [M]．北京：人民出版社，2013.

　　[11] 方国荣．农业地理 [M]．合肥：安徽人民出版社，2013.

　　[12] 冯云廷．区域经济学（第 2 版）[M]．大连：东北财经大学出版社，2013.

　　[13] 付小方．库尔勒区域发展研究 [M]．北京：金盾出版社，2013.

　　[14] 傅振邦．大型水电开发与区域经济协调发展：以三峡工程移民县湖北省秭归县为例 [M]．北京：经济科学出版社，2013.

　　[15] 高更和．中国中部农区农户经济活动区位研究：以河南省南阳市 6 个村为例 [M]．北京：经济科学出版社，2013.

　　[16] 高际香．区域经济社会发展：俄罗斯的探索与实践 [M]．北京：社会科学文献出版社，2013.

　　[17] 葛宝琴．新型城镇化下的中国区域经济协调发展 [M]．杭州：浙江工商大学出版社，2013.

　　[18] 共济．全国连片特困地区区域发展与扶贫攻坚规划研究 [M]．北京：人民出版社，2013.

　　[19] 国家知识产权局，等．知识产权战略与区域经济发展 [M]．北京：知识产权出版社，2013.

　　[20] 何仁伟．典型山区农户生计空间差异与生计选择研究：以四川省凉山彝族自治州为例 [M]．成都：四川大学出版社，2013.

　　[21] 何雄浪．产业空间分异与我国区域经济协调发展研究：基于新经济地

中国经济地理思想史

理学的研究视角［M］．北京：中国经济出版社，2013.

［22］华蕊．高等级公路建设对区域经济的影响研究：以黑龙江省为例［M］．北京：中国财富出版社，2013.

［23］黄阳平．地方政府竞争、工业集聚与区域经济差距研究［M］．北京：经济科学出版社，2013.

［24］黄以柱．经济地理学简论［M］．北京：新华出版社，2013.

［25］贾瑞霞．中东欧国家区域经济合作转型［M］．北京：中国发展出版社，2013.

［26］姜威．资源整合模式与区域经济发展研究［M］．北京：人民出版社，2013.

［27］金碚，陈耀，刘肇军．中国区域经济学前沿2012~2013：后发赶超与转型发展［M］．北京：经济管理出版社，2013.

［28］金凤君，等．功效空间组织机理与空间福利研究［M］．北京：科学出版社，2013.

［29］柯进生，刘兵红．孵化器建设与区域经济发展［M］．武汉：武汉大学出版社，2013.

［30］柯善咨．中国对内对外开放与区域经济发展［M］．长沙：湖南师范大学出版社，2013.

［31］雷仲敏，郭勇．区域经济合作与城市发展战略［M］．北京：中国文史出版社，2013.

［32］黎雨．大格局变动中的中国区域发展战略布局［M］．北京：国家行政学院出版社，2013.

［33］李大勇．蒙东区域经济发展论［M］．呼和浩特：内蒙古大学出版社，2013.

［34］李钒．区域经济学［M］．天津：天津大学出版社，2013.

［35］李继云．云南区域经济发展的实证分析与对策研究［M］．北京：中国商务出版社，2013.

［36］李杰刚．财政视角下的河北省区域经济发展新格局研究［M］．北京：中国财政经济出版社，2013.

［37］李相合，曹霞．敕勒川区域经济［M］．呼和浩特：内蒙古人民出版

社，2013.

[38] 李新安，王占波，史自力．中国区域经济协调发展的动力机制：以中原经济区为样本 [M]．北京：社会科学文献出版社，2013.

[39] 李子成．基于动态博弈视角下的云南区域经济合作研究 [M]．北京：民族出版社，2013.

[40] 林凌．重塑四川经济地理 [M]．北京：社会科学文献出版社，2013.

[41] 刘冬梅，龙开元，李国平．区域特色产业和科技资源空间布局研究 [M]．北京：科学技术文献出版社，2013.

[42] 刘鹤．石化产业空间组织的演进机理与模式 [M]．北京：科学出版社，2013.

[43] 刘嗣明，刘希，李志扬，等．武汉城市圈区域经济一体化的机制创新研究 [M]．北京：经济科学出版社，2013.

[44] 刘卫东，等．经济地理学思维 [M]．北京：科学出版社，2013.

[45] 刘小龙．区域经济问题研究 [M]．哈尔滨：黑龙江人民出版社，2013.

[46] 刘彦随，熊康宁，但文红．中国农村土地整治与城乡协调发展研究 [M]．贵阳：贵州科技出版社，2013.

[47] 刘彦随，卓玛措．中国土地资源开发利用与生态文明建设研究 [M]．西宁：青海民族出版社，2013.

[48] 刘耀彬．区域经济学模型与案例分析 [M]．北京：科学出版社，2013.

[49] 刘迎霞．空间外溢、空间俱乐部趋同与中国区域经济增长 [M]．北京：中国社会科学出版社，2013.

[50] 刘智勇．人力资本、要素边际生产率与发展中大国区域经济协调发展 [M]．上海：格致出版社，上海人民出版社，2013.

[51] 罗成，等．区域经济现状与发展研究 [M]．北京：光明日报出版社，2013.

[52] 罗浩．历史和空间视角的经济增长与地区趋同 [M]．北京：经济科学出版社，2013.

[53] 钮德明．城市与区域发展研究：实践·学习·思考 [M]．北京：北

京科学技术出版社,2013.

[54] 彭文慧. 社会资本与区域经济增长:基于空间计量经济学的研究 [M].
北京:社会科学文献出版社,2013.

[55] 秦浩. 能源产业经济区域发展研究:基于甘肃河西新能源和陇东传统
能源的考察 [M]. 南京:东南大学出版社,2013.

[56] 曲洋. 中国东北地区对外贸易与区域经济增长 [M]. 哈尔滨:黑龙
江人民出版社,2013.

[57] 屈燕妮. 资源型区域经济发展与环境约束:以内蒙古自治区为
例 [M]. 北京:经济管理出版社,2013.

[58] 荣宏庆,王慎十. 宏观经济理论与区域经济发展专题研究 [M]. 沈
阳:白山出版社,2013.

[59] 石承苍. 四川省自然地理环境与农业分区 [M]. 成都:四川科学技
术出版社,2013.

[60] 石敏俊. 现代区域经济学 [M]. 北京:科学出版社,2013.

[61] 史修松. 中国区域经济差异与协调发展研究 [M]. 北京:经济科学
出版社,2013.

[62] 唐国强. 跨太平洋伙伴关系协定与亚太区域经济一体化研究 [M].
北京:世界知识出版社,2013.

[63] 唐国强. 亚太与东亚区域经济一体化形势与建议 [M]. 北京:世界
知识出版社,2013.

[64] 唐志红. 区域经济发展与区域优势产业:四川优势产业的选择和扶持
研究 [M]. 成都:四川大学出版社,2013.

[65] 田静. 人力资源开发与区域经济和谐发展研究 [M]. 北京:中国时
代经济出版社,2013.

[66] 涂智寿. 信息化与区域经济非均衡协同发展研究 [M]. 成都:西南
财经大学出版社,2013.

[67] 汪威毅. 区域经济一体化与福建产业结构调整研究 [M]. 北京:光
明日报出版社,2013.

[68] 王家庭. 区域产业的空间集聚研究 [M]. 北京:经济科学出版
社,2013.

［69］王坤．我国产业集群区域发展差异及其影响因素研究［M］．北京：经济管理出版社，2013.

［70］王岚．新经济地理框架下中国出口竞争优势研究：基于市场规模、垂直关联和产业聚集的考察［M］．厦门：厦门大学出版社，2013.

［71］王力年．区域经济系统协同发展理论研究［M］．长春：东北师范大学出版社，2013.

［72］王微微．区域经济一体化的经济增长效应及模式研究［M］．北京：中国社会科学出版社，2013.

［73］王哲．黑龙江区域经济发展建设研究［M］．哈尔滨：黑龙江人民出版社，2013.

［74］吴进红．江苏区域城乡统筹的模式和差异［M］．南京：南京大学出版社，2013.

［75］吴浙．中国区域经济数字地图：东部沿海地区 2012-2013［M］．北京：科学出版社，2013.

［76］徐承红，等．中国区域经济发展与水资源问题研究［M］．成都：西南财经大学出版社，2013.

［77］许景婷．我国地区税负差异及其与区域经济发展协调性研究［M］．北京：经济管理出版社，2013.

［78］许学强．珠江三角洲研究城市区域发展［M］．北京：科学出版社，2013.

［79］薛薇．我国农业资本配置效率测度与区域差异研究［M］．成都：西南交通大学出版社，2013.

［80］杨德刚，杜宏茹，等．中亚经济地理概论［M］．北京：气象出版社，2013.

［81］张敦富．区域经济学导论［M］．北京：中国轻工业出版社，2013.

［82］张汉飞．问题区域的发展问题研究［M］．北京：中国工商出版社，2013.

［83］张利群．技术创新与区域经济增长研究［M］．长春：吉林出版集团有限责任公司，2013.

［84］张美涛．知识溢出、城市集聚与中国区域经济发展［M］．北京：社

会科学文献出版社，2013.

［85］张泰城，陈刚，肖发生．井冈山区域经济社会历史变迁研究（1912—2012）［M］．北京：中国社会科学出版社，2013.

［86］张同林．上海区域发展制度创新［M］．上海：上海辞书出版社，2013.

［87］张昱．广州国际贸易中心建设研究：产业与区域发展视角［M］．北京：中国经济出版社，2013.

［88］张战仁．中国区域创新差异形成的时空因素研究［M］．北京：中国社会科学出版社，2013.

［89］张志元，张梁．区域经济差异的资本形成机制研究［M］．北京：中国人民大学出版社，2013.

［90］赵西君，何龙娟，吴殿廷．统筹区域协调发展的中国模式［M］．南京：东南大学出版社，2013.

［91］赵祥．产业集聚、扩散与区域经济协调发展［M］．广州：广东人民出版社，2013.

［92］郑林昌．中国地理环境、交通运输与区域发展［M］．北京：人民出版社，2013.

［93］仲维庆．区域交通与区域经济的适应程度研究［M］．北京：经济科学出版社，2013.

［94］周业安，李涛．地方政府竞争和经济增长：基于我国省级面板数据的空间计量经济学研究［M］．北京：中国人民大学出版社，2013.

2014 年

［1］安虎森．产业转移、空间聚集与区域协调［M］．天津：南开大学出版社，2014.

［2］毕世鸿，等．柬埔寨经济社会地理［M］．广州：世界图书出版广东有限公司，2014.

［3］曹传新．都市区经济地域空间系统研究：关于中心城市区域化的地理学解释［M］．北京：商务印书馆，2014.

［4］曹子坚．区域自我发展能力研究：兼论中国区域经济转型及其路径分

异［M］．北京：中国社会科学出版社，2014.

　　［5］曾刚，等．长江经济带协同发展的基础与谋略［M］．北京：经济科学出版社，2014.

　　［6］陈国民．中国特色的区域经济一体化问题研究［M］．南昌：江西科学技术出版社，2014.

　　［7］成小平．中国乳制品产业空间集聚：理论分析与实证检验［M］．北京：中国政法大学出版社，2014.

　　［8］丁世青．区域差异与调控：西南边疆人口发展论［M］．北京：社会科学文献出版社，2014.

　　［9］董丽晶．老工业城市产业转型的就业空间响应［M］．北京：中国社会科学出版社，2014.

　　［10］董颖，石磊．区域经济的产业联动与生态化：宁波北仑案例［M］．杭州：浙江大学出版社，2014.

　　［11］段杰．生产性服务业发展与区域经济增长研究［M］．北京：清华大学出版社，2014.

　　［12］范子英．非均衡增长分权、转移支付与区域发展［M］．上海：格致出版社，上海人民出版社，2014.

　　［13］费孝通．行行重行行：中国城乡及区域发展调查（上下）［M］．北京：群言出版社，2014.

　　［14］高洪深．区域经济学（第4版）［M］．北京：中国人民大学出版社，2014.

　　［15］高远东．中国区域经济增长的空间计量研究［M］．北京：科学出版社，2014.

　　［16］郝大江．区域经济增长机制研究：基于要素适宜度视角的解析（第4版）［M］．北京：经济科学出版社，2014.

　　［17］何雄浪．新经济地理学新发展：溢出效应、空间相关性与要素流动［M］．北京：经济科学出版社，2014.

　　［18］何政．印度尼西亚经济社会地理［M］．上海：世界图书上海出版公司，2014.

　　［19］贺灿飞，黄志基，等．中国城市发展透视与评价：基于经济地理视

角［M］．北京：科学出版社，2014.

［20］胡英．地方高校与区域经济发展互动新模式研究［M］．武汉：中国地质大学出版社，2014.

［21］黄彬．市场深化、企业成长与区域经济质量提升［M］．武汉：湖北人民出版社，2014.

［22］黄昌富．城市轨道交通建设对区域经济发展的影响分析［M］．北京：经济管理出版社，2014.

［23］黄勇．欠发达地区企业资本结构与区域经济发展研究［M］．北京：知识产权出版社，2014.

［24］贾利军．江浙沪城市连绵区空间经济整合与城镇化发展研究［M］．上海：上海三联书店，2014.

［25］姜安印，董积生，胡淑晶．区域发展能力理论：新一轮西部大开发理论创新与模式选择［M］．北京：中国社会科学出版社，2014.

［26］姜瑞春．新兴产业与区域经济转型发展研究［M］．沈阳：辽宁大学出版社，2014.

［27］蒋丽．大都市产业空间布局和多中心城市研究：以广州市为例［M］．北京：经济科学出版社，2014.

［28］蒋远胜，王玉峰．民族地区区域经济协调发展研究：以阿坝藏族羌族自治州为例［M］．成都：西南财经大学出版社，2014.

［29］金碚，陈耀，杨继瑞．中国区域经济学前沿2013~2014：区域与城乡一体化［M］．北京：经济管理出版社，2014.

［30］金丹．社会资本与区域经济增长［M］．北京：人民出版社，2014.

［31］金钰．公共部门规模、效率与区域经济增长关系研究［M］．北京：人民出版社，2014.

［32］康学芹．粤港澳增长三角次区域经济一体化研究［M］．北京：中国社会科学出版社，2014.

［33］来逢波．综合运输体系对区域经济空间格局的塑造与优化研究［M］．北京：经济科学出版社，2014.

［34］黎雨，李新．超越竞争创新转型构建区域经济新格局［M］．北京：中国财政经济出版社，2014.

［35］李伯华．农户空间行为变迁与乡村人居环境优化研究［M］．北京：科学出版社，2014.

［36］李婵娟．我国公共基础设施投资效应研究：基于区域差异的视角［M］．北京：经济科学出版社，2014.

［37］李含琳．多极突破与区域经济增长［M］．兰州：甘肃人民出版社，2014.

［38］李敬，等．基于劳动分工的中国农村金融发展区域差异研究［M］．北京：中国社会科学出版社，2014.

［39］李善同，吴三忙，等．集聚中实现包容性发展：中国区域经济发展回顾与前瞻［M］．北京：科学出版社，2014.

［40］李松志．鄱阳湖生态经济区产业空间布局政策研究［M］．北京：中国社会科学出版社，2014.

［41］李素萍，李江．区域经济一体化进程中的地方政府竞争问题研究［M］．成都：四川大学出版社，2014.

［42］李新安．中国区域经济协调发展的利益机制与路径［M］．成都：电子科技大学出版社，2014.

［43］李燕．古代中国的港口：经济、文化与空间嬗变［M］．广州：广东经济出版社，2014.

［44］李袁园．中国省际人口迁移和区域经济发展研究：基于"六普"数据的分析［M］．北京：社会科学文献出版社，2014.

［45］梁琦，等．空间经济：集聚、贸易与产业地理［M］．北京：科学出版社，2014.

［46］廖亚辉，等．缅甸经济社会地理［M］．广州：世界图书广东出版公司，2014.

［47］林光平，龙志和．空间经济计量：理论与实证［M］．北京：科学出版社，2014.

［48］刘冬梅，王书华，毕亮亮，等．科技创新与中国战略性区域发展［M］．北京：中国发展出版社，2014.

［49］刘利．产业空间演化的环境效应研究［M］．北京：化学工业出版社，2014.

［50］刘若霞．战略性新兴产业培育与区域经济发展［M］．重庆：重庆出版社，2014.

［51］刘书明．关中—天水经济区政府合作机制研究：基于区域经济协调发展视角［M］．北京：中国社会科学出版社，2014.

［52］刘卫东，龙花楼，张林秀，等．2013年中国区域发展报告：转型视角下的中国区域发展态势［M］．北京：商务印书馆，2014.

［53］刘育红．"新丝绸之路"经济带交通基础设施与区域经济增长［M］．北京：中国社会科学出版社，2014.

［54］鲁西奇．中国历史的空间结构［M］．桂林：广西师范大学出版社，2014.

［55］陆根尧，邵一兵，赵丹，等．产业集聚与城市化互动发展的模式、机制及空间结构演化研究［M］．北京：经济科学出版社，2014.

［56］麻智辉，高玫．区域经济发展战略研究：以南昌为例［M］．南昌：江西人民出版社，2014.

［57］马浩，王庆金．山东区域经济非均衡协调发展［M］．北京：中国社会科学出版社，2014.

［58］马金案．文莱经济社会地理［M］．广州：世界图书出版广东有限公司，2014.

［59］莫鸿．广西北部湾区域物流的发展及对区域经济的影响研究［M］．兰州：兰州大学出版社，2014.

［60］倪外．基于低碳经济的区域发展模式研究［M］．北京：经济科学出版社，2014.

［61］彭劲松．重庆大都市区产业转型与空间整合发展研究：基于国家中心城市建设视角［M］．成都：西南交通大学出版社，2014.

［62］齐美虎．我国城市化促进区域经济发展的机制研究［M］．昆明：云南人民出版社，2014.

［63］齐亚伟．环境约束下的要素集聚与区域经济可持续发展：基于区域创新能力的视角［M］．北京：社会科学文献出版社，2014.

［64］邱灵，申玉铭，任旺兵．中国服务业发展及其空间结构［M］．北京：商务印书馆，2014.

［65］任金玲．我国产业转移与区域经济协调发展研究［M］．成都：西南财经大学出版社，2014.

［66］邵晖．现代区域经济学研究方法［M］．北京：中国经济出版社，2014.

［67］申韬，缪慧星．菲律宾经济社会地理［M］．广州：世界图书出版广东有限公司，2014.

［68］石坚．理性应对城市空间增长：基于区位理论的城市空间扩展模拟研究［M］．北京：中国建筑工业出版社，2014.

［69］史修松．高技术产业集聚与演化：基于空间图谱的研究［M］．北京：经济科学出版社，2014.

［70］宋英杰．交通基础设施的经济集聚效应：基于新经济地理理论的分析［M］．北京：经济科学出版社，2014.

［71］孙慧．新疆优势特色产业集群化与区域经济发展战略［M］．北京：经济科学出版社，2014.

［72］谭志雄．中国能源消费适度与区域经济增长协调研究［M］．重庆：重庆出版社，2014.

［73］汪潘义．区域经济差异评价方法及其应用研究：以安徽省为例［M］．合肥：合肥工业大学出版社，2014.

［74］王凤学．中国高速铁路对区域经济发展影响研究［M］．长春：东北师范大学出版社，2014.

［75］王坤．资源型地区经济发展方式转变：基于产业集群、区域经济发展差异研究［M］．北京：经济管理出版社，2014.

［76］王磊玲．农村正规金融发展区域差异研究：以陕西为例［M］．北京：中国金融出版社，2014.

［77］王立国，杨婷婷．区域经济发展理论与实践研究［M］．北京：新华出版社，2014.

［78］王鹏．内生增长理论与区域经济增长：基于台湾地区的实证研究［M］．厦门：厦门大学出版社，2014.

［79］王维然．中亚区域经济一体化研究［M］．北京：知识产权出版社，2014.

［80］王伟光，魏后凯，张军．新型城镇化与城乡发展一体化［M］．北京：中国工人出版社，2014.

［81］王晓鸿．区域智力资本对区域经济发展的影响研究［M］．北京：人民出版社，2014.

［82］王兴平，石峰，赵立元．中国近现代产业空间规划设计史［M］．南京：东南大学出版社，2014.

［83］吴琦．区域经济理论与实践［M］．合肥：安徽人民出版社，2014.

［84］向永辉．区位、集聚与地区间 FDI 竞争：基于空间互动的研究［M］．上海：上海交通大学出版社，2014.

［85］肖黎明．外商直接投资与资源型区域经济效应：基于山西的检验［M］．北京：经济管理出版社，2014.

［86］肖卫东．中国农业地理集聚分工：空间外部性的理论视角与实证检验［M］．北京：中国社会科学出版社，2014.

［87］谢青．区域经济学［M］．西安：西安地图出版社，2014.

［88］徐杰．区域经济学［M］．北京：电子工业出版社，2014.

［89］徐金海，张林焕，胡其琛．江苏区域经济协调发展人力资本利用［M］．南京：南京大学出版社，2014.

［90］杨凤鸣，陈建衡，陈国生．产业转移背景下"大湖南"产业选择与空间布局研究［M］．北京：光明日报出版社，2014.

［91］姚凤民．地方政府间财政支出竞争对区域经济协调发展的影响研究［M］．北京：中国财政经济出版社，2014.

［92］姚立．区域发展战略研究［M］．广州：广东经济出版社，2014.

［93］于海淼．区域经济可持续发展能力研究：以湖北省为例［M］．徐州：中国矿业大学出版社，2014.

［94］余富兆．越南经济社会地理［M］．广州：世界图书出版广东有限公司，2014.

［95］余丽霞．金融产业集群对区域经济增长的效应研究：以成渝经济区建设为例［M］．北京：科学出版社，2014.

［96］张公嵬．产业集聚与资源的空间配置效应研究［M］．北京：经济日报出版社，2014.

［97］张颢瀚，沙勇．"十三五"江苏区域发展新布局研究［M］．北京：中国社会科学出版社，2014.

［98］张洪．区域经济学［M］．北京：中国人民大学出版社，2014.

［99］张华荣．文化创意产业与区域经济发展研究［M］．北京：经济科学出版社，2014.

［100］张瑾．非洲区域经济一体化探索：南部非洲发展共同体 30 年［M］．杭州：浙江人民出版社，2014.

［101］张军．"珠三角"区域经济一体化发展研究［M］．北京：经济科学出版社，2014.

［102］张平．外商直接投资对中国区域经济的影响研究［M］．北京：经济日报出版社，2014.

［103］张璞，杨建林．内蒙古呼包鄂区域经济发展研究［M］．北京：经济管理出版社，2014.

［104］张潜．文化供应链及区域发展［M］．北京：科学出版社，2014.

［105］张伟丽．区域经济增长俱乐部趋同概念、识别及机制：基于中国案例的分析［M］．北京：经济科学出版社，2014.

［106］张晓燕．金融产业集聚及其对区域经济增长的影响研究［M］．北京：经济管理出版社，2014.

［107］张秀生，王健群，张司飞．科技园区与区域经济发展［M］．武汉：中国地质大学出版社，2014.

［108］张永明，郜瑞宏．新疆北疆西北部区域经济合作与融合发展研究［M］．乌鲁木齐：新疆人民出版社，2014.

［109］张震．中国区域经济发展战略研究［M］．北京：光明日报出版社，2014.

［110］郑茗戈，陈嵩．老挝经济社会地理［M］．广州：世界图书出版广东有限公司，2014.

［111］郑长德．空间经济学与中国区域发展：理论与实证研究［M］．北京：经济科学出版社，2014.

［112］钟继军，唐元平．马来西亚经济社会地理［M］．广州：世界图书出版广东有限公司，2014.

［113］钟新桥，杜为公．西方区域经济学新发展研究［M］．武汉：湖北人民出版社，2014.

［114］衷海燕，钟一鸣．新加坡经济社会地理［M］．广州：世界图书出版广东有限公司，2014.

［115］周立斌，王希艳，朱怡蓉．空间政治经济学：区域经济学研究的一个批判视角［M］．北京：经济科学出版社，2014.

［116］诸葛剑平．人力资本结构优化与区域经济发展理论与实证［M］．北京：中国轻工业出版社，2014.

［117］庄佩君．海运物流与港口城市—区域发展［M］．北京：科学出版社，2014.

［118］邹艳芬．区域能源消费行为的时空差异及其驱动机制研究［M］．北京：经济管理出版社，2014.

2015 年

［1］安虎森，等．新区域经济学（第3版）［M］．大连：东北财经大学出版社，2015.

［2］白雪．中国经济重心空间演变研究［M］．北京：经济科学出版社，2015.

［3］曾鹏．论区域经济一体化下区域行政执法合作［M］．广州：广东教育出版社，2015.

［4］陈焰．物流经济地理［M］．北京：清华大学出版社，2015.

［5］崔玉亮，崔晨辉．税收与区域经济发展［M］．北京：中国财政经济出版社，2015.

［6］丁生喜，等．区域经济理论与青海区域经济发展研究［M］．北京：中国经济出版社，2015.

［7］方茜．包容性增长视角下基本公共服务与区域经济发展关系研究［M］．北京：人民出版社，2015.

［8］方书生．中国近代经济地理（第5卷）：华南近代经济地理［M］．上海：华东师范大学出版社，2015.

［9］冯年华．区域经济与可持续发展理论、模型与策略［M］．长春：东北

师范大学出版社，2015.

　　[10] 高峰. 区域发展专题研究：对江苏的考察 [M]. 北京：科学出版社，2015.

　　[11] 高毅蓉. 中国就业的产业结构的区域差异研究 [M]. 北京：中国劳动社会保障出版社，2015.

　　[12] 葛剑雄，胡鞍钢，林毅夫，等. 改变世界经济地理的"一带一路"[M]. 上海：上海交通大学出版社，2015.

　　[13] 郝寿义，安虎森. 区域经济学（第 3 版）[M]. 北京：经济科学出版社，2015.

　　[14] 华正伟. 中国创意产业集群与区域经济发展研究 [M]. 北京：中国社会科学出版社，2015.

　　[15] 黄解宇，张秀娟，孙维峰. 金融集聚影响区域经济发展的机制研究 [M]. 北京：中国社会科学出版社，2015.

　　[16] 黄宁. 国际贸易与云南区域经济发展 [M]. 昆明：云南人民出版社，2015.

　　[17] 黄素心，王春雷. 区域经济协调发展机制研究 [M]. 北京：北京理工大学出版社，2015.

　　[18] 蒋铁民. 中国海洋区域经济研究 [M]. 北京：中国社会科学出版社，2015.

　　[19] 焦青霞. 新兴服务业发展与区域经济增长 [M]. 北京：经济管理出版社，2015.

　　[20] 金碚，陈耀，陆根尧. 中国区域经济学前沿 2014~2015：全面深化改革背景下的中国区域发展 [M]. 北京：经济管理出版社，2015.

　　[21] 李后强，邓子强. 区域经济发展模式研究：以四川为例 [M]. 成都：四川人民出版社，2015.

　　[22] 李具恒，张美玲. 区域经济协调发展研究：一个广义梯度理论的分析框架 [M]. 北京：科学出版社，2015.

　　[23] 李丽. 京津冀流通业与区域经济协同发展研究 [M]. 北京：经济科学出版社，2015.

　　[24] 李天籽. 跨境次区域合作与中国沿边产业空间分布 [M]. 北京：社

会科学文献出版社, 2015.

[25] 李向阳, 等. 亚太区域经济合作发展方向与中国的选择 [M]. 北京: 社会科学文献出版社, 2015.

[26] 李小建. 经济地理学探究性学习教程 [M]. 北京: 高等教育出版社, 2015.

[27] 李欣红. 国际区域经济一体化的产业区域效应研究 [M]. 北京: 中国经济出版社, 2015.

[28] 李雪梅. 新疆区域经济协调发展研究 [M]. 北京: 中国农业科学技术出版社, 2015.

[29] 李娅. 产业转移与云南区域发展 [M]. 昆明: 云南人民出版社, 2015.

[30] 李颖. 企业异质性、空间集聚与区域经济差异研究 [M]. 北京: 社会科学文献出版社, 2015.

[31] 梁峰. 鸭绿江区域经济发展与国际合作 [M]. 北京: 经济科学出版社, 2015.

[32] 梁双陆. 中国边疆桥头堡经济: 基于空间经济学的分析 [M]. 北京: 社会科学文献出版社, 2015.

[33] 林晶晶, 骆玲. 高速铁路对区域经济影响评价 [M]. 成都: 西南交通大学出版社, 2015.

[34] 林文勋, 杨先明, 张国胜, 等. 重塑沿边经济地理与发展机制: 以滇西边境地区为例 [M]. 北京: 社会科学文献出版社, 2015.

[35] 刘建国. 中国区域经济效率的省域格局、影响机理及其空间溢出效应 [M]. 北京: 经济科学出版社, 2015.

[36] 刘那日苏. 自然资源开发对经济增长作用的区域差异研究 [M]. 北京: 经济管理出版社, 2015.

[37] 刘晓琼. 生态脆弱区高强度能源开发对区域发展的影响及优化调控 [M]. 北京: 中国发展出版社, 2015.

[38] 刘新智. 开放型区域经济发展理论研究 [M]. 北京: 科学出版社, 2015.

[39] 刘薰词. 区域经济战略规划理论与实践 [M]. 广州: 暨南大学出版

社，2015.

[40] 刘艺卓．区域经济一体化进程中的中国农产品贸易自由化及其影响研究［M］．北京：新华出版社，2015.

[41] 刘英．区域经济与区域文化研究［M］．兰州：甘肃人民出版社，2015.

[42] 刘镇．国家战略性区域发展规划研究［M］．北京：经济管理出版社，2015.

[43] 逯进．区域经济发展的基础环境研究［M］．北京：中国社会科学出版社，2015.

[44] 骆东奇，郭英．纵深融合视域的区域经济发展理论创新与实践研究［M］．成都：西南财经大学出版社，2015.

[45] 吕拉昌，黄茹．广东区域发展重大问题研究［M］．广州：华南理工大学出版社，2015.

[46] 马飞雄．物流产业对区域经济增长空间溢出效应的研究：来自广东省的经验［M］．北京：人民出版社，2015.

[47] 马海龙．经济地理空间扩张导论［M］．银川：宁夏人民教育出版社，2015.

[48] 马红瀚．中国西部区域经济格局与发展战略［M］．北京：经济科学出版社，2015.

[49] 潘成胜，赵兴元，王洪斌．人才高地战略与区域经济创新发展［M］．沈阳：东北大学出版社，2015.

[50] 皮修平，周镕基．现代区域经济学［M］．上海：华东师范大学出版社，2015.

[51] 齐昕．金融经济力推进区域经济发展研究：以东北老工业基地振兴为例［M］．沈阳：东北大学出版社，2015.

[52] 祁苑玲，许青萍．区域发展与经济建设［M］．昆明：云南人民出版社，2015.

[53] 钱力．中国农村居民收入的区域差异研究［M］．北京：中国社会科学出版社，2015.

[54] 邱成利．图们江区域经济发展研究博弈中的增长［M］．上海：文汇

出版社，2015.

[55] 尚勇敏．中国区域经济发展模式的演化 [M]．上海：华东师范大学出版社，2015.

[56] 史津，焦爱英．新型乡村空间结构研究：规划、建设、经济协调发展 [M]．北京：中国铁道出版社，2015.

[57] 司正家．新疆区域经济发展研究 [M]．乌鲁木齐：新疆人民出版社，2015.

[58] 四川省科学技术协会．创新驱动与区域发展 [M]．成都：四川科学技术出版社，2015.

[59] 宋莉莉．我国农民收入增长及区域差异比较研究 [M]．北京：经济科学出版社，2015.

[60] 宋晓梧，武士国，许欣．新常态下的区域经济大变局 [M]．杭州：浙江大学出版社，2015.

[61] 孙久文，高志刚．丝绸之路经济带与区域经济发展研究 [M]．北京：经济管理出版社，2015.

[62] 孙久文，郑长德，付晓东，等．经济新常态下的中国经济地理 [M]．北京：经济科学出版社，2015.

[63] 孙凯．我国区域经济发展比较分析 [M]．北京：中国经济出版社，2015.

[64] 孙雷．区域经济学教程 [M]．北京：人民日报出版社，2015.

[65] 孙莹丽．产业经济与区域发展 [M]．北京：现代出版社，2015.

[66] 孙永朋，卫新，王美青，等．新时期浙江农业区域经济与产业发展战略创新研究 [M]．北京：中国农业出版社，2015.

[67] 完世伟，周纪昌，罗煜，等．区域经济学研究丛书（共6册）[M]．北京：经济管理出版社，2015.

[68] 万建香．环境政策促进区域经济发展的传导机制：鄱阳湖生态经济区环境政策模拟 [M]．北京：社会科学文献出版社，2015.

[69] 汪明峰．互联网时代的城市与区域发展 [M]．北京：科学出版社，2015.

[70] 王爱新，程遥，孙浩进，等．区域经济发展理论 [M]．北京：经济

管理出版社，2015.

[71] 王崇锋.人才聚集与区域经济协同发展研究［M］.北京：人民出版社，2015.

[72] 王珏，等.区域经济一体化东亚地区的实践［M］.北京：科学出版社，2015.

[73] 王明寿.西部产业结构调整中劳务经济与区域发展模式研究：以甘肃省定西市为例［M］.兰州：兰州大学出版社，2015.

[74] 韦立宪.当代中国产业转移与区域经济协调发展研究［M］.北京：新华出版社，2015.

[75] 韦林珍.区域经济一体化的理论与实践［M］.西安：西北大学出版社，2015.

[76] 文学兵，周英姿.望城旅游经济地理［M］.北京：经济管理出版社，2015.

[77] 肖国东.经济新常态下东北制造业转型升级问题研究：基于城市区位资源要素的视角［M］.长春：吉林人民出版社，2015.

[78] 熊雪如.产业有序转移与区域经济协调发展作用机制研究［M］.北京：经济科学出版社，2015.

[79] 徐静茹.中国古代地理［M］.北京：中国商业出版社，2015.

[80] 颜银根.区域政策与产业空间分布［M］.北京：科学出版社，2015.

[81] 杨继瑞，马永坤，等.房产税征收对区域经济的影响：以新都区为例［M］.成都：西南财经大学出版社，2015.

[82] 杨立武，王筱春，马仁峰，等.西部地区经济空间结构与潜力研究：以云南为例［M］.北京：经济科学出版社，2015.

[83] 杨小兵，曹忠祥，等.迈向全球性大国的关键一步：我国国际次区域经济合作研究［M］.北京：经济科学出版社，2015.

[84] 杨晓楼，杨晋.物流经济地理［M］.西安：西安交通大学出版社，2015.

[85] 杨星.东亚区域经济一体化与中国的战略选择［M］.天津：天津大学出版社，2015.

[86] 杨再高.大珠三角区域经济一体化研究：基于空间均衡视角［M］.

北京：经济科学出版社，2015.

［87］于东明．新企业创建与区域经济发展：基于东北地区的研究［M］．北京：世界图书出版公司北京公司，2015.

［88］张纯记．中国区域经济增长差异的产业集聚因素研究［M］．北京：中国社会科学出版社，2015.

［89］张汉飞．破解区域经济可持续发展的资源瓶颈［M］．北京：中国大地出版社，2015.

［90］张文武．劳动力流动与产业空间结构［M］．南京：南京大学出版社，2015.

［91］张耀光．中国海洋经济地理学［M］．南京：东南大学出版社，2015.

［92］赵光远．科技创新引领区域发展［M］．北京：社会科学文献出版社，2015.

［93］赵红军，李依捷，江福燕．上海国际贸易地位变迁与区域经济影响：基于旧海关史料和自贸区时空变迁视角的分析［M］．上海：上海人民出版社，2015.

［94］赵彤．信息产业与江苏区域经济发展［M］．南京：东南大学出版社，2015.

［95］郑继承．区域经济一体化视角下滇中城市群发展研究［M］．北京：中国书籍出版社，2015.

［96］朱海霞，权东计，等．大遗址保护与区域经济发展：以大明宫为例［M］．北京：科学出版社，2015.

［97］朱圣钟．区域经济与空间过程：土家族地区历史经济地理规律探索［M］．北京：科学出版社，2015.

［98］朱文蔚．中国地方政府性债务与区域经济增长的关系研究［M］．北京：中国社会科学出版社，2015.

2016 年

［1］安晓明．中国区域经济转型研究［M］．北京：社会科学文献出版社，2016.

［2］白景峰，于航．渤海湾港口区域发展与环境承载力响应机制研

究［M］.北京：海洋出版社，2016.

［3］曹小曙，潘裕娟.特大城市批发市场的物流空间格局及其形成机制［M］.北京：商务印书馆，2016.

［4］曾刚，等.长江经济带协同创新研究：创新·合作·空间·治理［M］.北京：经济科学出版社，2016.

［5］曾光，李菲.武汉城市圈空间经济差距研究：基于制造业集聚的视角［M］.北京：科学出版社，2016.

［6］陈萍.产业发展与城镇空间结构演化关系的理论研究与实证分析［M］.北京：中国水利水电出版社，2016.

［7］陈强远.异质性企业空间选择：机理与效应［M］.北京：经济管理出版社，2016.

［8］丁德科，王双喜.秦东先进制造业与区域经济发展战略研究［M］.成都：西南交通大学出版社，2016.

［9］董长瑞，张金英.金融产业优化支撑重点区域发展研究［M］.北京：经济科学出版社，2016.

［10］杜晓郁.经济全球化调整期的东亚区域经济合作研究［M］.北京：对外经济贸易大学出版社，2016.

［11］樊杰，等.中国人文与经济地理学者的学术探究和社会贡献［M］.北京：商务印书馆，2016.

［12］樊杰.广东省国土空间开发保护格局优化配置研究（上中下册）［M］.北京：科学出版社，2016.

［13］范祚军，等.中国—东盟区域经济一体化研究［M］.北京：经济科学出版社，2016.

［14］付翠莲.农村与区域发展案例评析［M］.上海：上海交通大学出版社，2016.

［15］高滨健.哈尔滨城市与区域发展［M］.哈尔滨：黑龙江人民出版社，2016.

［16］高更和，等.典型农区农民工务工区位研究：以河南省为例［M］.北京：经济科学出版社，2016.

［17］高云虹，等.基于空间优化的产业转移与区域协调发展研究［M］.

北京：经济科学出版社，2016.

［18］高志刚．丝绸之路经济带背景下中国（新疆）与中亚区域经济合作方略［M］．北京：经济科学出版社，2016.

［19］葛莉．知识产权发展与区域经济研究［M］．北京：中国社会科学出版社，2016.

［20］郝寿义．区域经济学原理（第2版）［M］．上海：格致出版社，上海人民出版社，2016.

［21］贺灿飞，周沂．环境经济地理研究［M］．北京：科学出版社，2016.

［22］侯永志，张永生，刘培林，等．区域协同发展：机制与政策［M］．北京：中国发展出版社，2016.

［23］胡安俊．产业生命周期：企业家精神、聚集、匹配、转移、空间结构的综合研究［M］．北京：中国人民大学出版社，2016.

［24］黄承伟，陈琦，张琦，等．连片特困地区区域发展与扶贫攻坚若干问题：基于武陵山片区建始县的调查与思考［M］．北京：经济日报出版社，2016.

［25］黄苏萍，朱咏．高铁重塑中国经济地理［M］．北京：中国社会科学出版社，2016.

［26］黄燕萍．空间经济：城市及城市体系模型［M］．北京：经济日报出版社，2016.

［27］冀朝鼎．中国历史上的基本经济区［M］．北京：商务印书馆，2016.

［28］贾若祥．中国区域发展研究［M］．北京：经济科学出版社，2016.

［29］姜岩．区域经济视域下的产业发展与贸易安全问题研究［M］．沈阳：辽宁教育出版社，2016.

［30］蒋满元．交通基础设施建设对区域经济增长的影响与贡献研究［M］．长沙：中南大学出版社，2016.

［31］孔凡斌，李志萌，陈胜东．区域发展总体战略与主体功能区战略互动研究［M］．北京：中国社会科学出版社，2016.

［32］兰建平．求索：区域经济转型样本［M］．杭州：浙江大学出版社，2016.

［33］冷疏影，等．地理科学三十年：从经典到前沿［M］．北京：商务印

书馆，2016.

[34] 李国平，等 . 产业转移与中国区域空间结构优化 [M]. 北京：科学出版社，2016.

[35] 李华 . 区域经济非平衡发展机制研究 [M]. 北京：光明日报出版社，2016.

[36] 李琳 . 区域经济协同发展动态评估、驱动机制及模式选择 [M]. 北京：社会科学文献出版社，2016.

[37] 李清泉 . 大湘南区域经济发展研究 [M]. 成都：西南财经大学出版社，2016.

[38] 李润田 . 新中国人文—经济地理学发展的见证：李润田文集 [M]. 北京：科学出版社，2016.

[39] 李小建 . 中国特色经济地理学探索 [M]. 北京：科学出版社，2016.

[40] 李兴，[俄] 阿沃斯克列先斯基 . 亚欧中心跨区域发展体制机制研究 [M]. 北京：九州出版社，2016.

[41] 李志萌，等 . 低碳经济与区域发展：以鄱阳湖生态经济为例 [M]. 北京：中国社会科学出版社，2016.

[42] 刘凤祥 . 增长效率视角下区域经济发展方式变革 [M]. 北京：企业管理出版社，2016.

[43] 刘寒波，等 . 空间财政：公共服务、要素流动与经济增长 [M]. 北京：中国人民大学出版社，2016.

[44] 刘华军 . 资源环境约束下全要素生产率增长的空间差异及区域协调对策研究 [M]. 北京：经济科学出版社，2016.

[45] 刘林 . 高等教育与人才集聚两种投入对区域经济增长的共轭驱动研究：以江苏、浙江两省为例 [M]. 北京：中国社会科学出版社，2016.

[46] 刘珊 . 文化产业发展促进区域经济发展方式转变的作用机制及实证研究 [M]. 南昌：江西人民出版社，2016.

[47] 刘涛 . 产业空间重构与经济非集聚研究：2006 年以来中部六省经济分化的一个解释 [M]. 北京：社会科学文献出版社，2016.

[48] 刘卫东，宋周莺，刘慧，等 . 2015 年中国区域发展报告："新常态"下的西部大开发 [M]. 北京：商务印书馆，2016.

［49］刘洋．区域协调发展论：新时期中国区域发展战略路线图［M］．北京：中国市场出版社，2016.

［50］陆向军，冷桥勋．生产性服务业发展与区域经济增长［M］．合肥：合肥工业大学出版社，2016.

［51］陆玉麒．区域双核结构理论［M］．北京：商务印书馆，2016.

［52］聂雅，赵蕾．现代区域经济研究与应用分析［M］．北京：中国水利水电出版社，2016.

［53］欧阳慧，杜宝军．旅游型城市产业空间布局规划研究：以秦皇岛市为例［M］．北京：经济科学出版社，2016.

［54］潘裕娟．特大城市批发市场的物流空间格局及其形成机制［M］．北京：商务印书馆，2016.

［55］彭宝玉，李小建．银行业组织变化及其地方效应［M］．北京：科学出版社，2016.

［56］朴光姬．"一带一路"与区域经济增长机制的构建、转型和扩容［M］．北京：社会科学文献出版社，2016.

［57］全诗凡．基于区域产业链视角的区域经济一体化：以京津冀地区为例［M］．北京：经济科学出版社，2016.

［58］人民论坛．中国区域发展新思维顶层设计与战略布局［M］．北京：人民出版社，2016.

［59］任光辉．专业市场主导的区域经济研究［M］．北京：社会科学文献出版社，2016.

［60］任玲玉，薛俊波．R&D 活动对中国区域经济收敛的驱动效应研究［M］．合肥：中国科学技术大学出版社，2016.

［61］尚勇敏．绿色·创新·开放：中国区域经济发展模式的转型［M］．上海：上海社会科学院出版社，2016.

［62］石敏俊，等．区域发展政策模拟［M］．北京：中国人民大学出版社，2016.

［63］史进，贺灿飞，等．中国制造业企业空间动态研究［M］．北京：经济科学出版社，2016.

［64］苏红键．空间分工、专业化与集聚经济［M］．北京：社会科学文献

出版社，2016.

[65] 隋红霞. 对外贸易与区域经济国际竞争力理论与实证：基于山东省的数据分析 [M]. 北京：中国社会科学出版社，2016.

[66] 孙涧桥. 新常态下的区域经济发展研究 [M]. 沈阳：辽宁大学出版社，2016.

[67] 孙久文，等. 区域经济学前沿：21 世纪区域经济发展研究 [M]. 北京：中国人民大学出版社，2016.

[68] 孙旭. 人力资本约束下区域全要素生产率的增长差异研究 [M]. 北京：科学出版社，2016.

[69] 覃成林，杨霞，种照辉，等. 多极网络空间发展格局：引领中国区域经济 2020 [M]. 北京：中国社会科学出版社，2016.

[70] 唐丽君. 区域经济发展研究 [M]. 成都：电子科技大学出版社，2016.

[71] 童中贤，黄永忠，刘晓，等. 新型城镇化视角下的区域发展研究 [M]. 北京：人民出版社，2016.

[72] 汪德根. 高铁网络时代区域旅游空间格局 [M]. 北京：商务印书馆，2016.

[73] 王春晖. 产业集聚与区域经济发展理论与实践 [M]. 北京：社会科学文献出版社，2016.

[74] 王国强，等. 河南自然条件与资源 [M]. 北京：商务印书馆，2016.

[75] 王金波. "一带一路" 经济走廊与区域经济一体化形成机理与功能演进 [M]. 北京：社会科学文献出版社，2016.

[76] 王俊. 包容性发展与中国参与国际区域经济合作的战略走向 [M]. 苏州：苏州大学出版社，2016.

[77] 王明华. "一带一路" 战略与国际区域经济合作 [M]. 北京：法律出版社，2016.

[78] 王淑新. 中国西部地区旅游业空间格局：产业效率与发展策略研究 [M]. 北京：中国社会科学出版社，2016.

[79] 王新瑜. 合作共建区域经济发展的新引擎 [M]. 北京：新星出版社，2016.

[80] 魏后凯. 区域经济理论与政策（上下卷）[M]. 北京：中国社会科学出版社，2016.

[81] 魏后凯，王业强，苏红键. "十三五"时期城镇化和区域发展战略研究 [M]. 北京：社会科学文献出版社，2016.

[82] 武戈，范允奇，等. 长三角区域经济转型及其可持续发展实证研究 [M]. 北京：中国经济出版社，2016.

[83] 谢燮，杨开忠. 交通成本、劳动力流动与区域经济差异：新经济地理学透视 [M]. 长春：吉林出版集团股份有限公司，2016.

[84] 熊义杰. 技术溢出效应与区域经济发展 [M]. 北京：科学出版社，2016.

[85] 徐加明. 山东区域经济协调发展研究 [M]. 北京：中国文史出版社，2016.

[86] 徐剑光. 温州产业区别重构：空间、演化与网络 [M]. 杭州：浙江大学出版社，2016.

[87] 许广月. 中原经济区跨省区域经济合作战略研究 [M]. 北京：九州出版社，2016.

[88] 阳素云. 区域经济崛起的路径之区域文化 [M]. 长春：吉林大学出版社，2016.

[89] 杨贺. 资源型区域经济空间结构演变及调控：以中原经济区为例 [M]. 徐州：中国矿业大学出版社，2016.

[90] 杨俊，韩增林，马占东，等. 滨海地区土地利用时空格局演变与模拟预测研究：以大连市金州区为例 [M]. 北京：科学出版社，2016.

[91] 叶莉萍. 宏观大势与区域发展 [M]. 北京：中国金融出版社，2016.

[92] 张保胜，等. 区域经济协调发展中的技术收敛问题研究 [M]. 北京：中国经济出版社，2016.

[93] 张蕾. 长三角空港经济区产业结构空间格局演变及路径优化研究 [M]. 北京：科学出版社，2016.

[94] 张立中，胡天石. 农村与区域发展理论与实践案例分析 [M]. 北京：人民日报出版社，2016.

[95] 张丽君，马博，等. 边境地区对外贸易与区域经济一体化 [M]. 北

京：中国经济出版社，2016.

[96] 张舒. 区域经济与城市管理 [M]. 北京：经济管理出版社，2016.

[97] 张述存. 区域发展与改革研究 [M]. 济南：山东人民出版社，2016.

[98] 张伟然. 历史与现代的对接：中国历史地理学最新研究进展 [M]. 北京：商务印书馆，2016.

[99] 张晓阳. 贵州区域经济发展研究 [M]. 北京：中国经济出版社，2016.

[100] 赵敏. 区域经济发展问题研究 [M]. 沈阳：辽宁大学出版社，2016.

[101] 赵小芳，耿建忠. 海峡西岸经济区区域经济差异及其发展研究 [M]. 北京：经济科学出版社，2016.

[102] 赵玉红. 结构转型与区域经济发展 [M]. 沈阳：东北大学出版社，2016.

[103] 郑文升. 大城市边缘区域的产业与城乡空间优化研究 [M]. 北京：科学出版社，2016.

[104] 钟祥财. 中国经济思想史 [M]. 上海：上海社会科学院出版社，2016.

[105] 周璇. 产业区位商视角下环境污染与经济增长的动态关系 [M]. 北京：科学技术文献出版社，2016.

2017 年

[1] 鲍伶俐. 资本逻辑与经济空间生成及扩张机制 [M]. 上海：上海人民出版社，2017.

[2] 常玉苗. 水资源环境与区域经济耦合系统评价及协同治理 [M]. 北京：中国社会科学出版社，2017.

[3] 陈斐. 中国区域经济增长中的空间影响研究 [M]. 北京：社会科学文献出版社，2017.

[4] 陈广汉，杨柱，谭颖，等. 区域经济一体化研究 [M]. 北京：社会科学文献出版社，2017.

[5] 陈明，等. 基于省域视角的国土空间规划编制研究和情景分析 [M].

北京：商务印书馆，2017.

[6] 陈延斌．沿海典型省份外资经济空间格局重构：以山东为例［M］．北京：九州出版社，2017.

[7] 陈秧分，刘彦随．农村土地整治模式与机制研究［M］．北京：科学出版社，2017.

[8] 陈祖新．优化区域发展格局和推进新型城镇化［M］．北京：中国言实出版社，2017.

[9] 单晓娅，等．区域经济理论与实践［M］．北京：中国社会科学出版社，2017.

[10] 丁任重．区域经济学［M］．北京：人民出版社，2017.

[11] 方大春．区域经济学理论与方法［M］．上海：上海财经大学出版社，2017.

[12] 方亮．国家级高新技术产业开发区创新对区域经济增长的影响研究［M］．北京：经济科学出版社，2017.

[13] 封小云．粤港澳区域经济发展战略研究［M］．广州：暨南大学出版社，2017.

[14] 冯碧梅．"一带一路"区域经济治理研究：以福建省为例［M］．北京：经济科学出版社，2017.

[15] 冯宗宪，等．中国和"一带一路"沿线国家的区域经济合作发展［M］．西安：西安交通大学出版社，2017.

[16] 耿立艳．区域物流与区域经济协同发展研究：基于京津冀区域的实证研究［M］．北京：科学出版社，2017.

[17] 韩增林，张耀光．世界海洋经济地理［M］．北京：科学出版社，2017.

[18] 郝戊，张璞，杨建林．呼包银榆区域经济一体化合作发展问题研究［M］．北京：经济管理出版社，2017.

[19] 何金玲．行政生态视阈下的地方政府与区域经济发展［M］．北京：经济管理出版社，2017.

[20] 何耀宇．区域经济理论与发展策略研究［M］．北京：中国商务出版社，2017.

［21］何一鸣．制度经济地理学范式：以"岭南模式"为例［M］．北京：科学出版社，2017.

［22］贺灿飞．转型经济地理研究［M］．北京：经济科学出版社，2017.

［23］贺三宝．江右商帮兴衰对区域经济社会影响研究［M］．广州：世界图书出版广东有限公司，2017.

［24］贺雪峰，等．南北中国：中国农村区域差异研究［M］．北京：社会科学文献出版社，2017.

［25］胡森林．长三角城市群汽车企业的空间集聚与发展绩效［M］．上海：华东师范大学出版社，2017.

［26］黄桦．区域经济的生态化定向突破：粗放型区域经济发展观［M］．太原：山西经济出版社，2017.

［27］黄健．区域经济发展研究［M］．延吉：延边大学出版社，2017.

［28］黄志基，贺灿飞．中国城市工业用地扩张与利用效率研究［M］．北京：经济科学出版社，2017.

［29］蒋瑞波．中国区域金融创新研究效率差异、环境影响与空间效应［M］．杭州：浙江大学出版社，2017.

［30］蒋团标，刘俊杰．创新驱动区域发展［M］．北京：经济管理出版社，2017.

［31］矫萍．生产性服务业 FDI 空间集聚的经济增长效应研究［M］．北京：经济科学出版社，2017.

［32］康旭华．资源型区域经济转型与创新发展研究［M］．长春：吉林大学出版社，2017.

［33］李爱民．基于新经济地理学的区域发展总体格局研究理论与实践［M］．北京：经济管理出版社，2017.

［34］李冰．城市宏观级差地租及其调节研究：缩小我国区域经济差距的一个政策思路［M］．北京：中国财政经济出版社，2017.

［35］李宁．丝绸之路经济带视域下的区域经济合作研究［M］．武汉：湖北科学技术出版社，2017.

［36］李涛．城市群综合运输效率空间格局演化［M］．北京：商务印书馆，2017.

［37］李晓梅．新经济地理学视野下的区域城镇化模式研究［M］．成都：四川大学出版社，2017.

［38］李亚玲，姚建文．中国人力资本投资与区域经济差距［M］．北京：人民出版社，2017.

［39］李尧龙，许存兴，李琼洁．秦东区域经济管理研究［M］．西安：陕西科学技术出版社，2017.

［40］李煜．上海大都市区知识密集型产业的空间分布及其影响因素［M］．上海：华东师范大学出版社，2017.

［41］林玉茹，等．中国近代经济地理（第6卷）：闽台近代经济地理［M］．上海：华东师范大学出版社，2017.

［42］刘名远．我国区域经济利益分享与补偿问题研究［M］．北京：九州出版社，2017.

［43］刘明．政府投资对区域经济发展的影响［M］．北京：经济科学出版社，2017.

［44］刘荣春．区域经济转型发展研究：以江西为例［M］．北京：经济管理出版社，2017.

［45］刘荣增．城市与区域发展机理［M］．北京：人民出版社，2017.

［46］刘若霞．中国新能源产业空间布局优化研究［M］．北京：新华出版社，2017.

［47］刘卫东．"一带一路"：引领包容性全球化［M］．北京：商务印书馆，2017.

［48］刘修岩．产业集聚的区域经济增长效应研究［M］．北京：经济科学出版社，2017.

［49］刘艳．丝绸之路经济带空间发展分析［M］．北京：北京燕山出版社，2017.

［50］刘艳芳，等．经济地理学：原理、方法与应用（第2版）［M］．北京：科学出版社，2017.

［51］刘玉．城乡结合部经济空间特征、演化机理与调控：以北京为例［M］．北京：中国建筑工业出版社，2017.

［52］刘重力，等．东亚区域经济一体化进程研究［M］．天津：南开大学

出版社，2017.

［53］刘自强．主体功能区政策下的宁夏限制开发区地域功能评价与区域发展模式研究［M］．银川：宁夏人民教育出版社，2017.

［54］罗富政．新兴大国的区域经济协调发展：基于中国地方政府和市场双重竞争的视角［M］．上海：格致出版社，上海人民出版社，2017.

［55］马成俊．区域发展与综合治理［M］．上海：上海文化出版社，2017.

［56］蒙永胜，薛凤珍．未来十年中国中亚区域经济合作及新疆的地位和作用研究［M］．北京：经济科学出版社，2017.

［57］孟立慧．流通产业与区域经济［M］．北京：团结出版社，2017.

［58］潘文砚．环境约束下的区域经济协调发展研究［M］．北京：人民日报出版社，2017.

［59］邱士可，杜军，马玉凤，等．基于地理国情监测的农业自然资源综合统计与分析研究：以河南省黄淮平原为例［M］．北京：中国农业科学技术出版社，2017.

［60］全毅，等．亚太区域经济一体化进程与CAFTA建设方略［M］．北京：经济科学出版社，2017.

［61］商勇．产业结构变迁与区域经济发展研究：以河南省为例［M］．北京：经济管理出版社，2017.

［62］沈于．长三角一体化与区域经济发展［M］．长春：吉林人民出版社，2017.

［63］史瑛．中国区域金融与区域经济发展相关性研究［M］．成都：四川大学出版社，2017.

［64］宋元梁．区域经济增长与城镇化问题研究［M］．西安：陕西人民出版社，2017.

［65］苏腾．基于产业集群的区域经济发展战略［M］．长春：吉林科学技术出版社，2017.

［66］孙聆轩，林建．世界经济地理［M］．北京：石油工业出版社，2017.

［67］孙文娟．上海合作组织区域经济一体化研究［M］．乌鲁木齐：新疆大学出版社，2017.

［68］童石荣．城市地理与区域经济［M］．延吉：延边大学出版社，2017.

［69］汪三贵，杨龙，张伟宾，等．扶贫开发与区域发展：我国特困地区的贫困与扶贫策略研究［M］．北京：经济科学出版社，2017．

［70］汪占熬．深度经济一体化背景下浙台投资交流与产业空间布局研究［M］．北京：经济科学出版社，2017．

［71］王国刚，刘彦随．农村空心化过程及其资源环境效应［M］．北京：科学出版社，2017．

［72］王红梅．东亚区域经济合作视角下的危机阻隔机制研究［M］．成都：四川大学出版社，2017．

［73］王洪涛，潘慧，罗胜．中国对"一带一路"沿线国家经贸发展格局演变与战略选择研究［M］．成都：四川大学出版社，2017．

［74］王社教．中国历史农业地理与城乡发展研究［M］．北京：中国社会科学出版社，2017．

［75］王圣云．区域发展空间均衡的福祉地理学研究：以鄱阳湖地区为例［M］．北京：科学出版社，2017．

［76］王玉梅，等．知识溢出与创新型企业技术创新空间效应研究［M］．北京：经济科学出版社，2017．

［77］邬冰．经济空间与城市发展［M］．北京：经济科学出版社，2017．

［78］伍茜溪．新常态下我国区域经济协调发展战略研究［M］．长春：吉林大学出版社，2017．

［79］夏泽义，刘英姿．广西北部湾经济区产业空间结构研究［M］．成都：西南交通大学出版社，2017．

［80］向华丽．武汉市空间经济结构演变研究［M］．广州：中山大学出版社，2017．

［81］谢里．制度安排、产业集聚与地区收入差距［M］．北京：商务印书馆，2017．

［82］谢守红，等．专业市场与区域发展［M］．北京：经济科学出版社，2017．

［83］邢俊，翟璇，柯海倩．区域经济治理［M］．成都：西南交通大学出版社，2017．

［84］邢楠．东北地域文化对吉林省区域经济发展的影响研究［M］．长春：

吉林人民出版社，2017.

　　［85］徐妍．产业集聚视角下中国高技术产业创新效率及其空间分异研究［M］．北京：经济科学出版社，2017.

　　［86］宣昌勇．多样性视阈下的东亚区域经济一体化研究［M］．大连：东北财经大学出版社，2017.

　　［87］颜锦江．供给侧与需求侧双视角下区域经济产业关联研究：以四川省为例［M］．成都：四川大学出版社，2017.

　　［88］杨冬梅，万道侠．我国区域经济增长差异的制度影响与实证研究［M］．北京：经济科学出版社，2017.

　　［89］尤安山，等．"一带一路"建设与亚洲区域经济合作新格局［M］．上海：上海社会科学院出版社，2017.

　　［90］郁鹏．陕西区域发展回顾与展望［M］．北京：经济管理出版社，2017.

　　［91］袁华斌，岑国璋．经济地理学［M］．成都：电子科技大学出版社，2017.

　　［92］张春梅．区域经济空间极化与协调发展［M］．南京：东南大学出版社，2017.

　　［93］张方，陈凯．中国区域收入空间依赖变化研究［M］．北京：中国财政经济出版社，2017.

　　［94］张贵，刘雪芹，等．河北经济地理［M］．北京：经济管理出版社，2017.

　　［95］张国利．鄱阳湖生态经济区粮食生产变化与区位优化研究［M］．北京：中国环境科学出版社，2017.

　　［96］张海云，张兴年．西藏、青海牧区社会经济文化调查与区域发展研究［M］．西宁：青海人民出版社，2017.

　　［97］张鹏，刘朝刚，苏炜．广东专业镇产业城融合路径区域差异与政策联运［M］．广州：华南理工大学出版社，2017.

　　［98］张强．"关中—天水经济区"交通基础设施、空间溢出效应与区域经济差距［M］．北京：中国财政经济出版社，2017.

　　［99］张学芳．新常态下区域经济转型发展研究［M］．天津：天津科学技术出版社，2017.

[100] 张艳．中国制造业与物流业联动关系区域差异研究［M］．北京：中国经济出版社，2017.

[101] 张月玲．要素异质视角的技术选择与区域发展研究［M］．厦门：厦门大学出版社，2017.

[102] 章文．城市企业与产业空间分布及演进规律研究：以深圳为例［M］．北京：科学出版社，2017.

[103] 赵书哲．区域经济发展与资源型城市产业转型专题研究［M］．沈阳：辽宁人民出版社，2017.

[104] 赵威．区域经济增长空间俱乐部趋同检验及影响因子研究［M］．北京：中国经济出版社，2017.

[105] 赵雅萍．旅游业对区域经济差异的影响研究：以西部地区为例［M］．北京：知识产权出版社，2017.

[106] 周杰文．中国区域经济差异的尺度效应分析［M］．北京：中国社会科学出版社，2017.

[107] 周杰文．中国区域经济增长收敛的多尺度分析［M］．北京：中国社会科学出版社，2017.

[108] 周立斌，等．新马克思主义的区域经济理论研究［M］．北京：经济科学出版社，2017.

[109] 周鹏，赵东方．中国区域经济发展比较研究［M］．北京：中国经济出版社，2017.

[110] 周太平，李晓秋，忒莫勒．大东亚经济地理［M］．呼和浩特：内蒙古大学出版社，2017.

[111] 周太平，李晓秋，忒莫勒．蒙疆经济地理［M］．呼和浩特：内蒙古大学出版社，2017.

[112] 周亚雄．基础设施、区域经济增长与区域差距的关系研究：基于新经济地理学的视角［M］．北京：中国社会科学出版社，2017.

[113] 朱舜．行政区域经济结构与增长的理论框架［M］．北京：经济科学出版社，2017.

[114] 朱移山，张慧．青海区域经济［M］．合肥：合肥工业大学出版社，2017.

2018 年

[1]《纪念吴传钧先生诞辰 100 周年文集》编辑组．人文与经济地理学的创新发展：纪念吴传钧先生诞辰 100 周年文集［M］．北京：商务印书馆，2018.

[2] 安树伟，郭文炯，安祥生，等．山西经济地理［M］．北京：经济管理出版社，2018.

[3] 白如纯．平成时期日本的东亚区域经济合作［M］．北京：社会科学文献出版社，2018.

[4] 曾冰，俞钦，马超平．区域经济学［M］．长沙：湖南师范大学出版社，2018.

[5] 陈雯，孙伟，袁丰．长江三角洲区域一体化空间合作、分工与差异［M］．北京：商务印书馆，2018.

[6] 陈园园．中国区域经济增长收敛性及其机制研究［M］．北京：中国财政经济出版社，2018.

[7] 陈智国．企业空间战略管理与跨区域产业集群协同创新［M］．北京：经济管理出版社，2018.

[8] 仇娟东．中国区域经济增长效率集聚与地区差距研究［M］．北京：经济科学出版社，2018.

[9] 崔大树．城市群空间组织与产业空间分异：过程、机制与模式［M］．杭州：浙江大学出版社，2018.

[10] 崔到陵．空间视角的中小企业发展环境比较研究［M］．北京：经济管理出版社，2018.

[11] 代新玲．港口物流与区域经济发展互动研究［M］．长沙：中南大学出版社，2018.

[12] 戴小红．保税物流区域发展对腹地经济增长的影响研究：以浙江省为例［M］．杭州：浙江大学出版社，2018.

[13] 邓宏兵，洪水峰，白永亮，等．湖北经济地理［M］．北京：经济管理出版社，2018.

[14] 邓薇．我国区域金融集聚的空间差异及影响因素研究［M］．北京：中国社会科学出版社，2018.

［15］丁生喜．区域经济学通论［M］．北京：中国经济出版社，2018.

［16］丁毅．日本产业布局与区域经济发展［M］．北京：经济管理出版社，2018.

［17］段翠清．甘肃农村与区域发展问题研究［M］．北京：中国书籍出版社，2018.

［18］方前移．国际视域下皖江区域经济（1877—1937）［M］．北京：社会科学文献出版社，2018.

［19］高翔．中国区域经济中的失衡与发展政治、文化与交通［M］．北京：经济科学出版社，2018.

［20］关利欣．贸易成本与产业集聚：新经济地理学视角下的中国解析［M］．北京：中国商务出版社，2018.

［21］郭建科．经济地理学视角的港城关系［M］．北京：科学出版社，2018.

［22］郭莹．我国区域经济协调发展理论与应用研究［M］．北京：中国书籍出版社，2018.

［23］郭泽光．营商环境与区域发展［M］．北京：中国财政经济出版社，2018.

［24］国家发展改革委国土开发与地区经济研究所课题组．新时期我国区域经济发展格局研究［M］．北京：中国财政经济出版社，2018.

［25］何一民．20世纪新疆城市与区域发展研究［M］．成都：四川人民出版社，2018.

［26］贺灿飞．演化经济地理研究［M］．北京：经济科学出版社，2018.

［27］贺亚亚，李谷成．中国农业地理集聚时空特征形成机理及增长效应［M］．北京：科学出版社，2018.

［28］胡伟．新加坡经济地理［M］．北京：经济管理出版社，2018.

［29］黄柳媚．区域经济发展与管理创新［M］．西安：西安交通大学出版社，2018.

［30］黄茂．20世纪中后期甘南州城镇与区域发展研究［M］．成都：四川大学出版社，2018.

［31］黄鲜华．产业转移与区域经济增长质量［M］．武汉：武汉大学出版

社，2018.

[32] 黄新建，陈文喆，等．我国中部和东部省域城市首位度与区域经济增长：模型、机理及对策［M］．北京：中国社会科学出版社，2018.

[33] 蒋伟，乔忠学．经济地理［M］．北京：中央民族大学出版社，2018.

[34] 金凤君，张平宇，等．东北经济地理［M］．北京：经济管理出版社，2018.

[35] 靳景玉．区域经济联盟组织机制研究：以成渝经济区域为例［M］．北京：科学出版社，2018.

[36] 柯蓉．长三角区域发展差异空间统计分析［M］．上海：上海交通大学出版社，2018.

[37] 李福柱．中国区域经济增长效率格局及其变化趋势研究［M］．北京：经济科学出版社，2018.

[38] 李恒．产业空间分布、地区间工资差异与我国新型城镇化研究［M］．北京：社会科学文献出版社，2018.

[39] 李辉．土地资源配置、利用效率与区域经济增长［M］．徐州：中国矿业大学出版社，2018.

[40] 李佳洺．城市空间分析与区位政策：以北京、杭州为例［M］．北京：社会科学文献出版社，2018.

[41] 李全海．区域经济创新发展路径研究［M］．北京：中国商务出版社，2018.

[42] 李汝资．中国区域经济发展效率演变研究：基于总量要素结构视角［M］．北京：社会科学文献出版社，2018.

[43] 李胜兰，等．广东区域经济发展四十年［M］．北京：中国社会科学出版社，2018.

[44] 李小建．经济地理学（第3版）［M］．北京：高等教育出版社，2018.

[45] 梁诸英．明清以来徽州地区农业地理研究［M］．北京：方志出版社，2018.

[46] 刘刚，王秀玲．城乡与区域经济协同发展理论与政策研究［M］．石家庄：河北人民出版社，2018.

［47］刘良忠，柳新华．渤海海峡跨海通道与环渤海区域经济一体化发展研究［M］．北京：国家行政学院出版社，2018.

［48］刘明．空间视角下兰州都市圈经济发展研究［M］．北京：经济科学出版社，2018.

［49］刘卫东，刘志高．"一带一路"建设对策研究［M］．北京：科学出版社，2018.

［50］龙花楼，刘彦随，郭丽英，等．平原农区空心村整治关键技术研究与示范［M］．北京：科学出版社，2018.

［51］陆根尧，许庆明，胡晨光，等．浙江经济地理［M］．北京：经济管理出版社，2018.

［52］闾浩．中国生物质发电产业的空间布局与支持政策研究［M］．南京：南京大学出版社，2018.

［53］聂亚珍，郭蔚蔚．区域经济学［M］．成都：电子科技大学出版社，2018.

［54］区域经济学编写组．区域经济学［M］．北京：高等教育出版社，2018.

［55］盛垒，等．区域经济分化态势与经济新常态地理格局［M］．上海：上海社会科学院出版社，2018.

［56］施展．枢纽：3000 年的中国［M］．桂林：广西师范大学出版社，2018.

［57］石敏俊，等．东部经济地理［M］．北京：经济管理出版社，2018.

［58］宋丹．中国区域经济发展战略研究［M］．延吉：延边大学出版社，2018.

［59］孙斌栋，汪明峰，张文新，等．中国城市经济空间［M］．北京：科学出版社，2018.

［60］孙海波．我国人力资本及其空间分布对产业结构升级影响研究［M］．北京：经济科学出版社，2018.

［61］孙久文．改革开放以来我国区域经济发展战略演变与趋势［M］．北京：经济科学出版社，2018.

［62］孙明霞，于丽娟．区域经济与产业集群发展研究［M］．延吉：延边

大学出版社，2018.

　　［63］汤鹏主，王凤羽．西南区域经济研究：基于县域与镇域的分析［M］.
北京：中国农业出版社，2018.

　　［64］唐曙光．区域经济形势分析浅探［M］．北京：中国发展出版
社，2018.

　　［65］汪增洋．经济空间结构调整研究：理论与中国经验［M］．北京：经
济科学出版社，2018.

　　［66］王春萌，谷人旭．空间分工对区域经济增长的影响研究：以长三角地
区为例［M］．北京：经济科学出版社，2018.

　　［67］王璐，王微．京津冀区域经济一体化发展研究［M］．成都：电子科
技大学出版社，2018.

　　［68］王艳红．区域经济格局演变中的中国自由贸易区战略研究［M］．天
津：南开大学出版社，2018.

　　［69］王志民，马勇，等．中国与南亚区域经济合作问题研究［M］．北京：
世界知识出版社，2018.

　　［70］韦林珍，王振亚．区域经济发展研究［M］．西安：西安交通大学出
版社，2018.

　　［71］魏后凯．中国区域经济发展［M］．北京：经济科学出版社，2018.

　　［72］魏新玲，张毅，赵云雪．人文地理与区域发展［M］．延吉：延边大
学出版社，2018.

　　［73］温江鸿．上市公司对区域经济发展的影响研究［M］．杭州：浙江大
学出版社，2018.

　　［74］吴殿廷，吴昊．区域发展产业规划［M］．南京：东南大学出版
社，2018.

　　［75］吴殿廷，赵林，王永明，等．辽宁经济地理［M］．北京：经济管理
出版社，2018.

　　［76］吴乔一康，吴兴南．区域经济发展的创新路径［M］．北京：社会科
学文献出版社，2018.

　　［77］吴维海．新时代区域发展战略［M］．北京：电子工业出版社，2018.

　　［78］武友德，王源昌，陈长瑶，等．云南经济地理［M］．北京：经济管

理出版社，2018.

［79］向罗生．城市群区域发展管理［M］．长沙：湖南文艺出版社，2018.

［80］项勇，李世杰，黄佳祯，等．四川省城市交通基础设施与区域经济相关耦合性研究［M］．北京：中国经济出版社，2018.

［81］谢会芹．区域经济一体化视角下中国产业可持续发展及辐射效应的多维度研究［M］．成都：电子科技大学出版社，2018.

［82］熊伟．长三角区域经济发展与空间布局研究［M］．长春：吉林大学出版社，2018.

［83］徐艳兰．湖北省人口老龄化对区域经济的影响［M］．武汉：武汉大学出版社，2018.

［84］薛婷婷，郭晓燕．区域经济与地方产业协调发展［M］．郑州：郑州大学出版社，2018.

［85］鄢小兵．产业集聚与区域经济增长的理论与实证研究［M］．北京：中国纺织出版社，2018.

［86］杨晓北．全球化视野下的城市经济与区域发展研究［M］．长春：吉林大学出版社，2018.

［87］杨晓光，余建忠，赵华勤．从"千万工程"到"美丽乡村"：浙江省乡村规划的实践与探索［M］．北京：商务印书馆，2018.

［88］杨祖义．"一带一路"倡议下中国区域经济发展研究［M］．北京：经济管理出版社，2018.

［89］尤盛东．世界经济贸易地理［M］．北京：北京师范大学出版社，2018.

［90］于善甫，王春丽．河南省区域经济高质量发展研究［M］．长春：吉林大学出版社，2018.

［91］于诗琦．中国区域经济系统协调发展研究［M］．北京：现代出版社，2018.

［92］喻新安，杨保成．创新引领区域发展［M］．北京：社会科学文献出版社，2018.

［93］张红霞．对外贸易差异影响我国区域经济协调发展研究［M］．北京：人民出版社，2018.

［94］张虹鸥，黄耿志，等．新世纪海上丝绸之路：东南亚发展与区域合作［M］．北京：商务印书馆，2018.

［95］张行．空间分布理论下的金融发展与区域经济增长之间的相互关系研究［M］．北京：经济科学出版社，2018.

［96］赵光远，王树贵．区域发展战略研究：以吉林发展为视角［M］．北京：社会科学文献出版社，2018.

［97］赵威．中原经济区空间俱乐部趋同研究［M］．北京：中国经济出版社，2018.

［98］赵雪雁．社会资本与区域发展［M］．北京：科学出版社，2018.

［99］郑俞，彭保发．区域经济创新发展研究［M］．长春：吉林教育出版社，2018.

［100］郑长德，钟海燕，曹正忠．四川经济地理［M］．北京：经济管理出版社，2018.

［101］支磊．区域经济转型研究［M］．长春：吉林教育出版社，2018.

［102］中共上海市委党史研究室．上海区域发展四十年［M］．上海：上海人民出版社，2018.

［103］钟国辉．城市建设用地区域配置研究：空间计量经济学的视角［M］．南昌：江西人民出版社，2018.

［104］钟业喜，冯兴华．长江经济带区域空间结构演化研究［M］．北京：经济管理出版社，2018.

［105］周立新．长江上游地区产业空间优化与经济增长研究［M］．北京：科学出版社，2018.

［106］周蕊．区域经济发展理论研究［M］．长春：吉林大学出版社，2018.

［107］朱邦耀．吉林省中部城市群经济空间格局演化研究［M］．北京：经济管理出版社，2018.

［108］朱英明，赵彤，张珩．区域经济发展新动能培育研究［M］．北京：经济管理出版社，2018.

［109］邹璇．中国区域经济发展方式转变研究［M］．北京：科学出版社，2018.

2019 年

［1］安林丽，马世猛．技术创新与区域经济发展的关系研究［M］．长春：吉林大学出版社，2019．

［2］安林丽，宋万杰．我国区域经济协同发展的理论与实践研究：以京津冀为例［M］．长春：吉林大学出版社，2019．

［3］常利平，李玲．物流经济地理［M］．北京：北京交通大学出版社，2019．

［4］常瑞祥．一体化、经济集聚与区域发展空间［M］．北京：经济科学出版社，2019．

［5］陈姝兴．中国省际贸易与区域经济增长研究［M］．成都：西南财经大学出版社，2019．

［6］陈修颖，周亮亮．乡村区域发展规划［M］．上海：上海交通大学出版社，2019．

［7］陈永奎，孙阿凡，郭蕙兰，等．西北区域经济发展研究：基于"丝绸之路经济带"视角［M］．北京：中国社会科学出版社，2019．

［8］程开明，李惠蓉，唐杰君，等．区域商贸流通产业空间格局及溢出效应研究［M］．杭州：浙江工商大学出版社，2019．

［9］崔云朋．山西区域经济与社会发展［M］．太原：山西人民出版社，2019．

［10］丁莹．民营经济与区域经济发展研究［M］．北京：中国农业科学技术出版社，2019．

［11］段娟．中国区域经济发展研究［M］．武汉：华中科技大学出版社，2019．

［12］樊杰．主体功能区划技术规程［M］．北京：科学出版社，2019．

［13］樊杰．资源环境承载能力和国土空间开发适宜性评价方法指南［M］．北京：科学出版社，2019．

［14］高秀丽．物流业与区域经济协调发展研究［M］．北京：中国经济出版社，2019．

［15］郭思齐．历史视角下的中国区域经济发展研究［M］．长春：吉林大

学出版社，2019.

[16] 何宜庆，李政通．金融集聚、要素流动与区域经济增长空间效应分析：基于生态效率的视角［M］．北京：科学出版社，2019.

[17] 和燕杰．空间集聚视角下的滇西区域经济一体化［M］．北京：社会科学文献出版社，2019.

[18] 贺化．以知识产权为核心的资源配置导向目录：理论、方法与应用［M］．北京：商务印书馆，2019.

[19] 贺三维．中国多尺度区域差异分析［M］．北京：中国社会科学出版社，2019.

[20] 侯新烁．结构、空间与区域发展［M］．湘潭：湘潭大学出版社，2019.

[21] 侯永志，张永生，刘培林，等．新时代关于区域协调发展的再思考［M］．北京：中国发展出版社，2019.

[22] 胡晓辉．中国区域发展的制度研究：近邻效应、制度空间与机会窗口［M］．杭州：浙江大学出版社，2019.

[23] 胡兴龙．"一带一路"背景下中国区域经济发展研究［M］．沈阳：辽宁大学出版社，2019.

[24] 黄宾．基于产业空间分异的城市群协同发展机制研究［M］．上海：上海交通大学出版社，2019.

[25] 黄艳萍．区域经济发展新论及贵州实践研究［M］．哈尔滨：黑龙江教育出版社，2019.

[26] 江涛涛．科技创新与区域经济发展［M］．北京：经济管理出版社，2019.

[27] 姜凌，等．国际区域经济一体化与当代南北经济关系研究［M］．北京：人民出版社，2019.

[28] 李令福．中国北方农业历史地理专题研究［M］．北京：中国社会科学出版社，2019.

[29] 李文娟．区域发展的驱动力探索［M］．北京：中国农业科学技术出版社，2019.

[30] 李小凡．长江经济带城镇化空间效应研究［M］．北京：经济科学出

版社, 2019.

　　［31］李小建, 等. 欠发达区乡村聚落空间演变［M］. 北京：科学出版社, 2019.

　　［32］李晓红. 区域发展能力概论［M］. 北京：中国社会科学出版社, 2019.

　　［33］李秀芬. 区域发展诊断视阈下民族地区产业扶贫精准性研究［M］. 北京：中国社会科学出版社, 2019.

　　［34］李勇军. 京津冀区域发展与治理研究［M］. 北京：人民日报出版社, 2019.

　　［35］梁鹤年, 等. 以人为本规划的思维范式和价值取向：国土空间规划方法导论［M］. 北京：商务印书馆, 2019.

　　［36］刘畅, 张梓尧. 人力资本结构与区域经济发展的相关性研究［M］. 北京：北京工业大学出版社, 2019.

　　［37］刘海楠. 土地整治与区域经济协调发展［M］. 北京：经济科学出版社, 2019.

　　［38］刘洁, 陈静娜. 区域发展的经济理论与案例［M］. 北京：海洋出版社, 2019.

　　［39］刘明. 西北区域经济空间关系与协调发展研究［M］. 北京：中国统计出版社, 2019.

　　［40］刘强. 中国区域经济增长差异性的演进机理与政策选择［M］. 北京：中国经济出版社, 2019.

　　［41］刘兴全. 政策抉择与区域发展［M］. 北京：经济科学出版社, 2019.

　　［42］刘彦随, 等. 精准扶贫成效评估技术与方法［M］. 北京：科学出版社, 2019.

　　［43］刘彦随. 中国城镇化与农业农村发展论［M］. 北京：科学出版社, 2019.

　　［44］刘英. 甘肃区域经济发展与对策［M］. 兰州：甘肃人民出版社, 2019.

　　［45］罗富民. 农产品加工企业空间集聚发展研究［M］. 北京：中国经济出版社, 2019.

［46］罗会华．新兴大国交通运输溢出效应与区域经济增长［M］．上海：格致出版社，2019.

［47］麻智辉．区域经济创新与协调发展研究［M］．南昌：江西人民出版社，2019.

［48］马焕明．区域经济社会发展研究［M］．沈阳：辽海出版社，2019.

［49］牛拥．FDI 影响区域经济增长机制研究［M］．南京：南京大学出版社，2019.

［50］潘桔．区域经济不平衡测度收敛及成因［M］．北京：中国财政经济出版社，2019.

［51］潘玉君，武友德，汤茂林，等．地理学思想史：专论和专史［M］．北京：中国社会科学出版社，2019.

［52］任晓红．区域发展不平衡不充分的测度与分解：以重庆市为例［M］．成都：西南交通大学出版社，2019.

［53］石风光．空间视角下的技术进步、技术效率与地区经济差距［M］．北京：科学技术文献出版社，2019.

［54］史瑛．区域经济协调发展分析研究［M］．昆明：云南人民出版社，2019.

［55］孙常辉．区域经济发展中的政府与市场［M］．太原：山西经济出版社，2019.

［56］孙久文，高志刚，张世贤．"一带一路"与中国区域经济发展研究［M］．北京：经济管理出版社，2019.

［57］孙久文，夏添．区域经济学学科前沿［M］．北京：经济管理出版社，2019.

［58］孙俊新．文化对中国对外直接投资区位选择的影响：基于中国在"一带一路"相关经济体的投资实践［M］．北京：中国财政经济出版社，2019.

［59］覃平．区域经济发展理论与实践研究［M］．延吉：延边大学出版社，2019.

［60］王缉慈，等．创新的空间：产业集群与区域发展（修订版）［M］．北京：科学出版社，2019.

［61］王庆祥，左小德．亚洲代工制造类企业空间转移及影响因素研

究〔M〕.广州：暨南大学出版社，2019.

〔62〕王旭明.农村贫困就业收入增长与区域经济发展研究〔M〕.北京：中国统计出版社，2019.

〔63〕王彦林.管理创新与区域发展〔M〕.北京：新华出版社，2019.

〔64〕王志高.区域创新差异变动趋势与影响因素〔M〕.北京：经济管理出版社，2019.

〔65〕魏后凯，谭秋成，罗万纯，等.中国农村发展70年〔M〕.北京：经济科学出版社，2019.

〔66〕魏世恩.区域发展的探索与思考〔M〕.镇江：江苏大学出版社，2019.

〔67〕吴殿廷.区域经济学（第4版）〔M〕.北京：科学出版社，2019.

〔68〕吴福象，等.国际产能合作与中国区域发展战略〔M〕.南京：南京大学出版社，2019.

〔69〕肖琛.长江三角洲地区服务外包产业空间格局、机理及效应研究〔M〕.北京：经济管理出版社，2019.

〔70〕肖玲.经济地理学〔M〕.北京：科学出版社，2019.

〔71〕徐姣姣."一干多支"战略下四川省区域经济联动发展协调机制研究〔M〕.北京：中国经济出版社，2019.

〔72〕杨荷，曾蓼.长江经济带商贸流通产业—人口—空间协调发展研究〔M〕.成都：西南财经大学出版社，2019.

〔73〕杨柳青青.产业格局、人口集聚、空间溢出与中国城市生态效率〔M〕.北京：经济科学出版社，2019.

〔74〕杨上广，俞佳立.中国区域发展格局演化〔M〕.北京：中国书籍出版社，2019.

〔75〕杨振山.产业集聚、开发区与城市产业空间〔M〕.北京：中国建筑工业出版社，2019.

〔76〕易小光.新时期重庆区域发展战略与路径研究〔M〕.北京：中国经济出版社，2019.

〔77〕曾平治.区域发展模式路径依赖的社会发生机制：以东莞市为例〔M〕.广州：广东经济出版社，2019.

［78］张国军．亚太区域经济合作机制［M］．北京：光明日报出版社，2019.

［79］张莉．高速铁路对区域经济发展的影响机理及效应研究［M］．南京：南京大学出版社，2019.

［80］张肃，黄蕊．产业转移与区域经济平衡［M］．北京：社会科学文献出版社，2019.

［81］章立东．陶瓷产业集群与区域经济空间耦合研究［M］．北京：经济管理出版社，2019.

［82］赵慧．区域经济发展理论与实践［M］．兰州：甘肃人民出版社，2019.

［83］周慧．中部地区城镇化对经济效率的空间溢出效应研究［M］．北京：中国财政经济出版社，2019.

［84］周丽萍．中国西部人力资源区域差异与协调发展［M］．杭州：浙江大学出版社，2019.

［85］朱翔．新时代中国区域发展大谋略［M］．长沙：湖南教育出版社，2019.

2020 年

［1］安虎森，等．高级区域经济学［M］．大连：东北财经大学出版社，2020.

［2］陈战勇．区域经济一体化发展研究［M］．北京：现代出版社，2020.

［3］程水红．技术空间扩散与经济增长收敛性研究［M］．北京：社会科学文献出版社，2020.

［4］段云诺．区域经济发展战略研究［M］．哈尔滨：北方文艺出版社，2020.

［5］高茜．世界经济贸易地理（第 2 版）［M］．北京：中国人民大学出版社，2020.

［6］顾强，刘学敏．基于空间、人口、产业的中国都市圈多维度特征研究［M］．北京：中国经济出版社，2020.

［7］关爱萍．劳动力流动、产业转移与区域发展差距［M］．北京：中国社

会科学出版社，2020.

[8] 管卫华．江苏省区域经济发展与格局优化［M］．南京：南京师范大学出版社，2020.

[9] 郝寿义，倪鹏飞．区域协调发展战略［M］．广州：广东经济出版社，2020.

[10] 贺灿飞，杨汝岱．贸易经济地理研究［M］．北京：经济科学出版社，2020.

[11] 胡安俊．西部经济地理［M］．北京：经济管理出版社，2020.

[12] 胡最，刘沛林．家园的记忆与表达：传统聚落景观图谱的理论与实践［M］．北京：商务印书馆，2020.

[13] 黄汉城，史哲，林小琬．中国城市大洗牌［M］．北京：东方出版社，2020.

[14] 黄育荣．区域经济模式创新与产业结构优化［M］．长春：吉林出版集团股份有限公司，2020.

[15] 孔凡超．中国产业结构高级化的空间效应研究［M］．北京：经济科学出版社，2020.

[16] 孔煜．房地产市场与区域经济协调发展：以西部地区为例［M］．北京：社会科学文献出版社，2020.

[17] 兰建平．跨越区域经济高质量发展［M］．杭州：浙江大学出版社，2020.

[18] 李博，等．中国海洋经济可持续发展的地理学视角［M］．北京：科学出版社，2020.

[19] 李天威，刘毅，李巍．区域发展战略环境评价理论、方法与实践［M］．北京：科学出版社，2020.

[20] 连俊华．人力资本对区域经济发展的影响［M］．北京：社会科学文献出版社，2020.

[21] 林凤丽，邸振龙．高等教育与区域经济协调发展［M］．北京：经济管理出版社，2020.

[22] 刘建民，等．中国财政分权的区域经济效应研究［M］．北京：人民出版社，2020.

［23］卢米雪．区域经济协调发展的测度研究［M］．北京：北京工业大学出版社，2020．

［24］马燕坤．中国都市圈：理论机理、空间态势与产业协同发展［M］．北京：经济管理出版社，2020．

［25］梅燕，蒋雨清．农村电商产业集群驱动区域经济发展［M］．杭州：浙江大学出版社，2020．

［26］秦玉才．"一带一路"建设与跨境次区域经济合作［M］．杭州：浙江大学出版社，2020．

［27］任崇强．中国区域经济脆弱性综合评价及其空间分析［M］．北京：中国社会科学出版社，2020．

［28］石敏俊．区域经济学［M］．北京：中国人民大学出版社，2020．

［29］孙峰华，陆大道，等．渤海海峡跨海通道建设与区域经济发展研究［M］．北京：商务印书馆，2020．

［30］孙久文．中国区域经济发展战略与区域合作研究［M］．北京：经济科学出版社，2020．

［31］孙久文，等．区域经济前沿：区域协调发展的理论与实践［M］．北京：中国人民大学出版社，2020．

［32］孙久文．区域经济学（第 5 版）［M］．北京：首都经济贸易大学出版社，2020．

［33］孙娟．社会学视角下的区域经济发展及其管理创新策略［M］．北京：中国纺织出版社，2020．

［34］孙宁华，周磊．缩小区域发展差距［M］．北京：经济科学出版社，2020．

［35］汪辉平．企业家精神对区域经济增长的空间溢出效应研究［M］．北京：经济管理出版社，2020．

［36］王斌，聂凯龙，宋蔚．国家战略框架中的公共政策与区域发展的理论及实践［M］．重庆：西南师范大学出版社，2020．

［37］王菲，毛琦梁．交通基础设施建设与经济空间格局塑造［M］．北京：经济管理出版社，2020．

［38］王鲁峰，杨景胜，张燕姝，等．经济转型与城市更新：理论、政策与

实践［M］．北京：商务印书馆，2020.

　　［39］吴昊．东北亚区域经济合作研究［M］．北京：社会科学文献出版社，2020.

　　［40］吴金明，沈裕谋，文树勋．右岸区位与右岸经济：基于湘江右岸长株经济区的分析［M］．长沙：湖南人民出版社，2020.

　　［41］肖哲涛．中原城市群空间格局发展演变研究［M］．北京：中国水利水电出版社，2020.

　　［42］宣善文．东北亚区域经济一体化研究［M］．北京：经济管理出版社，2020.

　　［43］颜林柯．高速铁路与中国区域经济发展［M］．北京：社会科学文献出版社，2020.

　　［44］于伟．区域发展和治理的探索与实践［M］．镇江：江苏大学出版社，2020.

　　［45］张雷，杨波，丁宇．区域发展的多样化路径选择［M］．北京：科学出版社，2020.

　　［46］张颖．区域经济学［M］．北京：中国农业出版社，2020.

　　［47］赵桂婷．基于人力资本传导机制的区域经济差异研究［M］．北京：经济科学出版社，2020.

　　［48］赵莉．物流产业与区域经济协调发展机理与评价研究［M］．北京：经济管理出版社，2020.

　　［49］郑林昌．区域经济学概论［M］．北京：科学出版社，2020.

　　［50］钟妙．区域经济创新发展研究［M］．西安：西北工业大学出版社，2020.

　　［51］周丽丽．中国旅游业与农业耦合发展区域差异研究［M］．北京：中国财政经济出版社，2020.

译著

　　［1］［俄］哈拉宾．世界经济地理纲要［M］．中外研究学会，译．上海：华兴书局，1930.

　　［2］［日］川西正鉴．经济地理学原理［M］．刘润生，译．上海：世界书

局，1934.

〔3〕〔法〕白吕纳. 人地学原理〔M〕. 任美锷，李旭旦，译. 上海：钟山书店，1935.

〔4〕〔德〕Schmidt P. H. 经济地理学原理〔M〕. 许逸超，译. 上海：商务印书馆，1936.

〔5〕〔德〕Schmidt P. H. 苏联经济地理〔M〕. 许逸超，译. 上海：商务印书馆，1936.

〔6〕〔日〕川西勇，国松久弥. 苏俄经济地理〔M〕. 许亦非，许达年，译. 上海：中华书局，1936.

〔7〕〔日〕平竹传三. 苏联经济地理〔M〕. 陈此生，廖璧光，译. 上海：商务印书馆，1936.

〔8〕〔日〕黑正岩. 经济地理学导言〔M〕. 张宏英，译. 上海：商务印书馆，1937.

〔9〕〔苏〕波朴夫. 日本经济论〔M〕. 赵南柔，译. 上海：商务印书馆，1937.

〔10〕〔苏〕卡赞宁. 中国经济地理（第 4 版）〔M〕. 焦敏之，译. 上海：光明书局，1937.

〔11〕〔苏〕坡利斯·密努斯基. 世界经济地理教程〔M〕. 胡曲园，傅于琛，译. 重庆：昆仑书店，1937.

〔12〕〔日〕高桥次郎. 新经济地理学〔M〕. 周宋康，译. 上海：中华书局，1939.

〔13〕〔日〕康斯坦金·波波夫. 日本经济地理〔M〕.〔日〕松崎敏太郎，译. 顾志坚，重译. 上海：中华书局，1939.

〔14〕〔苏〕И. А. 维特威尔. 世界经济地理讲座〔M〕. 胡明，译. 上海：光明书局，1939.

〔15〕〔美〕葛德石. 苏联国力的基础〔M〕. 王勤堉，译. 上海：开明书店，1947.

〔16〕〔美〕葛勒石. 中国区域地理〔M〕. 谌亚达，译. 南京：正中书局，1947.

〔17〕〔苏〕维特威尔. 世界经济地理〔M〕. 卢彬，等译. 北京：五十年代

出版社，1953.

　　[18]［苏］H. H. 巴朗斯基．苏联经济地理（上中下）［M］．贡洗文，译．上海：中华书局，1953.

　　[19]［苏］H. H. 巴朗斯基．苏联经济地理［M］．向珣，辛万成，刘英侠，译．北京：五十年代出版社，1953.

　　[20]［苏］O. A. 康斯坦丁诺夫，等．经济地理学理论问题与区域经济地理研究［M］．祝成，姚干生，等译．北京：中国科学院，1954.

　　[21]［苏］斯杰潘诺夫．苏联工业地理［M］．韩春华，译．北京：生活·读书·新知三联书店，1955.

　　[22]［波兰］尤·巴尔巴格．波兰经济地理［M］.［苏］尤·伊林尼契节，译．北京：财政经济出版社，1956.

　　[23]［苏］巴郎斯基．苏联经济地理［M］．何宁，译．北京：财政经济出版社，1956.

　　[24]［苏］巴朗斯基．学习经济地理教学法概论［M］．李德方，马广志，译．北京：人民教育出版社，1956.

　　[25]［苏］Ю. Г. 萨乌什金．经济地理学导论［M］．杨郁华，等译．北京：生活·读书·新知三联书店，1957.

　　[26]［苏］巴朗斯基．经济地理学论文集［M］．邓静中，等译．北京：科学出版社，1958.

　　[27]［苏］瓦列夫．保加利亚阿尔巴尼亚经济地理［M］．许心礼，等译．上海：新知识出版社，1958.

　　[28]［朝］金河明．朝鲜经济地理（上）［M］．许维翰，译．北京：商务印书馆，1959.

　　[29]［苏］查莫利依．地理区划问题研究：为农业目的服务的乌克兰自然历名区划的讨论会报告提纲［M］．巴山，译．北京：商务印书馆，1959.

　　[30]［苏］道布罗夫．英国经济地理［M］．王正宪，译．北京：商务印书馆，1959.

　　[31]［苏］Ю. Г. 萨乌什金．经济地理学导论［M］．谭稼禾，等译．北京：商务印书馆，1960.

　　[32]［苏］戈林曼．美国重工业地理［M］．邵清于，等译．北京：商务印

书馆, 1960.

［33］［苏］乌多文科. 苏联远东区经济地理总论［M］. 马孟超, 译. 北京: 商务印书馆, 1960.

［34］［英］斯丹普, 比佛. 不列颠群岛自然地理和农业地理［M］. 吴傅钧, 译. 北京: 商务印书馆, 1960.

［35］［苏］费根, 等. 美洲经济地理问题［M］. 北京师范大学地理系经济地理教研组, 译. 北京: 商务印书馆, 1961.

［36］［苏］切尔丹采夫, 尼基丁, 图蒂兴. 苏联经济地理［M］. 杨显明, 等译. 北京: 生活·读书·新知三联书店, 1962.

［37］［苏］安德烈耶夫, 等. 苏联经济地理总论［M］. 北京编译社, 译. 北京: 商务印书馆, 1962.

［38］［巴西］洛波. 巴西经济地理［M］. 梁湘, 译. 北京: 商务印书馆, 1980.

［39］［英］赖利, 阿什沃恩. 比荷卢经济联盟比利时、荷兰及卢森堡经济地理［M］. 刘礼生, 译. 天津: 天津人民出版社, 1980.

［40］［德］H. 科利亚, 等. 德意志民主共和国经济地理: 人口和国民经济部门地理［M］. 华东师范大学外语系、地理系, 译. 上海: 上海译文出版社, 1981.

［41］［俄］库罗帕特金. 喀什噶尔: 它的历史、地理概论、军事力量以及工业和贸易［M］. 中国社会科学院近代史研究所翻译室, 译. 北京: 商务印书馆, 1982.

［42］［英］汤普森. 法国区域经济地理［M］. 绪绍唐, 段绍伯, 译. 上海: 上海译文出版社, 1983.

［43］［苏］安季波夫. 新加坡经济地理概论［M］. 施纯谋, 译. 广州: 广东高等教育出版社, 1985.

［44］［苏］Ю. Г. 萨乌什金. 经济地理学: 历史、理论、方法和实践［M］. 毛汉英, 等译. 北京: 商务印书馆, 1987.

［45］［苏］涅克拉索夫. 区域经济学理论·问题·方法［M］. 许维新, 许晶心, 译. 北京: 东方出版社, 1987.

［46］［美］普雷斯顿·詹姆斯, 杰弗雷·马丁. 地理学思想史［M］. 李旭

旦，译．北京：商务印书馆，1989.

　　［47］［美］哈利·W. 理查森．区域经济学概论［M］．李俊，译．北京：海潮出版社，1990.

　　［48］［美］胡佛．区域经济学导论［M］．王翼龙，译．北京：商务印书馆，1990.

　　［49］［苏］Э. Б. 阿拉耶夫．社会经济地理学概念术语辞典［M］．李德美，等译．北京：测绘出版社，1990.

　　［50］［美］胡佛，杰莱塔尼．区域经济学导论［M］．郭万清，等译．上海：上海远东出版社，1992.

　　［51］［新加坡］林华生．东盟经济的地壳变动面向 21 世纪的次区域经济圈的形成［M］．徐静波，陆慧海，译．上海：复旦大学出版社，1996.

　　［52］［美］施坚雅．中国农村的市场和社会结构［M］．史建云，徐秀丽，译．北京：中国社会科学出版社，1998.

　　［53］［美］保罗·克鲁格曼．发展、地理学与经济理论［M］．蔡荣，译．北京：北京大学出版社，中国人民大学出版社，2000.

　　［54］［美］施坚雅．中华帝国晚期的城市［M］．叶光庭，徐自立，王嗣均，等译．北京：中华书局，2000.

　　［55］［美］彼得·尼茨坎普．区域和城市经济学手册（第 1 卷）：区域经济学［M］．安虎森，等译．北京：经济科学出版社，2001.

　　［56］［英］朱迪·丽丝．自然资源：分配、经济学与政策［M］．蔡运龙，等译．北京：商务印书馆，2002.

　　［57］［英］保罗·切希尔，［美］埃德温·S. 米尔斯 主编．区域和城市经济学手册（第 3 卷）：应用城市经济学［M］．安虎森，等译．北京：经济科学出版社，2003.

　　［58］［荷］布雷克曼，盖瑞森，马勒惠克．区域经济学［M］．江佳惠，译．成都：西南财经大学出版社，2004.

　　［59］［荷］S. 布雷克曼，H. 盖瑞森，C. 范·马勒惠克．地理经济学［M］．西南财经大学文献中心翻译部，译．成都：西南财经大学出版社，2004.

　　［60］［美］D·盖尔·约翰逊．经济发展中的农业、农村、农民问题［M］．林毅夫，赵耀辉，编译．北京：商务印书馆，2004.

［61］［日］藤田昌久，［比］雅克-弗朗科斯·蒂斯．集聚经济学城市产业区位与区域增长［M］．刘峰，张雁，陈海威，译．成都：西南财经大学出版社，2004．

［62］［苏］Д.Л. 阿尔曼德．东亚的黄土区地理、土壤侵蚀和农业［M］．钱竞阳，译．北京：地震出版社，2004．

［63］［英］R.J. 约翰斯顿．人文地理学词典［M］．柴彦威，等译．北京：商务印书馆，2004．

［64］［韩］李承律．共生时代东北亚区域发展新路线图［M］．李文，李永春，译．北京：世界知识出版社，2005．

［65］［英］G.L. 克拉克，［美］M.P. 费尔德曼，［加拿大］M.S. 格特勒主编．牛津经济地理学手册［M］．刘卫东，王缉慈，李小建，等译．北京：商务印书馆，2005．

［66］［爱尔兰］R. 基钦，［英］N.J. 泰特．人文地理学研究方法［M］．蔡建辉，译．北京：商务印书馆，2006．

［67］［英］斯科特·拉什，约翰·厄里．符号经济与空间经济［M］．王光之，商正，译．北京：商务印书馆，2006．

［68］［英］哈维·阿姆斯特朗，吉姆·泰勒．区域经济学与区域政策（第3版）［M］．刘乃全，贾彦利，张学良，等译．上海：上海人民出版社，2007．

［69］［加］特雷弗·J. 巴恩斯，［美］杰米·佩克．经济地理学读本［M］．童昕，译．北京：商务印书馆，2007．

［70］［美］E.K. 亨特．经济思想史：一种批判性的视角［M］．颜鹏飞，总译校．上海：上海财经大学出版社，2007．

［71］［英］彼得·迪肯．全球性转变：重塑 21 世纪的全球经济地图［M］．刘卫东，等译．北京：商务印书馆，2007．

［72］［英］阿兰·R.H. 贝克．地理学与历史学：跨越楚河汉界［M］．阙维民，译．北京：商务印书馆，2008．

［73］［美］埃里克·谢泼德，［加］特雷弗·J. 巴恩斯．经济地理学指南［M］．汤茂林，谈静华，李江涛，等译．北京：商务印书馆，2009．

［74］［美］普可仁．创新经济地理［M］．童昕，王缉慈，等译．北京：高等教育出版社，2009．

［75］［俄］亚历山大·格申克龙．经济落后的历史透视［M］．张凤林，译．北京：商务印书馆，2009．

［76］［德］奥古斯特·勒施．经济空间秩序：经济财货与地理间的关系［M］．王守礼，等译．北京：商务印书馆，2010．

［77］［德］韦伯．工业区位论［M］．李刚剑，等译．北京：商务印书馆，2010．

［78］［英］R. J. 约翰斯顿．哲学与人文地理学［M］．蔡运龙，江涛，译．北京：商务印书馆，2010．

［79］［英］菲利普·麦卡恩．城市与区域经济学［M］．李寿德，蒋录全，译．上海：格致出版社，2010．

［80］［英］约翰斯顿．地理学与地理学家：1945 年以来的英美人文地理学［M］．唐晓峰，等译．北京：商务印书馆，2010．

［81］［德］罗伯特·H. 布鲁姆，戴夫·康蒂．内在优势：释放企业潜在发展空间的战略［M］．郭琪铭，译．北京：中国人民大学出版社，2010．

［82］［英］安迪·派克，安德烈·罗德里格斯-珀斯，约翰·托梅尼．地方和区域发展［M］．王学峰，等译．上海：格致出版社，上海人民出版社，2011．

［83］［德］阿尔夫雷德·赫特纳．地理学：它的历史、性质和方法［M］．王兰生，译．北京：商务印书馆，2011．

［84］［英］萨拉·L. 霍洛韦，斯蒂芬·P. 赖斯，吉尔·瓦伦丁．当代地理学要义：概念、思维与方法［M］．黄润华，孙颖，译．北京：商务印书馆，2011．

［85］［澳］罗伯特·J. 斯廷森，罗杰·R. 斯托，布莱恩·H. 罗伯茨．区域经济发展分析与战略规划［M］．朱启贵，译．上海：格致出版社，上海人民出版社，2012．

［86］［美］米罗斯拉夫·N. 约万诺维奇．演化经济地理学：生产区位与欧盟［M］．安虎森，何文，朱妍，等译．北京：经济科学出版社，2012．

［87］［英］尼尔·寇，［加］菲利普·凯利，［新加坡］杨伟聪．当代经济地理学导论［M］．刘卫东，马丽，译．北京：商务印书馆，2012．

［88］［英］乔治·马丁内斯-维斯奎泽，弗朗索瓦·瓦利恩考特．区域发

展的公共政策 [M]. 安虎森, 等译. 北京: 经济科学出版社, 2013.

[89] [美] 戈列奇, [澳] 斯廷森. 空间行为的地理学 [M]. 柴彦威, 译. 北京: 商务印书馆, 2013.

[90] [日] 藤田昌久, [美] 克鲁格曼, [英] 维纳布尔斯. 空间经济学城市、区域与国际贸易 [M]. 梁琦, 译. 北京: 中国人民大学出版社, 2013.

[91] [美] 哈里·兰德雷斯, 大卫·C. 柯南德尔. 经济思想史 (第四版) [M]. 周文, 译. 北京: 人民邮电出版社, 2014.

[92] [意] 罗伯塔·卡佩里. 区域经济学 [M]. 赵文, 陈飞, 等译. 北京: 经济管理出版社, 2014.

[93] [法] 保罗·克拉瓦尔. 地理学思想史 [M]. 郑胜华, 刘德美, 刘清华, 等译. 北京: 北京大学出版社, 2015.

[94] [荷兰] 让·博西玛, [英] 让·马丁. 演化经济地理学手册 [M]. 李小建, 罗庆, 彭宝玉, 等译. 北京: 商务印书馆, 2016.

[95] [美] 约翰·R. 洛根, 哈维·L. 莫洛奇. 都市财富空间的政治经济学 [M]. 陈那波, 等译. 上海: 格致出版社, 上海人民出版社, 2016.

[96] [日] 藤田昌久, [比] 雅克–弗朗斯瓦·蒂斯. 集聚经济学城市、产业区位与全球化 (第 2 版) [M]. 石敏俊, 等译. 上海: 格致出版社, 上海人民出版社, 2016.

[97] [苏] 哈拉宾. 世界经济地理纲要 [M]. 中外研究学会, 译. 上海: 上海社会科学院出版社, 2016.

[98] [肯尼亚] 帕特里克·姆巴塔鲁. 非洲农业地理研究导引 [M]. 李祎, 李焕, 译. 南京: 南京大学出版社, 2017.

[99] [美] 保罗·克鲁格曼. 诺贝尔经济学奖获得者丛书: 地理与贸易 [M]. 刘国晖, 译. 北京: 中国人民大学出版社, 2017.

[100] [加] 威廉·P. 安德森. 经济地理学 [M]. 安虎森, 吴浩波, 陈飞, 等译. 北京: 中国人民大学出版社, 2017.

[101] [美] 迈克尔·斯多波, 塔纳·奥斯曼, [英] 托马斯·凯梅尼, 等. 城市经济的崛起与衰落: 来自旧金山和洛杉矶的经验教训 [M]. 刘淑红, 译. 南京: 江苏教育出版社, 2018.

[102] [英] 彼得·J. 泰勒, 本·德鲁德. 世界城市网络 [M]. 刘行健,

李凌月，译．南京：江苏凤凰教育出版社，2018.

　　［103］［法］皮埃尔-菲利普·库姆斯，蒂里·迈耶，雅克-弗朗索瓦·蒂斯．经济地理学：区域和国家一体化［M］．安虎森，颜银根，徐杨，等译．北京：中国人民大学出版社，2020.